KB046346

레비나스의 타자철학

레비나스의 타자철학

— 소통과 초월의 윤리를 찾아서

윤대선 지음

문예출판사

머리말

오늘날 한국 사회는 가치관의 부재를 겪고 있다. 최근에 유행하는 '막장'이라는 속어는 '갈 데까지 막가서 더는 갈 데 없는 끝장'이라는 극단적인 가치를 보여준다. 막장은 말 그대로 파국으로 치닫는 끝장을 의미한다. 그런 유행어는 TV 방송매체의 흥미 위주 일부 드라마들에 의해 전파되었다기보다는 그런 유행어를 누구나가 쉽게 받아들이는 사회적인 분위기에서 더욱 번져간 것이라고 볼 수 있다. 대중적인 속어 '막장'도 상식의 부재가 상식이라는 대중의 의식을 무심코 반영하는 것 같아 더욱 사회적 가치관의 혼돈을 느끼게 한다. 이제 '막장'으로 통하는 우리 사회의 일방적인 소통문화는 상식을 지향해야 할 윤리의식과 사회성의 부재를 나타낸다. 말하자면 다른 사람의 눈치 볼 것 없이 그냥 막가는 식의 언행들도 '묻지도 말고 따지지도 말고' 식의 극단적인 개인주의를 보여주는 것이다. 이제 우리는 그런 개인주의적인 가치관을 극복하고 사회적 윤리와 정의, 타인과의 소통이 왜 중요한 것이고 필요한 것인지를 철학적으로 생각해보아야 한다. 무엇보다 인간과 사회를 위한 철학적 소통에 대한 필자의 관심은 이 책을 일관성 있게 구성해나갈 수 있는 중요한 동기를 부여한다.

이 책에서 필자가 소개하고자 하는 프랑스의 철학자 레비나스의 사상과 윤리, 철학은 보편적인 삶의 가치들을 현대인에게 제시한다. 무엇보다 우리는 그의 타자철학을 소통과 초월의 관점에서 이해하고자 하며 유다이즘, 에로스의 형이상학, 윤리적인 사회성 등을 근거로 그의 철학을 나름대로 체계적으로 소개하고자 한다. 먼저 우리는 그의 타자철학이 주목받게 된 시대적 배경을 살펴볼 수 있다. 2차 세계대전은 인간의 윤리와 양심을 폭력 앞에 무릎 꿇리며 대규모의 살상을 자행했고 이것을 지켜본 그는 인간 중심적인 실천의 가치들을 토대로 유토피아적인 삶의 미래를 꿈꾸게 된다. 저항할 힘도 없고 이유 없이 죽어간 사람들은 곧 내 이웃이며 내 삶의 일부라는 것을 그는 체험한다. 그리고 그는 인간의 지식이란 무엇인가를 본질적으로 사유한다. 그래서 그가 주장한 타자윤리는 삶과 지식에 대한 본연의 가치를 제시한다. 쉽게 말해서 타인들 없이 '나'라는 자아는 존재할 수 없으며 인간을 위한 지식이 인간의 참다운 사유로서 정당성을 가질 수 있다고 주장하는 셈이다. 그에게서 타자철학은 사유의 중심이다. 그리고 우리는 그의 타자철학을 유다이즘의 전통과 형이상학의 측면에서 고찰할 수 있을 것이며 그것을 평가할 비평적인 방법론으로서 그런 측면은 유효하다.

첫째, 레비나스는 유다이즘의 지적인 전통을 바탕으로 타자철학의 가치관을 형성해나가며 신과 인간의 관계에 대한 사유를 새롭게 발전시킨다. 예를 들어 그는 일신론의 신앙을 가진 철학자이면서도 타인들의 존재 때문에 신의 존재는 하나가 아니라 여럿이라고 말한다. 신이 왜 여럿인가? 왜냐하면 타인들에 대한 사랑 없이는 신에 대한 사랑도 불가능하기 때문이다. 그에 따르면 타인의 얼굴들은 바로 계시며 신의 현시다. 그래서 그 얼굴들은 윤리의 기원이다. 사회적인 인간소외의 현상이 발생하는 것도 바로 서로의 얼굴들에 대해 무관심하기 때문에 비롯되는 것이다. 인간의 얼굴들은 서로 무관심하라고 만들어진 것이 아니며 그 얼굴들은 나의 얼굴이며 조물주의 얼굴인 것이다. 무엇보다 그가 타인의 얼굴을 철학의 문제로 부각시킨 것은 그것이 소통의 근거이기 때문이다. 그 얼굴 속에 신이 숨어 있고 인간의 양심에 호소하는 윤리가 존재하며 자아의 근거가 있다. 레비나스에게는 타인의 얼굴이야말로 지고의 선(善) 자체다. 그의 타자철학은 타인들과의 소통을 위한 지고의 가치를 제시하며 생명과 존재의 근원에 대한 심층적인 사유를 드러내기도 한다. 필자가 이 책의 제목으로 '레비나스의 타자철학'이라고 지칭하는 것도 그의 철학을 소통의 철학으로 이해하기 때문이다.

둘째, 레비나스는 형이상학은 타자로 향한다고 말한다. 전통적으로 주체의 사유는 무한성을 지향하는 것이며 그 목적이 신을 이해하는 것이었다고 해도 과언이 아니다. 그런데 그에 따르면 무한성은 타자성이다. 타자성은 존재의 근거며 본질이면서 무와 죽음에 앞서서 인간의 실존과 욕망을 지배한다. 그리고 우리는 그의 형이상학에서 어떤 점들에 특히 주목할 수 있는가? 그는 전형적인 유대인 철학자이면서도 알듯 모를 듯이 형이상학적 사유의 심도를 그의 저서들에서 발전시키고 있다. 예를 들어 '신은 타자다', '나는 나의 아이다' 등은 그 정수를 보여준다. 과연 무한성과 초월성은 어떻게 존재하는 것인가? 논리적인 사고를 뛰어넘는 그의 철학적 사유는 형이상학 그 자체를 보여주면서도 그는 다시 '형이상학의 하강'을 말하기도 한다. 현대의 마지막 형이상학자로 불리기도 하는 레비나스의 철학적 사유방식은 종종 데카르트를 비롯해서 현대의 중요한 사상가들인 후설, 하이데거, 메를로-퐁티, 리쾨르 등의 그것과 비교가 되기도 한다. 그의 철학은 새로운 지식의 체계를 보여주는 것이 아니라 새로운 사유의 방식을 보여준다. 그래서 그의 타자윤리학이 왜 현대의 지성사에서 문제가 되는 것인지를 연구해나가는 것도 좋은 문제의식이 될 것이다.

필자는 2001년 레비나스의 타자철학과 형이상학을 주제로 레비나스의 제자이기도 한 François Laruelle 교수의 지도로 파리10대학에서 박사학위를 받은 이후 그의 철학과 사상에 관한 10여 편의 논문들을 국내외의 학술지에서 발표한 바 있다. 필자는 이런 발표 논문들을 기초로 단행본의 출판을 고려하게 되었으며 새로운 출간을 위해 논문들 중에서 적지 않은 부분들을 수정하거나 보충하였다. 이 책의 I부에서 필자는 그의 사상적인 기원과 유다이즘, 그리고 II부에서 에로스의 형이상학을 소개하고자 한다. III부에서는 타자철학의 존재론적 평가와 새로운 소통의 가능성을 개진해나갈 것이며 IV부에서는 타인의 얼굴을 중심으로 타인에 대한 윤리와 사회성을 살펴보고자 한다. 우리는 레비나스의 철학과 관련된 더 많은 흥미 있는 주제들을 후일의 과제로 미루고 이 책에서는 그의 타자철학과 형이상학을 중심으로 그의 사상을 이해하고자 한다. 아직은 레비나스의 철학에 관한 연구가 국외 지역에서도 초기 단계이기 때문에 필자 자신도 그의 철학을 이해하기 위해 적지 않은 시행착오를 겪었으며 이 책을 구성하는 주제들도 한 걸음 더 나아가기 위한 많은 고민들을 반영하고 있다. 이 책의 출간을 계기로 많은 연구자들이 더욱 심층적이고 다양한 주제들에 의해 그의 철학을 새롭게 조명하게 될 때 서구 지성사에 대한 깊은 이해와 통찰이 또한 가능해질 것이다. 무엇보다 이 책이 프랑스 철학과 윤리에 대해 지적인 관심이 있고 철학적인 인간의 삶을 성찰하고자 하고자 하는 독서인들에게 작은 도움이 될 수 있기를 기대한다.

레비나스 저서들의 약호 표기

Théorie de l'intuition dans la phénoménologie de Husserl(후설의 현상학에서 직관이론), Paris, Alcan, 1930. ; Vrin, 1963. : TIH

De l'existence à l'existant(존재에서 존재자로), 1947 ; Paris, Vrin, 1990. : EE

Le Temps et l'Autre(시간과 타자), Paris, Arthaud, 1948 ; Paris, PUF, 1983. : TA

En découvrant l'existence avec Husserl et Heidegger(후설, 하이데거와 함께 존재를 발견하며), Paris, Vrin, 1949. ; 1967, avec des "Essais nouveaux". : EDE

Totalité et Infini. Essais sur l'extériorité(전체성과 무한, 외부성에 관한 에세이), La Haye, Martinus Nijhoff, 1961. : TI

Difficile liberté. Essais sur le judaïsme(힘겨운 자유, 유다이즘에 관한 에세이), Paris, Albin Michel, 1963. : DL

Humanisme de l'autre homme(타인을 위한 휴머니즘), Montpellier, Fata Morgana, 1972. ; "Le livre de poche", 1987. : HA

Autrement qu'être ou au-delà de l'essence(존재와 또 다른 또는 본질의 저편에서), La Haye, Marinus Nijhoff, 1974. : AE

Du sacré au saint. Cinq nouvelles lectures talmudiques(성스러움에서 성자에게로, 탈무드의 다섯 가지 새로운 강독), Paris, Ed. de Minuit, 1977. : DSAS

Éthique et infini, dialogues avec P. Nemo(윤리와 무한, P. 네모와의 대화), Paris, Fayard, 1982. : EI

De Dieu qui vient à l'idée(사념 속에 들어온 신에 관해), Paris, Vrin, 1982. : DQVI

L'Au-delà du verset. Lectures et discours talmudiques(성서의 구절 저편에서, 탈무드의 강독과 담론), Paris, Ed. de Minuit, 1982. : ADV

De l'évasion(도피에 관해), Montpellier, Fata Morgana, 1982. : DE

Hors sujet(주체바깥으로), Montpellier, Fata Morgana, 1987 : HS

A l'heure des nations(열방의 시간에), Paris, Ed. de Minuit, 1988. : AHN

Entre nous. Essais sur le penser-à l'autre(우리들 사이에, 타자의 사유에 관한 에세이), Paris, Grasset, 1991. : EN

Dieu, la mort et le temps(신, 죽음 그리고 시간), Paris, Grasset, 1993. : DMT

Altétité et transcendance(타자성과 초월), Montpellier, Fata Morgana, 1995. : AT

Nouvelles lectures talmudiques(탈무드의 새로운 강독), Paris, Ed. de Minuit, 1996. : NLT

Transcendance et intelligibilité(초월과 이해가능성), Genève, Labor et Fides, 1996. : TRI

차 례

서문 오늘날 왜 레비나스의 철학인가?

(1) 철학의 근본문제 : 신(神), 타자, 무한에 대한 사유

유대인계 프랑스 철학자 레비나스(Emmanuel Lévinas, 1906~1995)는 현대 사상계에서 타인의 얼굴과 타자철학을 제안한 철학자로 국제적인 명성을 얻고 있다. 그에 따르면 모든 인간적인 윤리와 사회정의는 인간의 얼굴에서 나온다고 한다. 그리고 그가 주장하는 타자철학은 윤리학의 중요한 목표가 자아 중심적인 가치실현에 있는 것이 아니라 타인 중심적인 사회윤리를 실천하는 것에 있음을 보여준다. 그에 따르면 지고의 선(善)과 윤리는 만인의 얼굴들에서 나온다. 그 수많은 얼굴들은 낯선 타자들의 얼굴들로 그치는 것이 아니라 오히려 낯설기 때문에 나와 전적으로 다를 수밖에 없는 무한과 계시의 얼굴이다. 이런 얼굴은 인간의 이성적 사유를 넘어서 있는 불가능성의 현시다.

그에게 타인의 얼굴은 윤리의 기원이다. 그런데 그의 타자철학은 윤리학의 새로운 지평으로서 조명될 수 있는 것만은 아니다. 무엇보다 그것은 신과 인간 그리고 생명의 신비를 새롭게 사유하고자 하는 근본적인 철학의 물음에서 비롯된다. 그 얼굴은 신과 우주의 얼굴이고 사회의 얼굴이며 나의 얼굴이다. 그리고 우리는 그런 얼굴이 단순이 윤리적인 명령을 선취하는 것을 떠나 근현대적인 철학적 사유의 단서들을 숨기고 있다는 것을

〈그림 1〉 20세기의 마지막 형이상학자 엠마누엘 레비나스

파악해야만 한다. 예를 들어 그가 말하는 타인의 얼굴은 데카르트가 말한 코기토와 같이 무한과 완전성을 나타내는 자아의 얼굴이고 들뢰즈가 말한 리좀과 같이 부단히 생성하는 갓 돋은 욕망의 얼굴이며 메를로-퐁티가 우주 속의 나를 엿보고자 하는 나르시시즘의 얼굴이다. 그리고 우리는 그런 얼굴의 의미들을 통해 우주와 생명 그리고 자아의 정체성을 새롭게 사유할 수 있는 형이상학적 근거를 논의할 수 있다.

오늘날 레비나스의 철학에 관한 연구는 유럽과 미주 지역에서 국제적으로 매우 활발하며 주요 철학 학술지 등에 수많은 논문들이 발표될 정도로 큰 주목을 받았으며 최근 몇 년 사이 철학 박사학위의 논문들 중에서 가장 많은 주제를 차지했다. 그의 철학적 주제들은 신과 영혼, 감성과 신체, 에로스와 죽음, 정의와 평등 등과 같은 현대적인 그것들과 호흡하게 되면서 철학 분야뿐 아니라 정치학, 사회학, 문학, 언어학, 종교학 분야에 이르기까지 광범위하게 관심을 받고 있다. 그의 국가박사학위 논문이기도 한《전체성과 무한(Totalité et Infini)》(1961) 외에 25권의 저서들을 남겼으며 이 가운데 몇 권은《탈무드적인 네 가지의 독해들(Quatre lectures talmudique)》(1969) 등과 같은 탈무드 주해서들이다. 오늘날 프랑스 중심의 불어권에서만 그의 철학에 관한 비평서들이 80여 권을 넘어섰고 그와 동시대를 보내며 지적인 교류를 지속해왔던 리쾨르, 데리다 등도 레비나스의 사후에 그의 철학에 관한 단행본들을 펴내어(Ricoeur, *Autrement qu'être*, PUF, 1997, Derrida, *Adieu à Emmanel*

Lévinas, Galilée, 1997) 그를 추모하기도 했으며 영미권에서도 그에 관한 관심이 증폭되면서 수많은 비평서들이 쏟아져 나왔다.

2차 세계대전 때 불행하게도 그는 나치 정권의 유대인 대학살로 인해 부모, 형제들을 모두 잃었으며 이런 실존적인 충격은 그로 하여금 불가항력적인 인간의 실존적 죽음과 고독 그리고 권력의 폭력 등에 관해 깊이 성찰하는 계기로 주어진다. 전쟁과 폭력 앞에 인간의 주검들이 힘없이 여기저기 나뒹구는 처절한 인간의 세상에서 인간의 죽음은 어떤 의미를 지닌 것인가, 과연 신은 존재하는 것인가? 그런 세상에서 인간은 어떻게 신과 조우할 수 있는 것인가, 인간적 삶의 향유는 무엇인가? 그가 체험적으로 받아들인 삶에 대한 근원적 물음은 그로 하여금 더욱 종교적인 신앙 속에서 그의 철학적 사유를 발전시킨 이유가 되고 있다. 그래서 그의 철학적 성찰은 이론적이지 않고 실존적이다. 그는 서구철학의 전통에서 보일 수 있는 이론 자체의 체계성과 사유 중심적인 전체성도 인간폭력의 원인이 될 수 있음을 비판한다. 즉 신에 대한 전통적인 이해조차도 신학적인 도식과 인식 속에 자리 잡고 있는 것은 아닌지 등을 비판한다.

우리는 레비나스의 사상적인 깊이가 유다이즘에 관한 그의 종교적 관심을 토대로 완성될 수 있었음을 부정할 수 없다. 유년기에 부모에게서 히브리어를 배울 수 있었고 유대인 마을의 시나고그(synagogue, 유대인 전통교회)에서 전통적인 신앙을 키울 수 있었다. 이후 청년 레비나스는 파리의 유대인 공동체 모임에서 중세의 유대인 학자 마이모니데스를 연구하며 유대인들의 지적인 전통을 계승하고자 하였다. 그리고 독일의 프라이부르크로 유학을 떠나 후설과 하이데거의 철학을 배우고 와서 1930년 프랑스의 스트라스부르대학에서 후설의 직관이론을 논문의 주제로 해서 대학박사 학위를 받게 된다. 그는 사르트르와 메를로-퐁티에 앞서 프랑스에 최초로 후설의 철학과 현상학을 알리는 역할을 하며 1947년에는 후설의 《데카르트적인 성찰》을 불어로 번역 출판한다.

레비나스가 평생 동안 유다이즘에 심취했고 그로부터 지적인 영향을 많이 받았다 하더라도 현대의 중요한 사상가로서 그에 관한 철학적 매력은 아무래도 형이상학적 사유에 있다. 이론과 논리를 앞세운 철학적 체계와 해석들이 그의 철학을 구성한다기보다는 신과 인간, 주체와 타자의 관계 등에서 사유될 수 있는 인간실존의 문제와 여기서 숨겨진 형이상학적 이해가 그의 타자철학을 잉태했다고 해도 과언이 아니다. 비록 많은 사람들이 그를 윤리학자로 통속적으로 지칭하나 이것은 무엇보다 타인에 대한 윤리를 부각시킨 것에서 비롯된 것이다. 그가 말하는 형이상학적인 욕망은 곧 타인에 대한 욕망(Désir d'Autrui)이다. 여기서 욕망은 인간의 심성 또는 영혼에 내재된 지향적인 본성이다. 이것저것 따질 것도 없이 무조건적인 행위를 불러일으키는 그런 욕망은 신이 부여한 본성이면서 존재자신의 정체성을 타자의 세계에서 실현할 수 있도록 자신을 떠나 활동하는 욕망이다.

그런데 이런 욕망은 왜 발생하는 것일까? 레비나스에 따르면 그 원인은 타자성에서 비롯된다. 그렇다면 그 욕망은 인간의 욕망인가, 신의 욕망인가? 그에게서 삶에 대한 욕망 또는 에로스는 마치 밭에서 새싹이 흙속에 뿌리를 두고 나오면서 하늘을 향해 자라나는 것과 같다. 그에게 생명의 탄생은 곧 욕망의 씨앗이 생겨난 것과 같다. 우리는 그런 욕망을 인식론적으로 어떻게 정의할 수 있을까? 어쩌면 인간의 사유로서는 불가능한 일인지도 모른다. 그에게 생명은 곧 신비이며 작은 우주다. 그리고 그런 신비스러운 작은 우주가 큰 우주 속에 존재함은 분명하다. 그가 추구하고자 했던 인간의 영원한 에로스와 형이상학적인 욕망도 바로 철학적인 근본 문제, 즉 인간존재와 생명에 관한 사유에서 비롯된 것이다.

이를테면 한 톨의 씨앗이 땅 위에 뿌려졌고 그것은 낯선 얼굴들로 다시 태어난다. 그 씨 톨은 잎이 되고 줄기가 되고, 열매되어 다시 씨 톨들이 되고 해서 우주의 섭리를 말하고자 한다. 그래서 그런 인간의 삶도 타인들과 나누면서 살아가는 섭리의 실현인 셈이며 여기서 초월자와의 만남도 기대할 수 있는 것이다. 그런데 인간의 욕망은 그가 태어난 삶속에서 영원히 실현될 수 없다. 그래서 무한의 조물주에게로 영원히 돌아가고자 하는 것이 인간적 삶의 시간들일 수 있는 것이다. 새 생명이 큰 우주의 창조를 위해 작은 우주를 세워나가듯이 인간의 삶은 작은 안식을 위해 터를 닦고 집을 세워나가면서 영원히 그에게 돌아갈 준비를 하는지도 모른다. 그리고 우리는 이런 삶을 향한 욕망이 바로 구원을 향한 욕망임을 사유할 수 있을 것이다.

(2) 타자철학, 인간 중심적인 소통의 철학

오늘날 레비나스만큼이나 국제적인 명성과 관심을 부쩍 받는 철학자는 찾아보기 힘들다. 그는 20세기의 마지막 형이상학자로 불리기도 하며 특히 그의 타자윤리는 서구 윤리학에서 새로운 패러다임을 제시한 것으로 높이 평가된다. 왜냐하면 그의 철학은 서구 근대 이후 수많은 철학자들이 중요하게 생각했던 자아와 사유를 위한 주체철학에 대해 타자와 계시를 위한 '탈'주체의 철학으로서 구분될 수 있기 때문이다. 사실 그의 타자철학이 주체성의 철학인지, 탈주체성의 철학인지를 정의내린다는 것은 아직도 많은 논쟁의 여지를 주고 있으나 만약 전통적인 자아관이 입장에서 그의 타자철학을 이해하고자 한다면 그의 철학이 왜 그렇게 역동적인 형이상학의 의미를 던져주고 생소할 만큼의 지적인 호기심을 주는지 큰 매력을 발견하기 어렵다.

무엇보다 그는 신과 인간의 관계를 중시한 유대인의 전통과 신앙에 충실한 철학자로서 신과 타자에 대한 윤리를 발전시킨다. 그에게서 타인과의 만남은 신과의 만남이며 궁극적인 자아의 실현에서 타자관계는 계시의 조건이다. 그래서 수많은 타인의 얼굴들은 신을 현시하며 '나'라는 주체는 그런 신 또는 타인들에 대한 경외의 태도와 희생을 요구받는다. 사실 레비나스의 타자철학은 유일신주의를 중심으로 하는 헤브라이즘의 진리와 공동체의 윤리를 발전시켰다고 해도 과언이 아니다. 즉 타자윤리를 중심으로 해서 신을 향한 초월적인 윤리를 인간을 향한 바람직한 가치로 발전시키고자 시도했다는 점, 바로 여기서 그의 타자철학은 사유 중심적인 코기토의 윤리보다도 타자 중심적인 삶의 윤리를 지향한다. 그래서 그가 믿는 메시아니즘도 유토피아와 같은 이상적인 미래사회를 인간 공동체에서 구현하는 것을 목적으로 한다. 그리고 그 가능적인 근거는 신의 재림에 의한 심판에 있는 것이 아니라 인간 스스로 타자와의 이상적인 관계를 구현해나가는 사회성에 있다. 즉 인간은 이타적인 메시아의 심성을 본성적으로 지녔고 타자윤리는 그런 보편적인 심성의 실천인 것이다.

우리는 레비나스의 타자철학이 갖는 의미를 이해하기 위해 로댕의 〈성당〉(1908)을 비평해볼 수 있다. 일반적으로 성당은 신이 지상에 거주하는 신성한 장소이며 이곳에서 인간들은 두 손을 모아 그에게 기도를 올린다. 기도를 올리면서 신의 계시를 받거나 성령의 존재를 체험할 수도 있다. 기독교의 전통에서 그런 성스러운 장소를 성당 또는 교회라고 부른다. 그런데 로댕의 조형 작품에는 성당의 이미지는 없고 단지 두 사람이 손을 맞잡고 있다. 그것은 무엇을 의미하는 것일까? 무엇보다 우리는 서로 다른 두 인간이 손을 맞잡는 순간, 여기에 성스러운 지고의 가

〈그림 2〉 로댕의 〈성당〉(1908)은 너와 나의 관계를 사유하는 타자철학의 예술적 표현일 수 있다.

치가 존재한다는 암시를 받을 수 있다. 즉 사람들이 서로 나누는 사랑이란 보편적인 인간의 삶을 표현하는 초월의 가치다. 그리고 타인과의 사랑 속에서 신이 인간에게 은혜로서 베푼 초월의 가치를 만날 수 있는 것은 아닐까? 인간들은 서로 사랑하는 것에서 신적인 존재와 체험적으로 만날 수 있으며 인간끼리 두 손을 맞잡는 만남은 곧 신과의 만남이다. 그래서 로댕의 작품은 그런 신과의 만남이 타인들과의 만남에서 가능하다는 의미에서 〈성당〉이라고 이름이 붙여진 것은 아닐까?

레비나스는 신의 초월적인 관념과 마주치기 위해 새로운 타자를 제안한 것처럼 보인다. 그에게서 신은 타자다. 그런데 타자가 신으로 환원되는 것은 아니다. 왜냐하면 타자는 낯선 존재로 등장하는 신의 또 다른 현시이기 때문이다. 이런 신이 신으로 또 환원될 필요는 없다. 타자를 초월해서 신이 또 존재한다면 이런 신은 동일자로서의 신, 즉 전체성의 신에 불과하다. 그에게 타자는 이미 신의 현시다. 그렇다고 내 앞에 있는 타자가 신 자체는 아니다. 아침 햇살을 받아 파릇파릇 빛나는 나뭇잎, 호수에 반짝이는 하늘의 푸른빛은 태양에서 오는 빛을 비출 뿐이지 나뭇잎이나 호수 안에 태양이 들어가 있는 것은 아니다. 그렇다면 타자는 신인가, 인간인가? 타자는 신이며 인간이다. 공상과학 영화에서 타임머신을 타고 과거와 미래의 세계로 갈 수 있듯이 인간은 타자를 만나서 신을 만날 수 있다. 그래서 타인에 대한 경외가 발생한다. 그에게 그런 타인에 대한 욕망은 곧 '인간으로서의 타인'에 대한 책임감이며 '신으로서의 타인'에 대한 속죄행위다.

레비나스에 따르면 타인의 얼굴은 곧 신의 재림이며 형이상학의 하강이다. 타인의 얼굴에서 구원의 신 메시아를 볼 수 있고 바로 여기서 그의 타자철학이 왜 형이상학적인 이해를 필요로 하는 것인지에 관한 문제의식을 갖게 된다. 말하자면 신과 타자의 관계는 무엇인가? 타자는 곧 메시아적인 화신이다. 사실 레비나스의 텍스트들을 읽어나가면서 비문과 같은 소통구조를 적지 않게 발견한다. 예를 들어, "나는 나의 자손을 소유하지 못하며 나는 나의 자손이다. 부성은 전적으로 타인된 나로서 존재하는 이방인과의 관계다."[1] 곧 나는 신을 소유할 수 없고 나는 신(타자, 자손 등)에게 귀속되며 신은 타인과의 관계 그 자체에서 무한하게 존재한다. 이런 해석은 형이상학적인 의미 분석에 따른 것이며 언어적인 표현 자체를 이미 뛰어넘었다. 그래도 의구심은 여전히 남는다. 나의 자손과 타인들이 곧 '나'이고 신이란 말인가? 그런데 '나'는 타인의 타인이 될지언정 타자윤리에서 지시하는 타자 또는 타인은 아니다. 곧 주체는 타자도 아니고 신도 아니다. 타자는 '나'라는 주체와 마주하는 관계에 있다. 그래서 주체의 코기토 속에 신은 존재하지 않는다. 즉 사유의 바깥에서 타자의 계시를 통해 주체는 신에 응답하며 그의 편재(遍在)를 이해한다. 그리고 그런 관계에서 주체의 의미가 궁극적으로 존재한다. 우리는 여기서 타인 중심의 윤리를 받아들인다. 그래서 "주체는 볼모다."[2] 이렇듯 레비나스의 타자윤리는 종교공동체에서 흔히 볼 수 있는 신에 대

---

1   TI, p. 254. (Lévinas, *Totalité et Infini. Essais sur l'extériorité*, La Haye, Martinus Nijhoff, 1961, p. 161. 이하 TI로 약칭)

2   AE, p. 142. (Lévinas, *Autrement qu'être ou au-delà de l'essence*, La Haye, Marinus Nijhoff, 1974, p. 18. 이하 AE로 약칭)

한 인간의 초월적인 윤리를 요구한다. 그에게 신은 타인의 얼굴과 같은 낯선 출현을 통해 자신을 계시적으로 현시한다. 곧 "신은 타자다."[3]

그의 철학에서 신과 타자 그리고 인간의 관계는 아브라함과 그의 자손들(혹은 타자)을 축복하고 이스라엘의 신의 되었던 초월자와의 관계에서 성립한다. 연구자들은 타자철학과 그의 학술적인 성과들을 체계적으로 비평하기를 원하지만 레비나스의 25권에 이르는 저서들 중에서 비교적 체계적인 서술을 지닌 것은 《후설의 현상학에서 직관이론》(1930), 《전체성과 무한》(1961)에 불과하다. 대부분의 저서들은 주제 위주의 단편적인 서술들로 엮였으며 《시간과 타자》(1948), 《존재하는 것과 다른》(1974)과 같은 중요한 작품들도 주체이해, 타자철학 등을 개념적으로 생산해냈지만 비체계적인 구성을 지닌 것이 사실이다. 그의 철학사상은 다른 유대인 학자들에 의해 더욱 정확히 이해되었는지도 모른다.

그 예로 국내에도 번역된 데리다의 주요 저서 《글쓰기와 차이》(1967)에서 백여 페이지에 걸쳐 소개된 레비나스의 철학에 대한 비평은 매우 탁월하다. 그만큼 레비나스의 철학적 정서는 헬레니즘과 같은 서구철학의 전통에서 벗어났으며 데리다의 눈에도 그런 논리적 근거들은 분명히 보였다. 이 점에서 레비나스와 데리다의 철학적 관심은 여기저기 씨를 뿌려나가는 '디아스포라적인' 헤브라이즘의 삶의 방식을 암암리에 공유하는 것은 아닌지 문제의식을 가져보아야 한다. 여기서 디아스포라는 흩어져 살아가는 삶의 역경이 아니라 역설적으로 생성과 창조를 의미한다. 그래서 코기토와 같은 전통적인 자아관념을 레비나스는 낯선 타인의 얼굴들에 의해, 데리다는 차이의 글쓰기를 통해 나름대로 해체시키고 있는 셈이다. 레비나스의 얼굴과 타자관념은 그가 만들어낸 독창적

---

3   TI, p. 232.

인 것은 아니다. 유다이즘의 전통적인 경서들에서 그들 관념들이 간혹 등장하는 것을 어렵지 않게 볼 수 있으며 그것들은 초월적인 신과 지고 의 선을 나타낸다.

(3) 새로운 패러다임으로서의 타자윤리

레비나스는 인간의 이상(理想)과 지고의 선(善)을 인간의 실존적인 삶 속에서 사유하고 말하고자 한다. 그런데도 우리가 그의 사상과 타자철 학을 논의하게 되면서 부딪히게 되는 가장 어려운 문제들은 그의 사상 을 이해하기 위해 적절히 요구할 수 있는 철학적 체계성과 방법론을 찾 는 것이며 나아가 이것들이 서구 철학사에서 어떻게 분류되는지를 설명 하는 것이다. 엄밀히 말해서 대부분의 철학적 해석들은 연구자의 시선 과 독해의 지평을 떠나 존재하지 않는지도 모르며 연구주체가 누구고 그가 추구하는 철학적 이데아 또는 자기신념이 무엇이냐에 따라 철학적 주제와 대상들에 대한 해석들은 늘 달라질 수 있다. 특히 레비나스 철학 의 경우 국제적으로 그것에 관한 연구의 역사가 길지 않은 상태에서 아 직은 그런 해석들이 주류를 이룬다고 해도 과언은 아니다. 그래서 그의 철학과 가치의 세계는 여전히 미지의 지평으로 남아 있고 때로는 신비 적인 형태들로 독자들에게 전달된다.

이렇듯 레비나스의 철학이 유럽은 물론 미주 지역에서도 국제적으로 큰 호응을 얻어내고 있는데, 그의 사상이 짧은 시간 동안 그토록 다양하 게 이해되는 이유들은 무엇인가? 왜 그의 철학세계에 대해 많은 사람들 이 기대를 걸고 있는 것인가? 우리는 무엇보다 새로운 패러다임으로서 의 인간윤리에 대한 기대를 거기에서 발견할 수 있는데, 그 배경을 먼저 살펴보기로 하자.

첫째, 사상적으로 그의 타자철학 속에는 헤브라이즘의 전통이 숨쉬고 있으며 신과 인간의 관계에 관한 그의 역동적인 사유방식은 일반적인 서구 철학사의 지적인 궤도와 차별화하면서 인간정신의 지평을 크게 넓히고 있다. 근대철학 이후 관념론의 철학은 '생각하는 주체'에 너무 많은 기대를 해왔으며 그 철학적 체계성이 난해해지고 추상화하면서 그런 주체이해가 도리어 인식론적 권력이 되어가고 있는지도 모른다. 레비나스에 의해 시도된 새로운 인간이해는 그런 점에서 좋은 호응을 얻어내고 있다.

둘째, 인간적 삶에 대한 성찰이 '나' 이외의 다른 요소들 속에서 바라보고자 하는 관심들이 커지고 있는데, 곧 주체를 둘러싼 타자, 환경 등에 관한 현대인들의 성찰이 높아지고 있다. 말하자면 삶의 질을 한 단계 높일 수 있는 건강한 생명과 자연환경, 타인들과 공생할 수 있는 공동체 윤리, 종교적인 영생 등에 관한 대중적인 이해도가 높아진 것을 그 예로 들 수 있다.

셋째, 지난 한 세기 동안 인간과 진리의 본질을 다원적으로 평가할 수 있는 기준과 주제들이 여러 분야의 지식들 가운데 등장하게 된 것을 볼 수 있는데 신체, 감성, 타자, 언어, 무의식 등이 그것이다. 특히 레비나스의 사상을 실존철학, 현상학, 언어철학, 종교철학 등의 관점에서 이해하고자 할 때 이런 관심의 영역들과 연관시켜 앞서 언급한 현대적인 주제들이 함께 등장하는 것을 주시할 수 있다. 말하자면 그는 인간이해의 지평을 타자, 욕망, 감성, 신체성, 향유, 유일신 등과의 다원적인 관계를 통해 설명하고자 한다.

넷째, 철학적 사유가 실증적인 과학적 사고에 밀려 자신의 영역을 좁혀가는 현대적인 추세 속에서 레비나스가 20세기의 마지막 형이상학자로 불리듯이 그의 철학과 사상은 지고한 인간정신의 부활을 선언하고 있는 셈이고 메말라가는 인간정서를 비판하는 지식인들은 여기에 호응한다. 그의 윤리학이 신과 인간의 관계를 말하고 있음에도 아랑곳없이 그런 관계에서 요구되는 초월적인 윤리의 제안은 개인윤리가 정당화되는 현대 사회에서 큰 반향을 일으키고 있다. 위와 같은 나름대로의 진단들은 '오늘날 왜 레비나스의 철학을 읽게 되는 것인가'를 다시금 생각할 기회를 주지 않을까 싶다.

위의 사실들과 함께 무엇보다 레비나스의 철학에 관해 새로운 관심을 갖게 하는 부분은 타인의 얼굴과 주체의 주체성에 관한 논의다. 물론 그의 타자철학을 어떻게 평가할 것인지는 앞서 언급했듯이 그 가치를 받아들이고자 하는 연구자의 문제의식에 의해 늘 새롭게 제안될 수 있을 것이다. 그런데도 무엇보다 그가 타인의 얼굴들 속에서 신, 무한, 자아의 관념을 찾아내고자 한다는 것은 주지의 사실이다. 그런 철학적 이해를 뒷받침할 수 있는 근거들은 그가 유다이즘의 교육을 받았고 유다이즘의 경서들과 탈무드 등의 독해를 통해 그런 관념들을 발전시켜나갔다는 것이다. 이런 입장에서 타인의 얼굴은 신의 얼굴을 현시하기 때문에 십계명 중 하나인 '살인하지 말라'를 실천할 수 있는 근거다. 그리고 그런 얼굴은 사유 중심주의를 탈피해서 주체바깥에서 무한성의 진리와 인격적인 지고의 가치를 발견하고자 한 것에 의미가 있다. 그의 타자철학과 유다이즘의 관계는 각별하며 타자의 개념이 바로 신과 인간에 관한 사유에서 발생한 것이란 점도 잊어서는 안 된다.

그리고 우리는 그런 맥락을 이해하면서 그의 주체개념을 살펴볼 수 있는데 주체의 대리(substitution du sujet)는 바로 타자윤리의 핵심이다. 그로 인해 수반되는 주체윤리는 곧 타인을 위한 속죄, 희생, 사랑이다. 주체의 논쟁에 관해 자칫 해체주의로 치닫게 될 수 있는 흥미는 《존재의 다른 모습》(1973)에서 나타나고 있다. 물론 그 이전에 초기 작품 《시간과 타자》(1948)에서 주체의 고독을 다루면서 이것의 원인은 죽음 또는 무가 아니라 존재의 익명성 또는 타자성에서 비롯된다는 것을 밝힌다. 그에게서 주체의 해체는 주체의 실체성이 부정되기 때문에 발생하는 것이며 윤리적인 측면에서 타인을 위한 책임성은 바로 주체의 주권을 바로 타인에게 양도하는 행위로서 나타난다. 그런데 우리는 이런 무조건적인 행위가 바로 구원을 위한 대속의 행위임에 주목할 수 있다. 물론 존재론으로 주체의 주체성은 타자성이며 타인에게 볼모로 잡혀 있다는 것에서 주체의 대리를 이해할 수도 있을 것이다.

결국 레비나스의 타자철학은 사람 대하기를 마치 하늘 바라보듯 하면서 타인에 대한 경외의 마음을 가져야 한다는 동서고금의 보편적인 윤리를 전달하는 것처럼 보인다. 타인의 얼굴은 일상적인 사람들의 얼굴이지만 여기에는 윤리적인 최선의 선을 실천하라는 낯선 욕망이 숨겨져 있다. 즉 이기적인 나 자신을 떠나 신에게 받은 사랑을 실천하라는 명령이 숨겨져 있다. 철학적인 존재사유에 묻혀서 간과될 수 있는 보편적인 인간의 가치로서 사랑의 윤리를 나 자신과 이웃한 타인들 속에서 실천하라는 윤리의 목적을 발견할 수 있다. 레비나스의 타자윤리는 타인에 대한 사랑과 희생이 그 어떤 철학적 사유보다도 앞선 인간의 가치라는 것을 주장한다. 그리고 이런 가치는 너와 나의 실존적 관계를 삶과 죽음을 초월하는 존재의 심연을 통해서 이해하고자 한 것에서 비롯된다.

그런데 혹자들은 묻는다. 레비나스의 타자윤리는 존재론적인 사유가 매개된 것이 아니라 규범 윤리학의 새로운 해석인 것은 아닌가? 신을 믿지 않는 사람들에게도 타자는 신인가? 코기토의 본질주의는 어떻게 극복될 수 있는가? 그의 타자철학은 유다이즘을 계승할 뿐인 종교윤리가 아닌가? 유다이즘의 신은 인간의 보편적인 신인가? 유다이즘의 나라 이스라엘은 왜 중동 지역에서 이웃국가들에게 분쟁을 일으키고 호전적인가? 이런 의문들에 일단 이렇게 답할 수 있다.

첫째, 우리는 그의 타자철학이 신 중심적인 철학이 아니라 인간 중심적인 철학이라는 것을 논해야 한다. 그리고 그것은 사유 중심적인 주체의 코기토를 벗어나 타자 중심적인 실천윤리를 철학의 중심에 올려놓는다. 그의 타자윤리가 유다이즘을 창조적으로 계승한 것일 수는 있지만 무엇보다 그것은 신 앞에 평등한 인간의 가치를 주장한 것이며 지고의 선을 논하기 이전에 내 옆에 있는 이웃을 먼저 보살피고 여기서 나와 마주한 타인의 얼굴에서 윤리의 기원을 찾아야 한다는 것이다. 신을 믿지 않더라도 인간이 홀로 존재할 수 없다는 것은 누구도 부인할 수는 없다. 인간은 타인에게서 핏줄을 이어받아 생명을 얻었고 타자성은 그런 원천적인 관계에서도 존재론적으로 발생한다. 타인들은 실존의 근거며 그들에 대한 책임과 희생을 실천하는 것은 진정한 존재의 실현이다. 즉 타자성은 존재의 기원이며 그런 타자성을 지향해서 삶을 살아간다는 것은 당연한 귀결인 것이다.

둘째, 그의 타자철학은 존재에 관한 윤리적 인식들에 의해 파악되기보다는 그것에 관한 형이상학적 사유를 새롭게 제시한다. 예를 들어 그는 데카르트의 코기토가 무한성에 대한 사유라는 것은 인정하지만 타자의 얼굴은 그런 사유의 연장(延長)에 있지 않다고 주장한다. 그 얼굴은 주체의 사유를 초월해서 그 바깥에 존재하는 사유의 근원이다. 그런 초월성 자체를 위한 타인에 대한 욕망은 마치 형이상학적인 운동과 같다. 이에 따라 레비나스의 타자관념은 후설의 현상학적 사유를 계승하면서 비판하며 현상학적 지향성을 궁극적으로 부정한다. 그의 타자관념은 동일자로 환원 가능한 사유의 매체가 아니라 오히려 사유의 근거며 본질의 지위를 차지한다. 그런데 본질은 하나가 아니라 여럿이며 유일신(唯

一神)조차도 낯선 타인의 얼굴들만큼이나 무한히 존재한다. 현대의 지식인들이 그의 타자철학에 관심을 갖는 이유는 하이데거와 후설 이후 그것이 존재론의 새로운 대안으로서 모색되고 있기 때문이다.

셋째, 인간은 신 앞에 평등하며 신은 그와 함께 존재한다. 유대-기독교인이기 때문에 신이 그런 인간들과 함께 있다는 것은 모순이다. 타인의 얼굴은 만인의 얼굴이다. 그래서 살육을 범하는 전쟁상태는 죄를 짓는 폭력의 역사일 뿐이다. 레비나스에게서 메시아니즘은 이스라엘을 위한 구원의 메시지가 아니라 만인을 위한 유토피아를 목적으로 한다. 모든 인간은 메시아의 천성을 갖고 태어난 존재며 그런 천성을 보편적으로 실천케 하는 것이 타인에 대한 윤리다. 인간은 삶의 구원을 추구하는 본질적인 욕망을 그런 윤리를 통해 실현해나간다. 그래서 그 어떤 철학적 사유와 존재론적 가치에도 선행하는 '제일철학으로서의 윤리 (*Ethique comme philosophie première*)'가 가능하다.

I부

타자철학의 기원과 헤브라이즘

1장 토라(*Torah*)의 윤리와 유다이즘

(1) 윤리의 시원(始原)으로서 토라

레비나스는 1995년 12월 25일 철학자로서의 삶을 마감한다. 현대의 사상을 논의하면서 그의 타자철학과 윤리학을 빼놓을 수 없는 이유는 무엇보다 그의 철학과 사상이 하이데거의 실존철학, 후설의 현상학 등과 같은 20세기를 지배했던 사상적인 경향들과 운명적으로 마주치고 시대적인 사유의 길을 독창적으로 개척했기 때문이다. 그가 중시했던 철학적인 물음은 무엇보다 인간의 자기 정체성을 근본적으로 성찰하는 것에 던져지며 이에 따라 신과 타인과의 소통에 관한 사유가 중요한 문제의식으로서 등장한다. 그래서 그는 플라톤, 데카르트, 칸트, 헤겔, 베르그송 등에서 엿볼 수 있는 존재사유와 인간의 가치에 관한 사상들을 이해하고 비판한다. 특히 그는 인간의 근원적인 정체성을 묻는 형이상학과 윤리적인 가치들에 많은 관심을 지니고 있었다. 그래서 인간에게서의 신에 대한 원초적인 관념과 여기서 비롯된 윤리에 관한 물음들은 그의 철학에서 큰 비중을 차지한다.

근원적인 윤리의 물음에 관한 레비나스의 본질적인 사유는 현대의 사상사에서 큰 반향을 불러일으키고 있다. 왜 그런 것일까? 오늘날 현대사회의 물신화 풍조와 반인간화의 경향들 대한 지성적인 반성은 새로운

휴머니즘과 사회 공동체의 가치를 다시금 모색하게 만들었고 여기서 레비나스의 타자철학이 중요하게 등장하고 있음은 분명하다.[1] 그런데 우리는 그의 철학적인 문제의식을 서양철학의 역사에서 흔히 볼 수 있는 전통적인 사유주의의 일부로서 단순히 인식해서는 안 된다. 그가 근본적으로 주장하고자 하는 타자철학은 플라톤, 아리스토텔레스 등과 같은 그리스 철학의 전통을

〈그림 3〉 유대인들의 전통적인 〈시나고그〉. 레비나스에게 있어 시나고그는 유다이즘과 공동체의 선을 가르치는 곳이다.

이어받은 것이 아니다. 그의 철학은 유대, 기독교 사상의 전통을 지닌 헤브라이즘(Hébraïsme)의 사유 질서를 사상적인 모태로서 반영한다.

그에 따르면 현대철학의 거두 하이데거의 존재론은 죽음과 같은 존재 자체에 관한 사유범주에 제한된 철학인 셈이고 그리스의 사상과 전통을 일컫는 헬레니즘의 한 부분에 속할 뿐이다. 이에 반해 헤브라이즘은 레

---

1 레비나스의 철학적인 독창성을 유다이즘의 전통과 그 관계들을 통해 다의적으로 제시하는 몇몇 비평서들을 소개할 수 있을 것이다. 이 분야의 독보적인 학자 C. Chalier가 저술한 몇 가지의 책들 중에서 *Judaïsme et Altérité* (Lagrasse, Verdier, 1982.), *La Trace de l'Infini. Emmanuel Levinas et la source hébraïque* (Paris, Cerf, 2002.)과 유대인 사상가로 명성을 얻고 있는 S. Trigano가 여러 가지의 논문들로 편역한 *Emmanuel Levinas. Philosophie et Judaïsme* (Pardès 26, Paris, In Press Edition, 1999.) 등이 있다. 그리고 레비나스의 철학을 "윤리, 종교, 미학: 타자철학"의 주제로써 특집호로 발간한 Magazine Littéraire(2003년 4월호)을 빼놓을 수 없다.

비나스 사상의 근거다. 그의 타자철학에서 무와 죽음은 실존적인 본질이 될 수 없으며 타자는 인간 앞에 나타난 신이다. 그런데 여기서의 신은 단순히 일신론의 신이 아니다. 신의 계시는 타자들에게서 가능하며 내 앞의 신은 하나가 아니라 여럿 이상이 될 수가 있다. 그에 따르면 이것은 유일신의 무한성을 의미한다. 그래서 타인의 얼굴은 마치 성전(聖殿)과 같은 것이다. 무엇보다 우리가 레비나스의 사상과 유다이즘의 관계를 유심히 고찰할 때 그의 타자철학을 더욱 심층적으로 이해할 수 있다.

실제로 그는 유다이즘의 일반적인 특징들을 다음과 같이 말한다. "그것은 무엇보다 일종의 종교로서 바이블, 탈무드, 랍비적인 문학과 카발(Kabbale: 중세 이후 유다이즘의 한 경향)의 신비적인 것 또는 그 신지학(théosophie)과 함께 여기에 관한 신앙과 제식 그리고 도덕적인 규범들에 관한 체계 등을 지칭한다."[2] 그는 또한 이렇게 말한다. "시나고그(Synagogue: 유대인들의 사원)와 같은 객관적인 조직으로서의 유다이즘은 공동체의 선과 공적인 질서에 관계하는 진리들을 가르친다. 유다이즘은 또한 정의를 가르치고 선지시킨다."[3] 유다이즘에 관한 레비나스의 인식은 우리가 그의 타자철학과 윤리학을 효과적으로 이해할 수 있는 중요한 단서를 준다.

따라서 우리는 레비나스의 철학과 타자윤리가 유다이즘의 전통적인 관념들과 호흡하면서 고유한 체계를 구성하고 발전된 사상적인 체계라는 것을 밝히고자 하며 이것은 서구의 윤리학에서 타자 중심적인 인간주의의 가능성을 열게 한 사상적인 성과를 갖는다. 우리는 먼저 그런 논의들을 부각시키기 위해 유다이즘의 윤리적인 전통과 여기에 호응하는

---

2 E. Levinas, *Difficile liberté. Essais sur le judaïsme*, Paris, Albin Michel, 1963. p. 43.(이하 DL로 약칭)

3 DL, p. 92.

그의 철학적인 주요 주제들을 살펴보고자 한다. 이어서 그의 윤리적인 사유를 좀 더 기원적으로 설명하기 위해 전통적인 유다이즘의 관점에서 그의 토라 읽기와 철학적인 사유의 원리들을 제시할 수 있을 것이다. 그리고 그의 심령주의적인 사유의 중심을 차지하는 메시아니즘과 선지주의(prophétisme), 그리고 에로스와 부성에서 나타나는 다산성(fécondité) 등의 개념들을 논의해나가기로 하자. 궁극적으로 우리는 그의 타자윤리가 유다이즘에서 말하는 창조적인 세계관에 일치하는 것이고 타자 중심적인 새로운 인간주의를 제창하기 위한 질서라는 것을 파악할 수 있다.

전통적인 유다이즘에서 계시되는 윤리의 빛은 신으로부터의 법에 대한 이해에서 비롯된다. 그래서 역사적인 경전들로 내려오는 바이블, 탈무드, 미드라시(Midrash), 조하르(Zohar) 등은 지적인 유대인 공동체에 의해 큰 가르침으로 읽히고 전승된다. 우리가 논의하게 될 지혜의 영역으로서의 레비나스의 타자윤리를 근본적으로 읽게 하는 것 역시 토라(Torah)와 탈무드에 대한 지적인 기원에서 비롯된다.

일반적으로 구전적 토라인 탈무드가 담고 있는 것은 신의 편재와 영원성, 신적인 부성(paternité), 우주론(cosmologie), 윤리와 도덕 등에 관한 전통적인 관념들이다. 그중에서도 신의 세계창조에 관한 우주론적인 원리와 유배적인 삶에서 신의 구원을 기다리는 메시아니즘은 유대인들의 철학과 신앙을 기본적으로 구성해온 초가치적인 그들의 법을 형성한다. 즉 신적인 법(Loi)은 태초부터 세계를 지배하는 원리이며 또한 그들 사이의 공동체적인 윤리로서 실천적으로 받아들이고 전승시켜야 하는 초월성을 나타냈던 것이다. 전통적으로 신의 법은 지고의 원리이며 신성함 자체다. 따라서 타인을 범하는 인간의 죄는 신이 창조하지 않은 것이다. "랍비적인 관점에서 죄는 신에 대한 반역 외엔 그 무엇도 아니다. 토라의 그 어떤 질서라도 어기는 것은 따라서 위반이다. 덕은 토라에 대한 일치이며 죄는 거기에 대한 태만이며 경멸이다."[4]

말하자면 유다이즘에서 의미하는 토라와 법은 우주론적인 이치를 담고 있는 신적인 지혜이면서 이스라엘의 역사를 초월적으로 이끌고 있는 계시적인 가치들을 갖고 있다. 바이블의 모세5경(Pentateuque), 즉 창세기, 출애굽기, 레위기, 민수기, 신명기는 토라의 협의적인 의미이며 일반적으로 토라는 신에게서 인간들에게 전해지는 우주론적인 지혜, 윤리적이고 신비적인 가치 등을 의미한다. 말하자면 토라는 곧 유다이즘의 법이며 윤리인 것이다. 레비나스에게서도 '나'와 신의 관계를 인격적으로 가깝게 이어주는 것이 토라다. "신보다 더 토라를 사랑하라. 이것은 바로 구체적으로 인격적인 신(un Dieu personnel)에 다가서는 것이다."[5] 그리고 이런 토라의 관념을 통해 레비나스가 철학적으로 제시하는 타자성에 관한 형이상학과 윤리도 근본적인 유다이즘의 윤리, 즉 유일신주의(monothéisme)와 메시아니즘 등에서 출발한다. 그가 믿는 신도 아브라함의 신이며 인격적인 유일신이다. 역사적으로 유대인들은 몇천 년 동안 메시아의 탄생을 기다려왔다.(이사야 9:1~6) 그들에게 메시아는 신의 영을 가진 존재며 특히 인간들의 구원을 위해 그들의 죄를 짊어지고 속죄하는 존재다.

전통적으로 유대인들은 신에 의해 선택된 선민의식을 가지고 서로가 신앙적인 몫을 나누고 고통을 감수하면서 신의 왕국을 촉진하기 위한 소명(vocation)에 충실했다.[6] 따라서 토라의 학습과 탈무드 읽기는 인간들에 대한 신적인 구원의 약속을 영원히 환기시키는 것에 의미가 있으

---

4   A. Cohen, *Everyman's Talmud*, Dent&Sons Ldt., London.; *Le Talmud*, Payot&
     Rivages, Paris, 2002, p. 202.

5   DL, p. 206.

6   André Chouraqui, *La Pensée juive*, coll. "Que sais-je?", Paris, PUF, 1965, p. 53.

며 공동체적인 법들의 전승적인 역할을 가능케 한다. 그리고 역사적으로 토라의 비밀에 대한 탐구와 그 법적인 적용에 관한 문제는 랍비들의 지적인 사명이기도 하다. 예를 들어 중세의 유다이즘을 대표하는 마이모니데스(Maïmonide, 1138~1204) 역시 랍비적인 전통에서 신적인 법의 관념을 유배적인 공동체의 법에 적용시킨다. "이스라엘은 세 개의 왕관을 영예롭게 받았다. 법(Loi)과 사제와 왕위(Royauté)의 왕관이다. (…) 왕위의 왕관은 다윗에 수여됐다."[7] 그가 말하는 법은 유다이즘을 구성하는 우주론적인 법이며 토라에 대한 관념인데 이스라엘의 역사를 지배하는 법도 그것과 근본적으로 동일하다.

레비나스 자신도 이런 맥락을 이해하며 마이모니데스가 *Yad bahaza-ka*에서 주장하는 합리주의적인 메시아니즘을 인상 깊게 수용하며 토라에 관한 그의 말을 환기시킨다. "왕이신 메시아는 다윗의 왕국에 자신의 최초 국가와 권력을 이끌었다. 그는 사원을 재건했고 이스라엘의 분산을 재통합했다. (…) 왕이신 메시아가 기적을 일으키고 자연법들을 다시 새롭게 하고 죽음들을 소생시켜야 한다고 생각하지는 말라. (…) 토라와 그의 명령들과 법들은 영원하다."[8] 즉 그는 유대인들의 지적인 전통과 마이모니드의 사상을 긍정하며 그 자신도 신적인 윤리를 토라에 대한 이해에서 찾고자 하며 여기서 인간주의의 보편성을 이끌어내고자 한다. 따라서 그는 자신의 탈무드 주해를 통해 보편적인 윤리의 기원들을 설명하는데 그의 관심은 인간에 부여된 신적인 사명을 타자에 대한 윤리로서 실현시키고자 한 것에 의미가 있다.

---

7 Moïse Maïmonide, *Le Livre de la connaissance*, Paris, PUF, 1961, p. 177. 이 책은 그의 저서 *Micbneb Torab*를 구성하는 14권 중 첫 번째 권이다.

8 E. Levinas, *L'Au-delà du verset. Lectures et discours talmudiques*, Paris, Ed. de Minuit, 1982, p. 214.(이하 ADV로 약칭)

이런 관점에서 볼 때 우리는 레비나스의 윤리관을 유다이즘의 시각에서 들여다보기 위해 토라에 대한 전통적인 유래를 좀 더 명확히 살펴볼 필요가 있다. 즉 유대인 공동체에서 윤리의 기원은 토라에 대한 이해에서 비롯된다. 인간들에 대한 신의 언약은 창세기에 언급되듯이 신은 아브라함에게 자손의 번성을 약속했고 그의 손자 야곱은 신에게서 이스라엘의 이름을 얻어 낸다. 또한 야곱의 아들 유다는 왕권을 계승하는 가계를 약속받는다. 이후 공동체를 운영하는 신적인 법은 모세에게 율법으로서 부여되며 곧 인간에 대한 최초의 토라의 전수다. 따라서 유대인 공동체에서 논의되는 신과 우주와 존재에 대한 논리적인 이해는 신이 인간에게 내려준 지혜, 즉 토라에 대한 탐구에서 비롯된다.

여기서 유의해야 될 점은 토라에서 비롯된 윤리에 대한 이해는 신이 선택한 백성들에 의해 먼저 인식됐다는 것인데, 말하자면 신의 본질을 모사한 윤리적인 보편성이 우선된 것이 아니라 신에 대한 인간의 복종적인 관계에서 그 윤리가 시작됐다는 것이다. 즉 유다이즘의 윤리는 신에 대한 인간의 관계에서 유래한다. "신이 인간(humanité)에게 행한 말씀은 그가 그의 백성들에게 한 것과 다르지 않다."[9] 나아가 토라는 그들 사회를 관습적으로 유지시키기 위해 엄격한 할라카의 법(loi halakhique)으로 규정되기도 하지만 이것은 인간사회에 적용된 토라의 매우 구체적인 예다. 즉 그들의 사회적인 법률은 입법적인 것 이상의 효력을 갖게 되는데 신의 법은 궁극적으로 그들을 보호해주는 초월적인 것이기 때문이다. 탈무드적인 법은 신의 이름으로 일상적인 삶을 규제하고 있으며 그 이유는 신에 의해 이스라엘 사람(un israélite)으로서 선택받았기 때문

---

9 Leo Baeck, *L'Essence du judaisme*, Frankfurt a.M., J. Kauffman Verlag, 1922. ; Paris, PUF, 1993, p. 115.

이다. 남성과 여성의 역할, 가정 운영과 결혼 관습, 자녀 교육 등에 관한 할라카의 법은 매우 엄격하다. 따라서 우주론적인 법, 윤리적인 지혜, 관습적인 법률 등은 토라에 관한 일종의 위계적인 질서를 구성하고 있는 셈이다.

그런데 무엇보다 토라는 세계를 지배하는 영적인 에너지와도 같다. 토라의 주체이며 창조의 주인인 엘로힘(*Elohim*)은 모든 만물을 지배한다. 레비나스는 이렇게 말한다. "모든 위계의 상좌에 있는 엘로힘은 온 세상의 영혼이며 생기다. 이들 세계의 위계적인 연관을 통해 지배자의 에너지는 상위적인 것에서 하위적인 것으로 하강하며 모든 것에 퍼져나갈 뿐 아니라 하위적인 것을 상위적인 것으로 고양시킨다."[10] 마치 토라는 만물을 생기 있게 하는 보편적인 힘과 같으며 레비나스에게서 타인을 향하는 주체의 욕망 역시 생명력 있는 영적인 힘에 비유될 수 있을 것이다. 전통적인 유다이즘의 관점에서 볼 때 그의 타자에 대한 윤리 역시 헤브라이즘의 철학과 도덕을 기원적으로 계승하고 있는 것이며 그의 탈무드 주해 방식은 토라적인 윤리를 보편화하는 것이었다. 이와 함께 그의 철학적인 주요 관심은 바이블의 비헬레니즘적인 요소들을 헬레니즘적인 용어들로 해석하는 것에 있었던 것이다. 그의 텍스트들을 통해 전통적인 윤리의 관념들이 되풀이되기도 하고 다소는 탈중심적이고 해체주의적인 철학 개념들이 난해하게 열거되는 이유가 여기에 있다.

따라서 그가 존재의 로고스라고 말할 때 이것은 이미 유다이즘적인 법(Loi)을 의미하게 되면서 인간과 우주에 대한 로고스는 다분히 윤리적으로 해석될 수 있지만 본질주의를 지향하는 전통적인 신학적 관념들과 양립하지 않는다. 그가 말하는 로고스는 신의 창조적인 지혜와 우주론

---

10   E. Levinas, *A l'heure des nations*, Paris, Ed. de Minuit, 1988, p. 142.(이하 AHN로 약칭)

적인 가치를 함의하는 토라(*Torah*)의 성격들을 나타낸다. 사유적인 무한성(infinité)은 계시적인 무한성(*Ein Sof*)으로서 지시되는데 그 본질은 타자성을 통한 신적인 윤리의 계시에 있다. 무한성에 관한 레비나스의 사유방식은 자아윤리를 초월하는 타자윤리로서 주장될 수 있다. 즉 타자에 강요되는 책임감을 통해 역설적으로 계시적인 진리와 그 보편성을 이해한다. 타자의 얼굴은 계시의 함의이며 그 흔적이다. 타자에 대한 욕망은 신에 대한 사랑과 경외의 표현이다. 즉 그의 윤리는 개별자의 자유의지나 실천적인 판단에 근거한 것이 아니라 토라의 원리에 순종하는 절대자 앞의 복종이며 존재가 신의 이미지를 창조적으로 비추고 있듯 모든 개별자들에겐 신 앞에 나아가는 본능이 숨겨져 있다. 전통적으로 유대인들은 문자적인 조합을 통해 신에 대한 신비적인 인식을 갖기도 한다. "히브리 언어는 카발리스트들에게 숫자적이고 비밀스러운 언어를 나타내는데 이것은 세계와 신의 영적인 본성에 대한 실마리를 내포한다."[11] 예를 들어 YHVH는 신의 단일성과 사랑을 의미하는 초월적인 문자조합(tétragramme)이다.

그가 '모든 사람들은 메시아'라고 말하는 근거와 신의 부재(absence de Dieu)를 아쉬워하듯 낯선 타자를 흠모하는 것은 그런 형이상학적인 가능성 때문이다. 신의 부재는 역설적으로 은혜다. 그것으로 인해 인간에게 토라가 주어졌기 때문이다. "토라는 신의 부재에 대한 증언이지만 이 부재는 은혜이며 명령들은 토라를 기능시키기 위해 거기에 존재한다. 부재는 진노가 아니라 은혜며 심판의 유보다. 심판의 날은 메시아의 시대에 속하는 것이다."[12] 그래서 타자에 대한 나의 희생과 그에 대한 환

---

11   André Chouraqui, 앞의 책, p. 95.
12   Shmuel Trigano, *L'E(xc)lu*, Paris, Denoël, 2003, p. 233.

대는 오히려 신의 영광(gloire de Dieu)을 찾는 것과 같은 것이며 진정한 자유의 실현을 의미한다. "신의 영광은 나의 타인적인 태도(moi faisant signe à autrui)로 인해 신에 대한 성실성(sincérité)을 가져오는 것으로 나는 타인에 대해 책임적이어야 한다."[13] 그에게 형이상학적인 심령주의는 근본적으로 신과의 계시적인 소통을 의미하며 타자윤리는 따라서 신적인 의지에 충실하도록 요구되는 일방적인 윤리다. 그의 윤리는 '살아 있는' 메시아니즘의 실현을 의미한다.

레비나스의 그런 윤리적인 성격은 칸트의 그것과 구분된다. 즉 그의 이타적인 윤리관은 신에 대한 전적인 복종에 의해서만 가능하다. "전혀 외적인 것에서 오는 의지에 응답하는 복종, 여기서 칸트의 범주적인 명령에서 오는 형식적인 보편성을 발견할 수 없다. 우리는 따라서 이런 복종이 하늘을 경외하는 살아 있는 것이란 것을 알게 된다."[14] 레비나스 윤리의 기원적인 출발은 무엇보다 유다이즘에서 말하는 유일신주의, 메시아니즘 등을 모태로 한다. 즉 종교적인 신앙을 구축하는 그런 주요 근간들은 신과 인간의 관계에 대한 근원적인 규정에서 비롯되며 레비나스에게 토라의 관념은 인간에 대한 도덕적인 질서와 타자에 대한 윤리를 가능케 하는 정신적인 원천이다.

(2) 레비나스의 토라이해와 속죄윤리

일반적으로 유대인들이 토라의 영적인 교훈을 전달하는 방식은 구술

---

13 E. Levinas, *Autrement qu'être ou au-delà de l'essence*, La Haye, Marinus Nijhoff, 1974, p. 184.(이하 AE로 약칭)

14 ADV, p. 116.

이며 탈무드의 형식 역시 구전이다. 즉 그들은 토라의 관념들에 대한 신적인 이치와 그 이해를 이미 영적인 감정이입으로 타인에게 전달하는 셈인데 듣기와 말하기의 형식을 통한 영적인 진리의 전승(transmission)을 의미한다. 우선 레비나스에서도 토라는 윤리를 구성하는 유기체와 같이 살아 있는 힘이며 윤리적인 원리들을 움직이는 상위적인 법이다. "신적인 가르침, 선지적인 말씀(parole prophétique)과 같은 토라는 유다이즘을 통해서 밝혀지는데, 즉 대가들이 남긴 주석서의 지혜는 토라를 새롭게 인식시키며 또한 법들의 정의는 어느 누구와의 일체성이 망각될 수 없는 사랑 가운데 언제나 제어된다."[15]

그에게 토라의 전수 대상은 신적인 사랑이며 토라에 관한 해석적인 관심은 탈주체적인 감수성과 같은 통시적인(diachronique) 관념과 그 작용을 이해하는 것에 있다. 그리고 그 관념은 전수와 같은 초월적 감수성으로서 나타나며 이것은 가르침에 대한 본질을 차지한다. "전수는 이것을 배우고 연기하는 것과 같은 수용성(réceptivité)에서 이미 윤곽을 드러내는 가르침(enseignement)을 의미한다."[16] 예를 들어 유대인들이 히브리어를 학습하는 방식은 되풀이하는 암기와 함께 구절에 내포된 토라의 의미를 환기시키는 것에 있다. 그런데 레비나스의 형이상학을 구성하는 통시적인 관념은 '타자지향성'(l' un-pour-l'autre)으로서 나타난다. 살아 있는 영적인 진리가 나에게서 타인에게로 옮겨지는 것을 의미한다. "진리에 관한 교훈은 단 한 사람의 의식 속에서 고려되는 것이 아니라 타인을 향해서 밝혀진다. 잘 학습하고 잘 읽고 잘 듣는 것은 바로 이미 말하는 것이다."[17]

---

15 AHN, p. 130.
16 ADV, p. 99.
17 ADV, pp. 99~100.

진리에 대한 구술적인 전수 방식은 그도 지적하듯이 토라를 모세에게 전수했던 신의 명령에서도 드러나는 것이다. 선지적인 말씀의 지혜를 잘 듣고 잘 이해하는 것은 타인에게 잘 말하는 것에 그 의미가 있다. 그는 모세5경을 통해 자주 언급되는 표현을 예로 든다. '그런즉(en ces termes, leemor) 이스라엘 자손들에게 말하라.' 그런데 레비나스는 이 관계를 좀 더 독특하게 이해한다. 히브리어 leemor는 '말하는 것을 위해' (pour dire) 또는 '그들이 말을 하도록 하려고'(pour qu'ils parlent) 로 번역된다는 것이다.[18] 즉 모세가 전달한 내용 중에는 그들이 말을 하도록하는 '말하지 않는 것'(le non-dit)이 반드시 포함되어야 한다는 것이며이는 그 자손들이 스스로 말을 하도록 하는 영적인 터득이 있어야 한다는 뜻이다. 즉 선지적인 말씀 속에는 스스로 깨우치게 하는 힘이 있다는 것이다. 비유적으로 말하자면 도가사상에서 말하는 '道可道 非常道'(도가이미 도라고 불리면 도가 아니다)와 같은 맥락일 수 있다. 이것은 바로 본질적인 전수의 의미이기도 하다. 전통적으로 유다이즘의 신비적이고 우의적인 학습 방식을 나타내는 부분이기도 하며 실제 카발리즘(Kabbalisme)은 그런 통찰을 전승한다.[19]

이런 관점에서 볼 때 레비나스의 탈무드읽기에서 나타나는 주요 개념은 계시성(Révélation)에 관한 것이다. 즉 구전토라인 탈무드에 대한 고유한 읽기 방식은 성문토라인 구(ancien)바이블에서 '말하지 않는 것'(le

---

18 ADV, p. 100.

19 카발은 '받는다'라는 의미이며 12세기 이후 나타난 이 유다이즘은 조하르(Zohar)라는 문헌을 기초로 한다. 그 효시가 마이모니데스라는 주장도 있으나 대표적인 인물은 16세기의 Isaac Luria다. 진리의 계시성과 신비적인 전수가 중시된다. "루리아의 카발라는 그 영향이 유대인들의 모든 분야와 예외 없이 디아스포라의 각 지역들에서 지배력을 행사했던 유다이즘의 마지막 운동이었다." (Gershom Scholem, *Schocken Books*, 1946. ; *Les Grands courants de la mystique juive*, Paris, Payot&Rivages, 1973, p. 304.)

non-dit)에 대한 전수적인 이해일 수 있다. 따라서 토라에 대한 그의 해석적인 이해는 그의 탈무드읽기를 통해서 나타나는데 탈무드의 구성을 이루는 미시나(Michnah)와 게마라(Guemarah)는 바이블과 유다이즘의 윤리를 구술에 의존해 전달한다.[20] 특히 탈무드의 아가다(Aggadah)는 좀 더 보편적인 언명을 전달하며 그것의 예의적이고 우의적인 이야기는 유다이즘에 관한 형이상학과 철학적인 인류학을 함의한다고 그는 말한다.[21]

즉 그는 그것들을 통해 토라에 대한 풍요로운 이해, 타인에 대한 윤리적인 태도 등을 더 중요하게 살펴본다. 그의 주해 방식은 토라에 대한 해석적 지평, 존재에 대한 윤리적 암시를 이끌어내는 것에 있다. 즉 신과 존재에 대한 절대적인 상징성을 우의적인 방법을 통해 이해하게 된다. 레비나스는 랍비 이시마엘이 '토라는 인간의 언어로 말을 한다'고 말한 것을 환기시키며 토라의 읽기 방식엔 데카르트가 말하는 무한성이 존재한다고 지적한다. "무한의 놀라운 경련, 즉 최소에 거주하는 최대, 유한 속의 무한인 것이다."[22]

특히 레비나스의 토라이해는 계시의 전승에 있으며 그 중심에는 신과 인간관계에서 비롯되는 타자에 대한 경외와 사랑의 관념이 존재한다. 계시성은 레비나스의 심령주의(psychisme)를 생기 있게 하며 그의 형이상학을 구성한다. "계시성은 어떤 매개물도 필요로 하지 않는 신과 인간관계의 직접성을 드러내는 '말하기'(un dire)다."[23] 이런 관념은 '마주보

---

20 미시나는 '반복한다'는 뜻으로 기원후 2세기 랍비 예후다 하나시(Yehouda Hanassi)에 의해 편집됐으며, 여기에 대한 주석과 보충은 게마라인데 아모라임(Amoraïm)이라 불리는 랍비들에 의해 3~4세기경에 걸쳐 편집되며 탈무드를 구성한다.

21 ADV, p. 171.

22 ADV, p. 7.

23 ADV, p. 174.

며 신이 너희에게 말씀을 했다'(신명기 5 : 4)는 것과 일치하며 그는 언어적 기원을 또한 여기서 찾는다. 즉 "서술보다는 명령인 이것은 인간적인 이해로 향해 가는 제일의 운동인데 언어의 시작이다."[24]

그가 제시하듯 타자의 얼굴이 이미 말을 하고 있다는 것은 그런 계시성을 암시하는 것이다. '이미 말을 하고 있다는 것'은 '말하지 않는 것'(le non-dit)에서 오는 계시에 관한 관념이다. 즉 "얼굴의 침묵이 말하듯 너는 살인할 수 없을 것이다."[25] 궁극적으로 그의 계시성은 영적으로 받아들이는 초월적인 수용성이며 나의 개별자적인 의지와는 상관없이 타자에 대한 책임감으로 나아가는 형이상학적인 힘으로 나타난다. 그것은 신적인 무한함을 파악하는 영감(inspiration)에서 비롯되며 그가 말하는 심령주의의 본질을 차지한다. "윤리적인 관계에서 기술되는 것과 같은 계시성은 여기서 타인과의 관계는 신과의 관계를 나타내는 양식이다 (…)."[26] 따라서 무한성을 인식하는 계시성의 의미는 직관적인 지성에 근거를 둔 합리주의적인 전통에 의해서 파악되는 것이 아니라 유일신주의와 토라의 이해에 관한 유다이즘의 전통에서 설명되는 것이다.

우리는 레비나스의 윤리가 현실적인 상황에서 고난을 당하는 인간실존을 심려며 여기서 신에 대한 인간의 구도적인 윤리가 또한 발생하고 있음을 살펴볼 수 있다. 즉 역사적으로 신의 언약이 이뤄지기 전까지 이스라엘인들은 이집트, 바빌론 등에서 유배적인 삶을 거듭해왔으며 낯선 땅에서의 생활은 더 많은 인내심을 요구했는데 바이블에 등장하는 많은 선지자들은 민중의 고통스러운 정서를 신 앞으로 나오게 한다. 선지

---

24 ADV, p. 174.

25 E. Levinas, *Le Temps et l'Autre*, Paris, Arthaud, 1948 ; Paris, PUF, 1983, pp. 14~15.(이하 TA로 약칭)

26 ADV, p. 179.

자 하박국은 바빌론의 유수(幽囚)를 당하는 이스라엘인들의 고통을 달랜다. "비록 무화과나무가 무성치 못하며 포도나무에 열매가 없으며 감람나무에 소출이 없어도(…) 나는 당신으로 인해 즐거워하며 구원하시는 당신으로 인해 기뻐하리다."(하박국 3:17~18)

레비나스가 말하는 '존재의 밤'은 디아스포라적인 낯선 땅에서의 존재의 암흑, 신의 부재를 의미한다. 그러나 존재의 밤은 신으에게서의 영원한 유배를 의미하지 않는다. "영적인 것은 감각적인 실체로서 주어지는 것이 아니라 부재(absence)에 의해 주어진다. 신은 화신(incarnation)이 아니라 법(Loi)에 의해서 구체적으로 존재한다."[27] 결국 토라로 불리는 신의 법은 유대인들을 이방에서 이끄는 안내인의 역할을 했으며 빛을 찾아 광야를 떠도는 가운데 그들의 신앙은 신적인 존재의 육신화와 구원을 기다리는 메시아니즘을 간직하게 된다. 고대 이전부터 중세 이후까지도 유대인들은 이집트, 바빌론, 스페인, 남프랑스, 암스테르담 등 아랍권과 유럽 지역에 흩어져 살면서 각 지역마다 랍비적인 전통의 아카데미를 보존한다. 특히 12세기경 주요 지역은 바그다드였으며 유대인 학자들은 그리스적인 사고와 아랍의 문화를 받아들이지만 유대인 왕국 건설에 대한 소명을 지속적으로 유지한다.

이방인들에게 존재의 밤은 낮의 결여가 아니며 또한 존재의 은유를 나타내는 메타포가 아니다. 그것은 존재의 현실이며 신 앞에서 존재론적인 의미를 박탈당한 나 자신성(mon ipséité)을 나타낸다. 존재의 밤은 나를 잉태한 또 다른 빛의 계시인 것이다. 레비나스는 라신(Racine)의 《페드르(Phèdre)》에서 다음과 같이 인용한다. "어둠이 나를 둘러싸고 낮의 빛이 나에 대해선 어둠으로 뒤바뀌어도 그 어둠일지라도 당신에 대

해선 어두컴컴한 것이 아닙니다. 밤은 낮과 같이 빛이 나고 그 어두컴컴함은 당신에 대해선 밝음과 같습니다. 왜냐하면 나의 허리를 주조했고 나의 어머니의 은밀한 곳에서 나를 매만져주신 것도 당신이기 때문입니다. 나를 이렇듯 놀랍도록 각별케 해주신 당신에게 은혜를 드립니다."[28] 육체적으로 빚어진 인간의 얼굴 저편에는 또 다른 은혜의 얼굴이 나를 보호하는 것이며 내가 죄를 짓고 도망을 치더라도 나는 그런 신에게서 떨어질 수 없는 존재인 것이다. 결국 존재는 신 앞에선 온통 벌거벗겨져 있다. "모든 것은 드러나(exposé) 있으며 내 안의 모든 것은 바로 보아야 하며 응답해야만 한다."[29] 따라서 레비나스에게 밤은 이미 두 가지의 중의성을 갖는데 실존적인 빈곤한 현실이며 나를 보호하는 신 앞의 실존인 것이다.

여기서 존재의 밤은 디아스포라적인 존재의 고난, 즉 히브리어 Shoah를 또한 의미하며 그 어두운 밤을 신이 명백히 보듯 존재의 고통(souffrance)은 신 자신의 고통이기도 하다. 레비나스는 바이블을 읽어나간다.[30] "나는 고통 속에 있는 너와 함께 있다."(시편 91:15) 그런데 이 고통은 비로소 도덕을 낳고 진정한 자유를 열어가는 긍정적인 의미다. "고통은 도덕적인 우선권을 갖지 않지만 자유를 촉진시키는 것은 고통을 통해서다. 인간은 고통을 받아들이지만 이 고통을 통해서 도덕적인 자유를 등장시킨다."[31] 그의 윤리관은 자유를 말하기 전에 고통을 동반하는 '힘겨운 자유'(difficile liberté)를 감수해야 하는 것이며 이것은 메시

---

28 E. Levinas, *Du sacré au saint. Cinq nouvelles lectures talmudiques*, Paris, Ed. de Minuit, 1977, p. 131.(이하 DSAS로 약칭)

29 DSAS, p. 132.

30 AHN, p. 149.

31 DL, p. 105.

48

아니즘을 통해 얻는 보편적인 자유, 즉 구원에 이르는 길이다. 또한 고통을 같이 하는 신의 인간에 대한 사랑은 인간의 속죄를 기다리는 그의 사랑이기도 한 것이다.

따라서 레비나스가 말하는 타자를 위한 주체의 끊임없는 대신 (substitution)은 타인을 대신하는(se substituer à autrui) 나의 속죄적인 행위며 이미 주체의 구원적인 행위이기도 한 것이다. 타자를 위한 대신의 개념은 주체에 대한 해체적인 논의와 함께 레비나스의 후기 작품인 《존재의 다른 모습으로(Autrement qu'être…)》에서 본격적으로 다뤄진다. 주체해체에 관한 논의는 타자윤리를 실천하려는 철학적인 이해에서 출발한다. "대신이란 타자로 인한 것을 타자로 향하게 하면서 그의 입장을 대신하는 가능성, 즉 타자로 인해 빚어진 모욕과 잘못을 나의 속죄 (expiation)로 가져가는 박해(percécution)를 통해 그의 입장을 대신하는 것이다."[32] 그에게서 주체의 본질은 타자성이며 이것은 타자에 대한 책임감으로 나타나는 주체의 윤리적인 의미를 이미 함축한다. 곧 타자를 대신하는 주체의 대용은 타자를 위한 나의 속죄다. 이와 같은 논리는 메시아의 구원을 기다리는 종교적인 대속의 의미이기도 하다. 따라서 그에게서 타인을 위한 희생(sacrifice)은 곧 초월자를 향한 존재의 지고한 윤리다. 우리는 신이 기뻐하는 인간의 속죄와 주체의 희생을 통해 비로소 기쁨을 얻는 유대이즘의 윤리관을 엿볼 수 있으며 '나 때문에'라는 공동체의 책임윤리에 대한 호소를 듣게 된다.

---

32 AE, p. 150.

(3) 레비나스의 심령주의 : 메시아니즘과 선지주의

레비나스의 윤리론은 타자에 대한 존재의 자아실현이 이미 영혼의 활동에서 비롯된다는 그 본질적인 동기를 인간의 본성에 부여한다. 그리고 그 근거는 메시아니즘에서 제시될 수 있다. 즉 그는 인간의 구원에 대한 역사적인 희망과 신앙에 의해 전래되는 유다이즘의 메시아니즘을 인간주의에 대한 근원적인 통찰로서 받아들인다. 그는 메시아니즘의 관념에 대해 다음과 같이 탈무드의 말을 전한다.[33] "모든 선지자들은 예외 없이 메시아의 시대를 위해 예언한다. 미래의 세계에 대한 것에 대해서 어느 눈도 네가 기다리는 것에 관여하시는 '당신'(Toi)이신 구세주의 바깥에서는 그것을 볼 수는 없다."(Synhedrin 99a) 즉 메시아는 인격화한 당신이라는 초월적인 존재이며 나와 마주보는 존재의 빛이다. 그런 메시아의 존재는 또한 미래를 계시하며 오늘도 오실 준비를 하는 존재인 것이다.[34] 따라서 레비나스에게서 미래의 메시아는 현세적인 유토피아를 같이 열게 해주는 초월자다.

말하자면 그런 메시아는 현재의 나를 타자에게의 존재로 개방시킨다. 즉 나의 존재론적인 본질은 메시아의 본성에 근거한다. "메시아는 '나'이며 '나'가 된다는 것은 메시아가 되는 것이다. (…) 모든 사람은 메시아다."[35] 즉 모든 존재가 타자들에게서 떨어질 수 없고 그들에 의해 선택된(élu) 존재이기 때문에 서로에 대해 책임적이어야 하고 따라서 모든 사람들은 메시아와 동일한 심성을 가졌다는 것이다. 이스라엘의 선민의식이 신에게서 분리될 수 없는 복종관계에서 유래한 것과 동일한 맥락

---

33 DL, p. 91.

34 "Le Messie est prêt à venir aujourd'hui même." (DL, p. 106.)

35 DL, p. 129.

이다. 또한 인간성에 호소하는 메시아니즘의 관점에서 볼 때 그 메시아는 타자의 얼굴을 통해서도 계시되는 것이다. "타자는 얼굴을 통해서 고결함, 그리고 하강하게 되는 고귀와 신적인 것의 차원을 표현한다."[36] 타자의 얼굴에서 현시되는 윤리의 빛은 어떤 윤리적인 것에 대해서도 더욱 근원적이다. 그래서 레비나스의 윤리론은 심령적인 것이며 철학적인 모든 선험주의에 앞서는 것이다. "성서(Ecriture)의 선지주의와 탈무디즘은 신학적인 사고, 즉 그 선험성(a priori)에 선행한다. 왜냐하면 의심할 것도 없이 이것은 타인의 얼굴을 통해 사념 속에 찾아오는 신의 등장 과정이기 때문이다."[37]

레비나스가 파악한 그런 신의 강림은 모세가 시나이 산에서 마주한 신의 모습이며 유대민족과 그 역사를 통해 구원과 보편의 역사를 인도하는 유일신의 모습이다. 그런 메시아니즘은 이스라엘 민족의 선민의식과 그 운명 공동체에서 비롯된다. "국가의 운명을 통해서 전 세계를 향해 메시아적인 종교가 창조됐으며 그 운명은 메시아적인 시대의 도래를 준비해야 한다."[38] 그에게 유대인들의 유일신 사상은 하늘 아래 인간의 법과 윤리를 가능케 하는 초월적인 주재자에 관한 이해에서 비롯되며 나아가 그들의 공동체와 역사를 구성한다. 그에 따르면 인간들에 대한 윤리의 기원으로서 나타나는 유일신주의는 타자들에 대한 책임감으로서 나타난다. 신과의 언약은 바로 그들 가운데 신의 정의를 실현하는 데에 있기 때문이다.

그에게 유일신주의는 개별적인 이기주의를 버리게 하는 가장 큰 윤리

---

36 E. Levinas, *Totalité et Infini. Essais sur l'extériorité*, La Haye, Martinus Nijhoff, 1961 p. 240.(이하 TI로 약칭)

37 AHN, p. 130.

38 Leo Baeck, 앞의 책, p. 115.

의 전제다. "비(non-)고풍적인 유일신주의가 처방하는 타자들에 대한 책임감을 통해 그것은 '나'의 가족과 '나'의 사람들이 이방인들과 같은 나의 '타자들'이며 그들은 정의와 보호를 요구한다는 것을 환기시켜준다. 타자들에 대한 사랑, 이웃에 대한 사랑이다."[39] 따라서 유다이즘을 단순히 한 종교주의라고 정의내릴 수 없는 이유가 여기에 있다. 인간의 미래적인 역사 속에서 계시되는 레비나스의 메시아니즘은 약속의 땅에 대한 신의 초역사적인 언약에서 설명할 수 있다. "아브라함과 야곱이 기근을 피해서 발견했던 은신의 장소였던 예속의 나라, 이집트의 탈출은 약속의 땅에 들어서기 전에 시나이로 이끌어진 뜻 깊은 해방이다."[40] 모세는 메시아의 제안을 받아들이고 그의 탈출 명령에 순종했던 인물이며 그 메시아의 존재는 이스라엘 공동체를 역사적으로 인도하는 초월자다.

말하자면 레비나스가 믿는 메시아니즘은 성스러운 역사(Histoire sainte)가 진행되면서 구원이 실현되는 미래지향적인 종말론(escha-tologie)의 역사관이다. "종말론은 여러 가지의 문체들과 장르들을 포함하며 타자들을 위해서 희망하는 미래에 대해서 책임을 느끼는 것에 있으며 유대인들의 바이블을 통해서 아마도 발견되어왔던 것이다. 그것은 그럼에도 아랑곳없이 창조 이후 인간의 인간성을 통해서 이해되어왔는데 그것이 전쟁들의 원인이 되는 것은 아니다."[41] 즉 그의 종말론은 인간들을 벌하는 심판이 아니라 메시아니즘의 실현을 의미한다.

윤리적인 시각에서 볼 때 레비나스의 타자론은 메시아적인 보편주의와 그 역사에 참여하는 인간주의적인 윤리관을 좀 더 영적인 입장에서 구성한 것이다. 즉 주체의 속죄를 통한 메시아니즘의 실현이 논의될 수

---

39 ADV, p. 14.
40 AHN, p. 113.
41 ADV, p. 12.

있는데 그의 심령론은 타자에 대한 전적인 복종에서 나타난다. 따라서 그의 타자 윤리론은 전통적인 메시아니즘을 더 생기 있게 구성하며 역동적이게 한다. 말하자면 그의 메시아니즘은 이방인들에 대한 초월적인 윤리의 개방으로 나아가면서 유토피아적인 미래주의로 나타난다는 것에 주목할 필요가 있다. 그리고 그의 이런 세계관은 미래의 심판에 의해 구원에 이르는 신학적인 종말론이 아니라 미래의 메시아니즘을 위해 현세적인 윤리의 실현을 함께 중시하는 것이다. 예를 들면 타자의 얼굴은 이미 메시아가 하강한 윤리적인 질서를 구성한다. "신의 에피파니는 인간의 얼굴에서 간구된다."[42] 그리고 인간주의의 윤리를 살펴볼 수 있다. "메시아는 고통받는 사람이다."[43] 그 고통받는 메시아는 '우리'라는 개념에 나타나는 일반적인 신의 모습이 아니라 '나'와 '너'라는 관계에서 인격화한 신적인 존재다.

그에게 메시아는 나와 너의 관계에서 강림하는 초월자이며 타자에 의해 나와 너를 개방시키는 존재의 본질이기도 하다. 근본적으로 유다이즘의 전통적인 선지주의 역시 얼굴을 마주하는 너와 나의 인격적인 윤리에서 비롯된다. 이 점은 모세가 자신의 인격적인 신(Dieu personnel)을 '마주하며' 시나이 산에서 토라를 전수받은 유래에서도 드러난다. 유다이즘의 진리가 신비적이기도 하고 때로는 역설적인 측면이 여기에 있다. 레비나스는 출애굽기(33:11)를 통해 다음과 같이 말한다. "모세는 '마주보는'(face à face) 직접적인 방식으로 신과 대화를 나눈다."[44] 따라

---

42 ADV, p. 139. 에피파니(Epiphanie)는 기독교적인 노엘(12월 25일)과 구분되며 메시아 또는 빛의 강림을 의미하는 전통적인 종교일(1월 5일경)로 기원전 수세기부터 동방 지역에서 존재해있다.

43 "Le Messie, c'est l'homme qui souffre." (DL, p. 128.)

44 ADV, p. 174.

서 모세는 바이블의 다른 선지자들보다 더욱 존엄스럽다는 것이다. 이 외에도 바이블에 등장하는 많은 선지자들이 신과의 인격적인 관계에서 기도를 하고 신의 음성을 듣게 된다. 궁극적으로 인간과 평화를 위한 그의 타자윤리는 신의 약속된 땅에 유토피아적인 공동체를 건설하는 것에 목적이 있다.[45] 이것은 메시아니즘에 충실한 인간의 소명이다. 그는 삶이란 성실성(sincérité)이라고 말한다. 그 삶이란 일상적인 모든 세상의 삶일 수 있는데 이 세상은 아브라함이 양떼를 먹이고 이삭이 우물을 파고 야곱이 집을 지었던 땅이기도 하다. 즉 신의 사랑과 보호가 있는 세상을 의미한다. 유다이즘의 기본윤리가 유일신과의 언약을 받아들이듯이 전통적인 유대인 왕국의 건설과 그 이상은 바로 신에 대한 소명을 다하기 위한 신과의 동맹관계(Alliance)의 상징이었고 메시아니즘은 그 중심 이념을 차지한다.

레비나스의 메시아니즘은 인간의 구원에 대한 상징이며 나아가 신의 영광을 실현하기 위한 공동체적인 결속력은 타자와 이방인들에 대한 개방을 통한 역사에서 비롯될 수 있는 것이다. 그런 역사적인 기원은 아브라함이 기근을 피해 찾아갔던 이집트와 이스라엘의 관계에 이미 있었던 것이며 레비나스는 여기서 시편의 성구(68:32)를 주해한 탈무드의 말을 옮긴다.[46] "이집트는 미래의 시간에 메시아에게 선물을 가져다줄 것이다."(Pessa'him 118b) 즉 열방들의 평화와 결속은 역사를 계시하는 메시아니즘에 대한 긍정에서 비롯되는 것으로 이해되며 이런 열린 시각은 유다이즘의 윤리관을 보편주의로 발전시키려는 의도인 것이다.

이와 함께 계시적인 공동체의 삶은 인도적인 가르침에 대한 경건한

---

45 E. Levinas, *De l'existence à l'existant*, 1947 : Paris, Vrin, 1990, p. 67.(이하 EE로 약칭)

46 AHN, p. 112.

태도에서 받아들여진다. 이런 삶의 태도는 레비나스의 심령주의를 종교적인 관심에서 대변하는 부분이기도 하다. 즉 선지적인 지혜는 계시성에 대한 앎에서 비롯되는 것이다. 바이블에 등장하는 아모스, 이사야, 예레미야 등 수많은 선지자들은 신의 예언적인 음성을 듣고 그 뜻을 자신의 백성들에게 전달했다. 따라서 인간에게 전달되는 신의 메시지는 계시적이며 선지적인 윤리를 포함한다. "선지적인 계시는 수용과 허락 그리고 해석 등으로 제한되지 않는다. 그것은 전승(transmission)을 요구한다."[47] 그의 선지주의는 인간적인 영혼의 문제와 그 실천적인 윤리에 기원을 두면서 타자에 대한 철학으로서 나타난다. 인간의 선지적인 믿음은 영혼성(spiritualité)과 같다. 앞서 언급했듯이 그에 따르면 누구든지 메시아적인 영혼을 지녔으며 이것은 타자를 향한 책임감으로 나타난다.

그의 형이상학적인 심령주의는 존재자신 속에 고유하게 간직된 어떤 작용에 의한 것이 아니라 신적인 것에서 받아들이는 영감(inspiration)에 의지하게 된다. 즉 그것은 그 어떤 것에도 다시 환원되지 않는 것이며 존재의 고유한 과정이 아니며 타자적인 본질을 지녔다. "신에 대한 사념 (à-Dieu)은 존재의 과정이 아니다. (신적인) 호출 속에서 나는 타인에게 다시 보내지며 그를 통해서 호출이 의미하게 되며 이웃을 경외하게 된다."[48] 레비나스에게 타자에 대한 책임감은 따라서 신의 호출을 의미하며 모든 것에 선행하는 명령으로서 나타난다. 그것은 선지주의의 실천이다. "선지주의는 영혼(âme)과 동일한 심령주의(psychisme)를 나타낸다."[49] 영혼성과 관계된 그의 선지주의는 신에 대한 절대적인 믿음에서

---

47 André Neher, *L'Essence du prophétisme*, Paris, PUF, 1955. ; *Prophètes et Prophéties*, Payot&Rivages, 1995, p. 10.

48 E. Levinas, De Dieu qui vient à l'idé, Paris, Vrin, 1982, p. 265.(이하 DQVI로 약칭)

49 AE, p. 190.

출발한다. 근본적으로 선지주의는 신의 음성과 같이 존재에게 절대적으로 말씀을 전달하는 유일신주의를 전제한다. "나는 너를 이집트에서 떠나게 한 영원한 너의 신이다."(출애굽기 20 : 1)

레비나스에게 선지적인 음성은 마치 존재자신이 스스로를 떠나 타자로 향하는 것에 있으며 궁극적으로 이것은 유다이즘에서 말하는 신적인 법에 대한 소명과 같다. "법은 항상 다른 곳에서 온 것이며 나의 이기주의를 벗어나도록 하기 위해서 나를 떠나도록 나에게 지시하는 것이다." [50] 그리고 그의 선지주의는 신의 음성을 듣는 행위에서 인간윤리의 근원과 그 항구성을 찾게 한다. 즉 "선지성은 정신의 즐거운 우연, 천재성이 아니라 영혼성(spiritualité) 자체다."[51] 따라서 이것은 통시적인 진리의 관념이 인간적인 지식에서 비롯된다는 것을 의미하지 않으며 그 기원은 타자에 대한 책임감을 통한 신적인 경외와 여기서 얻어지는 선지적인 지혜에서 발견되는 것으로서 타자 중심적인 가치의 근원을 차지한다.[52]

(4) 에로스와 부성 그리고 다산성

우리는 레비나스의 윤리가 앞서 이미 언급한 바와 같이 토라와의 관

---

50   Shmuel Trigano, 앞의 책, p. 41.

51   E. Levinas, *Nouvelles lectures talmudiques*, Paris, Ed. de Minuit, 1996, p. 41.(이하 NLT로 약칭)

52   사유주의의 상징일 수 있는 존재본질은 라틴어 *esse*에서 유래하는 것이며 레비나스에게 인간적인 근원성은 존재본질을 탈본질화하는 외연성 또는 이타성(désintéres-sement)에 있다. 그는 탈무드 Nazir의 구절을 주해하면서 신앙인 Siméon과 같이 신을 경외하는 인간에게서 존재의 의미를 찾고자 한다. (E. Levinas, *Du sacré au saint. Cinq nouvelles lectures talmudiques*, Paris, Ed. de Minuit, 1977, pp. 64~66. 이하 DSAS로 약칭)

계에서 모색될 수 있듯이 그 성격은 또한 신적인 관념인 초월적인 부성을 증언하는 것이며 우리는 여기서 인간주의에 대한 신의 창조적인 윤리를 주장할 수 있게 된다. 그리고 그 윤리의 관념은 인간주의의 보편을 가능케 하는 사랑과 생성인 것이다. 즉 유다이즘에서 말하는 신의 관념은 초실체적으로 인간들의 역사에 관여하는 것인데 인간들의 유배된 삶과 그 자손들을 통해 나타나는 창조적인 생성은 곧 신의 계시성을 암시한다. 그리고 이 계시성은 신적인 부성(paternité divine)에서 비롯되는 무한성을 나타내며 실제 그것은 인간에 대한 신적인 사랑이 형제와 이웃들에 대한 박애(fraternité)로서 구체화하는 것을 의미한다. 부성과 달리 모성(maternité)은 레비나스에게 감각적인 것을 가능케 하며 상처받기 쉬움 등으로 나타나는 인간의 또 다른 본성이다. "타자지향적인 것을 완전히 구성하는 상처받기 쉬움의 모성은 궁극의 의미이다."[53]

레비나스는 바이블에서 언급되고 있는 '나의 자손은 이방인이다'(이사야 49)의 의미를 환기시키며 그 자손은 단지 '나'에게 귀속되는 것이 아니라 이미 나의 동일성을 형성하면서 존재한다고 말한다. 예컨대 자신에 낯선 '나'이다.[54] 이미 나로서 존재하는 나의 자손들은 신적인 부성의 은혜를 의미하는 것이며 따라서 주체의 의미는 신적인 부성에서 비롯되는 그 역사에서 자신의 동일성을 확인받는다. "나는 나의 자손을 소유하지 못하며 나는 나의 자손이다. 부성은 전적으로 타인된 나로서 존재하는 이방인과의 관계이다."[55] 이방인은 나와 다른 존재가 아니라 또한 신

---

53 AE, p. 137.

54 "Mon enfant est un étranger, mais qui n'est pas seulement à moi, car il est moi. C'est moi etranger à soi" (TI, p. 245.)

55 "Je n'ai pas mon enfant, je suis mon enfant. La paternité est une relation avec un étranger qui tout en étant autrui est moi." (TI, p. 254.)

을 경외하는 형세의 의미이며 그 영광을 드러내는 나로서의 타인이다. 만물의 생성과 번성은 신으로부터 주어지는 것 외엔 아무것도 아니며 이미 나를 구성하는 형제, 가족, 이웃들은 그런 기원성에서 출발하는 것으로 따라서 나의 실존적인 동일성은 신적인 부성에서 오는 에로스에서 확인받는다. "나는 나의 단일성을 부성적인 에로스(Eros paternel)로부터 얻게 된다."[56] 에로스는 신에 대한 경외다. 내가 이웃을 사랑하는 동기 역시도 박애의 근원인 부성적인 에로스가 구체화하는 것으로 나타난다.

따라서 레비나스가 말하는 초월성은 다산성(fécondité)으로 나타나는 신적인 부성의 모습을 의미한다. "나의 다산성은 초월성 자체다."[57] 결국 인간적인 에로스에 관한 문제는 존재의 자기실현을 위한 협의적인 욕망의 차원이 아니라 세계창조와 생성에 대한 신적인 본성을 드러내는 욕망이며 이미 주체적인 동일성의 근원을 차지하는 것이다. "에로스에서 생산되는 주관성에 관한 동일성의 구조는 고전적인 논리들의 바깥으로 우리를 인도한다."[58] 에로스는 존재의 본질을 절대 타자로서 실존시키는 것이며 또한 그 '여성적인 것'(féminin)의 성격은 존재의 타자적인 가능성이며 부성적인 에로스를 열게 하는 존재자신의 욕망이다. "초월적인 타자성의 관념은 시간을 열게 하는 것이며 여성성(féminité)에서 찾아지는 것이다."[59] 궁극적으로 주체성의 구조는 나와 이웃과 자손과의 관계, 미래에 대한 다산성으로 구체화하는 것을 의미한다.

다산성은 나의 '존재하는 것'(l'exister)의 복수성을 의미하는 것이며 본질적으로 나 자신(soi)에 관여하는 방식이기도 하다. 그 복수성들에

---

56 TI, p. 255.
57 TI, p. 254.
58 TI, p. 250.
59 TA, p. 14.

대해서 나의 존재는 존재론적으로 이포스타즈(hypostase)들로서 존재한다. 이포스타즈는 존재의 현재적 의미며 자신(soi)에 대한 직접적인 표현이면서 자신을 제3자화시킨 '나'의 모습이다. 따라서 타자로서 호환되는 복수적인 실체다.[60] 궁극적으로 '나'의 자아론적인 의미와 그 다산성은 어떤 권력이나 소유의 범주들에 의해 설명 가능한 것이 아니라 에로스에 의해 열린 미래에 대한 시각에서 가능하다.[61] 그런데 그 다산성은 세상의 물질성과 공유하는 것으로 신적인 부성이 생산적인 복수성으로서 표현되며 이로써 존재의 생성적인 시간관을 구성한다는 것과 같다. 또한 존재의 여성적인 또는 에로스적인 다산성은 현실적인 영원성의 관념을 가능케 한다. 그는 다원적인 생산의 관념을 플라톤의 이데아론에 대립시킨다. "플라톤의 철학을 지배하는 것은 존재에 관한 엘레아 학파의 관념 때문이며 전자의 철학에서 다원성은 일자에 귀속되며 여성적인 것(féminin)의 역할은 수동성과 능동성의 범주들 속에서 사유됐으며 물질로 환원되는 것이었다."[62]

이에 반해 레비나스의 여성적인 것은 생산적인 다산성을 실현하는 존재의 영적인 가능성이며 근원적인 부성과의 관계를 타자성을 통해 새롭게 하는 방식이기도 하다.[63] 유대인 부버(Buber)도 유다이즘의 존재방식을 '갱신'(renouvellement)으로서 보고자 하며 이것은 창조성에서 기인한다. "내가 새 하늘과 새 땅을 창조하나니(…)"(이사야 65 : 17)의 성구와 같이 유다이즘의 본질을 지시한다. 우리는 여기서 전통적인 유다이즘의

---

60 TA, p. 31~34.
61 TA, pp. 85~86.
62 TA, p. 00.
63 Martin Buber, *Der jude und sein Judentum*, Cologne, 1963. ; *Judaïsme*, Paris, Verdier, 1982, p. 29.

관념을 읽을 수가 있다. 부성과 다산성의 관계는 아브라함에게 행한 신의 언약이며 그 실현을 의미한다. "이후 네 이름을 아브라함이라 하리니 이는 네가 열국의 아비가 되게 함이니라. (…) 내가 내 언약을 나와 너와 너의 대대 후손의 사이에 세워서 영원한 언약을 삼고 너와 네 후손의 신이 되리라."(창세기 17) 유다이즘은 인간의 역사를 통해 현재화하는 창조적인 신의 계시성을 수용했으며 따라서 유대인들에게 유다이즘은 단순히 종교적인 가치를 가진 것만은 아니며 이미 정치, 역사적인 공동체를 형성했다.

레비나스에게 에로스는 신적인 부성에 의해 열리는 타자에 대한 욕망(Désir d'Autrui)을 가능케 하며 형이상학적인 원리로서의 에로스는 인간의 본래적인 기억(Mémoire)에서 연유하는 것이기도 하다. 이런 인지될 수 없는 기억성은 그에게 '기억될 수 없는 것'(Immémorial)이다. "기억될 수 없는 과거는 지금까지 현재화하지 않았던 의미이며 타자지향적인 책임감에서 의미되는 것이며 복종이 명령들을 잘 경청하는 고유한 방식이라는 것에서 의미되는 것이다."[64] 즉 기억될 수 없는 그것은 존재가 타자로 향하는 것에서 계시적으로 드러나는 것이다. 그런데 그 기억될 수 없는 것은 베르그송이 말한 순수기억(mémoire pure)에 비유될 수 있을 것이다. 후자가 현재적인 감각 활동에 승인을 주는 역할을 하듯[65] 전자는 신의 흔적이 남아 있는 존재의 순수한 기억으로 지적될 것이다. 기억될 수 없는 것은 베르그송의 지속을 가능케 하는 기억 속의 순수한 과거로서 설명할 수 있는데 마치 감각을 통한 기억의 현재화가 존재의 부단

---

64 Emmanuel Lévinas, "Diachronie et représentation", Emmanuel Lévinas. L'éthique comme philosophie première, Paris, Cerf, 1993, p. 462.

65 Henri Bergson, *Matière et mémoire*, Paris, PUF, 1939. ; "Quadrige", PUF, 1993, p. 268.

한 창조를 가져오듯 레비나스의 그 근원적인 기억 역시 신적인 부성에 대한 흠모이며 타자적인 욕망의 출발을 가능케 하면서 이를 통해 기억될 수 없는 것을 창조적으로 표현한다. 레비나스는 베르그송의 신의 관념을 수용하지 않는다. "베르그송의 창조적인 비약은 예술적인 창조와 우리가 다산성이라고 부르는 세대(génération)를 같은 운동에서 혼동하고 있으며 그것은 죽음에 대한 고려가 없고 일반적인 범신론(panthéisme)으로 향한다."[66]

기억될 수 없는 것은 타자에 대한 에로스를 가져오는 존재의 근원성과 같다. 예를 들어 인간존재는 일상적으로 일일이 숨쉬기 활동을 기억하지 않지만 그 기억될 수 없는 활동은 이미 나의 생명적인 모든 활동을 가능케 한다. 즉 무의식적인 숨쉬기 활동은 마치 에로스와 같은 것이며 레비나스에게서도 에로스는 존재의 모든 활동에 대한 원동력을 제공한다. 타자에 대한 욕망은 그런 에로스에서 가능한 것이며 그 욕망은 계시성에 대한 응답으로서 타자에 대한 복종을 가져오는 것이다.

따라서 타자를 향한 에로스를 통해 계시되는 인간에 대한 신의 사랑과 믿음은 '절대 타자적인 것으로'(absolument autre) 늘 새롭게 갱신되는 것이며 앞서 언급했던 바와 같이 나의 자손의 관계 역시 그런 신적인 창조의 질서를 전제한다. 그런데 창조적인 존재는 곧 신의 선택이다. 유일한 나에 대한 신의 선택은 타자로 인해 결정되는 것 외엔 아무것도 아니다. "나로서의 나는 타자의 얼굴로 윤리적으로 향하며 박애는 나의 선택됨과 평등이 성취되는 얼굴과 동일한 관계다."[67] 이것은 윤리적인 초월성을 의미한다. 기억될 수 없는 순수기억에 관한 지향적인 개념이 윤

---

66 TA, p. 86.
67 TI, p. 256.

리적인 또는 형이상학적인 측면에서 더욱 근원적인 에로스를 형성하며 여기서 낯선 타자의 얼굴은 그 기억에 관한 고유한 계시성을 구성한다.

　요약하자면 레비나스에게 이타적으로 표현되는 인간적인 에로스의 문제는 통시적인 부성의 권력과 그 실현과 관련되며 그로 인한 만물의 생성과 번영은 신의 다산성을 의미한다. 즉 신적인 부성은 인간의 인식론적인 범주들과 그 이해에 의해 파악되는 것이 아니라 그 자체 창조적인 생성을 가져오는 것이며 레비나스가 볼 때 그것은 인간에 대한 신의 언약을 상징하는 것으로 신적인 초월성을 미래적으로 파악해야 하는 것을 의미한다. 따라서 유다이즘에서 말하는 존재의 '선택된'(élu) 의미 역시 이런 맥락에서 긍정되어야 한다. 창조와 생성은 인간에 대한 신의 언약이며 주체의 의미는 나 홀로 존재하는 것이 아니라 이웃과 타자 그리고 자손들과의 관계 속에서 규정된다. "초월과 일체 그리고 다산성의 관계로서의 창조는 유일한 존재의 위치와 선택된 그 자신성을 조건짓는다."[68]

(5) 사랑과 창조의 윤리

　레비나스의 사상과 윤리는 유대인들의 전통적인 가치관을 형성하고 있는 헤브라이즘에서 말하는 토라에 대한 사고와 유일신주의를 바탕으로 하며 여기서 등장하는 메시아니즘과 선지주의를 정신적으로 계승한다. 그에게 타자에 대한 철학은 우주의 창조적인 원리를 인간화한 초월적인 사고에서 비롯되며 그의 심령주의는 타자에 대한 선과 공동체의

---

[68]　TI, p. 256.

정의실현을 신에 대한 소명으로서 성취하는 것에 목적이 있다. 따라서 그의 타자윤리는 타자에 대한 도덕적인 규범으로서 그 자체 논의되기보다는 세계와 존재의 관계를 타자와의 일체로서 정의하고 타자들과의 다원적인 관계를 신의 은혜와 평화의 이름으로 세계에 번성케 하는 창조적인 우주관에 좀 더 일치할 수 있는 것이다. 요컨대 그의 철학적 사유는 인간에 대한 신의 언약을 초역사적으로 받아들이는 유다이즘에서 출발하면서도 서구 철학의 중심적인 세계관인 헬레니즘의 한계를 극복하면서 인류적인 보편의 철학을 발전시킨다. 그가 우리에게 던져주는 철학적인 메시지는 우리들 가운데 창조되는 사랑과 평화다.

그의 형이상학과 윤리는 유다이즘 전통의 토라의 창조성과 그 철학적인 의미에 일치되는 것이며 인간의 존재론적인 완성은 신적인 소명에 충실한 것에서 찾을 수 있다. 따라서 그가 말하는 '타자지향성'(l'un-pour-l'autre)의 공식은 곧 토라의 원리이며 신이 명령하듯 서로 사랑하라는 인간주의의 근원을 표현하는 것으로서 신이 기뻐하는 속죄의 윤리를 공동체의 윤리로서 받아들인 것이다.

이에 따라 그의 탈무드읽기에서 보이는 토라의 원리는 존재와 생명에 대한 긍정이며 타인에 대한 사랑으로서 나타나는데 이것은 전통적인 유다이즘의 관념을 창조적으로 계승하고 발전시킨 부분이다. 그러나 그는 단순히 헤브라이즘을 계승한 철학자인 것만은 아니며 존재와 토라의 관계가 헬레니즘의 시각에서 철학화할 수 있는 무한한 가능성을 제시한다. 말하자면 그가 말하는 계시적인 윤리는 이미 우주와 존재의 관계에 대한 형이상학적인 탐구에서 비롯되며 그 본질은 타자개방적인 보편성으로 나타난다.

무엇보다 레비나스의 윤리론은 도덕적인 윤리를 긍정하고 여기에 대한 형이상학을 제공하는 것으로 그치는 것이 아니다. 이미 그것은 만물

의 생성과 번영을 언약한 신적인 창조의 윤리를 표현하는 것으로서 강
조될 수 있을 것이다. 즉 우리는 그의 윤리관이 랍비적이고 탈무드적인
유다이즘의 전통을 계승하고 있으며 그 주요 관념인 유일신주의와 메시
아니즘을 윤리적인 근거로서 받아들인다는 것을 확인할 수 있는데 그
실천윤리는 타인에 대한 책임감으로서 나타나며 이런 타자적인 삶의 진
실은 디아스포라적인 창조와 생성의 질서에서 비롯된다.[69]

말하자면 그의 타자철학에서 발견할 수 있는 창조적인 생명론은 삶과
죽음을 초월해서 신으로의 영원성에 복귀하고자 하는 자유의 표현과 같
으며 우리는 여기서 새로운 인간주의로서 제시되는 타자윤리의 큰 의미
를 받아들일 수 있는 것이다. 그의 타자윤리는 세계 창조적인 보편의 섭
리에 호응하는 인간의 윤리다. 그리고 그 윤리의 본질은 타자를 통해서
실현될 수 있는 신에 대한 인간의 사랑이며 인간에 대한 신의 사랑이다.

---

69 디아스포라 또는 유배의 삶은 선민 이스라엘 민족의 운명으로서 받아들여진다. 그런데
그 기원은 이미 신과 아브라함의 관계에서 출발한다. "신이 아브라함에게 말하기를 곧
너는 너의 나라, 고향, 아비의 집을 떠나 내가 지시할 땅으로 가거라."(창세기 12:1) 따
라서 디아스포라적인 삶은 세계에 대한 신의 사랑과 정의를 실현시키기 위해 신에 대한
완벽한 순종을 의미한다. (Ernest Gugenheim, *Les Portes de la Loi*, 1982. ; *Le Judaïsme
dans la vie quotidienne*, Paris, Albin Michel, 2002, p. 40.)

2장 신(神)의 부재와 메시아니즘

(1) 유다이즘의 신과 레비나스의 신

우리가 레비나스의 신의 존재와 신적인 관념을 문제삼는 이유는 그것이 그의 타자윤리를 근원적으로 형성하기 때문이다. 그에 따르면 타자에게서 마주칠 수 있는 신의 관념은 단순히 도덕의 근원으로서 설정되는 것을 넘어서서 삶에 대한 욕망과 실존적인 권력을 형성한다. 그에게서 근본적으로 타자관념은 신의 세계창조와 유토피아를 지향하는 인간의 평화주의에 대한 깊은 이해를 새롭게 제시해준다. 그렇다면 그에게 신과 타자의 관념은 존재론적으로 어떤 철학적 위상을 차지하는 것인가? 우리는 그의 신의 관념을 광의적으로 이해하기 위해 그가 신앙적으로 간직한 유다이즘의 신은 무엇이며 그 주요관념들이 무엇인지를 살펴보고자 한다.

그에게 타자관념은 신에게서 비롯됨에도 아랑곳없이 그런 관념이 없이 신에 대한 사유는 불가능하다. 타자는 신의 현시이며 낯선 인간이다. 그에게 메시아니즘은 곧 타자사상의 보편적인 실현을 의미한다. 그의 메시아니즘은 인간의 역사를 초월적으로 지배하는 신적인 권력의 상징으로서 지나쳐버리시 않는다. 그 속에 숨어 있는 인격주의의 근거는 그가 믿는 유다이즘의 신의 관념이 이스라엘 공동체에 제한된 것인가, 아닌가를 떠나 새로운 휴머니즘의 가능성을 조명할 수 있다. 왜냐하면 그는 모든 인간은 메시아라고 말하고 있기 때문이다. 곧 메시아는 인간자신을 타인과의 관계 속에서 실현시키는 원천적인 근거다.

일반적으로 전통적인 유다이즘에서 말하는 신의 관념은 유일신주의(monothéisme)에 근거하며 유대인 공동체가 받아들인 그 성격은 창조적이고 계시적이며 역사적이다. 이스라엘의 신은 초월적이며 주권적이다. 그는 전통적으로 YHVH('존재한다'는 동사적 어원을 가진 문자조합)와 함께 창조주로 지칭되는 *El, Elohim, El Shadaï* 등으로 표현된다. 신은 비가시적이지만 모든 삶과 창조에서 본질적인 현존으로서 존재하며 무엇에도 비견되지 않으며 유일하다. 그 성격들은 창조의 신, 신성한 신, 정의의 신, 사랑과 분노의 신, 지혜의 신 등이다.[1] 아브라함은 유일신의 언약을 최초로 받아들이고 신에게서 축복받은 믿음의 조상으로 기록되며 그의 자손들인 이삭, 야곱, 유다, 요셉 등은 이스라엘의 역사를 선민의 민족으로서 형성한다. 이후 약속의 땅을 향한 모세와 60만여 백성들의 이집트 탈출, 다윗의 왕국 건설, 그리고 바빌론의 유수 등의 사건들은 현실적인 영광과 고난들을 신의 계시와 소명으로서 받아들이고자 했던 유대인 공동체의 역사를 특징짓게 한다. 이런 역사 속에서 살아 있는 신의 존재를 증언한 바이블과 탈무드는 이스라엘의 디아스포라적인 역사를 계시적으로 받아들이고 이국의 땅에서 단일 공동체를 계승으로 유지시켰던 역할을 한다. "이스라엘을 만든 것은 탈무드다. 탈무드의 나라를 떠나 지구상의 모든 곳에서 유다이즘을 유지하도록 허락한 것은 탈무드다."[2]

---

1 Chouraqui, André, *La Pensée juive*, "Que sais-je?", Paris, PUF, 1965, pp. 11~19.
2 Gugenheim, Ernest, *Les Portes de la Loi*, 1982. ; *Le Judaïsme dans la vie quotidienne*, Paris, Albin Michel, 2002, p. 50.

따라서 신에 대한 유대인들의 신앙은 무엇보다 유대 민족을 중심으로 신의 목적을 실현시키기 위해 힘겨운 소명의식을 이끌었으며 그들이 몇천 년 동안 기다려온 메시아(Messie, Machiah)는 역사의 종말을 가져올 구원의 신을 상징한다. 이와 함께 유대인들이 오랜 시간 동안 발전시켜온 유일신에 대한 중요한 관념은 토라(Torah)에 관한 것이다. 일반적으로 기독교에서 말하는 성령(Esprit Saint)이 인간의 영혼과 구원을 이끌며 그 윤리를 실천케 하는 보혜사(保惠師)의 역할을 하는 것과 구분해서 유다이즘의 토라는 신의 관념을 형성하는 원천적인 근거다. 토라에 관한 탐구가 신비적이고 구술적인 이유는 그것이 인간의 지혜가 아닌 신적인 그것을 '사람에게서 사람에게로' 창조적으로 전승(transmission)하기 때문이다. 이것은 우주창조의 원리며 인간에게 전수된 신적인 지혜를 의미하며 영적으로 살아 숨쉬는 진리 자체를 나타낸다. "토라는 이스라엘의 지혜가 아니라 운명이다. (…) 그것은 사색과 시인의 영감에 의한 것이 아니라 예언(prophétie)과 계시(révélation)에 의해 밝혀지는 것이다."[3] 여기서 예언과 계시는 신과의 영적인 교감이 있을 때 주어지는 것이다. 즉 신의 말씀으로서 토라는 문헌적으로 습득되는 진리가 아니라 마치 매번 호흡을 통해 암시되는 영적인 길잡이와 같은 것이다. 토라는 살아 있는 신의 음성이다. 요약하자면 유다이즘의 신은 토라 또는 토라의 주체로서 우주창조의 신이며 역사적으로 유대인 공동체를 계시적으로 이끌었던 유일신이며 아브라함과 다윗에게 축복을 내린 이스라엘의 신이다.

특히 신적인 지혜가 모세에게 전수된 것이 기원이 되어 만들어진 바

---

3   Heschel, Abraham, *God in search of man*, New York, Farrar, Straus&Cudahy, 1955.
     : *Dieu en quête de l'homme. Philosophie du judaisme*, Paris, Seuil, 1968, p. 181.

이블 첫 부분의 모세5경(Pentateuque)은 세계창조와 유대인 공동체에 대한 신의 언약을 최초로 담은 증언이며 신에 대한 인간의 관계를 영원한 소명으로서 받아들인 유다이즘의 근원을 예시해준다. 즉 신에 대한 인간의 절대적인 복종관계에서 나타난 유대인들의 유일신은 우주창조의 신이며 인간역사를 뛰어넘는 언약의 신이다. 모세가 시나이 산에서 신에게 받은 십계명은 유다이즘의 신을 근원적으로 예시한다. 그중 첫 번째는 이스라엘의 신이다. "나는 노예의 집, 이집트에서 너희를 탈출시켰던 영원한 신, 너의 신이다." 그리고 네 번째는 우주창조의 신이다. "엿새 동안 영원한 신은 하늘과 땅과 바다 그리고 그 가운데 모든 것을 만들고 칠일 째에 쉬었다."(출애굽기 20:1~17) 따라서 유다이즘에서 논의될 수 있는 인간적인 윤리의 기원과 발생은 그런 대전제에서 비롯되며 그 성격들이 전달되고 있는 성문토라(Torah écrite) 바이블과 구전토라(Torah orale) 탈무드는 인류 최초의 유일신주의에 관한 관념과 미래에 대한 절실한 소망인 메시아니즘(messianisme)을 이해시키고 있다. 바이블은 신과 인간의 관계에서 기원전 몇천 년의 역사에 대한 일화들과 선지자의 증언들을 기록하고 있으며 탈무드로서 많이 회자되는 바빌론의 탈무드는 기원후 2~6세기경 완성된 것으로 신의 부성(paternité), 토라에 대한 사고방식, 공동체의 법과 윤리, 관습들에 대한 규범 등을 담고 있다.

따라서 바이블과 탈무드는 유다이즘의 신의 존재를 증언하고 신적인 지혜와 윤리를 예시시키고 있다. 창조주 신의 관념은 모든 창조물들의 본질을 구성하는 근원이다. "신의 부성은 인간가족을 위한 그의 사랑과 동등한 것이다. 모든 창조물은 모든 것들의 아버지가 사랑의 신이라는 사실에 대한 살아 있는 증거다."[4] 유다이즘의 신과 그 말씀은 선지자들에 의해 역사적으로 계시되어 백성들에게 그 의미가 전달되기도 하며 영지주의적인 방식으로 인간들에 의해 토라의 전수를 가능케 한다. 따라서 이런 신의 관념은 유대인 공동체가 절대적으로 공유했던 유일신주의를 형성하며 인간과 동맹관계(Alliance)에 있는 신을 정의하게 된다. 헤브라이즘의 신은 인간의 신앙과 에로스를 통해 계시되는 신이며 인간에 대한 그의 동맹관계는 이스라엘의 역사에서 매우 각별한 것이다. "바이블적인 사고에서 가장 일반적이고 특징적인 근본적인 관념은 '동맹관계'다." 예를 들어 노아, 아브라함, 모세 그리고 유다 가문과의 언약 등이 그런 관계를 의미한다.[5]

레비나스에게서 신의 관념에 대한 이해는 바이블의 신을 선지적인 신앙의 자세로부터 받아들이는 것에서 가능하다. 그에게서 바이블의 신과 철학적인 신은 원칙적으로 구분된다. 전자는 유다이즘에서 말하는 토라의 신이고 계시적으로 인간의 윤리를 이끌고 있는 신으로서 인간의 모든 이성주의를 초월한다. 이에 반해 후자는 인간의 본질을 존재론적으로 선구성하는 철학적 사유의 근거로서 제공되며 인간의 지성주의를 가능케 하는 사유주의의 신과 그 근거를 논증했던 신학적인 신을 의미한다. 그는 철학적인 이성의 권력에 의해 신의 관념이 존재론적으로 사유되는 것을 비판한다. 그 관념은 이미 인간의 이성과 사유를 초월해서 존재한다. 즉 그는 이지주의적인 방식에 의해 파악되는 신의 실체를 부정한다. "사유된 이런 신은 어느 순간에 '존재행위'의 내부에 위치하며 마치 탁월한 존재자로서 위치한다."[6] 그의 시각에서 볼 때 신학적인 신과 사유주의의 신은 지성적인 이해 가능성에 기초를 두고 상호 공감하는

---

4 Cohen, A., *Everyman's Talmud*, Dent&Sons Ldt., London. ; *Le Talmud*, Payot&Rivages, Paris, 2002. p. 94.

5 Chouraqui, André, 앞의 책, p. 19~20.

6 DQVI. p. 95.

철학적인 신을 의미한다. 특히 신학적인 신의 관념은 사유주의의 특징인 본질의 존재과정(processus de l'être)을 선험적으로 이해시키고 있으며 여기서 신의 주제화(thématisation)가 시도되면서 앎의 체계성을 본질적으로 구성한다는 것이다.

따라서 그는 신학적인 신의 관념이 바이블의 신을 인식의 대상으로서 가정한다고 비판한다. 즉 신과 존재의 본질에 관한 학문이 '존재신학'(onto-théologie)의 이름으로 가능해진 것을 그는 비판한다. 이에 반해 그에 따르면 바이블의 신은 인간의 이지적인 사유를 뛰어넘어서 존재한다. 즉 신은 이성적인 개념들로 구성되지 않는다. "바이블의 신은 경이적인 방식으로 말하자면 기준들(critères)에 귀속되는 어떤 관념의 유추 없이 또한 참이나 거짓으로 나타날 수 있도록 요약으로서 제시된 어떤 관념의 유추 없이도 존재저편에서 초월을 의미한다."[7] 그가 이해하는 바이블의 신은 신성한 삶의 공간 속에서 인간을 초이성적으로 지배하는 주권자로서의 신이며 아브라함, 이삭, 야곱 등이 신앙적으로 의지했던 유다이즘의 신이며 토라의 학습을 통해 인간에게 밝혀지는 초월자로서의 신이다.

그런 신은 인간의 지성주의에 의해 표상되는 구조를 갖지 않으며 존재본질로서 탐구되는 이성적인 신이 아니며, 즉 그 어떤 것에도 비유될 수 없는 유일신을 의미한다. 따라서 레비나스에게서 신의 의미를 계시하는 무한성(In-fini)의 관념 역시 데카르트의 코기토(cogito)의 개념에서 가능한 것이 아니다. 즉 신의 관념은 유한자의 사유 안에서 파악되는 무한실체가 아니다. 말하자면 그 관념은 실존적인 유한자(fini)의 사유구조 속에서 선험적으로 이해되는 존재의 본질로서 등장하는 것이 아

---

7   DQVI, p. 95.

니라 그런 사유구조를 부정하는 접두사 'In'의 부정성에 의해 그 관념이 가능해진다. 무엇보다 유한적인 '주체를 떠나서'(hors du sujet) 존재본질에 관한 기원을 타자성(altérité)에 두는 것에 의해 신의 관념과 신에 대한 사유가 가능해진다. '주체를 떠나서'라는 개념은 레비나스에게 욕망(Désir)에 관한 해석을 낳게 한다. 즉 자기를 희생시키고 전적으로 타자에게 향하는 형이상학적인 욕망을 의미한다. "만족의 저편에 있는 욕망 그리고 욕구(besoin)와 같이 기간(terme)이나 끝(fin)을 갖는 것이 아니다. 끝도 없이 존재의 저편에 있는 욕망은 이타성(dés-intéressement)이며 초월이며 선(Bien)의 욕망이다."[8] 레비나스에게 타자성은 사유적인 본질주의를 거부하고 모든 진리를 체득하는 방식이 관계성에 있음을 의미한다.

결국 철학적인 신의 모습과 그 무한의 관념을 비판하면서 궁극적으로 레비나스가 유다이즘을 통해 이해하고 있는 바이블과 탈무드의 신은 미래의 시간에 인간들을 구원하는 메시아이며 여기에 대한 역사관과 신앙 그리고 철학적 이해는 그의 메시아니즘을 형성한다.[9] 그에게 메시아적인 윤리는 타자에 대한 초월적인 인간의 윤리로서 실현될 수 있는 것이며 곧 그의 메시아의 실재는 유다이즘 전통의 유일신주의를 중심으로 신과 인간의 인격주의를 발전시키고 있는 초월자다. 우리는 레비나스가 전달하는 신의 존재에 관한 관념들과 그 이해방식을 '인격적인 신'(un Dieu personnel)의 모습과 타자적인 욕망을 윤리적으로 가능케 하는 토

---

8   DQVI, p. 111.

9   "메시아니즘은 유다이즘의 통일된 교리를 실제적으로 구성하지 않는다. 여기서 레비나스의 해석은 하시디즘(Hassidisme: 18세기 이후 카발리즘(Kabbalisme)의 극단적이 신비수의와 대립해서 신비주의적인 메시아니즘을 중성화시킨 민중적 성향의 유다이즘의 한 조류)의 그것에 가깝다." (Chalier, Catherine, *Lévinas. L'utopie de l'humain*, Paris, Albin Michel, 1993, p. 146n.)

라의 존재방식에서 제시해보고자 하며 이것들은 미래의 유토피아를 실현시키기 위해 인간의 윤리를 초월적으로 선지시켜주는 유일신에 대한 관념이기도 한 것이다. 그에게 종말론(eschatologie)은 미래의 시대를 열게 하는 메시아니즘의 실현을 의미하며 메시아에 의한 심판이 아니다. 우리가 다루고자 하는 메시아니즘은 유다이즘에서 논의되는 여러 형태들을 제시하는 것이 아니라 레비나스에게서 볼 수 있는 미래 지향적인 역사와 그 윤리적 이해에서 드러난다.

(2) 신의 부재와 토라

우리는 레비나스의 작품들을 통해서 세계와 우주 속에서 인간과 교통하는 신의 존재방식을 살펴볼 수 있다. 그리고 본질적으로 신의 관념이 어떻게 인간의 역사 속에서 이 세계에 대해서 창조적이며 내재적으로 존재하는 것인가를 제시해볼 수 있다. 우선 그에게 신의 관념은 타자와의 교섭 속에서 상기될 수 있는 것이며 인간의 미래와 역사 속에서 계시되는 성격을 보여준다. 그리고 인간적인 실존을 타자와의 관계 속에서 실현 가능케 하는 윤리적인 원천을 차지하고 있다. 그에게서 신의 존재 관념은 세계와 인간의 삶 속에서 '내재적인 방식으로'(de manière immanente) 표현되면서도 스피노자나 베르그송의 그것과 같은 것은 아니다. 레비나스는 스피노자가 중세 시대에 논의된 유다이즘의 신과 탈무드에 대한 직접적인 이해를 갖고 있지 않다고 지적한다. 따라서 그의 성서(Ecriture) 연구는 자연개념에 대한 연구로 흡수된 것이라고 비판한다.[10] 한편 레비나스는 베르그송의 신의 관념과 이로 인한 삶의 지속을 원천적으로 수용하지 않는다. 그들의 신의 관념들은 우리가 살펴보고자

72

하는 레비나스의 신의 부재론과 개념적으로 시각을 달리 한다. 우리는 앞서 그의 신에 대한 사유가 유다이즘의 전통과 맥락을 같이 한다는 것을 언급했고 좀 더 구체적으로 그가 이해하는 신의 존재방식과 그 관념들을 생각해나가기로 하자.

무엇보다 인간들이 살아가는 세계 속에서 신의 존재방식은 부재(不在, absence)다. "진정한 삶은 부재다. 그러나 우리는 세계에 존재한다. 형이상학은 이런 알리바이에서 등장하고 유지한다. 그것은 '다른 곳으로'(ailleurs), '또 달리해서'(autrement), '타자'(autre)로 향한다."[11] 인간이 거주하는 세계는 태초에 신에 의해 창조된 우주의 한 공간이지만 인간의 태어남과 죽음이 공존하는 유한적인 세계이며 인간이 자신의 생존을 여기에 의존하는 물질적인 공간이다. 바이블에서 신은 아담을 지상으로 내쫓으며 유배와 노동을 지시한다. "땅은 너로 인해 저주를 받은즉 너는 평생토록 수고를 하여 그로부터 양식을 얻으리라."(창세기3 : 17) 레비나스에게 거주적인 향유와 고통을 함께 체험하는 이 세계는 신에 대한 인간의 신앙을 갖도록 일깨우는 유배의 장소며 신이 자신의 모습을 직접 드러내지 않는 부재의 공간이다. 곧 인간의 실존은 이런 외부성(extériorité)의 세계와 밀접한 관계를 형성하며 체험적인 가치의 이해도 이런 세계를 거쳐야만 가능하다. 예를 들어 거실에서 좁은 방 문을 거쳐 방 안에 들어갈 수 있듯이 그에게 신과의 만남은 세계와 타자의 실존적인 관계를 요구한다.

그런데 신의 부재에 관한 관념은 그가 세계와 인간 그리고 윤리 이념들을 설명할 때 중요한 근원을 지시한다. 무엇보다 부재는 이 세상에 신

---

10 ADV, pp. 201~206.

11 E. Levinas, *Totalité et Infini. Essais sur l'extériorité*, La Haye, Martinus Nijhoff, 1961. : "Le livre de poche", Kluwer Academic, 1994, p. 21.(이하 TI로 약칭)

의 존재가 없다는 것이 아니라 물질적인 조건을 초월해서 창조의 신이 존재한다는 강한 긍정을 나타낸다. 신의 존재는 곧 신의 부재에 의해 역설적으로 표현된다. 즉 토라와 같은 신의 말씀은 부재중인 신의 존재를 대신한다. 따라서 인간의 법과 윤리들은 신의 명령을 따르는 것에서 그 정당성을 갖는다. "신은 화신(incarnation)이 아니라 법(Loi)에 의해 구체적으로 존재한다."[12] 부재는 무가 아니다. 예를 들어 너의 아버지가 집에 있냐고 물었을 때 지금 집에 없다고 대답하는 것과 같은 의미인데, 그런데도 그 부성의 존재는 이미 가족관계를 형성한다. 집안의 이런 가족관계는 부성의 존재에 관한 법이 암묵적으로 내재된 현실이다. 그래서 집에 아버지의 존재가 부재중이더라도 가훈이 있고 형제애 등의 가족윤리가 집안의 질서를 형성한다.

마찬가지로 신의 부재는 가훈과 같은 토라를 섬기게 만들었고 살아있는 신의 계시를 받들고자 한다. "토라는 신의 부재에 대한 증인이지만 이 부재는 은혜며 명령들은 토라를 기능시키기 위해 거기에 존재한다. 부재는 진노가 아니라 은혜며 심판의 유보다. 심판의 날은 메시아의 시대에 속하는 것이다."[13] 메시아는 미래의 구원의 신을 상징한다. 그런데 현실 속에서 인간이 겪는 시련은 인간실존의 먼 과거에서 비롯된다. 즉 신에게 유배된 삶에서 받는 인간의 실존적인 고통은 외부세계와 타자로부터의 낯섦이 가져다준 물질적인 고통일 수 있다. "외부성과 고통 속의 초월은 심령적인 내부성에 대립하는 의미를 갖지 않는다."[14] 이것은 신의 부재에서 오는 시련이다. 이런 존재의 공간 속에서 레비나스의 철학적인 '있음'(l'il y a)은 신의 부재로 인해 감내해야 하는 전율스러운 세상

---

12 DL, p. 205.
13 Shmuel Trigano, *L' E(xc)lu*, Paris, Denoël, 2003, p. 233.
14 DQVI, p. 198.

을 가정한다. "우주는 혼돈으로 입을 벌리며 작열한다. 말하자면 암흑이며 부재의 장소며 '있음'이다."[15] 불멸의 생명을 박탈당한 척박한 이런 세계는 역설적으로 구도적인 삶의 태도에 대한 호소와 미래의 구원에 대한 희망, 즉 메시아니즘을 발생시킨다.

레비나스에게 유배적인 삶과 신이 부재한 세상은 계시로 인해 받아들인 토라에 의해 지배되며 토라는 인간의 법과 윤리의 근원을 차지한다. 레비나스가 중시한 탈무드 연구는 토라에 관한 관념 때문이다. "토라의 학문과 문화는 따라서 제식보다 더 중요한 것들이다. 예루살렘의 으뜸 그것은 예루살렘의 토라에 있다."[16] 또한 토라는 주해된 것으로서 그치는 것이 아니라 세계를 법으로써 지배하는 신과 인간적인 욕망에 대한 이해다. 그에게 토라는 하나의 명령을 받아들이는 유일신주의의 상징이며 무엇보다 그것은 인간을 구원으로 이끄는 안내의 역할을 한다. 즉 토라는 유대인 공동체를 결속시키는 내적인 힘이며 모든 법과 윤리의 상위에 있으면서 유다이즘의 본질을 통시적으로 실현시키는 살아 있는 원동력이다. 따라서 모든 권위는 역사적으로 이스라엘의 왕권을 낳게 한 토라에서 비롯된다. 레비나스는 탈무드에서 랍비 벤 좀마(Ben Zomma)의 말을 소개한다. "나는 모든 토라를 함의하고 있는 한 구절을 찾았다: 들어라, 이스라엘아, 창조주(Seigneur)는 우리들의 신이며 그는 하나(Un)다."[17] 그리고 토라에서 비롯된 신의 법은 만인들을 위한 양식과 같은 것으로서 탈무드적인 법의 관념은 종교적인 것과 모든 윤리. 관습들의 원천을 구성한다. 그는 이렇게 말한다. "유대인을 위한 법은 멍에가 아니다. 그것은 종교적인 삶과 유대교의 신비적인 모든 것을 키워내는

---

15   EE, p. 121.
16   ADV, p. 69.
17   DL, p. 35.

고유한 기쁨이다."[18]

토라의 계시적인 관념은 히브리어 *Ein Sof*로서 무한성을 의미한다. 그에게 이런 무한성은 데카르트의 사유관념의 원천을 차지하는 것과는 다르다. 그것은 우주를 지배하는 영혼이며 그 주체는 창조주 엘로힘 (*Elohim*)이다. 우주의 모든 생성적인 에너지를 구성하고 이를 순환시키는 힘으로서의 토라는 창조주에 귀속되는 것이다. 또한 바이블과 탈무드에서 예시되는 토라에 대한 주요개념은 신적인 지혜와 사랑에 관한 것이다. 즉 토라는 인간에 대한 신의 사랑이며 신과 이웃에 대한 인간의 사랑을 실현시키는 근원이다. 자신을 사랑하는 것과 같이 너의 이웃을 사랑하라고 하듯 이타주의로서 표현되는 것이 토라다. 유대인 학자 E. 구겐하임은 이렇게 말한다. "결국 토라가 신과 이웃에 대한 사랑에서 절정을 이루는 것이라면 여기에 탈무드의 시작과 끝이 있다."[19] 토라는 유다이즘의 로고스와 같은 것이며 그 관념은 레비나스의 도덕의 원천을 차지한다. 레비나스에게 그것은 타인에게의 책임감을 다 하도록 요구하는 본래적인 욕망의 근거이기도 하다.

레비나스에게서 토라의 관념은 타자의 얼굴을 통해서 계시되는 무한성을 의미할 수 있는데 그 이유는 신에게서 내려 받는 근원적인 윤리가 타인의 낯선 얼굴에서 계시되기 때문이다. "얼굴은 절대적으로 전개되고 지나간 부재(Absence)의 흔적으로 존재한다."[20] 손으로 잡을 수 없는 시간의 관념이 나무둥지에 나이테로서 자신의 흔적을 남기는 것과 같이 얼굴은 무한성의 흔적이다. 따라서 신적인 영원성은 인간들 가운데 호

18   DL, p. 35.
19   Gugenheim, Ernest, 앞의 책, p. 58.
20   E. Levinas, *En découvrant l' existence avec Husserl et Heidegger*, Paris, Vrin, 1949. ; 1967, *avec des "Essais nouveaux"*, p. 198.(이하 EDE로 약칭)

흡하며 얼굴들에 새겨진 고통과 희망에 의해 자신의 흔적을 남긴다. 즉 신의 말씀, '말하기'(Dire)가 타자의 얼굴을 통해서 이미 현현(顯現)하고 있음을 의미한다. 이런 신의 관념과 얼굴의 관계는 이미 유다이즘의 질서에서 공감할 수 있는 것이다. 신은 인간과 함께 있고 만인의 얼굴들은 해바라기가 태양을 따라가듯 그것을 비춘다.

유대인 학자 숄렘(Gershom Scholem, 1897~1982)은 타자의 얼굴에 관해 이렇게 말한다. "토라의 각 음절은 시나이 산에서 자신들을 발견한 이스라엘 자손들의 숫자만큼과 같이 60만 개의 '얼굴들'을 갖는다. 각각의 얼굴은 그들 중의 한 얼굴에 대해 보이는 것이며 단지 그에게로 향하면서 그에 의해 열리는 것 외엔 아무것도 아니다."[21] 인간의 안내와 구원을 위해 강림하는 유일신의 형상은 내 앞에 있는 타자의 얼굴을 통해 고유하게 계시되며 그 어떤 사회적인 가치에 앞서서 최고의 윤리를 구성한다. 따라서 타자의 얼굴에 나타난 신의 얼굴로서의 에피파니(Epiphanie)는 빛을 의미하며 '나'에 대해 계시되는 신의 고유한 형상이다. 타인의 얼굴에 나타난 신의 얼굴, 에피파니는 모든 윤리에 선행한다. "선지적인 말씀(parole prophétique)은 본질적으로 얼굴의 에피파니에 응답한다."[22]

전통적으로 인간에 대한 신의 계시는 인격적인 관계에서 나타나는 것이었다. 즉 바이블에 등장하는 선지자들은 신의 말씀을 전하는 영적인 전령(傳令)들이며 또한 이스라엘의 지도자로서 공동체를 지배할 수 있는 권력을 부여받는다. 예를 들어 모세는 시나이 산에서 신과의 '인격적인 마주함'을 통해서 그를 통해 공동체의 법을 인수했으며 모세가 이것을

---

21 Scholem, Gershom, *La Kabbale et sa symbolique*, Ed. Payot, 1966, p. 21.
22 TI, p. 235.

갖고 하산한 이후 그 계시의 법은 다시 신의 백성들을 다스리는 국법의 역할을 한다. 솔렘에 따르면 그들은 자신들의 얼굴들을 통해 서로가 서로에 대해 신의 빛을 비추며 공동체의 법과 윤리를 계승할 수 있게 된다. 레비나스도 성스러운 신의 빛이 타인의 얼굴들과 이를 바라보는 주체의 내적인 부재 사이에서 계시되는 것으로 이해한다.

"과거에 지나간 신은 얼굴로 이미지를 남기는 모델이 아니다. 신의 이미지에 있는 것은 신의 성상(icône)으로 존재하는 것이 아니라 신의 흔적으로 발견된다. 유대-기독교적인 우리의 영혼성에서 계시되는 신은 인격적인 질서 그 자체 속에 존재하는 자신의 부재에서 오는 모든 무한성을 내포한다."[23] 신의 계시성이 주어지는 타자의 얼굴들은 신을 표상하는 우상이 아니라 계시를 나타내는 과거며 미래다. 이미 신의 존재와 그 관념은 인간에 대한 신의 언약과 함께 주어졌던 것이며 인간들의 역사를 통해 계시적으로 나타나며 인간의 역사와 법을 초월적으로 인도한다는 점에서 미래적이다.

형이상학적인 시각에서 볼 때 '신에 대한 사유'에 의해 열리는 토라는 주체의 사유를 초월적으로 떠나서 존재하는 신의 관념이며 이 관념에 대응하는 신의 실재는 주체에서 부재이지만 주체가 신을 찾는 근원적인 에로스의 본성은 그 부재로 인해 타자의 도처들에서 신의 편재(遍在)를 찾는다. 또한 타자의 얼굴들 역시 신의 부재에 대한 흔적이며 무한성을 의미하는 토라의 계시 관념을 전달한다. 따라서 레비나스에게 토라로부터의 신의 관념은 절대 타자적인 것으로 표현되며 타자에 대한 주체의 복종적인 관계에서 발견될 수 있는 인격적인 신의 형상을 보여준다.

---

23 E. Levinas, *Humanisme de l' autre homme*, Montpellier, Fata Morgana, 1972. ; "Le livre de poche", 1987, p. 69.(이하 HA로 약칭)

결국 레비나스의 신의 관념은 데카르트가 사유의 코기토(cogito)에서 시도한 바와 같이 주체의 사유적인 완성에서 비롯되는 무한성의 의미가 아니라 주체가 타자의 얼굴을 통해서 발견하는 것이며 무수한 타자의 얼굴들은 인간들 속에서 편재하는 신의 무한성을 나타낸다. 얼굴은 신적인 창조의 질서와 맞닿아 있는 육체적인 공간으로서 그런 무한성을 표현하며 데카르트적인 코기토가 궁극적인 사유주의의 지위를 부여받은 것과 같은 명백한 진리를 암시한다. "얼굴은 데카르트적인 합리주의를 지지했던 신적인 진리성과 같은 명백함을 가능케 하는 명백함이다."[24] 타자의 얼굴들에 나타난 이런 무한성의 형태는 비가시적인 신적인 것의 자취다. 그러나 얼굴의 신체성은 무한성 그 자체를 의미하지 않는다. 그는 이렇게 말한다. "신은 육체를 갖지 않으며 존재자로 드러내지 않는다. 이것은 그의 비가시성(invisibilité) 때문이다."[25] 즉 토라의 신은 물질적 세계와 육체를 초월해 있는 절대자이며 만물의 현상들과 타인의 얼굴들은 물 위에 태양 빛이 비취듯이 신의 영원성을 나타낸다.

(3) 메시아의 인격주의 : 타인의 얼굴과 사랑

유대인 공동체는 자신들을 축복한 신의 언약을 반드시 기억해야 하고 그 실현을 신앙으로서 기다리는 메시아니즘을 형성한다. 이것은 동시에 현실의 고난을 참아내고자 하는 인간적인 소망을 반영한다. 따라서 이스라엘 공동체의 초역사적인 신은 백성들을 역경에서 구원하는 메시아

---

24 TI, p. 179.

25 E. Levinas, *Altérité et transcendance*, Montpellier, Fata Morgana, 1995, p. 172.(이하 AT로 약칭)

이며 그 기대는 인간적인 육체를 갖고 태어난 '신의 아들'(Fils de Dieu)을 예언하기도 한다. 메시아니즘은 고난과 유배 상황에 처한 유대인들이 현실회복과 유토피아의 실현을 위해 역사적으로 가져왔던 희망이다. 기원전 7~8세기경 선지자 이사야와 예레미야는 유다 왕국이 시리아, 앗시리아 등의 침입을 당하면서 다윗의 가문에서 태어날 구원의 왕을 예언한다. "이는 한 아기가 우리에게서 태어났고 한 아들이 우리에게 주어지며 그의 어깨에 주권이 거할 것이다. 그를 감탄할 자, 조력자, 전능한 신, 영원한 아버지, 평화의 왕자라고 부르리라. 주권을 강화시키고 다윗의 왕관과 그의 왕국에 끝없이 평화를 주고 법과 정의에 의해 언제까지나 그 왕국을 굳건히 하고 지키리라."(이사야 9:6~7) 메시아의 탄생이 너희 자손들 가운데 머지않아 나타난다는 것에 대한 암시다. 또한 바이블에 따르면 신은 세계를 창조했을 뿐만 아니라 그 창조물들을 다시 새롭게 창조하는데 이것은 만물을 번영케 하기 위한 것이다. "내가 새 하늘과 새 땅을 창조하나니(…)"(이사야 65:17) 그리고 이것은 생명의 부활에 관한 신의 영원한 법을 창조물들을 통해 전하고 있는 것이다.

그런데 그 신적인 창조의 법이 인간들에게 어떻게 계시될 수 있는가? 레비나스에게 메시아의 의미는 역사적으로 이집트에서 이스라엘을 탈출시켰던 구원의 신이며 또한 현재와 미래에서 인간성의 구원을 위해 유토피아를 열게 하는 신이다. 그에게 미래의 세계를 지배하는 메시아의 언약과 명령들은 창조물 '타자들'로 인해서 밝혀진다. 즉 구원의 신, 메시아는 '타인'(Autre Homme)의 모습을 통해서 '나'와 인간들에게 무한성(Ein Sof)을 계시하며 이 계시성은 인간들의 법과 윤리를 미래적으로 이끌고 세계를 창조적으로 지배하는 존재의 근원성이다. "타인은 얼굴을 통해서 고결함, 그리고 신이 하강하게 되는 고귀와 신적인 것의 차원을 표현한다."[26] 이런 의미에서 타인의 얼굴이 함의하고 있는 신적인 빛은 이를 바라보는 주체의 존재론적인 열림을 가능케 하는 윤리적인 최고의 선이다. 그리고 그 윤리는 이미 로고스적인 진리다. "(…) 이런 무한성은 살인보다도 더 강한 것으로서 이미 타인의 얼굴 속에서 우리에게 저항하는 것으로 얼굴 자신이며 원래적인 표현(expression)이며 '너는 살인을 범할 수 없을 것이다'는 첫 음절을 말한다."[27] 이렇듯 살인 금지에 관한 무언의 메시지는 시나이 산에서 신이 모세에게 명령한 십계 중 하나며, 곧 타인의 얼굴은 이미 그런 윤리적인 지고의 질서를 인간들 사이에서 보여주는 셈이다.

레비나스에 따르면 인간에 대한 본래적인 명령과 같은 신적인 말하기(Dire)를 전달하는 타인의 얼굴은 영원한 빛으로서의 신의 얼굴을 중의적으로 표현한다. 그 얼굴은 나와 신의 관계를 맺어주는데 낯선 신체의 공간을 통해 나와 독대하는 신의 형상을 나타낸다. 즉 육체적으로 강림한 신의 형상은 나를 바라보는 타인의 얼굴, 즉 인간의 얼굴로서 존재한다. 이것은 나에 대해 인격화한 신의 얼굴이다. "얼굴로 생산된 에피파니는 모든 다른 존재들로 구성된 것이 아닌데 정확히 말하자면 에피파니는 무한을 '계시하기' 때문이다. 의미화란 무한이며 즉 타인이다."[28] 에피파니는 실존적인 '나'에게 유일한 가르침으로 나타나는 계시성이다. 따라서 '나'라는 주체는 타인에게 절대적인 복종을 허락해야 하며 여기에는 주체가 거역할 수 없는 '타인에 대한 욕망'(Désir d'Autrui)이 형이상학적으로 존재한다. 곧 이런 욕망은 무한의 이념에 대한 명백한 복종을 의미하며 여기서 우리가 주지해야 될 것은 초월자 신의 형상이 낯선 타인의 얼굴로서 주체 앞에 나타난 '인격적인 신'의 모습이라는 것이다.

---

26 TI, p. 294,
27 TI, p. 217.
28 TI, p. 227.

"얼굴로서의 얼굴의 에피파니는 인간성(humanité)를 열게 한다."[29]

이런 신의 형상은 시나이 산에서 모세가 마주한 신의 형상과 동일한 것이며 나아가 아브라함에게 언약했던 유일신의 등장이라는 것이다. 왜 냐하면 인간 세상에 들어온 신의 강림은 주체에 대해서 절대 타자적인 것으로(absolument autre) 나타나기 때문이다. 레비나스의 주체욕망은 신적인 관념에 대한 절대적인 복종에서 오는 것으로 타자들로 향한다. "욕망은 절대 타자적인 것을 향한 욕망이다."[30] 즉 그의 신의 관념은 타 자들과의 인격적인 관계와 그 '마주보기 속에서'(dans le face à face) 그 무한성을 전시하는 것이다. "신이 너희와 대면하며 말씀하시니.(⋯)"(신 명기 5 : 4) 레비나스에 따르면 모세는 많은 선지자들 중에서도 특히 신과 대면적인 관계를 통해서 그 말씀을 듣고 백성들에게 전달했던 특별한 인물이었다.[31] 이와 같이 타인의 얼굴은 존재를 인격적인 방식으로 초월 자의 역사 속으로 인도하면서 인간성(humanité)을 새롭게 열어나가는 메시아니즘에 관한 한 모델을 보여준다.

우리는 레비나스 철학에서 제시될 수 있는 인격적인 메시아니즘을 심 성적인 시각(vision axiologique)에서도 탐구해볼 수 있다. 인간은 메시아 니즘의 역사를 통해 인간에 대한 신의 언약, 즉 생성하고 번성하리라는 신의 축복을 실현하는 주체다. 신은 인간과 이 세상의 만물들이 생성하 고 번성하리라고 축복했으며(창세기 1 : 28~30) 아브라함에게 자손이 번 성하리라는 신의 언약을 확인시키고 있다.(창세기 16~17장) 메시아는 인

---

29 TI, p. 234. 신의 얼굴로서의 에피파니는 인간적인 얼굴과 그 고유한 빈곤(pauvreté) 자 체에서 현시되기도 한다. "(⋯) 신의 에피파니는 인간적인 얼굴 속에서 간구된다." (ADV, p. 139.)

30 TI, 23.

31 ADV, p. 174.

간들을 초월해서 존재하는 빛의 의미이며 그 빛이 만물에 편재하듯이 인간의 얼굴들을 통해서 신 자신을 계시하는 윤리의 근원이다. 즉 그가 말하는 신적인 본질은 만물의 생성에 영적인 힘을 주는 에너지와 같이 인간들을 사랑으로써 인도한다. 그리고 그 인간의 신은 인간의 실존들과 함께 존재한다. 그는 이렇게 말한다. "이사야 63장 9절은 인간의 고통으로 고통받는 신에 대해 말하지 않는가? 고통받는 나는 고통받는 신의 거룩한 고통과 인간의 죄와 인간의 속죄에 대한 고통을 위해 기도한다."[32] 이사야에서 언급된 이 구절(63:9)은 비탄에 잠긴 사람들과 같이 신도 비탄했다는 의미다. 그는 바이블에서 메시아의 인간주의를 읽어낸다. 그의 신은 인간들과 고통을 같이 하며 삶의 구원을 이끌어나가는 인격적인 신이다.

그런데 신을 향한 속죄는 타인들에게 향하며 이런 타인을 향한 욕망은 곧 사랑의 윤리를 가져온다. 이런 사랑의 관념은 전적으로 타인을 위한 대신, 즉 희생을 가져온다. 그래서 타인에 대한 나의 희생은 곧 신을 향한 주체의 대속이며 이것은 신이 기뻐하는 사랑의 윤리다. "타인을 위한 대신(substitution)은 타인을 위한 속죄다."[33] 말하자면 타인의 잘못과 죄를 대신하고 속죄(expiation)하는 주체의 행위 역시 메시아적인 심성을 그대로 표현하는 것이며 자신을 낮추고 타인을 관용하는 태도 등이 여기에 속한다. 그에게 주체성의 본질은 구원의 신 메시아에서 비롯된다. "모든 선민의식과 불가분한 메시아적인 감수성 이것은 아마도 주체의 주체성 자체인 것이다."[34] 요약하자면 인간에게 사랑은 메시아적인

---

32 AHN, p. 149.
33 E. Levinas, *Autrement qu'être ou au-delà de l'essence*, La Haye, Marinus Nijhoff, 1974. ; "Le livre de poche", Kluwer Academic, 1990, p. 199.(이하 AE로 약칭)
34 DL, p. 138.

심성을 표현하는 것이며 메시아는 인간의 역사를 사랑에 의해 완성시키는 인격적인 구원자로서 인간의 실천적 의지를 그 역사에 동참하도록 이끌어내는 도덕적인 축의 역할을 한다. 인간의 궁극적인 심성은 메시아다. "메시아는 나(Moi)다. 나가 된다는 것은 메시아가 되는 것이다", "모든 사람들은 메시아다."[35]

우리는 메시아가 타인에 대한 사랑의 근거임을 확인할 수 있었다. 그런데 타인에 대한 욕망은 초(超)실체성(transsubstantiation)을 가진 부성(父性)의 속성이다. 이것은 신적인 초월성으로서 인간과 세계를 다산성으로 이끌어가는 원천이다. 예를 들면 신의 축복을 받은 자손들은 신적인 근원에서 비롯되는 그의 타자성을 의미한다. "전체적인 초월성, 초실체성의 초월성으로 말미암아, 즉 나는 자손(enfant)으로 인해 또 하나의 타자다."[36] 사랑은 인간에 대한 신의 부성을 의미하며 가족, 이웃, 타인들 사이의 박애(fraternité)로서 표현되는데 인류를 구성하는 원천적인 힘이다. 박애는 타자에 대한 사랑이며 신적인 사랑의 구체적인 사건이다. "(…) 박애는 나의 선민(élection)과 평등이 동시에 성취되는 (타자의) 얼굴과의 관계자체다."[37] 그리고 그것은 역사 속에서 통시적으로 실현되는 신의 부성이며 그 관념은 인간들 사이에서 타인에 대한 욕망으로 나타난다. 즉 사랑의 관념은 부성에서 비롯되며 그것은 인간들 간의 박애로서 실현되는 것인데 궁극적으로 인간의 구원을 위한 신의 가르침이 타인에 대한 욕망 속에 존재한다.

따라서 인간이 타인들을 사랑하는 것은 신적인 부성에서 비롯되는 매우 '탁월한' 존재론적인 초월의 사건이다. 나아가 세상이 창조되고 그것

---

35 DL, p. 129.
36 TI, p. 299.
37 TI, p. 312.

을 번성케 하는 신의 말씀으로서 토라는 인간세계에서 타인들에 대한 절대적인 사랑으로서 실현될 수 있다. 궁극적으로 메시아의 인격주의로서 실천될 수 있는 타인에 대한 사랑은 윤리와 도덕의 원천인 동시에 창조적인 우주의 원리와 일치하는 것이며 창조주 엘로힘(*Elohim*)의 영적인 질서를 표현한다.

(4) 메시아니즘과 유토피아

레비나스는 그의 주요 작품인 《전체성과 무한(Totalité et Infini)》(1961)의 서문에서 폭력을 정당화시켰던 인간의 이성적인 독주와 그 서양의 역사를 비판하며 궁극적으로 무한성이 실현되는 종말론적인 역사의 의미를 긍정한다. 이 책의 철학적인 근거는 메시아적인 역사 속에서 무한성의 의미가 어떻게 타자적인 관계에서 표출될 수 있는 것인가, 그 역사에 동참하는 주관성의 의미는 무엇인가 등 몇 가지 주제로 요약될 수 있을 것이다. 이 책은 죽음 앞에 서 있는 실존적인 주관성이나 이성 앞에서 서술된 전체성의 역사가 중심이 된 것이 아니라 무한의 이념이 타자적인 관계들을 통해 계시될 수 있도록 하는 그 근거들로서 주관성, 외부성, 역사, 평화 등에 관한 주제들을 다루게 된다. 책의 제목에서 볼 수 있듯이 '전체성과 무한'은 성격적으로 서로가 대립적인 한 쌍을 구성하고 있으며 개념적인 체계로서 위장된 전체성은 레비나스가 말하는 삶의 세계로서의 '전체성의 단절'(rupture de la totalité)과 또한 대립한다. 전체성과 관련된 레비나스의 철학적인 프로그램이 시사해 주는 것은 "전체성에 밀착된 사유를 자유롭게 하고 그 사유 속에서 무한성에 개방되는 사유의 근원들을 밝히는 것"일 수 있다.[38] 이런 단절의 세계는 전적으로 전체성의 바깥에 위치하는 외부성을 의미하는데 이 공간은 신성한 삶의 역사가 증언되는 실존적인 인간의 세계를 지시한다.

레비나스에게서 종말론에 관한 이해는 그가 철학적으로 비판하는 전체성(totalité)에 대한 대안일 수 있으며 이미 세계의 근거와 그 내부성(intériorité)의 의미를 획득한다. "종말론(eschatologie)은 전체성 또는 역사의 저편에서 존재와 관계를 하는 것이며 과거와 현재의 저편에서 존재와 관계를 하는 것이 아니다. (…) 그것은 전체성에 대해 항상 외부적으로 존재하는 어떤 초과함(un surplus)과의 관계다.(…)"[39] '초과함'이란 전체성의 구조 속에서 파악될 수 없는 외부성이며 이것은 계시적으로 이해되는 신성한 삶의 현장들을 의미한다. 그에 따르면 전체성은 존재의 중성화와 그 개념적인 실현이 관념적으로 중시되면서 또한 선과 악 또는 평화와 전쟁 등의 이분법적인 구분을 명확히 하면서 평화를 위한 전쟁과 같은 위선적인 명제를 정당화시킨다. 그리고 종말론을 관습적으로 이해했던 인간적인 사고도 전체성의 한 일부다. "진정 말하자면 종말론이 평화를 전쟁에 대립시킨 이후로 전쟁의 명백함은 본질적으로 위선적인 문명 속에서 여전히 유지하는데, 즉 진실과 선에 동시에 결부된 채로 이후 이중적이 되었다."[40] 우리는 그의 종말론이 역사의 종말을 의미하는 신학적인 관념이 아니며 전쟁상태를 불러들이는 원인이 될 수 없다는 사실에 공감한다는 것을 알 수 있다.

그렇다면 그의 종말론은 역사에 관한 어떤 이해과정을 거치도록 요구하는 것인가? 무엇보다 그는 전쟁과 폭력을 가져왔던 서양의 역사를 재

---

38 Hayat, Pierre, *Individualisme éthique et philosophie chez Lévinas*, Paris, Kimé, 1997, p. 21.

39 TI, p. 7.

40 TI, p. 9.

검토하고 있으며 거기서 사유의 전체성은 문명의 위기를 초래한 원인이 될 수 있었다. "우리는 전쟁의 객관주의에 종말론적인 시각에서 비롯된 주관성을 대립시킨다. 무한의 이념은 판단을 위한 주관성이 성숙되어 이것을 언제든지 선포하기 위해 역사에서 판단의 주관성을 해방시킨다."[41] 전체성은 객관주의를 상징한다. 이에 반해 주관성은 무한의 이념에 근거한 것이면서 동일자의 자체 운동에서 승화되는 것이 아니라 동일자의 진정한 모습을 전적으로 타자적인 것으로 드러나게 한다. 레비나스의 주관성은 타자를 환대하는 것에서 의미를 갖는다.[42] 그리고 타자는 무한성의 계시다. 따라서 좀 더 거시적인 시각에서 볼 때 그의 무한성은 비전체성 또는 단절의 세계 속에서 타자들로 생산되며 이것에 의해 무한에 대한 계시가 실현된다는 것을 의미한다.

이런 관점은 레비나스의 종말론의 역사가 사유의 주관성을 뛰어넘는 계시의 역사라는 것을 제시해주는 것이다. 이런 주관성은 단순히 개인적인 또는 집단적인 정신에서 나온 것이 아니라 인간의 구원과 평화를 인도하면서 궁극적으로 메시아의 역사를 열게 하는 무한성과 그 초월성에 근거한 것임을 시사받는다. 그런데 신적인 관념과 그 메시지를 받아들이는 주관성의 주체는 단절의 세계에 속한 실존적인 주체 또는 분리된(séparé) 존재며 주관적인 욕망의 필연성을 통해 피조적인 자신의 바깥으로 욕망을 타자들로 생산하는 구조를 갖는다. "자손과의 관계는 타자와의 관계며 권력이 아니라 다산성(fécondité)인데 절대적인 미래 또는 무한한 시간과의 관계다."[43] 타자는 미래에 대한 희망이며 삶의 다산성을 의미하며 무한성을 지시한다. 그리고 타자에 대한 사랑의 관념은

---

41 TI, p. 11.

42 "(…) la subjectivité comme accueillant Autrui, comme hospitalité." (TI, p. 12.)

43 TI, p. 300.

신적인 부성을 인간화시켜 나타나게 한다는 것을 주시해볼 필요가 있다.[44]

말하자면 《전체성과 무한》에 나타난 레비나스의 신의 관념은 절대적인 타자로서 인격화한 것이며, 특히 타자적인 욕망은 메시아니즘을 실천하는 창조물들의 구원적인 행위이며 향유적인 기쁨일 수 있는 것이다. "시간의 완성은 죽음이 아니라 지속적인 것이 영원한 것으로 전향되는 메시아적인 시간이다. 메시아적인 승리는 순수한 승리다."[45] 그에게서 삶의 향유적인 방식과 타인을 사랑하는 태도 등은 이미 삶과 죽음을 초월해 존재하면서 세계를 지배하는 신에 대한 관념의 표현이다. 그에 따르면 '메시아적인 것'은 신에 대한 순수한 사랑을 세계와 타인을 통해 실현시키는 데에서 의미가 있으며 메시아의 본성은 사랑을 통해 인간을 축복하고 구원한다.

유다이즘의 관점에서 볼 때 메시아니즘이 실현되는 인간의 역사는 고통과 시련을 요구하는 유배의 역사며 궁극적으로 신의 가치가 실현되는 보편적인 역사다. 레비나스에게 인간의 역사 속에서 메시아니즘은 단순히 이스라엘을 해방시키는 구원의 상징으로서 국한되는 것은 아니다. 그는 그것을 낯선 땅과 이방인들에게 개방하는 행위의 근거로 보면서 그 이념을 적극적으로 이해한다. 즉 이스라엘의 이집트 예속과 탈출은 신의 역사에 열국들이 복종하여 신의 미래주의를 예언적으로 알게 하는 메시아니즘의 한 모습을 보여주는 것이다. 이런 메시아니즘에 관한 시각은 인간의 역사를 타인과 이방인들과의 관계에서 실현시키는 신의 보

---

44 레비나스에게서 사랑의 관념은 타인을 목적으로 하며(TI, p. 286.) 또한 삶 자체의 향유와 그 존재의 행복을 사랑하는 것이다. (TI, p. 154.) 그런 사랑은 결국 인간에 대한 신의 사랑, 신에 대한 인간의 사랑을 실현한다.

45 TI, p. 318.

편주의를 의미한다.

"열방들은 메시아의 시대에 동참한다! 이것은 유다이즘이 가져온 인간적 메시지의 궁극적 가치에 대한 승인, 시편 117장의 구절들이 증명하고 호소하는 승인이다. 열방들의 역사는 이스라엘에서 맺어진 영원함의 영광 바로 그 옆에서 타인과 이방인에 대한 그들의 국가적인 상호의존에서 오는 개방을 통해서 측정될 수 있는 이스라엘 역사에 대한 참여가 아니었던가."[46] 즉 이집트는 기근을 피하고자 했던 아브라함에게 은신처를 제공한 것으로서 이미 신의 미래의 은혜를 받은 것이며 메시아의 보편적인 역사에 참여한 것이다. "너희 모든 나라들아, 영원한 신을 찬양하라. 너희 모든 백성들아, 그를 영광스럽게 하라. 너희에게 향한 그의 인자하심이 크며 그의 진실하심이 영원하다. 그를 칭송하라."(시편 117) 나아가 메시아의 역사에 대한 이해는 평화주의에 대한 귀결일 수 있으며 로마제국에 의한 유대인들의 분산과 통제는 죽음과 처형을 가져온 비극의 역사지만 이런 사실들을 선지적인 시각에 의해 보면서 메시아니즘을 이해해야 한다는 것이다.[47] 즉 그의 메시아니즘은 유대인 공동체를 위한 구원의 역사로서 제한되는 것이 아니라 평화와 사랑을 실현시키기 위한 본래의 이념에 충실한 것이어야 한다는 이해일 수 있다.

따라서 그에게 메시아니즘은 세상의 심판을 기다리는 종말론이 아니라 메시아적인 심성을 가진 인간들의 그 윤리적인 실천을 기다리는 것이다. "메시아니즘은 역사를 종식시키려는 한 인간의 강림에 대한 확실성이 아니다. 그것은 모든 것들에 대한 고통을 짊어지려는 나의 권력이다. 이것은 내가 그런 권력과 나의 보편적인 의무감을 인정하려는 순간

---

46 AHN, p. 112.
47 AHN, pp. 115~122.

인 것이다."[48] 현실적인 나의 희생을 요구하며 타인적인 삶의 태도를 요구하는 그의 윤리적인 가치는 미래의 시간에 대한 기대이며 현실적으로 실천이 가능한 유토피아에 대한 열망이기도 하다. "유토피아(utopie)의 미래, 이것은 아직 존재하지 않은 것을 실현하려는 희망이다."[49] 우리는 여기서 레비나스의 유토피아가 좀 더 내세적(內世的)인 미래주의라는 것을 엿보게 된다. 말하자면 그의 윤리론의 중심을 구성하는 메시아니즘이 타인을 대신하는 주체적인 삶의 방식에 있다는 것을 의미하며 여기서 볼 수 있는 신의 관념은 나의 이웃과의 관계에서 떨어질 수 없는 사랑과 같은 지고의 윤리며 따라서 그 관념은 나와 타인 간에 존재하는 내재적인 가치다. 그가 부여하는 영원성의 의미와 그것에 이르는 구원의 길은 위에서 언급한 미래주의의 도정에서 드러날 수 있는 것이다.

이런 관점에서 샬리에(C. Chalier)의 언급은 매우 적절하다. "(…) 이런 시각에서 종말론은 종말의 시간이 아니라 타자로 향하는 항구성이며 무한성으로서 늘 제공된 가능성이다."[50] 이미 주지했듯이 레비나스의 타자적인 역사관은 주체의 자손 또는 타자들을 통해서 실현되는 종말론의 역사면서 그 근저에 있는 보편적인 사랑의 관념을 통해 신의 부성 또는 통시성(diachronie)이 실현되는 역사이기도 한 것이다. 그의 메시아니즘은 나를 뛰어넘고 삶과 죽음을 초월하는 신의 영원한 언약이다. "죽음 저편을 넘어서서 자손들의 시간에 의해 타자의 시간을 통과하고 타인을 위한 존재로서 살 수 있다는 것은 개별적이고 집단적인 역사 속에서 존재의 비극적 성격을 제거시키고 나를 위한 어떤 희망 없이 존재하는 종말론을 제시하는 것이다."[51]

---

48 DL, p. 130.
49 DQVI, p. 70.
50 Chalier, Catherine, *Judaïsme et Altérité*, Paris, Verdier, 1982, p. 193.

따라서 레비나스가 말하는 l'a-théisme은 번역 그대로 무신론을 지칭하는 것이 아니라 신학적인 본질주의에 대한 비판이며 신의 내재성은 이미 인간적인 삶의 욕망들 속에서 증명되는 것이다. 그의 무신론(또는 비신학주의, l'athéisme)은 신이 부재한 '유배된 땅'에서 키운 유일신에 대한 신앙이며 신에 대한 윤리적인 태도를 긍정한다. 세속적인 신앙을 의미할 수 있고 현학적인 신학주의에 대한 비판일 수도 있다. "형이상학적인 관계로서의 무한의 이념은 신화 없는 인간성의 여명이다. 그러나 신화에서 정제된 신앙, 유일신적인 신앙은 그 자체 형이상학적인 무신론을 전제한다. 계시는 담론(discours)을 전제한다. (…) 무신론은 진정한 신과의 진실한 관계를 조건짓는다."[52] 메시아니즘에 나타난 그의 유토피아는 역사의 극단적인 종말에 이르러 메시아에 의한 인간의 구원을 희망하는 것이 아니라 메시아의 윤리에 따라 타인과의 박애주의를 실현시키는 과정이다. 유토피아는 미래에 대한 신의 축복이다. "그들은 헛되게 수고치 않을 것이고 자손들의 상실을 가지지 않을 것인데 그들은 그들의 자손들과 마찬가지로 영원한 신에게 축복을 받은 자손이다."(이사야 65:23) 레비나스에 따르면 유토피아는 자아적인 성찰이 함께하는 향유적인 삶의 방식에서도 나타난다. "집의 본래적인 기능은 건물의 건축 양식에 의해 존재를 위치시키고 장소를 발견하는 것이 아니라 내(je)가 자신 속에 머물면서 스스로 자성하는 곳에서 유토피아를 열게 하는 것에 있다."[53] 따라서 그의 역사적인 종말론은 인간의 심판을 의미하는 것이 아니며 신적인 목적과 그 비밀이 실현되어가는 미래주의적인 과정으로서 특징될 수 있을 것이다. 무엇보다 그 유토피아의 계시는 인간과 세계

---

51   같은 책, p. 193.

52   TI, p. 75.

53   TI, p. 167.

를 위한 평화주의에 관한 이해에서 가능해진다.

(5) 메시아니즘과 인간윤리

레비나스의 신은 '사념 속에 찾아오는 신'(Dieu qui vient à l'idée)이며 주체의 사유 속에서 선험적인 확실성을 주는 코기토(cogito)의 근거로서 작용하지 않는다. 그 신의 관념은 무한성을 표현하며 데카르트적인 사유 전통과 달리해서 그것은 앎(savoir)의 구조를 형성하는 본질로서 나타나는 것이 아니라 신과 타인에 대한 욕망으로서 나타난다. 즉 신의 관념은 주체의 사유 속에 있는 어떤 본질과도 유추적인 관계에 있지 않으며 '나'라는 주체의 바깥으로, 그 욕망을 절대 타자로 향하게 하는 본질이다. 따라서 그것은 나와 타인 사이에 인격적으로 존재한다. 우리는 이런 신의 관념을 고찰하기 위해 신학적인 또는 사유적인 신의 본질들과 구분했으며 그 기원을 유일신주의를 계승시키고 있는 유다이즘의 신 또는 바이블의 신에서 찾고자 했다. 여기서 인간에 대한 신의 존재방식은 토라로서 밝혀지며 이것은 우주의 질서와 세계의 지배를 창조적으로 가능케 하는 초월적인 법을 의미한다. 따라서 인간의 법과 윤리는 그것에 따라 신적인 본성을 드러내는 명령으로서 나타나는데 레비나스에게서 '타인에 대한 책임감'(responsabilité d'autrui)은 그 본성에 대한 응답이다. 그리고 이런 타인에 대한 인간윤리는 영원한 신(Eternel Dieu)또는 토라(Torah)를 계시한다.

우리는 레비나스의 역사관, 철학관, 신앙관 등을 함축적으로 제시해 줄 수 있는 메시아니즘을 살펴볼 수 있는데 이것은 신과 인간의 관계를 인격적으로 맺어주는데, 미래의 유토피아를 신에 대한 소명에 의해 열게 하는 것이며 살아 있는 신에 대한 증언이다. 그가 주장하는 유다이즘의 메시아는 이미 바이블의 역사에서 강림했던 신이며 오늘도 인간의 구원을 위해 '나'의 심성을 통해 자신의 본질을 계시하는 신이며 인간의 실존적인 고통을 함께 겪는 인격적인 신이다. 따라서 우리는 그가 제시하는 메시아니즘을 통해 인간의 실존윤리를 시사받는다. 말하자면 타인의 죄와 잘못을 나 자신의 것으로서 속죄하는 윤리가 그것이다. 그리고 이것은 신 앞의 진정한 실존을 의미하며 타인과의 공동체를 미래의 유토피아로서 실현시키려는 평화와 정의를 위한 실존이다. 우리가 여기서 주시할 수 있는 인간에 대한 신의 인격적인 윤리는 사회적인 법과 평등의 윤리를 초월하는 가치를 갖고 있는 것인데 그것은 또한 인간적인 삶과 죽음의 의미를 메시아적인 미래에서 조명할 수 있는 것이다. 궁극적으로 레비나스의 신의 관념은 우주와 세계 그리고 인간의 생성을 축복한 창조주 바이블의 신이며 특히 인간의 역사와 창조적인 질서 속에서 타인의 권리를 존중하고 새로운 인간성의 가치를 찾게 하는 윤리의 근원을 지시한다.

에로스에서 소통의 형이상학으로

3장 새로운 주체성, 주체바깥으로

우리는 레비나스의 타자철학에서 심령적인 가까움(proximité)이 지속적으로 표현되고 있는 주체의 감성(sensibilité)에 관한 이해를 위해서 청년 레비나스가 제시하는 도피(évasion)의 관념을 그 발단으로서 살펴볼 수 있다. 일반적으로 감성은 인간의 이성적인 능력과 구분되며 심리적인 연약함이 있기에 무심코 드러낼 수 있는 느낌의 현상이다. 그런데 그런 감성은 그에게서 세계를 발견해나갈 수 있는 주체의 가능성이며 주체와 타자 사이의 불가분성을 원천적으로 이어주는 존재론적인 코드다. 우리는 그에게서 감각적 주체의 세계구성의 의미, 감성의 현상학적 구조에 나타난 초월성의 의미, 그리고 세계 내재적인 존재의 의미 등을 검토해볼 수 있다. 이에 따라 우리는 그의 주체 개념에 관한 새로운 의미를 이해할 수 있는데 그의 주체관은 세계에 존재하는 주체의 실존적인 조건을 통해 영적인 사유주의와 여기에 내재된 통시적인 초월의 가능성을 보여준다.

(1) '도피'의 관념에 나타난 주체의 의미

우리는 레비나스의 타자철학을 형이상학적으로 중요하게 구성하는 주체의 초월적인 감성(sensibilité)과 그 내재적인 욕망을 관심 있게 들여다보고자 한다. 그러나 이것은 단순한 문제가 아니다. 왜냐하면 주체는 자신의 본질적인 구조, 즉 죽음을 가진 유한적인 존재며 자신의 생존을 위해 삶 자체를 물질적인 세계에 의존해야 하는 실존적인 존재로서 그런 주체가 보편적인 무한성을 인식한다는 것은 자칫 불가능한 문제로 보이기 때문이다. 실제 레비나스에게서 연약한 주체가 무한성(infinité)과의 상호관계를 유지할 수 있도록 그 자신 속에 어떤 초월적인 구조를 갖는다고 할 경우 이것은 정확하지 않은 선입견이 될 수 있다.

그렇다면 그에게서 무한성의 의미는 과연 무엇이고 그 무한성은 주체에 대해 어떻게 제시되는 것인가? 그의 존재진리는 주체가 타자에 대해 갖는 형이상학적인 욕망(Désir métaphysique)을 의미하는 것인가? 그 욕망은 주체자신의 욕망인 것인가, 아니면 신적인 것인가? 또한 그 욕망은 육체적인 것인가, 아니면 육체를 초월하는 것인가? 우리는 이렇듯 레비나스의 타자철학에서 마주치는 흥미로운 철학적인 문제들을 해소하기 위해 무엇보다 주체의 감성을 분석하고자 한다. 그리고 그 감성의 본질은 무엇이고 신체적인 주체와의 관계 속에서 어떻게 그것이 존재의 세계 내재성을 실현 가능케 하는 것인가를 제시할 수 있을 것이다.

궁극적으로 우리는 그런 논의들을 통해 레비나스의 비(non-)사유론적인 심령주의를 이해하게 된다. 즉 '주체를 떠나서'(hors du sujet) 타자로 향해 존재하는 본래적인 감성에 관한 분석들을 통해 세계 내재적인 존재의 욕망과 그 무한성의 의미가 무엇인지를 주장할 수 있다. 이를 위해 우리는 인간실존에 관한 레비나스의 이해에서 세계에 존재하는 주체의 한계와 가능성을 인식하게 될 것이며 그 가능성으로서 나타나는 주체의 감성의 구조를 현상학적으로 조명해보면서 이런 시각을 초월하는 인간의 감성을 이해하고자 한다. 우선 우리는 감성에 관한 레비나스의 철학적인 관심을 부각시키기 위해 그의 문학적인 감성과 체험에서 나타날 수 있는 존재의 의미와 여기에 부여될 수 있는 실존적인 동기, 즉 그의 도피관념 등을 서론에서 살펴보고자 한다.

레비나스는 1923년 리투아니아에서 프랑스의 스트라스부르로 이주한 이후 철학 수업을 시작하게 되는데 그 동기를 제공한 도스토예프스키, 톨스토이, 투르게네프 등의 러시아 소설들은 그에게 이미 문학적인 감성을 키워준 각별한 것이었다. 그가 성장했던 러시아의 리투아니아는 20세기 초 자본주의가 확대되었던 지역이며 인구의 8퍼센트가 유대인이었다. 소수의 유대인 공동체를 유지했던 이곳은 유다이즘의 순수성을 보존시키려는 열의와 함께 메시아니즘에 충실했다. 그는 유대인 가정에서 자연스럽게 히브리어와 탈무드 학습을 받아들인다. 특히 고등학교 때 받은 러시아 문학 수업은 종교적인 관심에서 형성됐던 그의 심성을 더욱 발전시킨다. "철학 수업이 없었던 반면 러시아 소설은 형이상학적인 불안관념에 대한 풍요로운 이해, 소명감을 쉽게 결정지을 수 있는 '삶의 의미'에 관한 성찰 등을 내포하고 있었다."[1] "그런 소설들 속에서 사랑은 에로틱한 명백함으로 드러나기 이전에 이미 수줍어하는 성격들에 의해 초월에 관한 사랑의 차원들을 불러일으키며 '사랑한다'는 표현은 외설스러움을 나타내기 이전에 스캔들을 일으키는 세속적인 것이다. 나의 철학적인 첫 번째 시도들은 확실히 책들 속에서 전이된 사랑과 감정에 있다"[2]

그는 작품 속의 인물들이 드러내는 인간적인 감정들을 이해하고자 했으며 인간실존을 통해 전달되는 주체의 고유한 서정성을 읽어내고자 했

---

1   Marie-Anne Lescourret, *Emmanuel Lévinas*, Paris, Flammarion, 1994, p. 38.
2   François Poirié, *Emmanuel Lévinas. Qui êtes-vous?*, Lyon, La Manufacture, 1987, p. 69.

다. 나아가 그는 문학 작품들 속에서 존재와 죽음에 관한 철학적인 문제를 살펴보고자 했다. 예를 들어 셰익스피어의 작품에 나타난 햄릿의 우유부단하고 내성적인 성격은 자신감을 상실하고 홀로 있는 인간의 고독을 드러내지만 이것은 세상의 많은 것들을 주체 스스로 감당해내야 하는 인간의 감성 형식, 즉 '상처받기 쉬운 주체'(sujet vulnérable)의 모습을 엿보게 하는 것이었다.

햄릿은 연약한 주체면서 실존적인 타자성 때문에 고통받는 대표적인 인물일 수 있다. 그는 죽음을 실존의 본질로 받아들인 것이 아니라 죽음으로 몰고 가는 자신의 타자성 때문에 괴로워한다. 예를 들어 죽음의 문제는 인간적인 실존의 가장 중요한 부분을 차지하지만 죽음은 무와 같이 사라져 없어지는 것이 아니며 삶의 전체를 지배하며 실존적인 기능을 하는 것이 아니다. "죽음을 감당해야 하는 불가능성에 대해 햄릿은 일종의 긴 증언이다. 무는 불가능하다. 죽음을 실존의 속박 속에서 벗어나 최후의 지배로서 짊어지도록 인간에게 가능성을 준 것은 햄릿이었다. 사느냐 죽느냐 하는 것은 무화해버리는 것에 대한 불가능성을 나타내는 의식의 한 모습이다."[3] 레비나스에게 고독은 죽음에 대한 실존적인 근심이 아니며 죽음은 고독의 원인으로서 작용하는 것이 아니라 고독을 단절시키는 것일 뿐이다.[4] 따라서 햄릿에게서 죽음은 한계상황에 부딪혀서 삶의 마지막 문턱에서 마주친 주체의 실존적인 불가능성으로 보인다. 즉 주체가 알 수 없는 불가능성이다.

레비나스에서 죽음은 생을 마감하는 주체의 마지막으로서 의미를 갖게 되며 살아있는 과정에서 존재의 본질로서 중요하게 작용하는 것은

---

3   TA, p. 61.

4   "Ma solitude ainsi n'est pas confirmée par la mort, mais brisée par la mort." (TA, p. 63.)

아니다. "나에게 모든 철학은 세익스피어의 어떤 성찰 외엔 아무것도 아니라고 가끔 여겨진다. 비극의 주인공은 죽음을 짊어지고 있지 않은가?"[5] 그에게 고통을 당하는 주체의 허약성은 죽음에 직면한 존재의 본래적인 실존을 반영하는 것이 아니라 알 수 없는 죽음을 말해야 하는 주체자신의 역설적인 모습을 인간의 본질로 받아들이는 한계를 의미하는 것이다. 따라서 존재의 의미는 자신의 한계 속에서 주체의 실존적인 타자성을 통해 이해되는 것 외엔 아무것도 아니다. "(…) 이런 죽음에 대한 이해는 우리가 존재한다는 것은 절대 타자적인 것으로 존재하면서 타자성을 내포하는 어떤 무엇과의 관계에 있다는 설명해준다."[6]

그에게서 죽음의 예와 같이 존재가 불안을 느끼고 괴로워하는 것은 실존적인 영향을 주는 타자성 때문이며 이것은 주체자신과 떨어질 수 없는 관계이며 주체의 에로스는 그런 실존의 원인으로서 작용한다. "죽음과 같이 강한 에로스는 신비와의 관계에 대한 분석적인 토대를 우리에게 제공할 것이다."[7] 그에게서 인간의 실존을 본질적으로 파악하는 근거는 죽음에 대한 이해이기보다는 실존을 유지시키는 에로스에 관한 문제일 수 있다. 그리고 에로스는 레비나스의 타자성을 해석하는 중요한 동기로서 존재한다. "타자가 본질(essence)로서 내포하는 것은 타자성(altérité)이다. 이것은 우리가 이런 타자성을 에로스와의 절대 원래적인 관계(relation absolument originale de l'eros) 속에서 찾아왔던 이유이기도 하다."[8] 그는 무 또는 존재에 관한 진리를 이해함에 앞서 주체의 실존적인 조건을 먼저 이해하고자 했으며 모든 진리에 대한 가능성은 주체

---

5   TA, p. 60.
6   TA, p 63.
7   TA, p. 64.
8   TA, p. 80.

라는 '좁은 문'을 통해 보아야 하는 실존적인 문제일 수 있는 것이다. 즉 철학적인 본질과 그 인식에 앞서서 실존적인 주체성과 그 가능성에 대한 탐구가 우선시되는 것이다.

인간의 주체의식에 대한 철학적인 탐구는 *Recherches philosophiques* (《철학적 탐구》 5권, 1935/1936)에서 발표된 그의 논문 〈도피에 관하여(De l'évasion)〉에서 나타난다. 여기서 도피에 관한 그의 관념은 꿈과 몽상에 의한 무의식적인 이탈을 통해 실제적인 현실을 벗어나 자기만족을 가져오는 행위로서 정의되는 것이 아니다. 또한 "도피는 단지 '천한 현실들'을 피하기 위해 찾게 되는 시인들의 꿈인 것만은 아니다. 즉 18~19세기의 낭만주의자들에 나타나듯 우리의 개성들을 기만하고 전멸시키는 관습들이나 사회적인 강압들과 단절하기 위한 근심에서 비롯된 것은 아니다."[9]

그에게 도피는 자아적인 의미에서 자신을 본질적으로 실현시키고자 하는 실존적인 욕망의 과정으로서 나타난다. 그것은 주체를 떠나서 새로운 존재로서 확인을 받는 역설적인 존재과정이다. "도피는 자기 자신을 떠나려는 욕구(besoin de sortir de soi-même)이며 말하자면 가장 근원적이고 치유될 수 없는 연쇄성, 즉 '내가 자기 자신으로서 존재한다는 사실'(le fait que le moi est soi-même)을 탈피시키는 것이다."[10] 자기 자신의 사실성을 떠난다는 것은 곧 존재자신에 남고자 하는 존재의 안일한 평화 상태와 그 만족을 거부하고 나와 다른 것을 찾아나가는 존재의 본

---

9 E. Levinas, *De l'évasion* (introduit et annoté par J. Rolland), Montpellier, Fata Morgana, 1982, p. 71. (이하 DE로 약칭함) 레비나스에게서 l'évasion의 본뜻은 본고가 고전적인 번역에 따라 선택한 (현실로부터의) 도피(逃避)보다는 현대적으로 해석될 수 있는 탈주(脫走)가 오히려 의미적으로 타당할 수 있다. 다만 주체가 내적인 심성으로부터 가질 수 있는 도피의 감정을 있는 그대로 이해하기 위해 전자를 사용한다.

10 DE, p. 73.

질적인 욕구를 반영하는 것이다. 즉 도피는 존재실현을 위해 새로움을 주는 존재론적인 이탈행위다. 이런 욕구는 일종의 즐거움이며 자기 자신의 포기와 상실, 자신바깥으로의 탈피, 엑스터시를 의미하는 것이다.[11] 자신을 떠나서 존재하는 방식은 자신에 대해서 전적으로 다를 수 있는 창조적인 존재방식을 지시하는 것이며 따라서 여기서의 엑스터시는 자신의 바깥에 존재하는 동일한 '나'의 모습이 아니다. 이런 의미에서 나의 가족과 이웃들은 실제 나의 바깥에 존재하는 나의 다원성을 시사해준다. 말하자면 즐거움은 존재 자신을 떠나는 것(sortir de l'être)에서 얻을 수 있는 것이다. "즐거움은 정서(affectivité)인데 정확하게는 그것이 존재의 형식들을 채용한 것이 아니라 그것들을 깨뜨리도록 시도하는 것이다."[12]

레비나스는 도피에 이미 의미가 부여된 낭만주의적인 성격으로서 '존재자신을 떠나는 것'을 긍정적으로 받아들이지만 낭만주의의 사고들, 즉 존재자체에 대한 관념주의적인 이해와 여기서 비롯된 신에 대한 관념은 비판적이다. 도피가 부여하는 철학적인 의미는 즉 '새로운 도정에 의해서 존재를 떠나는 것'(sortir de l'être par une nouvelle voie)에 대한 긍정에 있는 것이며 이것은 명백할 수 있는 통상적인 관념들을 벗어나는 것이다.[13] 도피에서 나타난 즐거움의 의미는 이후 존재실현에 관한 철학적인 주요 관념으로서 제시되는 향유(jouissance)의 감성 형식으로 발전하며 향유의 삶은 세속적인 것에 대한 사랑이며 나(Moi)의 본질이 인간의 노동과 거주를 통한 타자에 대한 관심에서 그 존재의미를 획득하는 것이다. 레비나스에게서 세계는 주체의 삶을 가능케 하는 양식(nourriture)

---

11 DE, p. 82.
12 DE, p. 83.
13 DE, p. 99.

〈그림 4〉 세잔의 《목욕하는 사람들》(1876). 레비나스에게 향유는 신체적인 물질성과 이것을 원천적으로 품고 있는 자연성과의 교감을 의미한다.

과 같으며 주체의 물질적인 조건은 그 양식을 통해 실존적인 향유를 받아들인다. 존재가 자신을 떠나 그런 향유에 참여하는 것은 이미 초월의 의미이며 존재의 자유행위다. "주체가 양식들과 양식으로서의 세계에 대면케 하는 욕구의 초월적인 순간에 물질성은 주체와의 관계 속에서 주체에게 자유(libération)를 제공한다."[14] 여기서의 물질성은 주체를 세상에 현존케 하는 존재자신의 사실성과 같다. 일종의 자유로서 받아들이는 향유는 인간존재가 세계에 거주하게 되는 본질적인 방식으로서 작용한다.

레비나스에게서 삶의 향유는 근원적인 생명에 대한 교감을 중시하는 존재론적인 삶의 방식이다. 예를 들어 〈그림 4〉에서 일광욕을 즐기는 인간들은 원초적인 유희를 생동감 있게 발산한다. 햇빛, 물, 하늘, 나무 등은 인간의 신체성에 생기를 가져다주는 자연세계의 요소들이며 일광욕을 즐기는 사람들은 그런 자연 속에 동화되며 자연의 일부로서 존재한다. 일찍이 자연주의적인 정취에 심취했던 세잔에게 인간의 이미지들은 그들의 관계들에서 벗어나지 않는다. 자연적인 햇빛과 물 그리고 토양은 존재의 자양분이다. 따라서 나무와 구름들 사이에서 어울리는 인간

---

14   TA, p. 51.

의 신체는 자연과의 교감을 통해 생기 있는 에너지로 충전되며 본래적인 자연성을 성취해나간다.

청년 레비나스가 이미 전하고 있는 그런 도피의 관념들은 12년 후 그가 초기 작품으로 남긴《시간과 타자(Le Temps et l'Autre)》(1948)를 구성하는 중요한 개념들로 나타난다는 것에 주목해야 한다. 즉 주체의 실존적인 본질을 고독과 부재(absence)로서 이해하고자 하며 주체구조를 '있음'(l'il y a)의 존재지시에서 익명적으로 존재를 구성하는 이포스타즈(자립체, hypostase)로서 보고자 하는 그의 독특한 존재관이 형성된다. "고독은 타인에게서 선행적으로 주어진 관계의 결여(privation)로서 나타나는 것이 아니다. 그것은 이포스타즈의 기능에서 나타난다."[15] 즉 도피의 관념은 존재의 부재, 말하자면 고독에서 비롯될 수 있으며 존재바깥에서 익명적으로 존재하는 자신의 실존을 찾아나서는 존재의 본질적인 행위에 대한 가능성이다.

나아가 도피는 현재의 자기의식을 깨뜨리는 또 다른 존재구성으로서 설명될 수 있는데, 즉 윤리적인 시각에서 타자에 대한 존재로서 요구받는 '존재의 다른 모습으로'(autrement qu'être)의 개념을 낳게 하는 존재자신과의 단절이기도 하다. 롤랑(J. Rolland)은 <De l'évsion>에 대한 논평에서 다음과 같이 말한다. "말하자면 이런 도피에 관한 메타포의 배후에 숨겨져 있는 것은 동사적인 의미의 존재의 저편을 사유하도록 하는 요구이며 그 적절한 철학적인 표현을 '존재의 다른 모습으로'라는 대체개념이 주조되는 것에서 발견케 하는 요구 외에는 아무것도 아니다."[16]

우리는 도피의 관념을 통해 존재자신이 지닌 불안에 관한 심연의 문

---

15 TA, p. 35.
16 DE, p. 14.

제가 좀 더 존재의 내적인 욕망(Désir)의 차원에서 다뤄져야 할 것이라는 것에 주목하고자 한다. 그리고 주체의 본질을 외적으로 드러내는 존재의 심려 속에는 부재에 관한 무의식이 함께 존재한다는 것을 지적해야 할 것이다. 무엇보다 자기 자신을 떠나는 것으로서 도피는 주체의 본래적인 감성과 연관되는 가능성이며 이런 감성은 외부적인 감각을 받아들이고 반응하는 주체의 물질적인 조건을 구성한다. 따라서 도피는 이런 감성을 통해 주체가 타자화하는 가능성이기도 하다. 또한 도피에 관한 관념은 이성적인 사유구조에 의존하는 고전적인 자아의 구성을 떠나 '존재란 무엇인가?'에 대한 철학적인 탐구를 위해 이것이 감성을 통해 이해될 수 있다는 문제의식을 함께 던져준다.

(2) 감각적 주체의 세계구성

인간은 자신의 실존적인 구조를 떠나서 무한성에 대한 사유를 할 수 없다. 즉 주체의 단순한 욕망이나 자신의 감각적인 조건을 떠나 세계의 본질을 이해할 수 없다. 무한성에 대한 레비나스의 관념은 빛(lumière)이다. 우리는 그 빛이 어떻게 이 세계에 내재적으로 존재하는 것인가를 살펴보면서 그것이 단순히 인간적인 이성을 의미하는 것이 아니라는 것도 지적하고자 한다. 이 빛은 주체적으로 세계를 이해하고 그 인식을 가능케 하는 초월적인 것이다. "빛의 객관성은 주관성 자체다. 모든 대상은 의식과의 관계에서 이야기되며 말하자면 빛과의 관계다."[17] 즉 대상은 빛을 통해 의식으로 들어온다. 빛은 인간이 눈을 뜨고 세상의 모습들

---

17   TA, p. 48.

이 그 안으로 들어오게 하는 밝음이다. 빛이 없으면 세상을 볼 수 없음과 같이 이 세상의 모습은 또한 빛의 외부성(extériorité)인 것이다. 세계는 빛에 의해 전달된다. 빛은 존재가 자신을 떠나 외부의 타자성을 받아들이게 하는 원인이기 때문에 그에게 모든 인식의 근거는 빛에 의해 가능하며 존재를 세상에 개방시키는 역할을 하기도 한다. 따라서 그 빛은 인간의 이성과 합리주의적인 사유를 초월한다.

그런데 존재가 사유하는 빛에 관한 궁극의 의미는 나와 다른 것에 대한 이해에서 비롯된다. "빛은 나와는 다른 어떤 대상으로서 존재하며 마치 이것은 이미 나를 떠났던 것이다."[18] 즉 빛은 나로 하여금 대상을 보게 하는 타자성으로서 존재한다. 그런 빛의 의미는 세계와 마주한 주체와의 관계에서 이미 감각(sensation)을 통해 세계를 이해하게 한다. 감각 행위는 자신을 떠나서 세계를 타자와의 관계에 의해 전적으로 받아들이고 세계에 존재를 거주시키는 방식이다. 나를 떠나서 존재하는 것은 나의 감각을 통해 대상화한 존재며 그 대상은 근원적인 낯섦을 갖지 않는다.[19] 그렇기 때문에 세계에 대한 주체의 향유가 가능한 것이며 세계의 대상들은 나와 일체다.

따라서 주체가 무한성을 사유한다는 것은 유한적인 자신 속의 자아를 떠나서 타자적인 관심으로 나가는 행위에서 가능하며 나와 구분시키는 대상들과의 차이적인 방식에서 신에 대한 관념이 또한 등장한다. 즉 형이상학적인 신의 관념은 주체와 세계 사이의 내재적인 관계에서 발견되는 것이다. 그리고 그 모습은 절대 타자적인 모습으로 나타난다. 따라서 삶의 초월성은 세계에 대한 인간의 실존적인 관계에서 이해된다. "빛의

---

18   TA, p. 47.

19   TA, p. 47.

초월성을 지지하고 외부적인 세계에 실재적인 외부성을 부여하는 이런 초월성을 인지하기 위해 향유와 그 물질적인 실존에서 빛이 주어지는 구체적인 상황으로 되돌아와야 한다."[20] 이런 시각에서 레비나스의 주체의 타자성은 그의 형이상학을 이해하는 데에 중요한 역할을 하며 타자성을 통해 주체를 개방시키는 기능을 하는 것은 또한 감각 또는 감성에서 비롯된다.

결국 자아에 관한 근원적인 동일성은 그 자신 속에서 제시되지 않으며 신에 대한 관념도 내적인 자기의식에 보존된 자기실체가 아니라 타자와 타자성을 통해 암시되는 것 외엔 아무것도 아니다. 따라서 레비나스에게서 타자를 인지하고 의식하게 되는 것은 감각하는 주체의 실존적인 방식에서 비롯되며 그 주체는 이성적인 것을 존재의 본질로 받아들이는 사유의 주체가 아니라 자신의 주관성을 타자화시키면서 세계에 개방시키는 감각적인 주체다. 그에게서 주체의 감각 또는 감성은 외부로 향하는 느낌이며 자신에게 낯선 감정을 받아들이는 타자 개방적인 존재방식이다.

무엇보다 우리는 레비나스가 그의 작품들 속에서 예시하는 감성에 관한 형이상학적인 이해를 위해 세계의 구조가 무엇으로 이뤄져 있으며 이 외부세계와 부단한 교섭을 해나가는 주체의 존재론적인 가능성과 그 한계가 무엇인지를 살펴보아야 한다. 그가 인식하는 세계는 인간이 감각을 통해서 이해하는 물질적인 세계며 이 공간에서 인간은 감각을 가진 육체적인 주체로서 존재한다. 그리고 세계는 인간과 마주하는 세계다. "세계는 속된 것이고 범상한 것이다."[21] 그리고 이런 세계는 이미 본

---

20 TA, p. 49.
21 EE, p. 63.

질과 단절된 공간이며 세계의 대상들은 눈으로 보이고 지각되는 유한적인 세계로서 제한된다. "대상들은 자신들의 유한성에 의해 정의된다. 그 형태는 유한자가 정의된 것이 되고 이미 이해 속에 들어오는 유한적인 방식이다."[22] 따라서 속되고 제한적인 세계에서 파악되는 인간적인 가치와 이것을 초월하는 고귀한 관념 등은 세계 속에 존재하는 인간의 유한적인 전제에서 파악되며 그 내재적인 시각에서 가능한 것이다. 즉 모든 가치는 물질적인 공간에서 실행되는 인간의 교섭과 노동을 통해 '존재하는 것'(l'exister)을 성취한다.

따라서 인간의 실존은 개별자의 실존이 아니며 이미 인간들의 세계구조 속에서 익명적일 수 있다. "세계에서 인간들 사이의 모든 구체적인 관계들은 제3자의 시점에서 실제적인 성격을 빌려 받는다. 그것들은 일체를 구성한다."[23] 우리는 레비나스가 주장하는 주체와 세계의 존재방식을 통해 중요한 것을 시사받는데, 즉 그의 초월적인 논리들은 이미 속되게 살아가는 범상한 삶 속에서 경제적인 방식으로 존재한다는 것이다. 이런 삶은 신성한 것이다. 기본적으로 인간존재를 둘러싸산 외부세계의 물질성과 자신의 신체성(corporéité)은 내면적인 차원의 가치와 호흡하는 유일한 출구이며 신적인 관념도 주체가 육체적으로 마주하는 타자와의 관계에서 계시되는 초월적인 (비)현상성을 의미한다. 즉 감각적인 육체성과 세계의 현상들은 내부적인 초월성을 이해시키는 유일한 창(窓)의 역할을 한다. 인간의 실존은 여기서 발생한다. 따라서 주체는 자신의 신체성을 통해 타자와 세계를 바라보고 그 실존적인 고유성에서 초월적인 관념을 이해하게 된다.

---

22 EE, p. 63.
23 EE, p. 62.

신체성은 감각적인 신경체계를 갖고 기능하면서 외부세계와 타자를 받아들이는 역할을 하게 되지만 여기서의 감성은 육체적인 감각활동으로서 제한되는 것이 아니다. 외부세계를 표현하는 현상들 속엔 존재론적인 또 다른 가능성이 존재한다. "실존이 빛에 의해 특징되는 세계는 존재하는 대상들의 총계가 아니다. (…) 전체성이 존재하게 되는데 이것은 빛의 내부성(intériorité)에 의거되는 것이다."[24] 여기서의 전체성은 사유나 인식의 체계가 아니라 인간적인 삶의 공간 또는 본질과의 단절과 공유되는 세계를 의미한다. 세계를 구성하는 대상들은 이미 감각적으로 받아들여진 주체적인 또는 타인적인 삶의 공간 속에서 존재한다. "감각적인 대상이 구성될 수 있는데 정신은 이미 감각 속에서 구성되며 이미 앎이며 이해다."[25] 그의 경험주의는 감각 속에서 앎과 영혼성에 모순되는 것이 아니며 그는 데카르트와 말브랑슈가 감각의 기능을 신임하지 않았다고 본다. 주체의 감각에 의해 세계의 내용들을 받아들이고 이것들을 삶 속에서 생활화시키는 것은 이미 빛이 존재하기 때문이다.

즉 레비나스의 경험주의에는 외부의 대상들을 주체와 친밀하게 연결시키는 일반적인 감성이 존재하며 이것은 세계를 주체의 타자성으로서 받아들이는 빛의 기능과도 같은 것으로서 욕망으로 드러난다. "대상은 나에게 향하고 나에 대해 존재한다. 세계에 대한 관계로서의 욕망은 나와 욕망적인 것의 사이에서 그 차이를 포함한다."[26] 즉 나를 존재시키는 세계에서 세계는 이미 대상들의 총체적인 구성과 그 관념이 아니라 감성으로 세계를 바라보는 주체적인 시선을 통해 존재한다. 그렇다고 여기서 의미되는 나와 세계의 관계가 도구적으로 연관된다는 것이 아니라

---

24 EE, p. 76.
25 EE, p. 77.
26 EE, p. 59.

빛을 드러내는 타자성과 같이 마치 신성한 삶을 계시시키는 곳과 같다. 따라서 우리는 그가 말하고자 하는 세계의 의미를 받아들이게 된다. "산다는 것은 신성함이다. 세계는 세계에서 비롯되지 않은 것에 대립하는 세계이며 우리가 거주하고 산책하고 점심과 저녁을 먹고 어디를 방문하고(…) 등의 세계로서 아브라함이 양떼를 먹이고 이삭이 우물을 파고 야곱이 자신의 집을 지었던 세계다.(…)"[27]

그가 받아들이는 신성한 삶은 이미 신적인 것의 보호를 받는 실존을 의미하며 세계는 그런 실존을 가능케 하는 양식(nourriture)과 같은 것이다. "존재하는 모든 대상들은 이미 내부로 향하며 자신 속으로 흡수될 것도 없이 드러낸다. 빛에 비춰지며 외부에서 오는 것은 이해 가능한 것인데 말하자면 우리에게서 온 것이다. 대상들이 세계를 구성하고 우리에게 존재하는 것은 빛에 의해서 가능하다."[28] 세계의 물질성(matérialité)과 주체의 감성은 대립하는 객체와 주체의 관계가 아니라 빛에 의해 우리가 전달받고 의식하게 되는 타자성 속에서 그 일체를 구성한다. 이 주체와의 일체는 빛의 고유성이며 따라서 세계는 빛의 외부성인 것이며 이미 나(Moi)와 일체다. 《전체성과 무한》에 나타나는 외부성의 개념은 세계의 실재를 형성하면서 주체와의 관계에서 존재의 생산 활동을 가능케 하는 '존재의 일반적인 경제'(l'économie générale de l'être)를 의미한다. 이 공간에서 존재는 행위하고 노동하는 주체며 자신의 향유(jouissance)를 가족과 집 그리고 타자와의 관계들 가운데 실현한다.

---

27 EE, p. 67.
28 EE, p. 75.

(3) 감성의 현상학적 구조

이제 레비나스가 감각활동과 감성에 초월의 의미를 부여한 현상학적
인 타자성의 의미를 살펴보도록 하자. 나아가 우리는 이 타자성이 단순
히 외부세계의 내용물들을 지각적으로 받아들이고 주체의 주관성에 의
해 그것들이 제한되는 것이 아니라 궁극적으로 탈주체성을 통해 나타난
심령주의(psychisme) 그 자체를 표현한다는 것에 주목하고자 한다. 우선
레비나스가 후설에게서 받아들인 존재의식과 타자성에 관한 현상학적
인 이론은 자신의 철학적인 과제인 심령주의를 전개시키기 위한 필요성
에 일치하는 것이고 그 초월성은 삶의 타자성 속에서 표현된다.

청년 레비나스가 독일 유학 이후 학위 논문으로 발표했던 《후설 현상
학의 직관이론(Théorie de l'intuition dans la phénoménologie de
Husserl)》(1930)에 나타난 주관성 또는 자기의식은 일반적인 사유작용을
좀 더 근원적으로 인식하기 위한 것이다. 그리고 그 관점을 후설에게서
발견한다. "요약하자면 의식은 절대적 실존의 영역으로서 나타난다. 이
런 절대적 실존은 단지 코기토의 의심할 수 없는 성격을 단지 표현하는
것이 아니라 의식에서의 존재자체에 대한 적극적인 규정으로서 '의심할
수 없는 코기토'(cogito indubitable)의 가능성을 근거짓는다."[29] 이때 그
는 후설에게서 타자적인 의식과 함께 그 본래적인 의식이 갖는 실체성
에 더욱 많은 관심을 가지며 이에 반해 데카르트의 코기토는 인식작용
을 가능케 하는 인간적 사유로서 구분된다. 궁극적으로 그의 심령주의
는 존재의 세계 내재적인 욕망과 다른 것이 아니었으며 감각활동을 통

---

29 E. Levinas, *Théorie de l'intuition dans la phénoménologie de Husserl*, Paris, Alcan,
1930. ; Vrin, 1963, p. 57.(이하 TIH로 약칭)

해 더 구체화하는 것이다.

이런 관점에서 볼 때 의식의 지향성으로서 나타난 감각활동과 감성에 관한 그의 현상학적인 이해는 단순감각에 관한 이해가 아니라 의식과 대상의 관계를 일원화하기 위해 감각활동 속에 내재된 의식의 분석을 시도하는 것이다. "데카르트에게서 감성의 분석은 감각적인 사물에 관한 존재분석이 아니라 인식에 관한 분석인데 말하자면 주체를 존재에 접촉케 하는 방식들에 관한 분석이다."[30] 따라서 그가 《전체성과 무한 (Totalité et Infini)》(1961) 이후 점차적으로 지향성에 관한 현상학적인 논리를 재검토하면서도 후설의 현상학에서 주체의식이 이미 선(先) 소여된 것으로 나타나는 감각활동의 이론은 호의적으로 받아들인다. 왜냐하면 후설의 현상학은 타자성으로의 소환구조를 가진 존재의식과 감각의 구조를 제시해줄 수 있었으며 레비나스는 여기서 심령주의의 요소들을 찾고자 했기 때문이다.

"심리주의(psychologisme)에 대항해서 후설의 현상학은 우리가 심령적인 삶(vie psychique)과 그 지향적인 대상을 혼동하지 않도록 인도했다."[31] 즉 대상에 관한 감각은 심리주의의 활동이 아니며 그 감각을 가능케 하는 지향적인 의식이 더 중요하게 모색될 수 있는데 그런 주체의식은 감각을 통해 이미 타자화한 것이다. "감각적인 것, 질료적인 자료(datum hylétique)는 절대적인 자료다. 의도들(intentions)은 그것에게서 대상에 관한 경험을 일으키기 위해 그것을 확실히 생기 있게 한다. 그러나 감각적인 것은 찾기 이전에 이미 주어져 있다. 주체는 대상들을 사유하거나 지각하기 이전에 거기에 흡수되어 있다."[32]

---

30 TIH, p. 57.
31 EDE, p. 137.
32 EDE, p. 139.

레비나스는 후설의 지향성 속에는 감각적인 것을 구성하는 '감각하는 것'(le sentir)과 '감각된 것'(le senti)이 확실히 구분된다고 믿으나 이것들은 통일된 의식을 형성하며 여기서 그것들이 주체와 객체로서 구분되는 것은 아니라고 이해한다. 의식의 통일을 가져오는 중요한 활동은 심령주의에서 기인하는 것이며 감각하는 행위는 심령적인 의식에서 독립적인 것이 아니다. 따라서 후설에게서 대상에 대한 현상학적인 의식은 지향성으로서 정의되면서 이미 의식의 영혼성을 함의한다고 그는 이해한다. "지향성을 정신과 육체의 통일로서 확신한다는 것은 의식의 영혼성을 운동 속에 올려놓는 것이며 이 운동을 통해 그것은 자신의 내부성을 드러나게 한다."[33] 레비나스에게 지향성은 감각과 타자의식(conscience de l'autre)의 형성을 인식케 하는 철학적 분석이며 특히 감각에 나타난 현상학적인 초월성을 수용하고자 했는데 이런 관점들은 심령주의에 관한 그의 관심 때문인 것이다.

따라서 레비나스는 대상을 경험적으로 받아들이고 사실을 구성하는 감각에 대한 고전적인 이해를 떠나 인간의 감수적인 활동이 주관성과 타자적인 초월의 관계에서 비롯된다고 이해한다. 그에게서 후설의 감성은 시간관념과 주관성의 분절(articulation)을 표현하는 것이었다. "감성은 시간의식에 긴밀하게 연결되며 존재가 향하게 되는 현재를 구성한다. 시간은 세계의 형식이나 심리학적인 삶의 형식으로 고려되는 것이 아니라 주관성의 분절이다."[34] 그가 끊임없이 후설의 현상학에 주목한 것은 질료적으로 받아들여진 내용들이 이미 감각적인 형식에서 비롯된다는 것이었고 칸트의 감성도 이와 다르지 않다고 보았는데 그 공통점

---

33 EDE, p. 143.
34 EDE, pp. 118~119.

은 초월적인 감성에 관한 이해였다.

그리고 감각에 대한 감성은 그 감각이 육체적인 활동에서 오는 것이 아님을 입증해주는 것이었으며 이것은 주체이해에 대한 철학적인 관찰이기도 하다. "감성은 경험주의적인 심리학의 의미에서 볼 수 있는 단지 무기력한 내용이거나 어떤 사실이 아니다. 그것은 모든 내용들을 위치시키며 대상들과의 관계가 아니라 자아와의 관계에서 자신을 위치시키며 이 점에서 그것은 지향적이다."[35] 따라서 현상학은 감각 속에서 분절적인 의미를 형성하는 존재분석을 가능케 해주었고 주체의 초월구조를 설명해준 것이었다. 이렇듯 그가 후설의 현상학에서 이해하고자 한 것은 주관성의 심령적인 사실을 분석하고자 한 것이었고 이런 관점에서 육체적인 감각활동을 보고자 하였다.

레비나스의 그런 의도는 후설의 키네스테즈에 관한 인식에서 좀 더 분명히 드러난다. "키네스테즈(kinesthèse)는 육체운동의 감각들이다. 외부세계에서 육체를 통해 식별된 모든 운동은 이런 감각들에서 비롯된다."[36] 이런 키네스테즈는 육체적으로 반응하면서 육체 스스로 동기를 갖는 것이 아니라 구체적인 의지를 가진 활동이다. "후설에게서 키네스테제(Kinästhese)란 바로 이 '나는 할 수 있다'(ich kann)고 하는 실천적 능력성(Vermöglichkeit)의 의식, 즉 자기의 신체기관들을 목표로 향하여 마음대로 움직일 수 있다는 비주제적인 의식을 말한다."[37] 따라서 키네스테즈에 이미 의지를 표현하는 목적이 있으며 이것을 표현하는 것은 근육 등을 통한 육체적인 활동으로서 정신과 신체의 일체작용으로서 표

---

35   EDE, p. 119.

36   EDE, p. 141.

37   한전숙, 〈생활세계적 현상학〉, 《생활세계의 현상학과 해석학》, 철학과 현상학연구 제5집, 서광사, 1992, p. 26.

현되는 운동인 셈이다.

　그렇다고 이 운동이 경험주의자들이 받아들일 수 없는 어떤 관념주의적인 부동성(immobilité)에서 연유하는 것은 또한 아니다.[38] 즉 레비나스에게서 단순히 그것이 의지의 활동을 표상하는 움직임으로 제한되는 것은 아니다. "키네스테즈는 표상적인 의도들을 받아들이는 것이 아니라 '모든 다른 유형에 대한 이해'를 받아들이는데 이것은 모든 표상적인 이해를 '……라면 따라서……'라는 조건부로서 위치시키는 것이다."[39] 키네스테즈를 구체적인 의지의 한 형태로서 받아들인 그의 이해는 주체의 물질성이 감수적인 형식에 의해 주어진다는 것이며 그 기원은 심령주의에 대한 궁극적인 사유에서 비롯될 수 있는 것이다.

　그런데 우리는 감각에 관한 레비나스의 현상학을 살펴보면서 이것이 후설의 현상학과 궁극적으로 일치하지 않음을 지적해야 한다. 이것은 단지 '타자의식의 원인이 무엇인가'에 대한 입장 차이뿐만이 아니라 우리가 다음 장에서 또한 다루고자 하는 초월적인 수동성, 즉 세계 내재적인 존재의식을 표현하는 주체의 수동성을 전적으로 타자성으로 드러나게 하면서 그 상이한 점들을 표출하게 된다. 레비나스에게 타자성은 본질적으로 비환원적인(irréductible) 구조를 가진 것이다. 그리고 그것은 지향적인 관점에서 파악하기 어려운 무한성의 의미이기도 하다. "레비나스에 따르면 후설은 타자의 무한한 타자성을 결여한 것이며 이것을 동일자로 환원시킨다.(…)"[40] 말하자면 그의 철학은 계시적인 심령주의를 적극적으로 구성하게 되면서 상대적으로 주체의식, 사유실체 등에 관한 철학적인 주관성의 영역이 협소화되는 특징을 갖는다.

---

38 EDE, p. 159.

39 EDE, p. 159.

40 Philippe Fontaine, *La Question d'autrui*, Paris, Ellipses, 1999, p. 100.

심령적인 사실에 대한 그의 관심은 일반적인 앎의 체계에 선행해서 감성에 관한 이해가 인간의식의 본래성에서 비롯된다는 것을 환기시키는 것에 있었다. 청년 레비나스가 수용했던 지향성에 관한 현상학적인 관심도 《전체성과 무한》 이후 에로스의 현상학, 감각의 현상학 등으로서 새롭게 그의 관심을 표현한다. "향유의 지향성은 표상(représentation)의 지향성과 대립해서 기술될 수 있을 것이다."[41] 특히 《존재의 다른 모습으로(Autrement qu'être)》(1974)에서 앎으로서의 지향성에 관한 의미는 표상적인 이론체계의 한 형태로서 강조되면서 후설의 철학에 대한 단절이 뚜렷이 나타나며 이후 지향성과 대립하는 '비지향성'(non-intentionnalité)의 개념이 제시된다. 그 책에서 지향성에 관한 레비나스의 이해는 긍정과 부정으로 구분되는데 지향성은 각각 심령적인 초월의식, 표상구조에서의 의식으로서 지시된다.(AE, p. 86~91) 비지향성에 대한 논의는 1983년 발표된 〈비(非)지향적인 의식〉의 논문에서 나타나는데 의식의 지향성에 나타난 앎의 구조가 표상(représentation)에 있다고 지적하며 브렌타노의 지향성 개념이 후설의 그것에서도 타당성을 갖는다고 인정한다.(EN, p. 145) 그에게 심령주의는 공시적인(synchro-nique) 표상구조가 아니라 통시적인(diachronique) 표현이다. 비지향성에 관한 논의는 다음 장에서 다루기로 한다. 그런 과정에서 무엇보다 현상학적으로 설명된 타자의식의 의미는 주체의식이 이미 주어진 나의 타자성이 아니라 나와 주체의식을 초월해서 존재하는 나와 전적으로 다른 타자성으로 나타난다. 그리고 이 타자성의 본질은 낯선 나를 구성하는 심령주의의 중심을 차지한다.

말하자면 레비나스의 타자철학에서 심령주의를 구성하는 의식의 원

---

41   TI, p. 100.

인은 존재 자신 속에 있는 타자에 대한 원천적인 의식 때문이며 이것은 존재의 영혼성(spiritualité)을 고유하게 표현하는 낯선 나 자신성을 의미하게 되는 것이다. 곧 타자를 의식한다는 것은 본래의 동일적인 나(Moi)에 대한 표현이다. "나(Moi)에게서 동일자(Même)의 확인은 '나는 나다'와 같은 단순한 동어반복으로서 나타나지 않는다. 'A는 A다'의 형식주의에 비환원적인 확인의 원래성(originalité de l'identification)은 이와 같이 주의력을 피해갈 수 있다. (…) 나와 세계의 구체적인 관계에서 출발해야 한다."[42] 이런 관점은 전체성이라 불리는 일반적인 사유체계를 비판하고 실존적인 타자윤리와 유일신주의를 '초주체적으로' 발전시키면서 나타난 탈실체론적인 주관성의 철학에서 비롯될 수 있는 것이다.

레비나스는 삶의 세계를 나타낼 때 '전체성의 단절'(rupture de la totalité)을 예시한다. "전체성의 단절은 서로가 호환하고 정렬하는 용어들 사이의 단순한 구분을 통해 얻어지는 사유작용이 아니다."[43] 그런 단절은 타자의 개입을 필요로 하며 여기서 신적인 관념은 절대 타자들로 무수히 표현된다. 예컨대 그에게 존재의 본래성은 사유적인 본질, 무와 죽음과 같은 존재의 내연성(intéressement)에서 비롯되는 것이 아니라 타자적인 호환성 또는 외연성(désintéressement)에 의해 현재화하는 것이다. 따라서 외부적인 세계는 이미 나의 단일성(unité du moi)을 구성한다.

이에 따라 심령주의에 관한 그의 사고는 지적인 앎에서 비롯되는 일반적인 초월주의와 구분되는 것이다. 그에 따르면 헤겔주의에서 나타나는 절대적인 앎은 자기의식을 확증시키는 합리주의에 귀속되는 것이다.

---

42 TI, p. 7.
43 TI, p. 10.

"이론적인 앎의 심령주의는 사유의 고유방식과 사유될 수 있는 것에 대한 적합성(adéquation)에서 비롯되는 사유를 구성하고 사유자신에 동등한 것이며 자기의식(conscience de soi)이 될 것이다. 이것은 타자 속에서 자신을 재회하는 동일자다."[44] 즉 그는 그런 사유주의의 활동 속에 이성(Raison)이 타자성으로 위장하고 있으며 이것은 이미 전제된 인식체계에서 존재가 스스로 자기 동일화하는 과정이라고 비판한다. 여기서 나타나는 자기의식은 동일자의 논리가 반복된 존재론적인 형식을 나타내는 것으로 그가 이해하는 동일자의 구조는 절대적인 타자의 형식으로서 존재한다.

결국 그의 타자의식은 어떤 순수의식에도 환원되지 않는 타자성 그 자체이며 자기의식에 낯선 것으로 주체외부에서 오는 심령주의를 의미한다. 궁극적으로 타자의식은 주체의 사유를 초월해서 존재하는 비지향성을 의미한다. 예를 들어 타자의 얼굴에 나타난 신적인 고결함은 주체의 의식을 통해 지향된 의미를 구성하는 것이 아니라 전적으로 주체의 외부에서 오는 비지향적인 또는 형이상학적인 사건이며 본질적인 타자의식을 결정한다. 타자의 얼굴은 지향성의 논리에 의해 설명할 수 없었다. 그런데도 그 얼굴은 주체의 동일성을 환기시키는 궁극의 의미며 주체를 그것에 복종시키면서 주체의 가장 고유한 것을 형성한다. 이런 절대적이고 고유한 타자의식은 데카르트가 주체의 사유내부에서 발견한 의식의 확실성과 동일한 의미를 부여받는 것이지만 전적으로 주체바깥에서 오는 것이다.

마찬가지로 그가 말하는 감성 역시 심령적인 통시성을 표현하는 것이

---

44 E. Levinas, *Entre nous. Essais sur le penser-à l' autre*, Paris, Grasset, 1991, p. 144.(이하 EN로 약칭)

며 그것은 재현하는 것이 아니라 주체가 단절의 세계 공간에서 자신을 정착시키면서 얻어지는 향유로서 제시된다. "감성은 표상의 순간으로서 기술되는 것이 아니라 향유의 사실이다. (…) 마치 감각이 표상의 구도 위에 위치한 것처럼 그것이 분명함과 분별성을 결여하고 있다고 말하는 것은 충분치 않다."[45] 그의 심령주의를 통시적으로 표현하는 감성의 개념은 상호주관적인 영역에서 존재의 중성화를 이끌어내는 것이 아니라 탈주체적인 초월성, 즉 전적으로 타자로 향하면서 무한성의 의미를 절대 타자적인 것으로 표현하는 데에서 주장될 수 있는 것이다.

(4) 내재성의 철학과 주체욕망

우리는 이제 레비나스에게서 감성의 세계 내재적인 성격을 살펴보고자 하며 궁극적으로 그것은 무한성과 호흡하는 주체의 욕망과 일치한다는 것을 제시할 수 있을 것이다. 무엇보다 그에게서 현상학적인 방법론은 자신의 심령주의를 이해시키는 매우 유용한 것임에도 아랑곳없이 본래적인 심령주의와 차별화하기 위해 그는 현상학적인 지향성을 지적인 표상체계의 작용으로서 이해하기 시작한다. 즉 지향성은 이미 주체적인 의도(intention)를 내포한 것으로서 주관적인 의식의 단위로 환원 가능한 것이며 인식체계의 작용인 것으로 인식된다. "의식의 지향적인 구조는 또한 표상(représentation)에 의해 특징된다."[46]

왜냐하면 근본적으로 레비나스의 사유주의는 인간 스스로 '사유될 수

---

45 TI, p. 109.
46 EN, p. 145.

없는 것'(non-pensable)에 관한 사유주의를 드러내는 것으로서 일반적인 표상의식과 구분되기 때문이다. 의식의 근원성인 신으로부터의 사유와 관념은 전적으로 외부에서 오는 타자성에 근거한다. 따라서 데카르트의 코기토가 의미하는 신의 관념에 대한 순수한 사고 역시도 지적인 사유주의의 결과며 여기서 확증되는 자기의식은 체계적인 지식에 편입되는 것이다. 그래서 "'나는 생각한다'(Je pense)의 단일성은 지식으로서 나타난 정신의 궁극적인 형식이며 이 단일성에 모든 것들이 체계를 구성하며 인도된다."[47]

그에게 주체의 단일성은 이미 사고되지 않은 순수한 타자성을 가져야 하는데 이것은 현상학적인 시각에서 볼 때 이미 '지향되지 않은' 요소들을 포함하는 것이라야 한다. 이런 그의 시각은 현상학에 관한 그의 이해가 주체와 대상 사이의 이해구조를 탐구하는 것이 목적이 아니라 그의 심령주의를 이해시키고자 한 것에서 비롯된 것임을 보여준다. 즉 그의 심령주의는 인간적인 사유에 의해 가능한 것이 아니라 주체가 스스로 생각할 수 없는 타자적인 의식과 이것을 받아들이는 순진무구한 주체의식을 옹호하는 것으로 나타난다. 그리고 그런 의식은 일종의 '불완전한 의식'(mauvaise conscience)이며 존재의식의 시발이다. "불완전한 의식, 이것은 의도를 가지지 않은 것이며 조준된 것이 아니며 세계를 비추는 거울을 통해 자신을 숙고하는 인물을 보호하는 마스크를 갖지 않는다."[48] 불완전한 의식은 모든 의도들에 앞서는 무언중의 의식이다. 이에 반해 '완전한 의식'(bonne conscience)은 그런 의식을 명백한 앎의 체계 속에서 반성하며 여기서 초월적인 자아(moi transcendantal)를 논하게 되는

---

47 EN, p. 144.
48 EN, p. 147.

의식이다.

그런 의식은 인간적인 감성을 통해 표현되며 이성적으로 측정될 수 없는 자연적인 의식일 수 있다. "불완전한 의식 또는 소심성, 이것은 자신의 현존자체에 대해 비난을 받고 책임을 가져야 하는 죄의식을 갖는 것이 아니다."[49] 그에게서 불완전한 의식은 타인에 대한 경외(crainte pour autrui)에서 오는 것과 같이 조심스러운 것이며 어떤 추상적인 법칙에 의해 지배되는 것이 아니다. 그는 파스칼의 말을 빌려온다. "햇빛 비춰지는 나의 자리 여기에 모든 땅들을 점거한 시작과 이미지가 있다."[50] 그에게서 심령적인 현상들은 '주체에 낯선 타자성'을 받아들이는 것에 의미가 있으며 그 타자성은 존재가 느낌으로써 무한성을 받아들이는 주체의 감성에 거부적인 것이 아니다.

이런 맥락에서 볼 때 주체의 타자성은 곧 자신의 고유성이며 타인과 공유하는 일반적인 표상에 의해 동일하게 배열되지 않는다. 그 타자성은 고유한 나 자신성을 구성하는 것으로 이런 가능성은 타자에 대해 열린 감각이나 '상처받기 쉬운' 심성주의(axiologie)에서 드러나는 것이다. 즉 그가 말하는 '비지향적인 수동성'(passivité non-intentionnelle)은 의식작용 속에 지향되지 않았던 감각적인 의식이며 고유한 타자성이다. 이런 것들은 세계에 거주하면서 여기서 향유의 삶을 찾아나가는 존재의 세계 내재적인 삶을 형성한다. "어떤 행위와도 상관관계를 갖지 않는 이런 수동성은 비지향적인 것의 불완전한 의식에 의해 자신을 기술하는 것보다 더 낮게 그것을 기술할 수 없다."[51] 그에게서 철학적인 내재성(immanence)의 관념은 존재의 사유를 체계성에서 찾는 것이 아니다. 즉

---

49 EN, p. 147.
50 EN, p. 148.
51 EN, p. 148.

그의 사유주의는 데카르트의 코기토와 같이 존재의 완전성을 추구하는 것이 아니라 삶의 세계 속에서 타자들과 더불어 향유하는 것에서 실현되는 것이다.

따라서 연약한 주체가 존재의 초월적인 구조를 발견하다는 의미는 그런 심성적인 주체가 타자 또는 외부에 대해 좀 더 친밀하게 스스로를 개방시키기 때문이다. 그러나 인간의식이 늘 바깥세계에 노출된다는 것은 쉽게 상처받거나 늘 폭력적인 방식으로 어떤 상황에 의해 자신의 감성이 피지배적일 수 있다는 것을 의미한다. 감성은 주체에게 아픔과 고통을 주는 것과 같은 직접적인 방식으로 그 고유성을 전달한다. "감성은 상처받기 쉬움, 민감성, 노출이며 타인에 의해 포위되고 관계된 것이다.(⋯)"[52] 인간적으로 여린 감성의 주체는 있는 그대로의 실존적인 고통을 강하게 느끼지만 이것은 타자로부터의 낯선 상황을 부지불식간에 받아들이게 한다. 그리고 주체는 그런 타자성으로 인해 무한성을 역설적으로 사유할 수 있는 존재의 가능성을 지닌다.

예를 들어 타자의 얼굴 역시 상처받기 쉬운 아픔과 고통의 모습들이며 그 얼굴은 또한 수많은 타자의 모습들이 지나가버린 그들의 흔적이기도 하지만 일반적인 시간이나 신의 관념을 표상하는 것은 아니며 그 타인의 얼굴은 나에게서 지금까지 예시되지 않았던 신적인 관념의 고유성을 그에게의 책임감을 통해 또한 계시하는 것이다. 타인의 얼굴은 의식의 일반적인 지향성을 이탈해서 존재하는 비(非)현상(non-phénomène)이며 현상성의 관계를 초월한다. "이웃의 얼굴은 모든 자유스런 합의, 모든 협정, 모든 계약에 앞서면서 기피될 수 없는 의무감을 나에게 의미한다. 그것은 표상을 벗어나는 것이며 현상성에서의 이탈

---

52 AE, p. 101.

그 자체(défection même de la phénoménalité)다."[53] 낯선 타자에 대한 책임감은 타자로 향하는 감성의 본질과 그 구조에서 작용하는 에로스의 구체적인 사실이며 그것은 신의 부재에서 기인하는 타자에 대한 욕망인 것이다. 즉 인간적인 약점일 수 있는 연약한 감성은 사유의 주체가 무한자를 발견할 수 있는 인간적인 위대성을 의미한다.

따라서 인간존재에 근원적으로 부재한 형태로 나타나는 순수의식은 그 자신을 존재자의 고유 경험에 즉시적으로 개방시키는 수동성을 갖게 되며 이 수동성은 인간존재에서 감성과 같은 상처받기 쉬운 존재형식으로 나타난다. "주체의 주체성, 이것은 상처받기 쉬움이며 감정으로의 표출이며 감성이다. 그리고 모든 수동성보다 더 수동적인 수동성이며 만회할 수 없는 시간이며 참을성과 같이 조립될 수 없는 통시성이다.(…)"[54] 이런 수동성은 무한성에 대한 존재경험을 타자로 향하는 것을 통해 표현하며 파스칼의 존재회의와 위대한 사유가 유일한 주체에서 가능한 것과 같은 논리를 내포한다.

연약한 사유의 주체 안에 내재된 타자성은 인간존재의 신체성에 스며들면서 고난, 수고로움, 피로함 등속에서 존재자의 고유성과 직접적으로 이웃하며 주체의 수동성을 형성한다. "주체의 신체성은 수고에 대한 고통이며 활동의 열정과 노동의 에너지 속에서 체크되는 피곤함에 대한 원래적인 역경이다."[55] 그런 주체의 수동성은 직접적으로 타인에게 드러난 나의 모습 자체(mon exposition à l'autre)며 신체적인 고통도 포함하는 것이다. 이것은 주체의 고유한 감성을 통해 신적인 관념의 내재성이 타자성으로서 나의 신체 속으로 들어오는 것을 의미한다.

53　AE, p. 112.

54　AE, p. 64.

55　AE, p. 70.

그래서 레비나스의 감성은 이미 세계를 향한 초월성과 같다. "나는 나 자신이며 여기 이렇게 집에 있다. 거주이며 세계의 내재성이다. 나의 감성은 여기에 있다. 나의 위치에 국지화(localisation)의 감정이 있는 것이 아니라 나의 감성의 국지화가 있다."[56] 즉 초월적인 감성은 실존적인 나의 감각활동을 통해 세계 내재적인 보편적인 감각을 구성한다. 감성이 존재의 본질을 바깥쪽으로 탈퇴시키는 이유는 이미 빛으로 인해 외부세계를 보기 때문이다. 따라서 우리는 인간존재의 감성을 통해서 그의 타자철학에서 의미하는 초월성의 의미를 받아들일 수 있는 것이다. 근본적으로 그런 감성은 차별화한 느낌으로서 상호주관적으로 이해되는 제한된 공의성을 갖지 않으며 그 느낌은 통시적인 성격을 반영한다.

우리는 감각적인 내용을 함유하는 존재의 수동성과 그 형식인 감성의 관계를 좀 더 구체적으로 살펴보고자 하며 여기서 철학적인 초월의 의미를 제시해보고자 한다. 수동성은 레비나스의 심령주의를 내재적인 방식으로 설명해주는 형이상학적인 가능성이기도 한 것으로 존재의 자기의식에 선행하며 이미 물질화한 감각을 구성한다. 의식의 수동성은 반성되지 않은 원래적인 의식을 의미하며 의식의 타자성에 대한 구체적인 언급이기도 한다. "비지향적인 수동성, 즉 그 자발성(spontanéité)의 방식 속에서 모든 형이상학적인 이념들의 형성에 앞서서 여기서는 지향적인 사유, 파지성(把持性, main-tenant)의 앎과 지배로 확인받는 존재의 위상에 관한 정의가 문제시된다."[57] 여기서 감각적인 것(sensible)은 주체가 느끼는 피지각이며 이 지각은 주체의 고유한 물질성을 구성하며 타자지향적인 감성에 의해 이미 생기 있게 된 것이다. 감성은 감각적인 것

---

56 TI, p. 111.
57 EN, p. 148.

에 의미화를 부여한다. "감성의 즉시성(immédiateté), 이것은 고유한 물질성의 '타자지향적인 것'(le pour autre)이다. 그것은 또는 근접성(proximité)이며 타자에 대한 즉시성이다."[58]

이 물질성은 감각적인 타자지향성성이 육체적으로 흔적(trace)을 남긴 순수한 수동성이다. 다만 흔적은 타자적인 즉시성이 감각적으로 드러난 감성의 가시적인 형태다. 즉 주체가 감촉으로 느끼는 어떤 감각이란 비가시적인 타자지향성이 남긴 물질 또는 매듭(nœud)이며 흔적이다. 그의 철학에서 의미하는 흔적은 단지 남겨진 과거가 아니라 물질적으로 아나키하게 드러난 절대적인 관념을 나타낸다. 지향적인 관계를 떠나서 존재하는 비적합성(inadéquation)과도 같다. 예를 들어 얼굴은 절대적인 것의 부재가 남긴 흔적이다. 그리고 비가시적인 것의 흔적이다. "얼굴에 남겨진 어떤 과거의 흔적, 이것은 아직도 계시되지 않은 것의 부재가 아니라 지금까지 결코 현재화되지 않았던 것의 아나키(an-archie)며 타자의 얼굴에서 명령하는 어떤 무한성의 아나키다."[59] 다시 말해서 감각을 구성하는 물질성은 이미 타자적인 감성에 의해 생기 있게 된 그 흔적인 것이다. 예를 들어 나무둥지에 남겨진 나이테는 물질성이며 이것은 타자적인 감성, 즉 손으로 잡을 수 없는 시간성을 표현한 것과 같다. 그리고 시간의 관념은 나무 자신이 생각할 수 없는 자연의 원리로서 나이테와 같이 노출되듯이 주체는 자신의 사유 속에서 영적인 진리를 생산하는 것이 아니라 신체적인 타자성을 통해 심령주의의 본질을 표현한다.

주체의 순수한 의미는 부재와 같으며 이에 따라 주체를 대상적으로 열게 하고 마치 호흡을 하듯 심령적인 것을 절대 타자적인 것으로서 표

---

58 AE, p. 94.
59 AE, p. 124.

현하는 기능을 하는 것이 감성이다. 따라서 감성은 단지 주체를 세계에 위치시키는 존재론적인 조건으로서 나타나는 것이 아니라 본질적인 심령주의를 '타인에 대한 욕망'(Désir d'Autrui)으로서 주체에게서 타자에게로 나가게 하는 주요 관념을 차지하고 있다. 즉 타자지향적인 주체는 감성 또는 상처받기 쉬움의 형식에 의해 통시적인 심령주의를 전달하고 있으며 주체의 육체성은 그런 형식들을 통해 이미 자신을 생기 있게 한다. 그가 말하는 '물질적인 육체로서의 심령주의'는 그런 감성에 관한 형이상학적인 이해를 바탕으로 하며 육체적인 감성에 의해 표현되는 그의 심령주의는 곧 외부세계를 삶의 양식으로서 받아들이며 존재의 향유를 구성한다.[60]

논리적으로 볼 때 감각적인 것, 물질화한 이 육체성이 심령주의 그 자체를 지시하는 것은 아니며 본래적인 초월성, 즉 타자지향적인 존재를 표현하는 즉시적인 흔적으로서 남게 된다. 감성은 심령주의의 주요 관념인 근접성을 더 직접적으로 의미한다. 신체의 신체성(corporéité de corps) 역시 그런 감성을 표현하지만 실존적인 주체의 조건과 함께 심령적인 결정체의 역할을 한다. "신체의 신체성을 향해 확실히 가까움, 의미화, 향타성(l'un-pour-l'autre)으로서의 감성이 인도된다."[61] 즉 감성이 함의하는 초월구조는 주체를 떠나서 세계와 타자에 대한 무한의 욕망을 표현하는 존재의 본질적인 구조다. 따라서 세계와 타자를 표현하는 주체의 감성은 느낌이 자신에게 향하는 자기중심적인 나르시시즘을 반영하는 것이 아니라 자신의 동일성을 부정하면서 타자화하는 초월성을 의미하는데 타자가 된다는 것은 곧 무한성과의 교섭을 나타낸다.

---

60 "Psychisme comme un corps matériel." (AE, p. 85.) 물질적인 여건들은 주체에 대해 내재적인 삶의 방식인 존재의 향유(jouissance)를 가능케 한다.

61 AE, 97.

(5) 주체바깥으로

우리는 레비나스의 타자철학과 심령주의의 관점에서 그의 작품들에서 유기적으로 등장하는 감성과 그 초월구조를 살펴보았다. 먼저 도피는 그런 감성에 대한 사유의 단서이며 시작이다. 즉 도피의식은 실존적인 주체의 가능성이며 타자의식을 받아들이는 자아적인 도정이다. 도피는 고전적인 자아발견의 방식을 떠나 타자적인 것을 통해 진실한 '나'의 본질을 구성하고자 하는 유목적인(nomade) 자아발견의 원리일 수 있다.

주체가 타자성에 의해 존재론적인 자기근거를 상실하는 것이 아니라 타아적인 주체의 다의성을 통해 존재의 정체성이 확보될 수 있이다. 따라서 주체의 도피의식은 감성에 관한 형이상학적인 이해를 더욱 용이하게 해주며 우리는 그런 감성이 그의 심령주의를 해석하는 중요한 시각을 제공할 수 있음을 제시하게 된다. 말하자면 감성은 '존재자신에 대한 낯섦'(étrangeté à soi)을 이해시키며 그것은 또한 타자를 향해 '주체바깥으로'(hors du sujet) 나가는 무한성을 표현하는 것으로서 곧 타인에 대한 욕망이 그것이다.

궁극적으로 레비나스의 타자철학에서 감성에 관한 이해는 존재의 동일성이 외부적인 세계 속에서 무수한 타자들과의 관계를 통해서 표현될 수 있다는 주체이해에 관한 새로운 가능성을 시사해준다. 말하자면 주체의 감성은 외부적인 삶의 세계 속에서 존재의 내재적인 삶의 방식, 즉 '향유'(jouissance)를 가능케 한다. 그의 철학이 근본적으로 외부성을 지향한다는 관점은 이런 맥락에서 다시 강조될 수 있으며 주체를 일깨우는 계시적인 무한성의 관념은 전적으로 '나'와 다른 낯선 삶에 대한 경외에서 오는 것이며 이것은 주체를 떠나 타자로 향하는 초월성을 의미한다.

즉 주체의 타자성(altérité)은 자신의 감각적 고유성을 통해 존재의 세계 내재적인 초월성을 구체적으로 실현하며 나아가 존재의 형이상학적인 본래성(originalité)을 실현한다. 이와 함께 새로운 비자아(non-moi) 개념에 대한 철학적 탐구는 근본적으로 후설의 현상학적인 지향성에 의해 지지될 수 없는 또 다른 자아탐구의 방식이기도 하다. 형이상학적인 관점에서 주체의 감성은 단순한 감각활동을 넘어 서서 타자지향적인 것(le pour autre)을 본래적으로 실현시키려는 주체의 욕망(Désir)이기도 하다.

이런 의미에서 주체의 신체성 역시 낯선 감각을 통해서 존재의 심령적인 의식을 타자로 향하게 한다. 결론적으로 우리는 본고의 논의를 통해 그의 초월철학이 사유의 선험성(a priori)에 근거한 것이 아니라 타자지향적인 주체의 감성을 통해 존재의 동일성을 이해시킨다는 것을 확인하게 된다. 즉 근원적인 사건은 외부로 흐르듯이 감성의 초월구조는 타자와 교섭하는 것에서 그 타자성으로 인해 내부적인 무한성을 이해시킨다.

4장 에로스의 현상학 또는 형이상학

(1) 타자관념의 철학적 기초

레비나스에게서 《전체성과 무한(Totalité et Infini)》(1961) 등을 포함한 모든 작품 속에서 보이는 그의 철학적 사상들은 논리적인 체계성을 특징으로 하지 않는다. 그의 철학적 개념들은 논리적인 분석의 틀 속에서 발전되기보다는 철학적 주제에 대한 실천적인 문제의식과 심령적인 사유의 틀을 중심으로 서술되고 있다. 그의 철학은 인간의 사유 중심주의를 벗어나 신에 대한 인간의 사랑과 의무를 우선적으로 하기 때문에 특히 심령주의(psychisme)에 관한 이해는 종교적인 계시성에서 비롯된다. 그가 말하는 에로스에 대한 이해 역시 심령주의적인 사고를 전제하며 다만 타자적인 관점에서 에로스에 대한 정의가 가능하다. 이런 견해는 그가 그리스 철학에서 말하는 에로스의 관념을 심령주의에 관한 이해로서 받아들인 것에서 가능하다.

나아가 그는 철학적인 또는 존재의 동일성에 대한 이해를 타자적인 시각에서 다원화시키는 표현들을 사용하곤 한다. "나는 나의 아이를 갖지 않는다. 나는 어떤 방식에서 나의 아이다."[1] 여기서 내가 아이를 가졌

---

1   "Je n'ai pas mon enfant. Je suis en quelque maniére mon enfant" (TA, p. 86.)

다는 것은 육체나 핏줄에 의한 소유가 아니다. 내가 존재한다는 사실은 타자와의 실제적인 또는 물질적인 관계를 통해 존재하며 본질적으로 '나'라는 존재는 그런 관계를 통해 초월적으로 존재할 수 있다. 이런 존재관점은 존재를 '이포스타즈'로서 정의하게 한다. 그래서 그의 철학적 관념들은 손에 잡힐 수 없는 사유를 언어로써 표출시키면서 또한 언어적 표상관념을 뛰어넘고 있다.

그의 언어철학적 관심은 '말하기'(Dire)와 '말해진 것'(Dit)의 용례들에 의해 설명될 수 있는데 전자는 언어적인 번역을 늘 초월해 존재하는 본래적인 명령으로서 통시성(diachronie)의 의미가 있으며 이에 반해 후자는 로고스 중심주의가 언어적 체계성과 논리들에 구성되는 공시성(synchronie)의 현상을 나타낸다.[2] 이런 애매성(ambiguïté)의 형이상학적 사유의 특징은 분명함(clarté)을 원칙으로 하는 데카르트, 칸트 등의 체계철학과 구분된다.

실제 그 자신도 체계적인 분석의 틀을 가진 철학적 사유를 전체성(totalité)으로서 비판하는데 그 주요한 예가 '타자'(Autre)에 대한 이해에서 비롯된다. 그의 독특한 타자 개념은 '동일자'(Même) 자체의 사유 구조 속에서 확인되거나 무엇을 위한 대체적인 수단으로서 나타나는 것도 아니다. 타자는 '자기 회귀적인 동일자가 거주하는 체계적인 전체성'과의 단절(rupture)을 통해 근본적으로 새롭게 생성하는 낯섦(étrangeté) 그 자체를 의미한다. 이런 관점에서 타자 개념은 동일자의 사유 구조를 떠나 수많은 타자들로서 무한성을 새롭게 표현할 수 있으며 여기서 외부성(extériorité)의 철학이 근본적으로 지지된다.

---

2   E. Levinas, *Autrement qu'être ou au-delà de l'essence*, La Haye, Marinus Nijhoff, 1974. ; Kluwer Academic, 〈le livre de poche〉, pp. 75~78.(이하 AE로 약칭)

따라서 그 개념은 논리적으로 호환될 수 있는 중성화, 환원 등의 조건을 충족시키는 것이 아니라 그 자체 비적합성(inadéquation)의 의미로서 절대타자의 의미를 함축한다. "주제 또는 대상이 되어가면서 명석 분명한 것으로 위치해나가는 타자의 중성화는 정확히 동일자에 대한 환원이다."[3] 말하자면 진정한 타자의 의미는 전통적인 동일자의 관념을 벗어나 존재하며 그 무엇에도 더는 환원되지 않는 무한성을 의미한다. 덧붙여 존재의 타자성은 그 자체 무한성이 아니기 때문에 무한성은 타자성을 늘 초월해 존재한다. 그래서 무한성은 늘 '초월하는 것'(transcendant)이며 타자성은 그것에 대한 원래적인 표현 또는 흔적이다. 우리는 본고에서 인간들에게 존재하는 '여성적인 것'(féminin) 역시 타자성의 근거며 인간본성을 역동적으로 구성하는 형이상학적인 흔적이 될 수 있음을 논의하게 될 것이다.

동일자에 대한 타자의 비환원성은 레비나스의 현상학이 후설의 그것과 구분되는 가장 중요한 부분이기도 하다. 그에게서 논리적인 자명주의는 말 그대로 논리 그 자체 내에 있는 동일자에 대한 사고에서 비롯되는 것이기 때문에 진정한 타자의 의미를 설명하지 못하며 동일자에 의해 적합하거나 충족된 타자는 심령적인 넘쳐흐름(surplus)을 전달할 수 없다. 왜냐하면 레비나스에게서 타자는 이미 그 무엇에도 환원될 수 없는 빛(une lumière)의 진리를 함의하기 때문이다. 〈그림 5〉에서와 같이 모네는 시시각각 변화하는 자연의 색채들에 주목한다. 그에 따르면 색채들의 근원은 빛에서 주어진다. 하나의 빛은 사물들의 표면에서 수많은 파장을 일으키며 그 외관을 형성한다. 곧 그는 빛의 타자성을 캔버스에

---

3 E. Levinas, *Totalité et Infini. Essais sur l'extériorité*, La Haye, Martinus Nijhoff, 1961. ; Kluwer Academic, 〈le livre de poche〉, p. 34.(이하 TI로 약칭)

그려 넣은 셈이다. 레비나스에게 빛은 곧 타자세계의 근원이며 세계의 다채로운 빛들은 그 무엇에도 환원될 수 없는 무한한 빛의 표현을 의미한다.

그에게 타자 또는 타자성은 동일자의 체계와 여기서 가능할 수 있는 논리적인 법칙을 떠나서 존재한다. 그렇다면 그것은 인간과 사회적 관계 속에서 어떻게 초월적으로 존재하며 이 관계에 적용될 수 있는 철학적 근거는 무엇인가? 또한 '얼굴과 얼굴이 마주하기'(le face à face)에서 등장하

〈그림 5〉 모네의 〈루앙성당〉(1894)

는 타자 개념의 구성에서 그 관계에 존재하는 비상호적인(non-réci-proque) 소통의 방식은 궁극적으로 어떤 윤리를 요구하는 것이고 그 근거는 어디서 비롯되는 것인가? 그가 주장하는 타자는 기존의 철학적 사유들에 의지해서 파악하기에는 쉽지 않은 생소한 영역, 낯선 존재사유를 수반한다. 먼저 우리는 레비나스에게서 타자의 세계관을 기본적으로 형성하는 두 가지의 전제를 먼저 말하고자 한다.

첫째, 그에게서 인간주체의 유형은 심리적인 허약함에도 아랑곳없이 형이상학적인 주체로서 특징될 수 있는데, 그 가능성은 그 자신의 '쉽게 상처받는 주체'(sujet vulnérable)에서 시작한다. 즉 인간은 신체적인 감성을 통해 세계를 경험하고 그 '좁은 문'을 통해 영적인 진리의 자명함을 체험하는 서정적이 또는 형이상학적인 존재로서 이해된다.

그리고 이런 첫 번째 전제는 인간주체가 경험적 세계에 내재적으로 존재하면서 초월적으로 자신을 극복해나가는 인간이해의 열쇠이기도

하다. 필자는 존재의 그런 관계를 앞 장에서 감성을 중심으로 다룬 바가 있어 이번 장에서는 인간의 타자적인 관심에 나타나는 사랑의 관념을 에로스와 형이상학의 관점에서 생각해보기로 한다. 레비나스에게서 세계와 타자들 속에서 존재의 타자적인 행위는 있음 자체로서 갇혀 존재하는 자신을 벗어나려는 초월적인 행위인데, 인간의 감성은 타자세계에 대해 이미 열린 신체적인 기능을 수행한다. 이런 의미에서 그런 감성은 단순한 육체적인 현상이 아니라 심령적인(psychique) 현상으로서 폭넓게 이해될 수 있다. 감성은 이미 인간의 타자적인 관심을 실행하는 것이다.

둘째, 인간이 바라보는 타자의 세계는 무한성을 표현하며 '나'의 세계를 타자성으로서 구성하는 낯섦을 나타낸다. 우리는 무한성과 타자성의 관계를 생명과 숨쉬기 활동의 예를 들어 설명해볼 수 있다. 주체가 숨을 내쉬는 필수적인 신체행위는 생명을 유지시키는 활동일 수 있는데 그 매개는 외부의 공기를 신체에 유입시키는 숨쉬기라는 타자적인 행위를 요구하게 된다. 즉 육체적인 숨쉬기는 생명적인 교섭이 이뤄지는 타자적인 활동인 셈이다.

말하자면 레비나스에게 무한의 의미는 존재의 경험적 활동 속에서 초월적으로 드러나며 진리의 계시와 초월성은 그런 활동을 통해 의미가 전달된다. "무한은 초월하는 것(transcendant)으로서의 초월하는 존재의 고유성이며 절대타자(l'absolument autre)다."[4] 즉 공기는 생명을 유지시키는 절대타자의 의미를 나타내며 현상학적인 의미체(ideatum)로서 불릴 수 있지만 호흡활동 속에 들어오는 공기라는 절대적인 타자는 생명 그 자체의 무한한 활동을 주게 된다. 그는 무한과 타자의 관계에 관해 이렇게 말한다. "초월하는 것은 우리들 가운데 존재하는 어떤 관념을 획

---

4   TI, p. 41.

득하는 것 외엔 아무것도 아닌 유일한 의미체다. 초월하는 것은 그런 관념에 대해 무한히 떨어져서 말하자면 외적으로 존재하는데 왜냐하면 그것은 무한이기 때문이다."[5]

우리가 레비나스의 타자세계를 이해하기 위해 위에서 제시한 두 가지 견해는 인간의 타자적인 심성과 존재의 타자성에 대한 주요 관념들을 나타낸다. 결국 인간, 타자, 무한의 개념들이 갖는 상호대비적인 관계가 그의 타자철학을 역동적으로 구성하며 이런 관계를 더욱 발전적으로 해석하기 위해 우리는 인간적인 에로스의 관념, '얼굴 저편'(au-delà du visage)에서 존재하는 초월성의 의미 등을 생각할 수 있을 것이다.

(2) 분리와 존재공간

일반적으로 존재와 존재자의 구성에 관한 본질적인 물음을 주게 되는 무 또는 죽음의 개념들은 인간실존의 중요한 본질들로서 작용하는 듯이 보이지만 레비나스에게서 그것들은 존재 외적인 주제일 뿐이다. 왜냐하면 그에게 그런 본질들은 '존재자'(l'existant)를 철학적으로 구성하는 '존재하는 것'(l'exister)의 필요조건들이 아니기 때문이다. 존재는 일반적이면서 추상적인 어떤 존재본질을 갖고서 독립적으로 존재하는 것이 아니라 시간, 타자, 익명적인 관계 등의 '존재하는 것'의 조건들을 통해 '존재자'로서 의미를 부여받는다. 존재자의 있음을 실존적으로 가능케 하는 '존재하는 것'은 외부세계의 익명적인 실존구조를 의미하며 이런 익명성은 존재자이 고독을 필연적으로 가져다주는 실존적인 원인이 되

---

5   TI, p. 41.

기도 한다.

말하자면 존재하는 것은 존재자가 타자와 함께 존재한다는 것을 익명적으로 뒷받침하는 것으로 존재자 배후에서 노림수를 갖고 있는 어떤 형이상학적인 실체를 의미하지 않는다. "존재자 속에 익명적으로 '존재하는 것'과 관련해서 자유는 자기(soi)에 대한 연관이며 동일화에 대한 연관 자체가 되어버린다."[6] 즉 존재자의 고독, 근심들과 같은 것은 자기 자신에 대한 사유와 같은 것으로서 그 자신성에 대한 사유가 아니라 자신과의 실제적인 연관성에 대한 사유로서 등장한다.

따라서 그는 인간주체 또는 세계에 대한 철학적 이해를 위해 존재본질이 무엇인가에 대한 개념 탐구들을 우선적으로 분석하는 것이 아니라 존재자는 외부세계에 대해 어떻게 존재하고 그런 세계에 대해서 존재는 무엇인가 등을 설명하기 위해 타자(autre), 분리(séparation) 등의 핵심적인 철학 개념들을 등장시키게 된다. 사실 시간과 타자 등은 인간존재의 분절적인 의미를 생성시키는 '존재하는 것'의 실제적인 요인들이며 다시 이런 것들은 존재의 의미를 선 구성하게 된다. 이런 시각에서 '존재하는 것'의 실존적 의미는 '존재자'를 이미 타자적인 것으로 구성한다. 즉 존재의 의미는 자신의 존재본질에 의해 규정되는 것이 아니라 '존재하는 것' 또는 '존재자'를 통해 외부적으로 실존하는 것 자체에 있다.

우리는 존재구성에 관한 타자적인 관심과 함께 이제 존재의 외부적인 개념들, 즉 타자, 분리 등을 존재자와 내재적으로 화해시키고 존재의 초월성을 가능케 하면서 또한 그들을 존재론적으로 생산해내는 '여성적인 것'(féminin), '여성'(femme) 또는 '여성성'(féminité) 등에 대한 레비나스의 철학적 관심에 주목해야 할 것이다. 레비나스에게 여성의 의미는 에

---

6 TA, p. 51.

로스의 주요 관념을 차지하며 《시간과 타자》, 《전체성과 무한》 등에서 자아운동, 향유, 친밀성, 감성, 성적인 결합 등을 이끈다. 여성적인 것은 세계에 홀로선 존재가 거기서 타자들과 함께 자신의 정체성을 획득케 하는 원인이 되며 레비나스의 시간개념 역시 그로 인해 존재의 궁극적인 동일성을 실현해가는 타자화의 과정일 수 있다. "시간을 개방하는 초월적인 타자성의 관념은 무엇보다 타자성의 함유(altérité-contenu), 여성성으로부터 추구된다."[7] 다만 이런 여성성의 이해는 남성과 성적으로 구분되는 여성에 관한 일반적인 속성들에서 비롯되는 것이 아니라 헤브라이즘 또는 헬레니즘 등에서 설명될 수 있는 철학적 기원들을 설명해야 하는데 그 중심개념은 에로스다. 즉 여기서의 에로스는 인간의 타자적인 기원을 설명해줄 수 있는 근거이며 인간에 존재하는 신적인 이미지가 그 원인이 된다.

은어, 연어 등이 산란기 때 갖게 되는 물고기의 회귀본능은 역동적인 생성을 가져오는 원인이다. 그런 본능은 인간에게 삶에 대한 욕망을 가져오는 원동력이다. 자신의 생명이 잉태된 근원을 향해나가는 실존적인 욕망은 죽음 앞에서 좌절하지 않는다. 곧 레비나스에게 죽음은 존재의 본질이 될 수 없으며 부단한 에로스는 죽음보다 강하며 이것을 초월한다. 왜냐하면 그런 죽음 이후에 새로운 생성 또는 근원적인 삶의 지속이 기다리고 있기 때문이다.

우리는 에로스의 기원에 관한 다른 예들을 살펴볼 수 있다. 헬레니즘의 시각에서 플라톤의 향연에서 언급되는 인간의 본성, 즉 제우스의 단죄를 받아 두 팔과 두 다리를 가진 현재의 인간은 원형적인 모습과는 달리 빈쪽이기 됐기 때문에 이후 인간에게 늘 부족한 본성이 존재할 수 있

---

7   TA, p. 14.

다. 덧붙여 헤브라이즘에서 말하는 인간창조에 관한 신화, 즉 인간은 신의 이미지를 모방해서 만들어졌기 때문에 초월자로 향하는 본성 또는 욕망을 갖게 된다는 것을 참고해볼 수 있다. 이런 인간의 본성에 얽힌 이런 일화들은 에로스에 관한 이해와 함께 레비나스가 인간심성을 구성하는 중요한 부분으로서 여성성의 요소들을 받아들인 어렵지 않은 근거가 될 수 있을 것이다.

그에게서 여성의 의미는 생물학적으로 남성과 다른 상관적 관계에 있는 것이 아니라 모든 인간들에게 보편적으로 작용하는 타자성의 발생론적 근거로서 받아들여지며 타자 중심주의를 실현시키는 본질이기도 하다. 즉 타자적인 것들이 '나'와 세계의 관계 속에서 통일적으로 의미되도록 존재의 동일성을 역동적으로 실현시킨다. "성들의 차이는 보충적인 두 용어들의 이중성을 나타내지 않는다. 왜냐하면 이런 용어들은 선 존재하는 전체(un tout)를 가정하기 때문이다. 그런데 성적인 이중성이 전체를 가정한다고 말하는 것은 이미 사랑을 결합으로서 드러내는 것이다."[8] "타자가 본질(essence)로서 내포하는 것은 타자성(altérité)이다. 이것은 우리가 이런 타자성을 에로스와의 절대 원래적인 관계(relation absolument originale de l'eros) 속에서 찾아왔던 이유이기도 하다.(…)"[9]

에로스의 관념은 세상의 물질성을 존재의 향유로 뒤바꾸는 형이상학적인 요인이 되기도 하며 이런 여성적인 것 속에서 타자성이 완성되는 동기가 된다. 이와 함께 레비나스가 말하는 '타인에 대한 욕망'(désir d'autrui) 역시 궁극적으로 존재와 세계의 질서 또는 인간적 윤리의 근거로서 나타나며 그 원인은 또한 부성(paternité)에 있다. 타인에 대한 욕망은

---

8   TA, p. 78.
9   TA, p. 80.

신적인 계시에 대한 응답이며 신의 실존을 증거한다. 이런 살아 있는 신은 인간적인 윤리와 도덕적인 질서들을 낳게 하며 모든 만물들을 생기 있게 움직이는 형이상학의 근거이다. "신이 사념 속에 찾아온다는 나의 공식은 신의 존재를 표현한다. 신의 하강(Descente de Dieu)이다."[10] 물론 여성성과 부성은 타자지향성(l'un-pour-l'autre)의 형태들로 나타나는 인간과 신의 관념들에 대한 이해가 드러난 것이라고 볼 수 있다.

이렇듯 인간존재의 여성성에 대한 이해와 에로스로서 나타나는 이런 존재욕망의 형이상학적인 검토는 레비나스의 타자철학, 윤리학, 현상학 등을 독특하고 탄력 있게 이해하는 기반을 제공한다. 그리고 우리는 이런 논의들을 통해 레비나스의 인간주체에 대한 정의를 궁극적인 초월의 개념과 세계 내재성의 시각에서 살펴볼 수 있을 것이며 여기에 관한 현상학적인 이해와 이것을 초월하는 형이상학의 의미를 새롭게 모색하게 된다.

그런데 위에서 살펴보았듯이 레비나스의 사상들을 풀어나가는 관념들 중에서 그의 사상적인 틀을 반추시키는 몇 가지의 키워드를 더 제시하고 '레비나스 철학의 읽기'를 시도한다면 그의 작품들에 나타난 사유의 맥락들도 좀 더 자유롭게 이해할 수 있을 것이다. 우선 그에게서 주요한 철학적 키워드들을 살펴보자. '에로스', '여성적인 것' 등 이외에도 그의 초기 저작인 《시간과 타자(Le Temps et l'Autre)》(1948)에서 예시되는 '시간', '타자', '고독', '이포스타즈'(hypostase), '있음'(l'il y a), '나'(moi), '자아'(soi), '빛', '물질성', '노동', '향유', '부성', '다산성' 등은 산발적으로 되풀이 되며 해당 작품을 유기적으로 구성한다. 이 책에서

---

10 E. Levinas, Transcendance et intelligibilité, Genève, Labor et Fides, 1996, p. 60.(이하 TRI로 약칭)

시간과 타자의 개념은 전적으로 부성(paternité)의 실현을 의미한다. 이에 반해 여성성은 인간 안에 존재하는 부성의 흔적이며 부단히 타자들을 향해 자신의 동일성을 찾고자 한다. 이것은 레비나스 철학에서 주장될 수 있는 에로스의 근거며 에로스는 타자와의 관계에서 여성성을 나타내며 시간과의 관계에서 부성을 의미한다. "우리는 《시간과 타자》에서 부성에서 발견되는 초월의 구조를 결국 강조하게 될 것이다."[11] 또한 다산성(fécondité)은 타자나 자손들이 나의 주관적인 초월성으로서 드러나는 사건이며 부성의 구현 또는 육신화를 의미할 수 있다.

그에게서 시간, 타자, 물질성, 향유, 다산성 등과 같은 철학적 용례들은 인간존재에 대한 존재자로서의 탐구에 앞서서 존재자의 '존재공간'을 운명적으로 설정하고 있다. 레비나스의 현실세계는 카오스에서 창조된 세계다. 바이블에서 신은 아담을 지상으로 내쫓으며 유배와 노동을 지시한다. "땅은 너로 인해 저주를 받은즉 너는 평생토록 수고를 하여 그로부터 양식을 얻으리라."(창세기 3:17) 그렇다고 이편세계가 저주의 땅은 아니며 이런 세계는 노동의 대가를 치러서 양식과 향유를 얻게 되며 자손들은 여성들의 산고의 고통을 통해 그 혈통이 이어진다. 존재세계는 신에 의해 카오스에서 물질적으로 창조된 세계다.

즉 태어남과 죽음의 시간이 공존하는 운명적인 현실이 바로 이편세계며 여기서 인간은 생존을 위해 노동을 해야 하기 때문에 존재는 물질로부터 자유롭지 않으며 모든 심령적인 감성(sensibilité psychique)은 인간의 그런 물질적인 조건들을 통해 나타난다. 다만 물질에서 자유로운 신의 존재는 이런 세계에 대해 부재의 방식으로 존재하며 인간에 대해 계시적으로 존재한다. 창조된 세계는 신의 질서에 따라 움직인다. "토라는

---

11 TA, p. 15.

신의 부재에 대한 증인이지만 이 부재는 은혜며 명령들은 토라를 기능시키기 위해 거기에 존재한다."[12] 레비나스에게 '있음'의 세계는 신에게서 유배된 인간의 세계다. 곧 신에게서 '분리된' 물질적인 공간으로서 인간의 삶과 죽음이 존재하는 세상이다. 인간은 이런 세상에서 유토피아를 꿈꾸며 태생부터 주어진 존재론적 분리를 극복하고자 한다. 예를 들어 인간심성의 근원을 차지하는 에로스는 그런 분리로부터의 한계에서 발생한다.

레비나스의 존재세계는 존재자체에 대한 탐구가 선행되면서 존재공간에 대한 이해가 체계적으로 드러나는 것이 아니라 존재와 존재자에 대한 이해를 위해 이미 그 무엇으로서의 존재공간이 전제된다는 것이다. 물론 이런 공간은 바이블에서 말하는 존재공간과 다르지 않으며 무로부터 창조된 세계다. 레비나스의 세계에는 실제적인 이편세계의 질서가 존재하며 이런 삶의 공간은 존재의 타자적인 것들을 구성하는 외부성의 세계다. 인간이 추구하는 형이상학은 이곳을 떠나 표현될 수 없으며 논증될 수 없다. 타자는 곧 이런 형이상학을 반영한다.

이런 관점에서 볼 때 그의 타자철학은 '나'라는 주체이해에 앞서서 '나'와는 독립된 이편세계의 질서가 선행함을 보여주는 것이며 이런 세계는 유일신주의에 대한 인간의 믿음을 키워나가는 곳이고 인간의 죄를 벌하기 위한 유배의 땅인 것만은 아니기 때문에 타자철학의 특징은 이런 시각에서 미래주의적인 낙관론을 반영한다. 이것은 신에 대한 절대적인 믿음에서 비롯된다. 말하자면 존재의 본질이나 의미연관 조차 박탈당한 척박한 이런 세계는 역설적으로 구도적인 삶의 태도에 대한 호소외 미래이 구원에 대한 희망. 즉 메시아니즘에 대한 긍정을 보여주는

---

12 Shmuel Trigano, *L' E(xc)lu*, Paris, Denoël, 2003, p. 233.

것이다.

그런 세계는 유다이즘의 관점에서 보자면 인간에 대한 신의 언약이 실현되는 축복된 땅이다. 왜냐하면 우리는 레비나스의 타자 세계관에서 인간의 내세적(內世的)인 가치와 인간에게 요구되는 유토피아적인 질서를 발견할 수 있기 때문이다. 존재공간에 대한 그의 이해는 바이블에 근거해서 받아들일 수 있으며 신에 의해 피조되고 보호받는 인간존재의 심성 역시 메시아의 심성을 본질적으로 갖게 된다. 인간존재의 심성을 윤리적으로 보고자 할 때 그 근거는 메시아적인 심성에 근거한다. 그래서 인간윤리는 제일철학의 의미를 갖게 된다. "메시아는 나(Moi)다. 나가 된다는 것은 메시아가 되는 것이다.", "모든 사람들은 메시아다."[13] 그리고 이런 메시아적인 심성은 타인에 대한 욕망, 사랑으로서 실현된다.

그리고 앞서 예시된 철학적 키워드들의 대부분은 개념적인 대비와 호환성을 유지한다. 신/타자, 존재본질/이포스타즈, 존재일반/'있음'(l'il y a), 의식/고독, 자아(soi)/나(moi), 빛/물질성, 로고스/부성, 일자/다산성 등이 일례들인데 여기에는 서양철학적인 사유주의, 존재론 등을 뛰어넘고자 하는 비(non-)철학주의의 입장들이 견지될 수 있다. 즉 상식적으로 이성보다는 신앙에 근거하거나 반본질주의를 지향하는 철학적 세계관이 뒤따른다. 레비나스의 사상적 기원은 헤브라이즘에 기초한다. 언뜻 헬레니즘의 요소들과 대비되면서 그의 철학적 관념들이 발전했으며 궁극적으로 그는 사유 중심적인 철학주의를 극복하려고 한다.

우리는 레비나스의 철학에서 그런 대비적인 항목들을 융합시키는 형이상학적인 존재원리로서 에로스의 관념을 제시하고자 한다. 여기에 대한 관심은 존재가 세계와의 통일성(unité)을 유지하면서 타자들과 공존

---

13   DL, p. 129.

하는 이편세계에 대한 긍정을 이해시킨다. 예를 들면 타자들과의 관계는 빛의 이해에 대한 구체적인 표현일 수 있으며 그 에로틱한 관계는 빛의 관념이 실현되는 것을 의미한다. "죽음과 같이 강한 에로스는 신비와의 그런 관계에 대한 분석의 토대를 제공한다."[14] 에로스는 죽음을 극복한다. 그에게 죽음의 관념은 존재의 본질로서 작용하는 것이 아니다. 그것은 생존의 마지막 순간일 뿐이며 인간의 죽음은 또 다른 영원함을 가져온다. 예를 들어 열매 맺고 씨앗들을 터뜨리고 죽어가는 식물의 일생은 또 다른 타자들의 생성을 가져온다.

우리는 삶의 공간 속에서 무한의 세계가 진행시키는 타자적인 존재질서, 즉 유피피아에 대한 해석을 어떻게 볼 것인가? "유토피아의 미래, 이것은 아직 존재하지 않은 것을 실현하려는 희망이다."[15] 레비나스에게서 메시아니즘에 기초한 유토피아적인 세계는 인간적 삶과 죽음을 뛰어넘어 신의 영원한 언약이 실현되는 미래의 현실이다. 결론적으로 그의 궁극적인 세계관은 신적인 부성이 계시되는 타자와의 인간적인 관계와 여기서 일방적으로 작용하는 에로스를 근거로 하며 이런 미래주의의 시각을 통해 그것은 현세적인 이편세계에서 완성될 수 있는 것이다. 이런 실천이념은 인간적인 심성에 숨겨진 메시아적인 시각을 전제한다. 예를 들어 신은 인간과 이 세상의 만물들이 생성하고 번성하리라고 축복한다.(창세기 1:28~30) 그리고 아브라함에게 자손이 번성하리라는 신의 언약을 확인시킨다.(창세기 16~17장)

그에게 메시아 사상은 인간의 마지막 시간에 등장하는 신의 심판이아니라 신의 질서와 토라(*Torah*)가 인간세계에 궁극적으로 실현되는

---

14 TA, p. 64.
15 DQVI, p. 70.

종말론의 역사를 이해시킬 수 있는 것이다. 예를 들어 타인의 얼굴은 영원한 빛이 비춰지는 윤리의 근원일 수 있는데 그의 주저《전체성과 무한》은 타인의 얼굴을 뛰어넘어 부성으로서 존재하는 영원한 에로스(또는 '부성적인 에로스', Eros paternel)의 관념을 통해 인간을 축복하고 구원하는 메시아 사상의 한 형태를 보여준다. 이항적인 한 쌍, 즉 '전체성-무한'은 모순적인 대비를 보여준다. 추상적인 사고의 원천인 전체성은 궁극적인 삶의 실현을 가능케 하는 무한성(infinité)을 자유롭지 못하게 한다. 계시와 무한성이 드러나는 타인의 얼굴은 전체성과 대립하면서 인간에 대한 신의 사랑을 계시한다. 모든 윤리의 근거는 얼굴에서 비롯되며 유토피아의 근거 역시 거기에 있다. 신은 이미 타인의 얼굴에 하강한 존재며 곧 인간역사에 대한 신의 영원한 축복을 의미한다. 레비나스의 메시아 사상은 바로 여기에 의미가 있다.

(3) 이포스타즈의 타자성과 존재론적 근거

레비나스에게서 존재론적인 모든 가치, 시간성에 대한 관념, 존재본질 등은 타자와의 관계 또는 타자성에 의해 설명된다. 궁극적으로 모든 의미의 발생은 타인에 대한 가까움(proximité d'autrui) 또는 타자지향성(l'un-pour-l'autre)에서 비롯된다. "의미(signification)의 재현, 이것은 제3자가 그의 이웃에게 나란히 하는 가까움의 의미하는 것(signifiance) 속에서 자체적으로 생겨난다."[16] 무한성의 의미도 데카르트의 코기토(cogito)에서 파악되는 것이 아니라 타인의 얼굴 속에서 신의 계시와 같

---

16 AE, p. 132.

144

이 나타난다. 타자성에 관한 철학적 인식은 그의 초기 저작들인《존재에서 존재자로》(1947),《시간과 타자》(1948) 등에서도 제기되듯이 '있음'(l'il y a)의 존재구조와 고독의 현상을 가정하는 존재이해에서 비롯된다.

그에 따르면 '있음'이라는 존재일반의 구조 속에서 지시된 사물은 이미 제3자적인 대명사의 지위를 갖는다. '있음으로서의 무엇'은 그 어떤 것에도 호출 가능하다. 예를 들어 나의 휴대폰은 여러 사람들에게 통화가 가능하듯 나의 휴대폰임에도 제3자의 가능성을 늘 지니고 있다. 그런데 그 휴대폰에 남아 있는 것은 무엇인가? 여기에 타인들의 목소리가 지나쳐 갔던 부재가 있다. 이 부재는 무가 아니라 무엇인가가 지나갔던 흔적이다. 따라서 현존의 부재, 주체의 고독 등은 타자에 대한 존재의 근거다. 그래서 "'있음'에 참여하는 자립체(hypostase)는 자신을 고독으로서 발견한다."[17] 이포스타즈는 '가시적인 있음'과 '비가시적인 부재'에서 구성된 실체관념이기 때문에 가상적인 실재일 수 있다.

예를 들어 성부, 성자, 성령의 삼위일체적인 자립체들(hypostases)은 동일한 신의 실체를 감추고 있다. 레비나스의 타자철학에서 이포스타즈는 제3인칭으로 호환될 수 있는 존재실재를 구성한다. 예를 들어 가족 속에서 존재론적인 나의 동일성을 말하고자 할 때 나는 아내의 남편, 아이의 아빠로서 각각의 제3인칭의 실재들로서 존재한다. 즉 나의 이포스타즈는 하나가 아니라 여럿 그 이상으로서 존재한다. 그렇기 때문에 이때 나의 존재론적인 정체성은 가족 속에서 이미 비인칭적인(impersonnel) 관계를 통해 익명적(anonyme)으로 존재한다.

그런데 타자성은 궁극적으로 외부 또는 대상과의 관계 속에서 신비와의 관계를 나타낸다. 즉 타자성은 빛과의 체험을 가능케 하는 외부성이

---

17   EE, p. 142.

다. 예를 들어 내가 태양을 보지 않더라도 다른 사물들에 비친 빛의 음영을 통해 태양의 존재를 인지하는 것과 같다. 레비나스에게서 향유의 삶은 물질적인 또는 타자와 실존을 지향하면서 무한성과의 만남을 가능케 한다. 그에게서 초월의 관념은 즉자적인 존재에서 추출 가능한 것이 아니라 늘 스스로를 떠나서(sortir de soi) 외부 또는 타자와 관계하려는 지향성에서 비롯된다.

타자성은 존재의 현실이며 여기서 존재의 의미가 결정된다. 레비나스에 따르면 시간조차도 타자다. 타자 없이 시간도 존재하지 않는다. "미래는 타자다. 미래와의 관계는 타자와의 관계와 같은 것이다. 홀로 있는 주체에게서 시간을 말하고 순수하고 사적인 지속을 말한다는 것은 불가능해 보인다."[18] 그리고 타자 없는 주체는 고독의 존재다.《시간과 타자》에 나타나는 타자에 대한 이해는 '나'로서 존재하는 존재자의 고독에서 시작될 수 있지만 고독은 홀로 있는 것과 버려진 것에서 오는 주체의 의미상실이 아니다. 고독은 마치 하이데거의 죽음과 같이 부지불식간에 느낄 수 있는 내재된 심리다. "우리는 고독을 존재의 카테고리로서 소개하고 존재의 변증법 속에서 그 위치를 제시하기를 바라면서―왜냐하면 변증법적인 용어는 좀 더 결정주의적인 의미를 갖기 때문에―고독의 위치를 존재의 일반적인 경제 속에서 제시하기를 바란다."[19] 고독은 존재자가 '있음'(l'il y a)이 지배하는 '존재의 일반적 경제'(l'économie générale de l'être)에 존재론적으로 강제되기 때문에 오는 필연성이다. 존재 자체는 이미 타자에 대한 존재로서 실재하는 것에서 그 존재이유를 갖기 때문에 여기서 우리는 외부성, 익명성, 다원성 등을 존재의 중

---

18 TA, p. 64.
19 TA, p. 18.

요한 특징들로 생각해볼 수 있다.

레비나스에게 고독은 존재자의 실존적인 의식을 부재(absence)에서 정의될 수 있으며 이런 부재는 주체의 본질이 타자에 대한 지향성에 있음을 강조한다. 즉 인간이 스스로 고독하다고 느끼는 것은 보편적인 심리현상이며 이런 현상의 배후에는 선천적인 타자성이 존재한다. 앞서 우리가 언급했던 존재의 실재개념으로서 이포스타즈는 바로 인간의 실존적인 고독을 가정한다. 즉 인간 누구나 존재론적인 부재를 갖고 있다. 예를 들어 도서관에서 무심코 내 앞에 앉은 사람 또는 밖에서 그냥 지나쳐버리는 사람 등은 눈에 보이지 않는 실존을 자신 속에 아니 자신 밖에 감추고 있다. 즉 그들도 집에 가면 가족들이 있고 직장에 가면 동료들이 있다. 이런 상황들을 자신의 이마 위에 글로 써놓고 다니는 것은 아니다.

따라서 인간의 실존이란 무엇이냐고 레비나스에게 묻는다면 그는 아마 이렇게 대답할 것이다. "실존의 본질은 죽음이 아니라 바로 타자성이다. 이런 타자성은 '나'라는 존재가 유아독존(唯我獨尊)과 같이 나를 의식하면서 존재하는 것이 아니라 어제 저녁, 그리고 오늘 아침에 내가 만났던 사람들을 의식하는 것이다. 나의 실존은 나의 것이 아니라 그들의 것이다."

이제 고독과 이포스타즈의 관계를 설명해보기로 하자. "고독은 존재자와 더불어 일체다."[20] 고독은 눈에 보이지 않는 실존의 구조, 즉 '존재하는 것'(l'exister)에서 나타나는 심리적인 현상이다. 그리고 눈에 보이는 실존, 즉 '존재자'(l'existant)는 존재의 외관이다. 바로 존재의 실재로서 이포스타즈는 그런 고독과 존재자를 표현한다. 그래서 레비나스는 말하

---

20 TA, p. 35.

다. "내가 '있음'(l'il y a)이라고 부르는 '존재자 없이 존재하는 것'(l' exister sans l'existant)은 이포스타즈가 생산되는 장소다."[21]

존재의 실재로서 이포스타즈는 데카르트의 코기토가 추구하는 순수하고 완전한 존재가 아니다. 즉 사유의 실체가 존재의 주인공이 아니라 타자들과 관계를 지녔고 이런 관계에서 행위의 주체로서 존재가 정의된다. 동사 없이 주어가 존재하지 않으며 동사적인 기능을 통해서 주어가 표현된다. 그래서 "존재하는 것(l'exister)은 존재의 기능 자체며 주어에 의해 표현되는 것이 아니라 동사다."[22] 말하자면 관계, 행위 등과 같은 존재의 가변적인 요소들이 존재를 구성한다.

여기서 우리는 중요한 존재 관념을 발견할 수 있다. 말하자면 존재는 '나'라는 사유주체가 가지는 선험적인 의식에 의해 존재론적인 우위를 확보하는 것이 아니라 '나'와의 타자관계들로 원천적으로 구성된 실재라는 것이다. 이 부분은 자기 동일성이 해체되는 의미로도 받아들일 수 있는 심각한 요소를 지니고 있다. 다만 철학적 사유주체의 본질은 추상적인 그 무엇에서 비롯되는 것이 아니라 고독 또는 타자성에서 비롯된다는 것에 의미가 있다. 타자성은 존재의 원천적인 구성이며 이것을 사유하고 이것에 의해 주체의 행위가 발생한다. 그래서 타인에 대한 존재로서 '이미 만들어진' 주체가 자신의 본성에 따라 행위하는 것은 그 무엇보다 우월한 존재론적인 사건이다.

레비나스에 따르면 시간의 관념도 이포스타즈의 한 정점에서 비롯된다. 그런 이포스타즈의 타자성 속에 무한성이 존재한다. 존재의 과거와 미래가 뒤얽힌 타자성은 마치 '블랙홀'과 같다. 시간은 타자와의 관계에

---

21 TA, p. 28.
22 TA, 26.

의해 미래를 설명할 수 있다. "미래와의 관계, 현재 속에 있는 미래의 현존은 타인들과 마주하는 것에서 완성되는 것으로 보인다."[23] 그런데 이런 타자관계 속에서 만들어지는 존재와 시간은 에로스에 근거한다. 이것은 타자와의 만남을 가능케 하고 관계를 지속시키는 친근성으로 나타난다. 말하자면 이포스타즈의 존재사건은 단순히 '나'와의 타자관계에서 그 실재가 발생한다는 것을 의미하는 것만이 아니라 거대한 중력과 같은 에로스에 의해 근본적으로 발생한다. "이포스타즈로 시작하는 자아에 대한 나의 복귀는 에로스에 의해 열린 미래의 시각 때문에 가차 없는 것이 아니다."[24]

이편세계에서 존재자의 시간은 본질적으로 단절(rupture)이며 이것은 마치 세계의 모든 것들이 존재로서의 합당한 목적들을 상실한 것과 같다. 다만 존재들은 자신들을 서로가 서로에 대해 타자적인 것으로 존재한다. 즉 존재의 시간성은 타자성으로 표현된다. 그래서 존재의 자기의식은 고독으로서 느껴지지만 이것은 존재자의 존재의식을 본질적으로 가능케 한다. 존재의 고독은 심리적으로 느껴지는 타자의 결여가 아니라 이미 실존적인 익명성에서 비롯된다. "고독은 타인으로 인해 우선적으로 주어진 관계의 결여가 아니라 이포스타즈의 기능 속에서 파악된다."[25]

즉 존재가 '존재하는 것'을 존재자의 모습으로 표현하는 이포스타즈는 이미 존재가 익명적으로 존재하는 것을 의미하며 이런 익명성은 존재의 타자적인 성격을 드러내는 것 외엔 아니다. 그런데 이포스타즈와 시간은 어떤 관계를 갖는가? "현재는 이포스타즈의 한 순간 외엔 아니

---

23 TA, pp. 68~69.
24 TA, p. 86.
25 TA, p. 35.

다. 시간은 '존재하는 것'과 '존재자' 사이에서 또 다른 관계를 지시한다."[26] 그리고 이포스타즈로 불리는 존재자는 부재를 본질로 하는 타자성의 주체다.

그런데 "절대적인 대립성은 그 상관관계에 의해서 영향을 받는 것이 아니며 대립성은 절대적인 타자, 즉 여성적인 것(féminin)으로 결국 남게 된다."[27] 타자적인 대립성을 화해시키는 것은 여성적인 것이며 주체 속에 있는 타자성의 본질 역시 여성적인 것이다. 그런데 이런 여성적인 것의 표현은 추상적인 관념이 아니라 표출이다. 투박하고 거친 육체적인 얼굴에서 성스러운 얼굴이 현시되듯 숨겨진 에로스, 여성적인 것 역시 낯섦을 통해 표현되며 이런 표출은 순수함 그 자체다. "여성적인 것은 빛을 지향하는 초월성이 아닌 수줍음을 통해 존재자(étant)로서 완성된다."[28] 여성성은 존재의식이 주체의 밖으로 나가 타자와의 관계 속에서 존재하는 개념이며 외부에 대해 민감한 심성이 여기에 속하는 것으로 곧 존재의 타자성은 여기서 비롯된다. 《시간과 타자》는 존재의 에로스적인 심성을 부각시키며 이것을 통해 시간에 대한 이해를 새롭게 한다. "에로틱한 사랑은 또 다른 시간을 열게 된다. 《시간과 타자》에서 그 목적은 죽음과는 별개의 순수한 미래 앞에서 '나'가 나로서 남아 있는 곳에서 또 다른 상황에 대한 탐구다."[29]

여성적인 것은 형이상학적인 부재에서 발생한다.[30] 인간의 육체는 이

---

26 TA, p. 34.

27 TA, p. 77.

28 TA, p. 81.

29 Paulette Kayser, *Emmanuel Levinas: la trace du féminin*, Paris, Puf, 2000, p. 40.

30 "물에 비춰지는 것은 신 안에 있는 남성적인 것의 얼굴이며 인간인데, 즉 비춰진 것은 마치 신 안에서 만들어진 또 다른 얼굴이며 따라서 인간의 소명은 신적인 삶과 그 운동의 중심에 있게 된다. 그리고 이런 남성적인 것의 반추들은 마치 여성적인 것의 부재와 같

미 근원적인 부재에서 비롯된 형태며 그 육체란 실존적인 물질성으로 만들어진 타자성과 같다. 그러나 그런 타자성도 부재를 영원히 채울 수 없기 때문에 여기서 비롯되는 존재의 욕망은 타자적인 욕망을 드러낸다. 형이상학적인 것으로 불릴 수 있는 이런 욕망은 타인 또는 타자적인 것들과 소통하는 근원적인 존재표현이며 이런 욕망의 철학적인 이해는 형이상학적인 부재에 근거한다. "진정한 삶은 부재다. 그러나 우리는 세계에 존재한다. 형이상학은 이런 알리바이에서 등장하고 유지된다. 그것은 '다른 곳'으로, '다른 것'으로 그리고 '타자'로 향한다."[31]

우리는 여기서 레비나스가 바라보는 세계의 의미는, 즉 인간존재가 거주하면서 자신의 생존을 의지하는 타자적인 세상이라는 것이며, 이런 타자세계는 존재에게 물질적인 영양과 향유의 기쁨을 던져주는 곳임을 알게 된다. 무엇보다 존재는 이런 타자적인 세계 속에서 자신의 욕망을 실현하게 되는데 이런 욕망의 본질은 존재자신을 떠나 자신과는 다른 것들로 표현되는 것이다. 존재가 이편세계에서 추구하는 가치라는 것은 궁극적으로 형이상학적인 것이다.

왜냐하면 형이상학적인 사건은 인간의 본질적인 욕망이 외부세계에서 타자적인 것으로 표현되는 존재의 근본성(radicalité)을 의미하기 때문이다. 여기서의 근본성은 말 그대로 존재의 근원적인 것을 의미하는 것이 아니라 레비나스에게 그것은 마치 인간의 얼굴이 심오한 진리를 숨기고 있으면서 검게 그을리거나 주름진 육체의 모습으로서 외부적으로 드러난 사건을 의미한다. 그는 인간존재의 욕망을 다음과 같이 정의 내린다. "형이상학적인 욕망은 전적으로 다른 것, 절대적으로 타자적인 것

다." (Shmuel Tilgano, *Le Récit de la disparue*, Galimard, <folio essais>, 1977, p. 61.)

31 TI, p. 21.

으로 향한다."[32] 욕망의 중심에 있는 여성성은 타자로 향하게 만드는 부재의 속성일 수 있으며 곧 타자세계에서 존재의 동일성을 찾게 하는 중요한 역할을 하게 된다.

(4) 타인을 향한 에로스 또는 '얼굴저편에서'

엄밀히 말해서 레비나스의 현상학은 후설의 그것과 구분된다. 그에게서 타자성은 본질적으로 비환원적인(irréductible) 구조를 가진 것이다. 그리고 그것은 지향적인 관점에서 파악하기 어려운 무한성의 의미이기도 하다. "레비나스에 따르면 후설은 타자의 무한한 타자성을 결여한 것이며 이것을 동일자로 환원시킨다.(…)"[33] 그는 앎(savoir)과 심령주의(psychisme)를 구분한다. 특히 《존재와 다른 모습으로(Autrement qu'être)》(1974)에서 앎으로서의 지향성에 관한 의미는 표상적인 이론체계의 한 형태로서 강조되면서 후설 철학과의 구분이 모색되기 시작하며 이후 지향성과 대립하는 '비지향성'(non-intentionnalité)의 개념이 뚜렷하게 제시된다.[34] 비지향성은 인간의 사유구조 속에서 더는 발견될 수

---

32 "Le désir métaphysique tend vers tout autre chose, vers l'absolument autre." (TI, 21.)

33 Philippe Fontaine, La Question d'autrui, Paris, Ellipses, 1999, p. 100.

34 《존재와 다른 모습으로》에서 지향성에 관한 레비나스의 이해는 긍정과 부정으로 구분될 수 있는데 지향성은 각각 심령적인 초월의식, 표상구조에서의 의식으로서 지시된다. (AE, pp. 86~91.) 비지향성에 대한 논의는 1983년 발표된 〈비지향적인 의식〉의 논문에서 나타나는데 레비나스는 의식의 지향성에 나타난 앎의 구조가 표상(représentation)에 있다고 지적하며 브렌타노의 지향성 개념이 후설의 그것에서도 타당성을 갖는다고 인정한다. (EN, p. 145.) 그에게서 심령주의는 공시적인(synchronique) 표상구조가 아니라 통시적인(diachronique) 표현이다.

없는 심령현상을 지칭하는 것으로 그것은 낯선 외부에서 '나'의 의식 속으로 들어오는 것이며 '나'의 것과 완전히 다른 절대 타자에 관한 것이다.

그런데도 그는 철학적 방법론으로서의 후설의 현상학을 긍정하는데 그 이유는 그의 현상학은 의식의 궁극적인 의미 또는 심령적인 현상들을 옹호하는 철학의 한 방법론이기 때문이다. "후설의 현상학은 결국에는 순수의식의 형상학(éidétique)이며 심령주의의 비환원적인 구조관념에 대한 신뢰며 그 어떤 수학적이고 논리적인 질서에 대해 비환원적이다."[35] 후설의 현상학에 대한 레비나스의 이런 평가는 이중적일 수 있다. 그는 1930년 발행된《후설 현상학에서의 직관이론》에서 처음으로 의식의 절대적 주관성에 관한 주제를 갖고 후설의 현상학을 소개한다.

레비나스에게 초월적인 의식은 계시에 대한 이해에서 비롯되며 '나'를 떠나서 타인의 윤리에 복종하는 것에서 실천적으로 발견된다. 그리고 현상학의 의미는 그런 계시적인 의미를 설명하는 것에 의미가 있는 것이다. 즉 심령적인 현상을 발견하는 것을 의미한다. "현상학은 의미가 주어져 있는 곳에서 비환원적인 심령주의에서 그 의미를 설명하고 밝혀야 하며 원래적인 의미를 탐구해야 한다는 것을 가르쳐준다."[36] 예들 들어 타인의 얼굴은 그 자체 절대적인 윤리체계를 형성하는 질서며 곧 계시의 암시인 셈이다.

따라서 그 얼굴은 이미 낯섦 그 자체를 전달하는 절대타자의 모습으로서 그 어떤 것에도 비환원적인 형상 자체다. 이런 관점에서 레비나스의 현상학은 의식의 지향성의 활동을 분석하는 일반 현상학과 구분된

---

35 DQVI, p. 193.

36 DQVI, p. 193.

다. 그렇다면 레비나스의 현상학은 지향성의 원리에 기초한 앎과 사유 체계로서의 일반 현상학과 어떻게 구분되는가? 여기서 나타난 그의 에로스의 현상학은 어떻게 정의되며 어떤 심령적인 삶을 지칭하는가? 에로스는 타인들과 관계를 맺게 하는 존재사건이다. "에로스는 타자성과의 가장 근본적인 만남이 될 것이다. 또는 달리 말해서 탁월한 사건(événement)이다."[37] 에로스의 관념은 존재의 자기 동일성에 대한 해석을 가져온다. "에로스에서 생산되는 주체성에 관한 동일성의 구조는 고전적 논리의 카테고리 밖으로 우리를 인도한다."[38]

먼저 우리는 그것이 육감적인 현상들에서 분리된 초월적인 것이 아니라는 것을 말하고자 한다. 레비나스에에게서 순수의식은 명증적인 사고 또는 선험적인 의식 속에서 확인될 수 있는 것이 아니라 타인들 앞에서 수줍어하기 때문에 두 볼이 붉게 물드는 것과 같이 외부적으로 표현되는 낯선 모습이며 실존적인 편견이 없이 구체적으로 드러나는 사건과 같다. 철학적인 초월의 관념은 인간이 외부의 무엇인가를 받아들이고 느끼는 감각을 통해서 또한 여기에 반응하는 감성(sensibilité)에서도 작용한다.

"교제(contact)로서의 어루만지기(caresse)는 감성이다. 그런 어루만지기는 감각적인 것을 초월한다."[39] 레비나스에 따르면 그런 육체적인 교제에는 영원한 사랑의 테마가 존재하며 감각적인 쾌락이 그 중심을 차지하는 것이 아니라 거기에는 존재의 근원적인 부재(absence)를 타자적인 것(le pour autre)으로 가져가는 무의식적인 인간의 심성이 숨겨져 있

---

37 Jean-Luc Thayse, *Eros et fécondité chez le jeune Levinas*, Paris, L' Harmattan, 1998, p. 53.
38 TI, p. 305.
39 TI, p. 288.

는 것이다. "어루만지기는 찾아가고 파헤쳐가는 것이다. 이것은 폭로 (dévoilement)로 드러나는 지향성이 아니라 추구해나가는 것인데 보이지 않는 것에 대해 걸어나가는 것이다. 어떤 의미에서 어루만지기는 사랑을 표현하지만 이것을 말할 수 있기에는 무능력한 어려움을 겪는다."[40]

말하자면 감촉과 같이 어루만지기는 사랑의 관념에 대한 최초의 감정을 표현하는 그 원래성과 같은 것으로 그런 타자적인 교제는 사유가 중심이 되는 어떤 관념에 앞서서 사랑을 체험하는 것이다. 그래서 인간적인 속세에서 투박하면서도 거칠게 주고받는 실존적인 사랑의 감정들 속에는 이미 철학적인 초월성이 존재할 수 있는 것이다. 그리고 그 근거는 인간의 심성에 남아 있는 '영원히 여성적인 것'(Eternel Féminin)에 있다.[41] 이것은 인간적인 에로스의 근원이며 육감적이면서 세속적인 것 (profanation)을 통해서 가장 궁극적인 사랑을 전달하려는 심성의 중심일 수 있다.

따라서 타인과의 에로틱한 관계는 세상사에서 보호받고 의지하려는 인간의 자기실현을 '나'와 타인들 간에 위치시키고 발견하려 한 모습이라고 볼 수 있다. 그리고 그런 초월성은 '나'와 타인들과의 관계에서 창조적으로 부단히 드러난다. "모습 그대로에서, 대상과 얼굴 저편에서, 존재자 저편에서조차 잡을 수 있으면서도 손댈 수 없는 연인(Aimée)은 순결과 연유된다. 본질적으로 침해적이면서 불침해적인 여성적인 것, '영원히 여성적인 것'은 성녀이거나 순결의 부단한 재개이며 쾌락적인

---

40 TI. p. 288.
41 '영원히 여성적인 것'의 관념은 가계 운영, 자녀 교육 등에서 볼 수 있듯 모성애가 중시되는 유대인 공동체에서 강조될 수 있는 것이며 가톨릭 전통에서 성모 마리아의 상 역시 그런 관념을 반영한 것이 아닐까 싶다. 말하자면 그 관념은 종교철학적인 입장에서 초월자에 대한 인간의 본성을 상징적으로 표출시킨 것이라고 볼 수 있다. 마리아 상은 절대적인 빛의 존재를 신앙에 의해 육체 속에 잉태한 인간의 숨겨진 심성을 표현한다.

교제에서는 느껴질 수 없는 것이다."[42]

쉽게 말해서 여성적인 인간의 심성은 하늘로 향한 것과 같은 것이며 부단히 그렇게 나가게 하는 욕망은 또 다른 신적인 욕망이 인간 속에 들어와 있는 것을 의미할 수 있으며 여기서 발견될 수 있는 가장 중요한 것은 하늘로 향하는 그런 욕망은 타자지향적으로 실현될 수 있다는 관점인 것이다. 또한 타인 또는 연인은 자신들의 얼굴을 갖고 있으면서 이미 윤리적인 질서를 함의하고 있다. 왜냐하면 '외부성의 기원으로서의 얼굴의 에피파니(Epiphanie)'는 가장 성스러운 것을 비추며 인간의 얼굴들 속에서 현시하기 때문이다.

그래서 얼굴의 외부성은 가장 내부적인 것을 표현하는 빛의 공간이다. 타인의 얼굴의 외부성은 의미하는 것 자체이며 상대방을 윤리적으로 여기에 강요시키는 질서를 구성한다. "얼굴은 배후에 그 어떤 것도 갖고 있지 않은 원리의 모습 그대로다."[43] 그리고 얼굴 자체에는 초월적인 명령, '너는 살인을 범할 수 없을 것이다'는 십계 중 한 명령이 자리잡고 있는 것이다. "타자는 얼굴을 통해서 고결함, 그리고 하강하게 되는 고귀와 신적인 것의 차원을 표현한다."[44] 타인의 얼굴과의 그런 관계를 통해 타인을 향한 에로틱한 욕망은 초윤리적인 질서에 대한 복종으로서 나타나며 인간적인 모든 윤리의 발생은 여기에 기초한다.

레비나스의 윤리는 신적인 계시에 대한 인간적인 응답을 실현하는 것이며 그 타당성은 전적으로 얼굴들을 매개로 해서 타인들과의 관계를 통해서 의미를 갖게 된다. 따라서 타인에 대한 복종은 최고의 경지에 이르게 한다. "에로스는 모든 계획, 모든 역동주의, 근원적인 무례, 세속적

---

42 TI, p. 289.

43 TI, p. 293.

44 TI, p. 294.

인 것 저편의 황홀인 것이다. (…) 에로스는 따라서 얼굴 저편으로 나간다."[45] 그리고 얼굴 저편으로 나가는 타인에 대한 욕망은 인간의 여성적인 것에서 비롯된 것이며 그 결실은 역사적인 관점에서 다시 다산성의 개념으로 등장한다. 이 부분은 에로스가 단순히 사유적인 인간에 대한 새로운 정의를 줄 수 있는 것만이 아니라, 특히 타인들과의 관계에서, 그런 관념은 '나'와 자손들이 의미하는 생성의 관념과 같은 구체적인 초월성으로 나타난다는 시각을 가정한다. "나의 다산성은 초월성 자체다."[46] 말하자면 레비나스에게서 에로스의 관념은 정제적인 의미의 순수의식을 드러내는 것만이 아니라 그런 의식은 나의 타자관계들로서 구체적으로 나타난다. 그 대표적인 예가 죽음을 뛰어넘는 나와 자손들의 관계다.

(5) 존재욕망의 형이상학

우리는 에로스의 존재본성을 이끌어내기 위해 무엇보다 인간의 외부적인 존재공간을 제시하고자 했으며, 이곳은 존재론적인 분리(séparation)가 창조적으로 생성하는 곳으로, 곧 '나'라는 주체에 대해 타자가 대립하고 등장한다. 그러난 타자는 '나'라는 존재의 흔적과 같이, 아니 극단적으로 이미 존재자신의 원인이 되면서 '나'의 동일성을 타자적인 것으로 구성하고 있다. 말하자면 존재의 본질은 타자성이다. 레비나스에게서 타자세계는 '있음'(l'il y a)의 존재구조를 형성하며 이곳에서

---

45 TI, p. 296.
46 TI, p. 310.

'나'라는 주체는 이포스타즈(hypostase, 자립체)로서 정의된다. 이런 존재자는 타자적인 것을 본질로 하는 존재며 그 존재방식은 타자세계에서 익명적으로 존재한다. 존재는 이미 본질적으로 세계에 대해 열려 있으며 이에 따라 '나'의 고유성은 무수히 많은 타자적인 관계에서 정의내릴 수 있기 때문에 존재는 이포스타즈로서 불린다.

그런데 이런 존재성격은 주체의 상처받기 쉬운 심성에서 비롯될 수 있는데 이것은 외부세계에 대해 민감한 '여성적인 것'의 관념을 드러내는 것이다. 인간은 신적인 본질을 기억 속의 이미지와 같이 영원히 기억하고 있으며 곧 창조적인 이미지가 남아 있는 셈인데 존재는 존재자신 속에 즉자적인 실체를 갖고 있지 않기 때문에 부단히 존재자신을 떠나서 타자지향성(l'un-pour-l'autre)으로서 모습을 나타난다. 즉 인간에겐 항시적인 본성으로서의 '영원히 여성적인 것'(Eternel féminin)이 존재하게 된다. 이 관념은 종교철학적인 의미에서 성(sacré)과 속(profanation)의 모습을 공유하는 것이다. 타자적인 관심에 의한 현재의 어루만지기(caresse)는 성스러운 것이 본래적으로 즉각 표현되는 직접성을 갖게 되지만 '영원히 여성적인 것'은 또한 이런 관계를 초월해 존재한다.

인간의 존재욕망은 늘 존재자신을 떠나서 타자로 향하면서 시간의 관념을 구성하게 되는데 인간의 역사란 곧 신의 말씀(Verbe)이 초월적인 사건들로서 실현되는 타자적인 세계관을 구성한다. 이런 논리는 인간의 에로스적인 본성을 전제하며 여성적인 것의 심성은 이것과 일치한다. 그런데 궁극적으로 인간에게 존재하는 이런 심성은 부성적인 에로스를 반영하는 현상이다. 통시성의 관념으로서의 이것은 인간들을 축복하고 이들을 사랑하는 신적인 창조성을 의미한다. 즉 인간적인 에로스는 타인들에 대한 사랑으로서 나타나는데 이것은 신이 인간들을 사랑하는 방식이다. 그리고 이런 부성(paternité)은 신에 대한 인간의 신앙을 통해서 통시적으로 존재하는 것이며 자손들로 상징되는 인간의 역사를 실제 창조적으로 실현시키는 것에 의미가 있다.

5장 타인과의 언어소통과 초월성

생각하는 것은 말하는 것과 다르다고 할 수도 있다. 그런데도 언어와 사유는 서로 불가분의 관계를 맺고 있다. 인간은 언어에 의해 논리적인 사유를 할 수 있고 타인과 소통할 수 있다. 어쩌면 언어는 생각의 형식을 주면서도 일상적인 언어 자체가 인공언어가 아닌 이상은 거기에는 삶의 가치가 내재되어 있다. 언어 자체에도 역사성이 들어가 있다. 상황에 따른 말 쓰임새와 암시가 섞인 뉘앙스에 따라 사람들마다 좋지 않은 감정을 느낄 수 있다면 말이라고 해서 다 똑같은 말은 아니다. 그런데 타르스키(A. Tarsky, 1902~1983)와 같은 현대의 언어 분석학자들은 언어적 명제들이 사실의 진위를 판가름할 수 있는 논리적인 기준을 갖는다고 주장한다. 자명한 논리의 근거가 없으면 사실이 될 수 없다. 이것은 인간의 모든 가치가 언어에 의해 서술되고 주장되기도 하면서 앎의 가치들이 언어적인 논리성과 체계에 의존하는 바가 크다는 것을 의미한다. 그래서 주체와 대상들 사이의 분석적 관계를 발전시킨 서구의 철학사에서 언어의 의미가 차지하는 비중은 매우 크다.

그런데 레비나스는 체계성에 의존하는 언어의 논리적인 형식이 존재에 관한 철학적 사유를 본질주의로 치닫게 하고 있다고 비판한다. 또한 그에게서 사유의 체계성이라는 것도 언어적 형식을 빌려서 본질주의를 재현한 것에 불과하다. 이렇게 재현된 인식의 권력은 그가 말하는 전체

성(totalité)이다. 그에
따르면 이런 전체성은
인간의 진정한 사유를
제한하고 획일화한다.
이 때문에 인간은 사유
와 언어 속에서 자유로
울 수 없고 오히려 삶의
근원에 관한 성찰을 잃
게 된다. 그래서 그는
인간의 말함(parole)을

〈그림 6〉 채플린의 〈모던 타임즈〉(1936). 레비나스에 따
르면 전체성은 기계적인 구조와 같이 인간의 삶과 사유
를 획일화하며 늘 같은 방식으로 진리를 생산한다.

본질적으로 구성하는 심층적인 내부를 들여다보고자 한다.

언어적 사유의 그 근원은 무엇인가? 이것은 바로 레비나스가 전통적
인 사유주의를 비판하고 타인과의 언어관계에 철학적 관심을 갖게 한
물음이기도 하다. 즉 사유의 참과 거짓은 본질직관을 중시하는 태도와
논증에 의해 결정되는 것이 아니라 근본적으로 타인과의 소통에 달려
있다. 그는 하이데거의 존재언어를 비판하고 이것과 사뭇 다른 계시언
어에서 인간의 참 가치를 발견하고자 한다. 한마디로 계시언어는 신에
게서 인간들에게 밝혀지는 영적인 진리를 나타낸다. 또한 그것은 타인
들에게서 나와 타인들에게 역사적으로 전승되는 초월적인 가치를 함의
한다. 그런 관계에서 우리는 타인들의 말하기에 대한 상대방의 경청이
라는 것도 윤리적인 태도가 될 수 있다는 것도 시사 받을 수 있다. 즉 이
것은 타인에 대한 책임감과 신에 대한 경외를 표시하는 것이며 비로소
영적인 계시를 받을 수 있다. 이제 레비나스의 언어이해를 살펴보면서
그 한가운데를 가로지르는 형이상학적인 초월성의 문제를 생각해 보기
로 하자.

(1) 언어, 사유의 바깥에서

언어는 인간의 역사, 문화, 사회적인 교류의 산물이며 인간적인 것을 정의할 수 있는 것들 중에서 가장 특색 있는 것이다. 언어와 사유의 관계를 논하면서 언어에 좀 더 적극적인 의미가 부여된 시각에 따르면 언어가 인간의 사유를 형성할 수 있다는 것이다. 이 점에서 사유는 언어적 소통과 체계의 결실이라고 말할 수 있다. 데카르트는 동물과 구분되는 인간의 특징으로서 언어를 그 예로 드는데 이것은 본질적으로 인간정신에 의존한다. 그래서 그에게선 사유가 언어에 앞선다.[1] 특히 언어는 존재와 진리를 표현하는 명제들을 구성하기 때문에 이것들에 의존해서 언어의 철학적인 가치를 평가하려는 시도들이 현대에 들어서서 활발하게 진행된 것을 주목해볼 필요가 있다. 우리는 언어가 사유의 모체라는 형성관, 언어가 사유의 도구라는 도구관, 언어와 사유의 일치관계를 주장하는 일체관 등을 듀이(J. Dewey)의 일반적인 언어관에서 살펴볼 수 있다. 하이데거, 데리다, 리쾨르 등의 언어이해는 그런 의미에서 언어의 철학적인 해석들을 새롭게 개척해온 결과며 존재에 관한 형이상학이 언어적 이해와 표현들을 통해 평가될 수 있는 가능성을 다양하게 보여준다.

레비나스의 언어철학과 초월성은 진리의 수용과 해석들이 요구하는 기준과 관련해서 '나'와 타인 사이에서 궁극적으로 지향해야 할 지고의 가치를 새롭게 제시해주고 있다. 우리는 그의 언어관 속에서 나타나고 있는 타자성과 형이상학적인 소통의 문제를 묻게 되며 여기서 타자철학의 윤리적 기반을 다시 한번 확인할 수 있는 기회를 가질 수 있다. 그에게서 언어적 표현들이 드러내는 가치와 진실이란 무엇인가?

---

1   데카르트, R, 《방법서설》, 이현복 옮김, 문예출판사, 1997, p. 215.

일반적으로 언어철학이라고 할 경우 영미철학의 계열 속에서 그 정의와 개념들을 살펴볼 수 있으나 레비나스의 언어철학은 형이상학적인 초월성을 함의하면서 실제적인 이야기 상대방을 전제하는 언어적인 담론을 구성한다. 일반적으로 언어는 공동체의 역사성과 사회성을 표현하며 윤리적인 가치마저도 되비춘다. 그는 그런 언어적인 속성들의 근저에 놓인 초월성의 의미를 언어적인 낯선 관계, 즉 타자성을 중심으로 이해하고자 한다. 이런 점은 그의 언어적인 가치관이 계시적인 것을 드러내는 것에 그 의미가 제한됨을 의미하지 않는다. 우리는 계시성을 중심으로 그의 언어관을 살펴볼 수 있다. 그에게서 언어의 본질이 궁극적인 의사소통을 가능케 하는 형이상학적인 초월성에 있음은 매우 당연하다. 그리고 그런 초월성은 타인과의 낯선 마주보기에서 계시적으로 발생한다. 즉 그에게서 언어는 초월성과 타자성을 그 본질로 한다고 말할 수 있다.

그의 언어철학과 비교해서 하이데거의 존재론적인 언어이해는 존재의 본질을 세계에 드러내는 사건이다. 하이데거에 따르면 언어의 의미론적인 발생은 곧 세계에 대한 현존재의 실존적인 이해를 내포하는 것이며 언어는 '세계-내-존재'의 보편적인 현상이다. "말은 처해 있음과의 이해와 실존론적으로 똑같이 근원적이다."[2] 하이데거는 말과 언어에 대해 이렇게 주장한다. "말이 밖으로 말해져 있음이 곧 언어다. (…) 언어는 눈앞에 놓이는 단어라는 사물로 분해될 수 있다. 말이 실존론적으로 언어인데, 그 까닭은 말이 뜻에 맞추어 그것의 열어 밝혀져 있음을 분류파악하고 있는 그 존재자가 내던져진, '세계'에 의존하는 세계-내-존재를 가지고 있기 때문이다."[3]

---

2   하이데거, 《존재와 시간》, 이기상 옮김, 까치글방, 1998, p. 221.
3   같은 책, p. 222.

이에 반해 레비나스에서 언어는 세계에 대한 존재자신의 내적인 자기 외현이 아니며 존재의 내적인 것으로 환원될 수 있는 존재론적인 구도 속에서 그 의미를 갖지 않는다. 그에게 언어의 타자성은 주체 밖의 낯선 의미를 드러낸다. 레비나스의 계시언어와 하이데거의 존재언어는 두 철학자의 언어관을 특징짓는 중요한 기준이다. 레비나스에게서도 언어는 존재의 관심을 표현하는 중요한 조건이 될 수는 있으나 무엇보다 존재들 사이의 소통을 실현시키기 위한 것에 언어의 목적이 있다. 그는 소통의 근거가 사유적인 본질주의나 체계성에 의해 재현되는 것을 경계한다.

이런 관점에서 본다면 하이데거에게서 언어주체는 말의 존재론적 구조를 필연적으로 잉태하고 있는 현존재 자신이다. "말해진 것 안에서 함께 나누는 어떤 것에 대한 말은 모두 동시에 자기를 밖으로 말함(자기표명)의 성격을 띤다. 현존재는 말하면서 자기를 밖으로 말한다. 그런데 그것은 현존재가 처음에 외부에 대한 '내면적인 것'으로서 캡슐 속에 들어 있기 때문이 아니라, 도리어 현존재가 세계-내-존재로서 이해하며 '밖'에 있기 때문이다."[4]

여기에 대해 레비나스의 언어주체는 그런 관계에서 이해되기보다는 타인과 '나', 신과 '나'라는 쌍방적인 관계에서 모색될 수 있으며 여기서 언어주체는 타인과 신에게 양도된다. 그에게 계시의 주체는 신과 타인이며 이들은 언어의 주체이기도 하다. 그렇다고 여기서 신과 타인이 계시의 주체로서 서로 다르지 않다. 언어철학에서 일반적으로 말하는 언어주체와 종교철학에서 계시적인 것을 전달하는 사자(使者) 사이에는 표현하고자 하는 메시지의 본래적인 의미에 차이가 있다. "에제키엘서의

---

4   하이데거, 앞의 책, p. 223.

화자는 이야기의 처음부터 끝까지 단수 일인칭으로 말하지만, 그 자신의 고유의 이름으로서가 아니라 메시지의 진짜 저자인 타자(un Autre)의 이름으로 말한다. 예언 메시지는 '나'라는 화자가 맡는다. 그런데 전하는 말은 '하느님의 말'이다."[5]

신은 곧 타자다. 우리는 이런 기본적인 이해의 틀을 갖고 레비나스의 언어관에 주목해볼 수 있다. 무엇보다 언어는 존재와 세계에 대한 관심이 아니라 타인에 대한 관심을 드러내는 것에 일차적인 목적이 있다. 이 점은 언어가 타인과의 의사소통을 위한 논리적인 수단에 그치는 것이 아니라 무엇보다 타인에 대한 경외의 표현, 계시의 전승에서 그 의미를 갖는다. 계시언어는 존재 자신을 위한 표현수단이 아니다. 이런 측면에서 초월자의 말씀을 이해하고 전달하는 것이 언어의 중요한 목적이다. 예를 들어 히브리어의 언어학습은 유대인들 공동체에서 일반적으로 사회학습의 시작임과 동시에 신과 인간의 관계를 학습해나가는 목적을 위해 신앙적인 것을 배워나가는 과정이기도 하다.

레비나스에게서 언어는 서로 떨어져 있는 존재들이 자신들을 소통의 구조에 참여시키고 여기서 존재의 궁극적인 가치를 이해시키는 것에서 의미를 갖는다. 그런데 언어적인 관계성 그 자체에서 지시되는 관계는 말하고 듣는 사람들 사이에 존재하는 내면적인 관계를 희석시킬 수 있다. "분리된 존재들(êtres séparés) 사이의 관계는 그들을 일괄적이게 할 수 없으며, 그런 '관계없는 관계'를 누구도 포괄하거나 주제화할 수 없다."[6] 언어를 주고받는 두 당사자 사이의 담론의 질서는 무엇보다 그들

---

5 장경, 〈폴 리꾀르의 텍스트 이론과 신학적 해석학〉, 《해석학연구》 제11집, 한국해석학회, 2003, p. 37.

6 *Totalité et Infini, Essais sur l' extériorité*, 《Le Livre de Poche》, La Haye, Martinus Nijhoff, 1961, p. 329. (이하 TI로 약칭)

이 서로 마주보고 있다는 것에 근거한다. '관계 없는 관계'는 본질에 대한 사유를 지향한다. "좀 더 정확히 말해서 그런 관계를 사유하려거나 일괄적이게 하려는 이런 반성을 통해 존재 속의 새로운 분열을 주목하게 될 것이다. 왜냐하면 그는 여전히 누군가에게 그런 일괄적인 것을 말할 것이기 때문이다."[7]

즉 언어적 소통의 본질적인 코드는 이야기 당사자들을 떠나 존재할 수 없다. 담론의 진실과 이해는 원초적인 관계로서의 '마주보기'(le face-à-face)를 전제한다. 언어에 의한 진실의 표현은 타인에 대한 최우선의 배려에서 비롯될 수 있는 것이지 어떤 대상이나, 주제 등이 타인에 앞서 존재하지 않는다. 본질적인 것이 타자와의 실존에 앞선다면 타자는 자신의 인격성을 상실하며 인격성이 부재한 담론들은 전체성(totalité)의 논리에 부합하는 것 외엔 아무것도 아닐 것이다. "타자의 중성화는 주제나 대상이 되어가고 말하자면 분명함 속에 자리 잡아가면서 정확하게는 동일자로의 환원을 나타낸다."[8] 레비나스는 존재와 언어의 중성화를 비판하며 진리의 기준이 환원적 논리를 중시하는 객관성에 있는 것이 아니라고 밝히고 있다.

그렇다면 언어의 표현들 속에서 진리의 기준은 어디에 있고 구체적으로 어디서 발생하는 것인가? 언어는 삶의 운영과 진실을 표현하고 가르치기 위한 충분조건으로서 삶의 내면성을 전달할 수는 있으나 말하는 사람, 즉 화자 중심의 의사소통이 아니라 듣는 사람, 즉 청자 중심의 관점에서 언어의 의미와 가능성을 생각해볼 수 있다. 레비나스에게서 이야기 상대자는 주체의 사유적인 명증성과 의미의 소통을 궁극적으로 가

---

7   TI, p. 329.
8   TI, p. 34.

능케 하는 중심에 위치한다. "이야기 상대방은 마치 코기토의 확실성과 같이 사유가 파악하려는 자신의 뒤편에서, 확실성의 모든 뒤편에서 다시 등장한다. 우리가 여기서 시도하려는 마주보기에 관한 서술은 나의 담론과 지혜의 뒤편에서 다시 나타나는 타자와 독자에게서 말해진다."[9] 즉 '나'라는 주체는 말함에 의해 진리의 개시를 가져올 수 있는 언어주체가 될 수 없다.

본질적으로 언어는 타인과의 관계를 요구하며 주체의 코기토 역시 그런 관계에서 명확해진다고 볼 수 있다. 레비나스에게서 언어적인 담론은 말하는 주체인 '나'와 이것을 듣는 이야기 상대자(interlocuteur)와의 관계에서 발생하는 것이다. "담론은 나와 타인 사이의 간격을 유지하고 전체성의 재구성을 저지시키며 근본적인 분리를 유지하는 사실 자체다"[10] 즉 이야기는 나와 구체적으로 마주하는 상대방과의 관계를 맺게 하는 현실로서 이것을 떠나 이야기의 의미와 진실을 설명하기 어렵다. "언어의 외부성은 내부성으로 전환되지 않는다. 이야기 상대자는 어떤 방식으로든 내밀성(intimité)에 자리 잡지 않는다. 그는 언제나 밖에 있다."[11] 그에게서 언어는 존재의 외부성이며 타인과의 관계를 나타낸다. 나에 대해 익숙한 언어는 나의 관습적인 의식을 연장하는 것에 불과하며 타인과의 관계에 친숙하지 못하다. 즉 타인과의 소통의 기능을 상실한 언어는 자기만의 언어일 뿐이다.

따라서 레비나스에게서 마치 독백과 같이 혼자 사유하고 말할 수 있는 언어주체가 언어적인 진술을 통해 모든 사실을 밝히더라도 이런 진술은 참된 것이 아니다. 즉 이야기 상대자가 타인으로서 존재해야 참된

---

9 TI, p. 329.
10 TI, p. 29.
11 TI, pp. 328~329.

진술이 성립한다. 이런 타자성의 관계 속에서 비로소 사유의 질서가 명확해진다. 말하는 사람의 사유를 제공하는 것으로서 언어의 기능이 제한된다면 본질주의와 체계성을 맹목적으로 지향하는 언어관계가 뒤따를 수 있다. 그래서 사유하는 주체를 중심으로 언어주체를 이해하고자 하거나 그에 의해 구성된 언어적인 문구들 속에 진리의 시원(始原)을 해석할 수 있는 필연적인 근거가 내재되어 있다고 보는 것은 진리의 가치를 보장해줄 수 없는 것이다.

(2) 언어, '있음'(l'il y a)의 타자성

레비나스에게 언어는 사유 바깥의 존재 있음을 표현한다. 그렇다고 언어자체에 존재론적인 의미가 숨겨져 있는 것은 아니다. 그는 언어의 비인칭성(impersonalité)과 익명성의 예들을 통해 '있음'의 존재방식을 설명하고자 한다. 즉 존재의 비인칭성과 익명성은 언어의 주어로서 기술될 수 있는 명사적인 주체의 자기상실을 가정한다. "주어도 아니고 명사도 아니면서 그 어떤 것(quelque chose), 더는 아무것도 없을 때 필수불가결한 존재함의 사실(le fait de l'exister), 이것은 익명적이다. 이런 실존을 자신의 것으로 가져갈 누구도, 그 무엇도 없다. 이것은 마치 '비가 온다'(il pleut), '날씨가 덥다'(il fait chaud)와 같이 비인칭적인 것이다."[12]

이와 같이 레비나스는 존재의 있음을 나타내기 위해 언어적인 표현의 예들을 차용하고 있다. 즉 언어의 비인칭성은 있음의 방식을 '익명성' 또는 '제3자성'(illéité)으로 나타낸다. 그런데 그가 존재의 있음을 이해시키

---

12 *Le Temps et l' Autre*, Paris, Arthaud, 1948.; Paris, PUF, 1983, p. 26. (이하 TA로 약칭)

기 위해 언어적인 지칭과 서술관계를 그렇게 예로 든 이유는 무엇인가? 무엇보다 존재의 있음이 즉자적인 실체가 아니라는 것이며 '무엇이 있다'라는 것의 실체는 내적인 익명이 아니라 외적인 익명을 요구한다. 즉 주어적인 실체가 동사적인 서술들 가운데 은밀하게 숨겨져 있다는 것이 아니라 그런 구체적인 지칭관계들을 통해 주어가 다원적으로 또는 단절적으로 자신의 형태를 그려낸다는 것이다.

이런 존재의 있음은 타자와의 실존, 곧 존재함을 의미하며 타자성, 제3자성이 그 특징이다. 또한 언어는 주체와 대상의 관계를 의미론적으로 파악하기 때문에 이런 의미구조 속에서 실제적인 주객 관계의 구분은 애매모호하고 논리적인 주객 관계가 존재할 뿐인데 이런 관계는 전체성 속에서 타자가 파악될 수 있도록 요구한다. 즉 전체성과의 단절 속에서 진정한 타자가 존재하며 이런 삶 속에서 레비나스가 주장하는 '존재함', 실존 등은 익명성의 특징을 갖는다. 레비나스는 '밤'의 예를 들면서 앞뒤를 제대로 분간할 수 없는 캄캄한 밤에는 대상들은 자신들을 숨기듯이 익명적으로 존재한다고 말한다. '있음'의 존재는 즉자적인 것이 아니고 부재의 현존으로 나타난다. 그래서 "밤은 '있음'에 대한 경험 자체다."[13]

레비나스에 따르면 '있음'(l'il y a)의 존재개념은 '존재가 있다'라는 것을 타자의 관점에서 표현한다. 그것은 존재의 내적인 본질을 드러내는 외현의 현상이 아니라 존재의 자기근거가 외적인 것들에 의해 필연적으로 강요되는 것을 지칭한다. 그래서 그에게서 '있음'의 존재현상은 내적인 자기본질을 상실하기 때문에 부재의 현존과 같다. "모든 것들의 부재는 현존(présence)으로서 되돌아온다."[14] 여기서 부재는 존재론적인 무가

---

13 De l'existence à l'existant, 1947.; Paris, Vrin, 1990, p. 94. (이하 EE로 약칭)
14 TA, p. 26.

아니라 형이상학적인 고독을 의미하며 인칭적인 자기표현을 거부한다. "인칭적인 형식을 거부하는 '있음'은 일반존재다."[15]

곧 존재의 제3자성은 '있음'의 본질을 지시하는 존재의 보편성이며 이에 따라 '나'라는 주체도 타자적인 것을 자신의 존재근거로 삼게 된다. 결과적으로 모든 존재하는 것들에 관한 서술들은 부재에 관한 서술과 같고 존재의 외부성은 '있음'의 현실이다. 그래서 "'있음'은 실제로 내부성을 외부성으로서 초월한다."[16] 예들 들어 명상적인 사유를 빌려 무한성을 파악하는 것이 아니라 타자와의 관계를 빌려 타자성에 나를 규정하고 비로소 무한성을 사유할 수 있다. 즉 '있음'의 존재근거가 내부성이 아니라 외부성에 있다는 것이다. 외부성은 존재의 타자성과 익명성을 함의한다. 이런 관계에서 존재는 '이포스타즈'(hypostase)로서 불린다.

따라서 레비나스에게 '주체가 있다'라는 것은 주어의 지위로서 존재하는 것이 아니라 동사의 지위로서 존재한다. 즉 존재의 동사성은 주체의 의미가 '나는 TV를 본다', '나는 학교에 간다', '나는 피자를 먹는다' 등과 같은 예문들에서 보듯 서술적으로 표현이 될 수 있는데, 다시 말해서 'TV를 보는 나', '학교에 가는 나', '피자를 먹는 나'와 같이 '나'라는 주체는 '나'를 표현하는 수많은 서술 관계들을 가짐으로써 존재한다. 그에게서 그런 존재의미는 곧 이포스타즈와 같다. 말하자면 '나'라는 주체는 동사적인 실체로서 타자와의 서술관계를 필연적으로 요구하면서 익명적인 실존을 주장하는 존재자이며 이런 존재는 이포스타즈 이외의 그 어떤 것도 아니다.

존재의 이포스타즈뿐 아니라 시간의 그것도 주장할 수 있다. 즉 시간

---

15 EE, p. 94.
16 EE, p. 94.

관념은 현상들 속에서 존재한다. 예들 들어, 낮 12시에 수업이 끝나는 학생, 그 시간에 수업을 시작하는 학생, 그때 점심식사를 마친 학생, 또한 그때 학교 밖으로 나가는 학생 등 '낮 12시'라는 본질은 수많은 현상들로서 존재한다. 존재의 이포스타즈는 시간의 그런 예들과 마찬가지로 언어적인 분절과 서술의 방식들을 통해 자신의 의미를 다원화한다. 이렇듯이 그에게서 '나'라는 주체의 존재방식은 '있음'(l'il y a), '존재함'(l'exister), '비인칭성' 등과 같이 이해되며 이것들이 의미하는 것은 존재의 외부성, 익명성, 타자성, 제3자성 등과 같은 것이다.

그가 말하는 존재의 '있음'은 명사가 아니라 동사다. "우리가 이해를 시도하려는 '존재함'은 명사로서 표현될 수 있는 것이 아니라 동사로서의 존재의 기능 자체다."[17] 그런데 이런 존재함은 '존재자'(l'étant)라는 실제적인 실존을 떠나 파악될 수 있는 것은 아니며 그런 존재함은 관계로서의 실존을 의미한다. 즉 이것은 '있다'라는 존재의미를 '무엇과의 관계에 있다'와 같은 방식으로 이해된다. 그래서 존재란 이미 다원적인 양태들 속에서 자신의 존재함을 드러낸다. 즉 존재의 본질은 명사적인 표현이 아니라 동사적인 표현에 의해 그런 다원성을 주장할 수 있다. "시간은 타인과의 관계와 같은 사건자체며 현재의 일원론적인 이포스타즈를 넘어서서 다원론적인 실존에 이르게 한다."[18] 즉 존재의 동사적인 표현은 그가 갖는 시간과의 관계, 곧 타인과의 관계를 나타내는 것이다. 그리고 언어는 존재의 그런 타자와의 관계를 표현하는 것에 그 의미를 갖는다. 레비나스에 다르면 물질적인 실존(l'existence matérielle)은 자아의 조건이다. "자아와의 관계는 블랑쇼의 소설 《아미나답》에서와 같이

17　TA, p. 26.
18　TA, p. 34.

나에 묶여 있는 끈적끈적하고 활기 없고, 바보스런 분신과의 관계다. 이런 분신으로 인해 나는 구체적으로 존재하는 것인데 왜냐하면 그런 분신은 나이기 때문이다."[19]

그런데 이포스타즈는 실재하는 것이기 때문에 실체의 관념을 가지고 있으나 존재의 타자성 때문에 언어관계에서 주어적인 실체가 아니라 동사적인 실체로서 존립한다. 데카르트의 코기토가 사유의 주체, 주어적인 실체로서 자기 확실성을 갖는 반면에 레비나스의 주체 개념은 자기 독립성을 포기한다. 그래서 주체의 확실성은 타인의 얼굴을 보듯 그 안에서 명석판명하게 이해될 수 있는 것이다. 즉 '나' 안의 주체가 아니라 '나' 밖의 주체, 곧 '타자에게서', '타자로의' 존재로서 '나'는 있음의 주체이다. 따라서 주체가 말을 하는 행위는 자아의 개시가 아니라 타아를 향한 개시인 셈이다.

" '있음'(l'il y a)은 이포스타즈가 생산되는 장소다."[20] '있음'의 존재구조에서 생산되는 동사적인 실체로서의 이포스타즈는 늘 타자의 관점에서 자신의 형태를 규정하기 때문에 자신의 '있음'라는 존재표현은 '존재함'(l'exister)이라는 외재적인 실존의 필연성으로 인해 타자적인 것으로 익명화한다. 존재는 외재적인 실존의 가능성, 즉 타자성 때문에 자신의 실체성은 타자들로 분리되어 존재한다. 이것은 존재의 익명성을 가져오는 근거며 그 본질이 타자성에 있다는 것을 암시한다. 그래서 레비나스에게서 존재의 의미는 이포스타즈며 존재자신을 사유의 방식으로 홀로 세우기도 전에 이미 존재의 실체성은 제3자 또는 타자성으로서 존재한다.

---

19 TA, p. 37.
20 TA, p. 28.

이렇듯 레비나스의 '있음' 또는 '존재함'이란 타자의 관점에서 전적으로 이해된다. 예를 들어 마치 가족 속의 한 어머니의 희생으로 그 아비와 자녀들이 존속하는 것과 같이 '어머니'는 그 가족들의 타자성이다. 그런 타자성 없이 아비와 자녀들은 존재하지 않는다. 레비나스에 따르면 그런 '있음'의 주장은 초월과 윤리의 기원을 차지하는 것이다. 그의 언어관은 그런 질서를 담아낸다. 말하는 주체의 언어는 타자의 생성과 앎의 관계를 끊임없이 서술하는 것에서 그 의미를 갖는다. 언어는 존재의 사유와 활동을 표현한다. 그에게서 언어는 존재의 사유바깥과 타자에 대한 시선을 표현한다. 이런 가능성은 바로 존재의 내적인 본질로 자리 잡고 있는 타자성 때문에 비롯된 결과며 '말하는 주체'가 아니라 '듣는 주체'로 언어주체가 이행하는 것을 의미한다. 계시언어와 관련한 형이상학적인 전제에서 인간적인 언어주체는 사실상 실체로서 존재하지 않으며 신적인 실체는 그런 언어의 유일한 주체일 수 있다. 계시의 관념은 레비나스의 언어관에서 가장 중요한 위치를 차지하며 계시의 주체는 인간이 아니라 신이기 때문에 언어주체는 그렇게 주장될 수 있는 것이다.

(3) '듣기'로부터 계시의 전승

'세상이 신의 말씀(parole de l'Eternel)에 의해 만들어졌다'(시편 33:6)는 것은 세계창조의 이치와 인간윤리의 궁극적인 가치가 본래부터 주어져 존재한다는 것을 의미한다. 신의 말씀은 세계창조의 근거며 그것은 곧 정의이며 법이기도 하다.(참고 : 시편 33) 그런 토라는 레비나스에게서 사벌한 의미를 갖는다. "신보다 더 토라를 사랑하라. 이것은 바로 구체적으로 인격적인 신(un Dieu personnel)에 다가서는 것이다."[21]

그런 말씀은 진리의 기원이며 존재자체에 대한 탐구를 뛰어넘어 초월적인 가치로서 항구적으로 존재하는 실체다. 그래서 그것을 토라(*Torah*)라고 부르는 것이며 그런 초월적인 말씀의 주체가 신에게 있음은 분명하다.[22] "무한한 독해, 이것은 토라와 이에 대한 복잡하면서 본질적인 지혜의 독해다."[23]

말하자면 그에게 영원한 진리에 대한 해석과 이해는 토라에 근거한다. 신과 인간 사이의 유대를 잇는 토라언어는 전승의 기능, 즉 말하기와 듣기 사이에서, 또한 '성서의 구절을 넘어서서' 초월적으로 발생하는 것이다. 일부 논자들은《전체성과 무한》의 p. 75에서 언급되는 '형이상학적인 무신론'(athéisme métaphysique)의 예를 들면서 레비나스의 담론에 관한 이해는 신적인 초월성과 이것을 표현하는 타자들을 통해 가능하다고 말한다. 매우 당연한 얘기다. 어떻게 언어와 담론들이 인간적인 것, 타자와의 관계를 배제하고 가능할 수 있겠는가? 우리는 그런 인간적인 언어들 속에 내재된 보편의 가치를 이해하고자 하는 것이다. 레비나스가 말하는 "계시는 담론이다."[24]

그래서 레비나스에게 언어의 의미는 하이데거가 주장하듯 존재의 본질과 신비가 언어주체의 말하는 행위를 통해 세계에 열려지거나 폭로되는 것은 아니다. 그렇다고 그에게서 언어의 의미가 과소평가되는 것이 아니며 그의 언어관에는 궁극적인 진리 또는 계시적인 진리를 해석하고

21 *Difficile liberté. Essais sur le judaïsme*, Paris, Albin Michel, 1963, p. 206.

22 바이블의 모세5경(Pentateuque), 즉 창세기, 출애굽기, 레위기, 민수기, 신명기는 토라의 협의적인 의미이며 일반적으로 토라는 신에게서 인간들에게 전해지는 우주론적인 지혜, 윤리적이고 신비적인 가치 등을 의미한다.

23 E. Levinas, "De l'écrit à l'oral", préface d'E. Levinas, *La Lecture infinie*(BANON, David) Paris, Seuil, 1987, p. 7.

24 TI, p. 75.

전승시키기 위한 의도가 숨겨져 있다. "담론은 신과의 담론이며 당사자들과의 담론은 아니다. 형이상학은 신과의 그런 언어에 관한 본질이다."[25] 다만 그는 탈무드와 같은 구전토라를 주해하고 여기서 삶의 궁극적인 진리를 말하고자 한다. 즉 그는 해석학적인 지평융합의 방식에 따르는 진리이해가 아니라 오히려 언어적인 지평의 단절 또는 시대적으로 부여된 타자들과의 관계를 통해 삶의 운영과 진실을 계시적으로 이해하고자 하는 것이다.

언어는 선지적인 지혜를 계시적으로 전달하는 것에서 그 의미를 갖는다. 레비나스에 따르면 선지주의(prophétisme) 또는 예언은 영적인 질서 또는 명령에 대한 각별한 지각에서 비롯된다. 또한 그것은 신과 인간, 타인들을 서로 마주보게 하는 데서 의사소통의 효력을 지닐 수 있다. "신적인 가르침, 선지적인 말씀(parole prophétique)과 같은 토라는 유다이즘을 통해서 밝혀지는데, 즉 대가들이 남긴 주석서의 지혜는 토라를 새롭게 인식시키며 또한 법들의 정의는 어느 누구와의 일체성이 망각될 수 없는 사랑 가운데 언제나 제어된다."[26] 즉 마주보는 의사소통은 신의 사랑을 전달하는 것에 그 본질적인 목적을 갖고 있다.

우리는 그런 점들을 통해 그의 언어관을 살펴볼 수 있는 몇 가지 특징들을 개략해서 생각해볼 수 있다. 이것들은 레비나스의 언어철학을 초월성과 타자성의 주제로 다뤄나가기 위한 필자의 논점들이기도 하다.

첫째, 언어의 본질은 타자성에 있다. 언어는 사유의 수단이 아니라 의사소통의 수단인 만큼 타인과의 관계에서 그 효력을 가질 수 있으며 언어 속에는 그런 지향적인 관계가 함의되어 있다. 그렇다고 언어가 역사,

---

25 TI, pp. 330~331.

26 *A l' heure des nations*, Paris, Ed. de Minuit, 1988, p. 130.

문화적인 교류의 산물이라고 전적으로 평가할 수 없다.

둘째, 언어는 사유하는 존재의 언어가 아니라 타인를 향한 언어다. 즉 존재의 내적인 사유를 표현하고 이것을 체계화하는 것이 언어의 목적이 아니며 존재론적인 언어관의 입장에서 존재의 개방을 표현하는 것도 언어의 목적은 아니다. 말하자면 언어는 존재의 내적인 사유를 넘어서서 존재바깥에서, 계시에 의해 존재의 진실을 파악될 수 있는 가능성이다.

셋째, 계시적인 진리의 해석과 전승은 인간적인 모든 가치들을 형성하는 지평의 연속성을 통해 가능한 것이 아니며 인간적인 것을 떠나 신을 향한 신앙적인 유대에 근거에서 본질적인 행위로서 그 의미를 부여받는다. 때로는 비언어적인 사유에 대한 관심은 언어적인 연속성을 뛰어넘는 행위이기도 하다. 신의 영적인 계시는 모든 인간적인 진리에 앞선다.

레비나스에게서 만약 언어적인 사유체계가 사유의 본질을 대변할 수 있는 것이라면 그것은 보편적인 진리를 담아낼 수 없다. 그에게서 말함(parole)이란 언어로써 모두 실어 나르지 못하는 계시적인 음성이며 이것을 잘 듣고 이해하는 경청에 언어의 속 깊은 의미가 있다고 해도 과언이 아니다. 따라서 언어는 진리를 담지하는 역할을 하기에 결코 충분하지 않다. 다만 언어는 표현의 수단이 될 수 있으며 이에 따라 기호와 같은 언어를 통해서 진리에 대한 이해와 터득을 가져온다는 것은 그에게 불합리해 보인다. 그래서 그는 탈무드와 같은 구전토라에서 진리의 보편성을 이해하려고 한다. 특히 탈무드의 아가다(*Aggadah*)는 더 보편적인 언명을 전달하며 그것의 예의적이고 우의적인 이야기는 유다이즘에 관한 형이상학과 철학적인 인류학을 함의한다고 레비나스는 말한다.[27]

---

27 *L' Au-delà du verset. Lectures et discours talmudiques*, Paris, Ed. de Minuit, 1982, p. 171. (이하 ADV로 약칭)

그에게서 신의 말씀은 해석적인 사유의 대상이기보다는 전승적인 초월의 대상으로 볼 수 있는데 이것은 지평융합적인 사고의 틀 속에서 제고되는 것이 아니라 선지적인 말씀과 가르침 등의 형태로서 인간적인 사고를 초월해서 존재한다. 그리고 그것은 역사적인 인도와 실현에서 그 궁극적인 의미가 밝혀지는 것이기 때문에 초실체성의 것, 전승적인 그 무엇으로서 이해될 수 있다. 그런 의미에서 인간이 말을 한다는 것은 신성한 것의 표현방식이며 이것을 경청하는 타인에 대한 태도에서 궁극적인 언어소통의 방식이 존재한다. 따라서 언어는 존재의 신비를 폭로하거나 존재에 대한 사유를 드러내면서 존재의 개시를 가져오는 사건이 아니라 선지적인 가르침을 경청하거나 이것을 다시 타인에게 전승하는 것에서 본래의 의미를 갖게 된다. 계시는 존재에 대한 사유가 아니라 초월자에 대한 절대적인 경험을 통해 밝혀지는 것이며 선지적인 앎에서 비롯된다. "절대적인 경험은 폭로(dévoilement)가 아니라 계시(révélation)다."[28] 말하자면 언어는 존재언어가 아니라 계시언어다.

그런 계시의 가르침은 궁극적으로 '나'라는 주체와 마주하는 타인의 얼굴에 그 기원을 두고 있다. 먼저 이것은 인간의 모든 가치가 신에게서 보편적으로 발생한다는 것을 의미한다. 특히 신과의 만남은 그런 가치가 보편성을 가질 수 있는 이유이기도 하다. 그런데 그런 만남은 타인과의 관계를 통해 가능하다. 왜 타인과의 관계가 진리의 조건인 것인가? 레비나스에 따르면 언어의 의미는 타인의 말함을 잘 듣고 이해하는 것에 있다. 즉 타인의 말함에 대한 주체의 경청이 그것이다. 존재의 말함은 존재론적인 자기표현이 아니라 진실의 전달에 그 목적이 있으며 이런 목적은 타인중심의 관점에서 실현되어야 한다.

---

28   TI, p. 61.

그렇다면 화자와 청자 사이에 오고가는 진실의 표현은 궁극적으로 무엇을 이해시키고자 하는 것인가? 말하자면 그런 표현들 속에서 드러내고자 하는 것은 신의 계시다. 그런데 이런 계시진리는 화자와 청자 사이의 유대를 구성하는 것이면서도 이것을 초월해서 존재한다. 왜냐하면 그런 진실의 음성들은 해석적인 재현의 구도 속에서 공감대를 형성하는 것이 아니라 항구적인 지속의 여부, 즉 통시적인 진리의 조건을 획득하는 것이기 때문이다.

우리는 여기서 말함의 주체가 역설적으로 타인에게 있음을 발견하게 된다. 왜냐하면 타인은 이야기 상대방이면서도 계시의 말하기를 실현하는 초실체적인 주체, 즉 신의 존재를 현시하기 때문이다. 그리고 그런 타인의 얼굴은 언어의 기원을 차지한다. "얼굴은 말을 한다. 얼굴의 표시는 이미 담론이다."[29] 레비나스에게서 그런 낯선 얼굴에서 담아내는 언어의 타자성은 곧 계시다. 인간주체에게 낯선 언어로 들려오는 타인의 말함은 주체가 경청해야 할 진리의 음성이기도 한 것이다. "진리에 관한 교훈은 단 한 사람의 의식 속에서 고려되는 것이 아니라 그것은 타인을 향해서 밝혀진다. 잘 학습하고 잘 읽고 잘 듣는 것은 바로 이미 말하는 것이다."[30] 우리는 여기서 레비나스의 언어관에 나타나는 타인에 대한 경외, 그의 말함에 대한 경청 등에서 타인들과 주고받는 언어 속에 윤리적인 지고의 가치가 내재되어 있음을 이해하게 된다. 마치 다른 사람의 생각과 말들을 늘 겸허하게 받아들이라는 윤리적인 명령과 같이 언어의 가치를 생각해볼 수 있다.

본질적인 말함으로서의 언어의 주체는 신이고 그것을 선지적인 이해

---

29 TI, p. 61.
30 ADV, pp. 99~100.

와 함께 전승하는 주체들은 인간인 셈이다. 언어의 기원과 발생은 무엇인가? 창세기에 인간의 언어는 신에 의해 창조됐고 바벨탑 사건 이후 인간들은 흩어져서 각각의 족속들이 유지되면서 그들끼리의 언어소통이 더는 가능하지 않게 되었다면 이제 그 소통 가능성은 그들의 언어들을 뛰어넘는 선지적인 계시의 가르침에 의존하게 된다. 여기에 근거해서 인간은 더는 언어의 주체가 될 수 없다는 점을 시사받는다. 인간은 가르침의 언어를 통해 삶을 인도하는 초월적인 메시지를 확인할 수 있는데 레비나스에게서 그런 메시지는 타인들의 말함에 대한 경청에 의해서 가능한 셈이다. 경청은 삶의 중요한 가치이고 최고의 미덕인 것이다. 그에게서 언어의 의미는 궁극적으로 여기에 존재한다.

(4) '말하기'(Dire)와 '말해진 것'(Dit)

레비나스에게서 계시에 의한 '말하기'와 사유에 의한 '말해진 것'은 본질적으로 구분된다. 그런 형태들은 본질주의를 지향하는 사유방식들과 그 체계성을 비판하고자 하는 그의 철학적 문제의식에서 비롯된 것이다. 일부 논자는 《존재하는 것과 다른》(1973)에서 언급되는 '말하기'와 '말해진 것'의 언어이론이 《전체성과 무한》(1961)에서 다뤄지는 레비나스의 언어적 담론에 관한 이해와 구분하고자 한다. 후자의 저서에 어떤 결함이 있어서 전자의 저서에서 그런 언어형태들이 새롭게 제시되는 것은 결코 아니다. 실제 두 저서에서 일관되는 레비나스의 주장은, 즉 모든 언어적 서술과 담론들은 타인의 얼굴을 전제해야 한다는 것이다. 이 깃이 무시된 손재에 관한 철학적 체계의 담론들은 '말해진 것'으로 비판된다.

그에게 타자는 계시를 함의하는 것이기에 그 무엇에도 되돌릴 수 없는 원초적인 것이다. "계시성은 어떤 매개물도 필요로 하지 않는 신과 인간관계의 직접성을 드러내는 '말하기'(un dire)다."[31] 한편 그에게서 데카르트의 코기토 중심주의가 초래했던 지식체계의 닫힌 구조와 그런 전체성은 세계에 대한 인식을 수학화, 논리화하는 것으로 그치는 것이 아니라 사유적인 본질의 관념에 의해 인간의 자아이해를 일반화하려 한다는 것이다. 이와 같은 예는 '말해진 것'의 특징이다. "자기 동일적인 실재들이나 존재자들이 스스로 제시되는 '말해진 것'의 구조."[32] 예를 들어 하이데거의 존재와 존재자의 관계도 본질주의, 언어 중심적인 사고를 발전시킨 개념이라는 것이다. 이런 구조에서 인간존재는 논리적인 본질에 의해 지배되며 많은 존재자들로 자신을 드러낸다. 여기서 "명제나 이야기의 주제에 동일시되는 존재자를 드러내면서 시간은 본질을 전개시킨다."[33]

말하자면 레비나스는 사유하는 주체의 의식 속으로 타자가 환원되는 것을 논리적인 동어반복의 한 예로 규정하고 타자의 진정한 부활을 주장한다. 따라서 그에게서 언어가 인간의 사유를 표현하는 본질적인 수단이 될 수 있는가의 물음은 근본적인 것이 못 된다. 체계로서의 언어에 대해 비판적 입장을 견지하곤 하는 그는 특히 하이데거의 언어이해와 맞서면서 그런 입장을 분명히 드러낸다. "동사의 동사성에서 파생되는 언어는 이해시키는 것에 그치는 것이 아니라 존재의 본질을 진동시킨다."[34] 그에 따르면 존재의 본질은 존재론적인 사유를 반영하는 것에 불

---

31 ADV, p. 174.

32 *Autrement qu'être ou au-delà de l'essence*, 《Le Livre de Poche》, La Haye, Marinus Nijhoff, 1974, p. 67. (이하 AE로 약칭함)

33 AE, p. 67.

180

과하며 하이데거의 시간성 역시 언어적인 동사들의 체계에서 표현되는 것 외엔 아무것도 아닌 셈이다.

일반적으로 언어는 의사소통을 위한 수단이기 때문에 나름대로의 체계성을 유지하며 효율적인 소통기능을 발전시킨다. 이런 측면에서 그가 주장하는 '말해진 것'은 언어적인 시스템에서 표상되는 명사적인 표제어들 또는 일반화를 추구하는 동사의 기능들을 통해 언어적인 의미산출을 지배하게 된다. 나아가 사유를 언어적인 명제들로서 체계화하고 상위의 관념들을 구성해나갈 때 이런 것들은 이미 언어적인 기능이 사유관념들에 영향을 미치는 본질주의 또는 신비주의와 같은 것이다. 이런 시각에서 우리는 레비나스의 언어비판을 살펴볼 수가 있다. "언어는 또한 명사들의 체계다. 감각에 대해 동사적이고 시간적인 흐름 속에서 명칭붙이기는 동일적인 것들을 지시하거나 구성한다."[35]

다시 말해 '말해진 것'은 의식의 공시적인 또는 지향적인 작용 등에 의해 인식론적인 재현을 시도하는 것으로 이것은 체계성으로 드러난다. 그런 관계들은 레비나스가 철학적으로 성찰하고자 하는 사유 밖의 낯선 것과 같은 타자성의 전승과 그 실현을 제한한다. 레비나스에게서 가장 원천적인 표상은 타자성에 의해 비롯될 수 있으나 지향성은 이것을 획일화하는 것으로 여겨진다. "재현과 같은 사실로서의 이해가능성은 동일자를 결정하거나 이것에 타자성을 도입시키는 것 없이 동일자에 의해 타자를 결정하는 가능성이다."[36] 왜냐하면 체계성은 논리적인 수미일관, 변함이 없는 본질에 대한 사고를 유지해야 하기 때문이다. '말해진 것'의 사유체계 속에서 심령적인 사유, 삶의 지속, 계시의 음성 등을 파악해나

---

34 AE, p. 61,

35 AE, pp. 61~62.

36 TI, p. 129.

갈 수 없는 것이다.

　그런데 말해진 것은 명제의 진실을 보장받기 위해 체계성, 논리성을 갖춰야 하며 이를 위해 본질 자체를 위한 사유적인 가치는 판단의 근거로서 작용하게 된다. 이에 따라 말하기는 말해진 것과의 상호관련성 또는 서술성 가운데서 논리적인 의미의 가능성만을 갖게 될 때 말하기의 본래성은 말해진 것이라는 언어적인 효과에 의해서 제한될 것이다. "말하기는 타자지향적인 것(le pour-l'autre)이며 여기서 상대방과의 모든 관계가 맺어지며 여기로부터 다만 말해진 것이 의미된다."[37] 본질적으로 언어는 무한성을 표현할 수 없다. "타인에 대한 책임감은 모든 말해진 것에 앞서는 말하기다."[38] 이런 말하기는 윤리적인 명령과 같은 것으로 인간이 따라야 할 타인에 대한 행위적인 규범을 초월적으로 지시한다. 그래서 말하기는 이미 말해진 것이 아니라 '말해지지 않은 것'(non-dit)이며 초월성이다. 이런 가정 하에서 살아 있는 토라의 전승은 본래적인 말하기와 이것이 생동감을 갖고 언어들로 짜깁기 되지 않은 것, 즉 언어적 표현들을 근본적으로 가능케 하는 '말해지지 않은 것'을 통해 비로소 가능한 것이다.

　레비나스에게서 '말하기'는 일반적인 언어관계를 넘어서서 초가치적인 것을 표현한다. 만약 그런 것이 '말해진 것'과의 상호관계를 통해 사유적인 의미를 산출해낸다면 이것 역시 타자가 순수하게 개입될 여지도 없이 동일자로의 환원구조를 정당화시키는 것에 불과하게 될 것이다. 그런데 아무리 이상적인 관념들의 세계도 언어적인 개념정리와 소통구조가 없다면 무의미해진다. 그에게서 언어적 소통구조의 기원은 얼굴에

---

37 FERON, Etienne, *De l'idée de transcendance à la question du langage*, Grenoble, Millon, 1992, p. 175.

38 AE, p. 56.

서 비롯된다. 타인의 얼굴과 대면해서 그런 낯선 관계에서 주체의 사유를 초월한 계시가 본질적인 말하기와 같이 들려온다. "얼굴이 자신 스스로 내보이는 방식을 레비나스는 '계시'라 부른다. 계시라는 종교적 용어를 쓴 까닭은 얼굴의 현현은 내 자신의 노력을 통해서 나타나는 것이 아니라 스스로 자기 자신에게서 나타나는 절대적 경험이라는 것을 강조하기 위한 것이다. 얼굴의 자기계시 또는 자기표현은 '이 세계에 속하지 않는' 영역에서 오는 것이며 나의 입장과 상관없이 스스로 자기를 표현하는 가능성이다."[39]

정확히 말해서 본질적인 기능으로서의 '말하기'는 언어관계를 초월해서 존재한다. "진리를 탐구해나가기 위해 나는 이미 자기 자신을 보증하는 얼굴과의 관계와 에피파니(신의 현시) 자체로서의 경외의 말씀을 대면하게 되었다. 동사적인 기호들의 교환으로서의 모든 언어는 이미 본래적인 경외의 말씀에 의거한다."[40]

그는 언어적인 구성의 본래성을 주장한다. 언어가 진리적인 가치의 발생과 기원을 차지하는 얼굴과의 상관관계를 도외시 할 때 그런 언어는 사유체계 속에 편입되면서 '말해진 것'이라는 인위적인 진리를 구성하게 된다. 즉 언어는 얼굴과의 관계를 통해 진실의 가치들을 생산해 낼수 있다. "세계에 관한 사유들의 교환으로서의 언어는 배후의 사유를 함의하는 것과 함께 성실성과 거짓을 그려내는 변이들을 거치면서 얼굴의 본래성을 가정한다. 이것이 없다면 언어는 행위들의 의미가 정신분석 또는 끊임없는 사회학적 학설을 우리에게 부과하는 행위들 중 하나로 환원된다."[41] 만약 언어적인 말하기 속에 내적인 구심력이 없다면 언어

39   강영안, 《타인의 얼굴 레비나스의 철학》, 문학과 사상사, 2005, p. 148.
40   TI, p. 221.
41   TI, pp. 220~221.

자체는 의식의 심리학 또는 사회학적인 현상들을 분석하는 의미들로 가득 차게 된다.

그에게서 '말하기'와 타인과의 관계란 그에 대한 책임 있는 태도에 근거하는 것이다. "말하기 속에서 이론의 여지없이 성취되는 이웃과의 관계가 그를 위한 책임감이라는 것과 말하기가 타인에게 응답하는 것이라고 주장하는 것."[42] 우리는 여기서 타인들과 주고받는 언어들 가운데 말하기의 의미는 계시의 무한성에 대한 경청을 가져오며 곧 타인들에 대한 책임감을 요청하는 것으로 이해할 수 있다.

본질적으로 언어는 주체와 대상을 상호관계에 놓이게 하면서 일정한 체계 속에서 이들을 분류한다. 즉 '말해진 것'은 상용적인 언어체계에 의해 재구성된 것을 의미하며 주체와 구분되는 대상은 언어적인 대상으로서 존재한다. 그래서 대상은 주체의 밖에 개념적으로 존재하고 언어적인 구성을 통해 객관적인 것처럼 타인에게 인지된다. "언어는 대상들의 객관성(objectivité)과 그들의 주제를 가능하게 한다."[43] 물론 언어는 타인과의 의사소통을 위한 긴밀한 수단인 셈이다. 그렇다고 언어의 기능만을 통해 대상적인 실재가 타인에게 그대로 전달되는 것은 아니다. 그런데도 이런 의사소통의 작용을 통해 대상들은 주제화하고 관념적으로 존재할 수 있다.

말하자면 레비나스가 주목하고자 하는 것은 데카르트의 코기토, 즉 주체의 순수한 사유작용이 대상들의 객관성을 사실로서 보장해줄 수 없다는 것이다. 그런데 대상은 어떤 의미인가? 대상은 주체의 바깥에 있는 것, 의식과 다른 것이며 주체의 의식 속에 들어오면서 그 객관성은 언어

---

42 AE, p. 80.
43 TI, p. 231.

적인 매개를 통해 타인에게도 이해될 수 있는 것이다. "객관화는 언어의 기능 자체에서 생산되며 여기서 주체는 사물들과 분리된다.(…)"[44] 그렇다고 대상의 객관성 자체가 그런 의사소통의 작용을 통해 늘 명증적인 방식으로 이해되는 것은 아니다. 대상은 언어와의 관계가 아니라 타인과의 관계다. "(…) 이런 객관성은 상호적인 것으로 발견되며 유리된 주체의 그 어떤 특징이 아니라 타인과의 관계다."[45] 따라서 주체가 대상을 보고 그 객관성을 이해한다는 것은 타인과의 관계를 개입시킴으로써 가능하다. 여기서 언어는 타인과의 관계에서 표현하는 주제화를 통해 비로소 대상들의 의미, 즉 그 객관성을 전달하는 매개의 기능을 할 수 있는 것이다.

바로 이와 같은 주체, 언어, 대상들에 대한 레비나스의 상관적인 이해는 데카르트, 후설의 그것과 같지 않다는 것을 생각해볼 수 있다. "말을 나누게 되면서 나는 나에 대해 대상적인 것을 타인에게 전달할 수 없다. 객관적인 것은 의사소통을 통해 객관적인 것이 된다. 그러나 후설에 따르면 그런 의사소통을 가능케 하는 타인은 무엇보다 모나드적인 사유를 위해 구성된다. 객관성의 기초는 순수하게 주관적인 작용 속에서 구성된다."[46] 레비나스에게서 모나드적인 사유의 기원은 데카르트의 코기토에서 찾아볼 수 있는 것은 분명하다. 그에게서 데카르트의 코기토는 주체의 확실성을 가져다주지만 윤리적인 것을 해결하지 못한다. "타인과의 관계를 윤리적인 것으로 전제하면서, 데카르트에 반대될 수 있겠지만, 타인에게서 절대 독립적인 방식으로 던져질 수 있는 코기토에서 철학이 출발하게 된다면 그 피할 수 없는 어려움을 극복하게 된다."[47] 즉

---

44 TI, p. 230.
45 TI, p. 230.
46 TI, p. 231.

그는 코기토를 타인과의 관계에서 이해하고자 한다. 그에게서 그런 코기토는 본질에서 인간적인 사유작용에 그치며 참된 무한성을 그런 의식 속에서 파악할 수 없다. "신의 무한에 관한 유한적인 코기토의 조회는 신에 대한 단순한 주제화로 성립되는 것이 아니다. 모든 대상들에 대해 나 자신에 의해 고려해볼 수 있고 그것들을 포착할 수 있다. 무한의 관념은 나에게 대상이 아니다."[48]

그에게 타인과 대상들은 모두 타자임에도 아랑곳없이 사물로서의 대상은 언어적인 소통구조의 한 대상으로서 표현될 수 있지만 타인과 같은 초월적인 타자는 그런 대상이 될 수 없으며 언어관계에 드러난 자신의 형태를 뛰어넘는다. "만약 사유하는 것이 어떤 대상에서 조회되는 것으로 구성된다면 무한에 대한 사유는 사유가 아님을 믿어야 한다."[49] 즉 대상은 타인과의 의사소통을 통해 그 객관성을 적절한 의미로서 표현될 수 있는 반면 타인의 존재는 코기토의 의미구조와 상호적인 언어관계들 속에서 파악될 수 없다. 왜냐하면 그는 계시의 주체이기 때문이다. 초월자는 자신의 말하기를 타인을 통해 계시적으로 알리는 것이다. 그래서 "신은 타자다."[50] 특히 타자의 얼굴은 모든 언어적인 담론들이 발생하는 기원인 것은 물론 인간의 모든 윤리와 규범들의 근거를 차지하는 신성한 곳이기도 하다.

"타인은 형이상학적인 진리와 동일한 장소이며 신에 대한 나의 관계에서 필수적이다."[51] 따라서 타인과의 의사소통적인 행위는 곧 신과의

---

47 TI, p. 231.
48 TI, p. 232.
49 TI, p. 232.
50 "Dieu, c'est l' Autre." (TI, p. 232.)
51 TI, p. 77.

만남을 가져오는 형이상학적인 사건이며 여기서 계시적인 말하기가 이해될 수 있다. 이런 측면에서 레비나스의 언어관은 인간의 자기본질을 드러내는 존재론적인 사건을 내포하고 있지 않으며 다만 계시, 초월성을 드러내는 말하기의 소통구조에서 그 의미를 부여받는다. 계시의 말하기는 신과의 만남에서 비롯된 무한에 대한 사유를 표현하기 때문에 언어적인 질서나 사유를 벗어나 있다. 실제 그런 말하기는 명령적이고 일방적인 것으로서 일반적인 언어체계 속에서 파악될 수 없다. 그의 언어소통에서 무엇보다 중요한 것은 타인의 말하기 속에 주체의 사유를 뛰어넘는 계시의 진실이 감춰져 있다는 것이며 이를 파악하기 위해 요구되는 타인에 대한 경외의 태도에서 진실의 이해와 초월자와의 의사소통이 비로소 가능한 것이다.

(5) 언어의 초월성과 윤리

일반적으로 인간이 언어주체라고 지칭될 수 있는 이유는 언어가 인간의 오랜 역사와 문화 속에서 형성되어왔기 때문이다. 언어는 사회공동체 속에서 의사소통을 원활하게 하기 위한 수단이며 인간의 교류적인 관심들을 상징적으로 표현한다. 언어의 타자성은 역사, 문화적인 삶의 가치를 표현한다. 언어 속에 무언의 윤리적 가치가 숨 쉬고 있다는 것도 그런 타자성 때문에 비롯된다. 언어는 의사소통을 위한 가능성이다. 그런데 그런 가능성은 인간의 사유능력을 창의적으로 발전시키는가 하면 삶과 존재의 의미를 논리화, 기호화하면서 도리어 인간의 정신세계를 개념 중심적인 본질주의에 의존하게 만들기도 한다. 이와 같은 언어의 의미는 늘 복잡성을 갖고 본래의 진실을 흐려놓기도 한다. 그래서 레비나스는 "언어는 최선과 최악에 대한 애매한 수수께끼의 가능성이고 인간들은 그것을 남용한다"고 말한다.[52]

무엇보다 그는 앎의 전체성이 가져다줄 본질 지향주의적인 사고가 생동감 있게 살아 있는 삶의 세계를 마비시킬 것이라고 본다. 그는 본질에 대한 사유를 담아내곤 하는 언어적인 논리성과 그 체계를 비판하고 무한에 대한 사유를 가능케 하는 계시언어의 의미를 부각시킨다. 이것은 존재언어와 구분되는 것으로 삶의 의미가 존재론적인 실존에 갇히는 것이 아니라 주체적인 사유방식을 뛰어넘어 타인 중심적인 사유, 낯선 것에 대한 사유를 지향할 것을 요구한다. 이것은 곧 무한에 대한 사유가 실현되는 방식인 것이고 언어는 본래적으로 이것을 표현한다. 우리는 삶의 타자성에 생명력을 부여한 그의 타자철학을 통해 언어 속에 숨겨져 있는 계시의 의미를 발견할 수 있는 것이다.

그에게서 언어는 '말하기'와 같이 궁극적인 것을 표현하기 위한 가능성으로서 자리 잡는다. 그것은 존재언어가 아니라 계시언어로서 그 철학적인 의미를 부여받을 수 있는 것이다. 만약 그것이 '존재의 집'으로 머무를 때 인간은 자신의 사유 속에 갇히게 될 것이다. 그래서 그는 존재자신에 대한 사유를 떠나 인간의 사유를 자유롭게 할 수 있는 사유바깥의 무한에 대한 사유에 관심을 갖는다. "계시는 실제로 존재의 주요한 사건이다. 오늘날 진리는 존재의 본질 자체라고 말할 수 있을 것이다."[53] 언어는 삶의 터전 그 자체는 아니며 흐르는 물과 같은 영적인 진리를 끊임없이 표현하는 것에 그 의미가 있다. 그것은 계시의 전승을 그 본질로 하는 것인데 모세가 시나이 산에서 신과 마주하고 토라를 전수받은 것

---

52 *En découvrant l'existence avec Husserl et Heidegger*, Paris, Vrin, 1949. ; avec des "Essais nouveaux", 1967, p. 208. (이하 EDE로 약칭)

53 EDE, p. 117.

과 마찬가지로 그 영적인 진리는 타인에게서 다시 타인들에게 전승된다.

그리고 '마주보기'에서 전승되는 토라의 진실은 언어의 기원이 타인의 얼굴에서 비롯된다는 것을 이해시킨다. '나'와 마주하고 있는 타인은 계시를 전달하는 '말하기'의 주체이며 그런 말하기에 대한 주체의 경청은 곧 타인에 대한 책임감과 신에 대한 경외를 표시하는 것이며 이를 통해 신 또는 타인이 말하는 영적인 계시를 파악할 수가 있다. '나'와 마주보는 타인의 얼굴들과 그런 타인들과의 말하기 속에 지고의 진리가 계시와 같이 표현된다는 그의 주장을 통해 우리는 인간적인 윤리의 기원을 다시 생각할 수 가능성을 얻게 된다. 즉 윤리적인 가치는 추상적인 사유관념을 통해 보편적으로 얻어지는 것이 아니라 타인과 얼굴을 마주하고 있는 '나'라는 존재가 처한 구체적인 관계 속에서 가장 윤리적인 것을 선택하는 것에 존재한다. 그런 윤리의 선택은 그래서 힘겨운 것이고 타인에 대한 희생을 요구한다. "타인에 대한 출현은 이타성이며 가까움이며 이웃에 의한 사로잡힘, 즉 본의 아니게(malgré soi) 사로잡히는 것, 말하자면 아픔이다."[54]

---

54 AE, p. 92.

Ⅲ부
해체와 초월의 철학

6장 실체 없는 존재의 익명성

(1) 존재와 존재자

레비나스는 존재의 본질을 무(無)라든가 죽음으로 보려고 하는 존재론적인 인간이해를 부정한다. 그런 요소들도 현대판 본질주의의 회귀일 뿐 궁극적인 존재이해를 충족시키지 못한다. 그래서 그는 다시 묻는다. 인간의 실존이란 무엇인가? 진리란 무엇인가? 그에게 실존은 죽음에 의해 지배되는 것이 아니라 죽음보다 더 강한 에로스에 의해 지배된다. 그리고 진리는 인간의 내면적인 사유정신과 지식체계에 의해 결정되는 것이 아니라 그런 사유의 밖에, 체계성의 밖에 존재한다. 그렇기 때문에 그는 사유의 철학이 아니라 실천적인 삶의 철학을 지향한다. 그렇다고 그의 철학에서 보일 수 있는 탈(脫)실체론적인 존재의 재구성은 진리인식에 관한 그의 태도가 근본적으로 해체주의적이라는 뜻은 아니다. 다만 존재진리에 대한 이해가 체계화하면서 나타날 수 있는 지식적인 전체성(totalité)과 이것이 지향하는 본질주의를 경계하는 것이다.

따라서 존재의 본질을 특정한 존재범주들에 의해 탐구하고자 하는 의식일반이나 존재론(onto-logie)은 그에게 부정적인 이유들을 갖게 한다. 그에게서 세세는 수체와 대상에 의해 이분된 세계가 아니며 존재도 존재 그 자체에 제한되지 않는다. 우선 레비나스의 초기 작품들에서 언급되는 존재자의 형식은 자립체(hypostase) 또는 '있음'(l'il y a)와 같이 표현된다. 존재에게 삶에 대한 실존적인 동기를 주는 존재의 의식은 누구나 가질 수 있는 존재자신의 고독(solitude)에서 비롯된다. 이런 단서들을 토대로 그의 존재이해는 고독과 존재자(l'étant)를 일체로서 나타내는 이포스타즈를 가정한다. 이런 존재는 타자성과 익명성을 중요한 특징으로 한다. 이런 존재관은 사회적인 소통의 윤리를 개진해나갈 때 매우 유익한 측면을 제공한다. 혹자는 형이상학, 존재론 등과 같은 철학적 사유가 비현실적이라고 말하지만 현실을 바라보는 새로운 시선이 철학자의 사유인 것이다. 그렇다면 레비나스가 바라보는 존재와 윤리에 대한 시선이란 무엇인가? 분명한 것은 존재는 나 혼자가 아니라는 사실이다.

예를 들어 가족 속에서 존재론적인 나 자신의 동일성을 말하고자 할 때 나는 아내의 남편, 아이들의 아빠와 같이 각각의 이포스타즈들로서 존재한다. 이때 나의 동일성은 가족 속에서 익명적(anonyme)이며 비(非)인칭적(impersonnel)이다. 말하자면 '나'의 정체성은 나 자신 속에 함몰되어 있는 것이 아니라 타자들에게 열려서 형성된다. 나아가 이런 연관성은 통시적으로도 열려 있기 때문에 존재의 본질은 죽음으로 정의될 수 없는 것이다. 이포스타즈는 타자관계들에서 자신을 결정하기 때문에 마치 카멜레온을 연상시킨다. 즉 끊임없이 자신을 해체시키고 분리시킬 때 존재생산과 존재실현이 가능하다. 생명력이 강한 산호초는 다른 가지들과의 접합을 통해 새로운 가지를 형성하고 번식행위를 한다. 말하자면 이종결합은 생명의 지속을 실현한다. 그래서 레비나스의 타자철학은 단순히 윤리학의 장르에서 부각되는 것이 아니라 생명철학 또는 섭리가 존재하는 자연철학 속에서 잉태된 인간의 철학인 것이다. 타자는 나와 구분된 또 다른 인간이 아니라 바로 나에게 생명을 가져다준 인간이고 자연이며 그리고 신이다. 따라서 존재실현은 타자들에게로 향하고 그들과의 만남이 있을 때 가능하다.

그런 관점을 갖고 볼 때 레비나스의 초기 작품들 가운데《시간과 타자(Le temps et l'Autre)》(1948), 《존재에서 존재자까지(De l'existence à l'existant)》(1947)에서 존재와 존재자에 대한 레비나스의 이해는 하이데거의 그것들과 다르다. 그에 따르면 존재의 핵심 개념은 이포스타즈이며 이것은 고독, 존재자, '있음' 등의 용어들과 어울린다. 예를 들어 "고독은 존재자(l'existant)와 동일한 일체(unité)다."[1] 그는 존재자를 지칭할 때 l'étant과 l'existant을 사용한다. 그리고 존재를 지칭할 때 일반적인 존재의 의미로서 l'être를 사용하지만 그에게 l'exister(존재하는 것)는 동사적인 존재를 나타낸다.

그는 하이데거와 마찬가지로 존재와 존재자를 개념적으로 구분한다. 그리고 존재자 중심에서 존재를 이해하며 전통적인 존재론을 비판한다. 개물로서의 존재자(l'existant)와 이를 가능케 하는 존재하는 것(l'exister)은 그의 초기 작품들 속에서 탈실체성의 시각에서 존재의 지위를 탐구한다. 그는 관념적으로 실체를 가정하는 존재의 본질과 선험적인 의식 일반을 비판한다. 이런 맥락에서 존재에 대한 그의 철학적인 탐구는 다음과 같이 모색될 수 있다.

첫째, 존재자는 존재의 탈중성화(déneutralisation)를 의미한다. 존재의 중성화는 그가 비판하는 전통적인 존재일반을 지향하는 것이다. "존재의 중성은 이포스타즈에서 극복되는 것이며 여기서 존재는 존재자에 복종한다."[2] 이에 반해 이포스타즈는 나만이 떠맡을 수 있는 실존을 나타내며 이것은 타인에게 양도될 수 없다. 그리고 고독은 선험적인 의식에

---

1   TA, p. 35.
2   EE, p. 11.

앞선다. 고독은 존재자에 업혀 있으며 존재의 복수성과 익명성은 고독에서 비롯된다. 그래서 고독과 존재자를 일체로서 나타내는 이포스타즈는 나 자신을 세계에 열게 하는 실존적인 사건이다.

둘째, 존재자는 전통적인 존재일반(l'être en général)에 선행하는 개념이며 그 본질은 부재(absence)에 있다. 즉 존재자는 존재자 일반(l'étant en général)을 구성하며 이것은 존재론적인 어떤 질적인 관계를 갖지 않는다. 따라서 레비나스는 존재의 일반성이 갖는 영원성 또는 무와 개념을 부정하고자 하며 존재자에 초월적인 것의 의미를 부여한다. "존재자 일반의 이념은 중세 아리스토텔레스 추종자들이 일자, 존재 그리고 선에 적용시켰던 초월하는 것의 이름을 이미 갖는 장점을 갖고 있다."[3] 무엇보다 존재이해를 위한 레비나스의 탈실체론적인 구성은 존재자 일반이 갖는 비인칭성(impersonnalité)과 타자성(altérité)을 강조한다. 그리고 그것은 존재자의 실존적인 동기를 우선적으로 발견함으로써 서양철학의 사유주의에 대립한다.

나아가 그는 진리에 대한 보편적인 탐구가 선험적인 논리주의, 지향성에 근거한 현상학적인 본질주의로 귀결되는 것을 경계한다. 그에게서 본질주의와 사유주의는 동일한 전통이다. "진리에서 존재본질의 전시와 같은 현상성은 서양철학적인 전통의 영구한 전제다."[4] 우리는 레비나스 철학에서 발견할 수 있는 탈실체론적인 이해를 바탕으로 존재와 명제적 진리(apophansis)에 대한 비판을 시도할 수 있다. 이런 관심들은 존재의 타자성을 실마리로 삼아 절대자와의 관계 속에서 인간의 실존과 윤리를 재발견하는 것에 목적이 있다.

---

3   EE, p. 17.
4   AE, p. 168.

(2) 고독의 존재론

우리는 탈실체론의 관점에서 레비나스의 존재의미를 이해하기 위해 존재자가 고유의식으로 갖는 고독이 왜 '존재하는 것'과 일치하며 그로 인해 존재자가 비인칭적인 관계 속에 존재하면서 왜 초월적일 수 있는 지를 살펴보고자 한다. 그리고 존재의 실체개념이 어떻게 이해될 수 있는지 언급하고자 한다. 우선 존재자의 개념은 '있음'(l'il y a)과 같은 단조로운 존재론적인 지시에 의해 외연되는 것인데 이것은 추상적인 존재 일반과 내연의 관계에 있는 현상이 아니다. 또한 이것은 스스로 존재하는 즉자적인 존재(être en soi)에 대한 옹호도 아니다. 레비나스에게서 '있음'은 비인칭적인 지시를 허용하며 지시된 사물은 이미 제3자적인 비인칭대명사의 위치를 갖게 된다.

예를 들면 각 개물들은 '비가 온다'(il pleut), '밤이 되었다'(il fait nuit) 등과 같이 일반화할 수 있는데 이런 맥락에서 각 개물들이 갖는 철학적인 부재, 존재의 고독 등이 설명된다. "'있음'에 참여하는 자립체(hypostase)는 자신을 고독으로서 발견한다."[5] 레비나스에게서 사물이 존재한다는 것은 그 무엇들의 부재인 것이며 전적인 그 표현이다. 부재는 무(néant)의 근원성과 동일하지 않으며 존재의 표현은 그 무엇에 대한 절대적인 부재를 의미하는 것이다. 여기서의 부재는 나 홀로 떨어져 있는 존재자의 고독이다.

그런데 레비나스에 따르면 '존재하는 것'(l'exister)은 동사적 표현들에 의해 현재적인 지시를 받게 된다. 왜냐하면 '내가 존재한다'라는 것은 그 무엇들에서 떨어져 있다는 존재론적인 분리(séparation)이며 존재에 대

---

5   EE, p. 142.

한 표현들은 바로 여기서 생산되는 것 외엔 아무것도 아니기 때문이다. 고독은 존재론적인 결여가 아니라 원천적으로 '분리'로서 존재하는 것들에 내재한다. 고독에 대한 사유는 곧 철학적 사유의 시작이다. 분리로부터의 부재는 존재의 빈 구조 또는 열린 구조를 가정하며 존재의 익명성(anonymat)은 곧 존재의 타자성과 다를 바가 없다.

즉 그에게서 존재론적인 '그 무엇으로서'(comme tel)와 같은 존재의 본질은 무(néant)와 같은 것을 이중적으로 암시하는 존재의 내적인 익명이 아니라 자신을 제3자화하는 외적인 익명을 의미하는 것이다. 예를 들어 주체의 익명성은 타자에 의해 호환될 수 있는 가능성이며 나의 고유성은 거기에서 타당성과 다의성을 갖게 된다. 존재의 다의성은 자립체가 갖는 존재의 복수성과 같은 것이며 존재의 본질은 자신의 부재로 인해 탈실체화한다. 이런 존재의 개념은 레비나스에게서 '있음'이라는 존재공간에서 필연적으로 생산되는 이포스타즈의 존재인 것이다. 이런 존재의 성격은 다음과 같은 존재에 대한 이해 때문이다. 첫째, 존재는 비인칭적으로 존재한다. 둘째, 존재는 외적으로 존재한다. 셋째, 존재는 존재자로서 유일하게 존재한다.

결국 존재의 본질은 자신의 내적인 구조를 지니지 않으며 다만 그 본질은 부재다. 존재에 대한 서술은 무와 죽음과 같은 그 무엇들을 폭로(dévoilement)하는 것이 아니라 타자들에게서 기인하는 자신에 대한 익명을 존재화하는 것에 있으며 그 철학적인 기원을 현상학적으로 밝히는 것에 있는 것이다. 궁극적으로 레비나스는 현상학에서 주장될 수 있는 주관주의적인 본질주의와 그 작용인 지향성을 반대하면서도 그 자신이 후설의 현상학을 프랑스에 최초로 소개하며(*Théorie de l'intuition dans la phénoménologie de Husserl*, Paris, Vrin, 1930) 1931년 후설의 《데카르트적인 성찰》이 그에 의해 불어로 번역될 정도로 현상학에 대한 많은 이해가 있었던 이유로 현상학적인 방법론을 매우 중시한다. 그러나 이것은 후설 현상학의 본질이 사유적인 논리주의가 아니라 궁극적으로 심령주의(psychisme)를 소개하는 것에 있다고 호의적으로 이해하는 것에서 비롯된다.

〈그림 7〉 세잔의 〈사과가 있는 접시〉. 존재하는 사물들은 서로에게 지향적인 관계를 유지하며 자신들을 표현한다. 레비나스의 타자성도 그런 존재론적인 관계를 선취한다.

레비나스에게서 고독은 실존적인 사건이며 존재의 의식을 발생적인 측면에서 이해할 수 있는 동기를 제공한다. 존재는 나의 고독과 그 관계들 가운데서 생산될 수밖에 없는 존재자 자신을 지시한다. 예를 들어 '사과가 있다'라는 것은 우선 '사과가 식탁 위에 있는 나의 접시 안에 있다'라는 것과 같이 분절되는 표현들을 가져야 한다. 즉 사과에 대한 존재론적인 지시는 존재자로서 지시될 수 있는 수많은 표현들을 갖는다. 말하자면 '사과가 있다'라는 것은 '그 사과는 너의 접시 밖에 있다'라는 복수적인 표현을 또한 갖게 한다. 우리는 사과가 테이블 위에 있다는 사실을 기하학적인 공간 측정에 의해 파악할 필요가 없다. 그리고 사과의 있음 그 자체를 본질적으로 따질 필요가 없다.

〈그림 7〉에서 볼 수 있듯이 세잔의 정물화에서 각각의 사과들이 접시 위에 층층이 포개졌으며 다른 이웃한 개물들과 더불어 일정한 공간적인 구도 속에서 배열되었다. 회화적인 전체 분위기 안에서 각 사물들은 배타적인 있음을 갖는 것이 아니라 상호적인 있음에 의해 자신들의 지위

를 얻어낸다. 이런 지위는 사물들 사이에서 존재의 타자성 때문에 유지될 수 있는 것이다. 그림의 이미지에서 우리는 원근법을 발견할 수 없듯이 삶의 공간 속에서 존재하는 것들은 크고 작은 것들로서 자신들의 형태를 갖지 않는다. 일반적으로 사물들이 크게 또는 작게 보이는 것은 보는 사람의 시선에 따라 달라지기 때문이다. 우리는 여기서 레비나스의 '있음'을 이해할 수 있다. 즉 존재의 '있음'은 존재의 상호성 또는 타자성을 공유하며 '있음'의 개물들은 원근법의 이미지를 떠나서 존재한다.

레비나스에게서 존재자에 대한 지시는 이렇듯 수많은 복수적인 형태들에 의해 표현될 수 있다. 따라서 존재의 본질은 지시된 다양한 형태들의 존재자들로서 대신할 수 있으며 이렇게 그 시점에 따라 존재의 유일성으로 드러나는 것 이외의 그 아무것도 아니다. 말하자면 존재가 실재한다는 것은 복수적인 표현을 통해 존재의 동일성을 나타낸다. 존재는 고독 또는 부재에 의해 자신의 실존을 말한다. 따라서 모든 존재자들은 고독의 흔적이며 고독과 일체다. 자신을 유일하게 의식하는 고독은 '있음'에서 비롯된 존재의식이기 때문에 실존적인 사건인 것이다. 다시 말해서 존재의 부재는 존재본질에 의한 내적인 지시가 아니라 이미 수많은 외적인 지시들을 생략하고 있기에 가능한 것이다.

그래서 부재란 존재자로서 이미 여기에 있는 현존을 전제한다. "모든 것들의 부재는 현존(présence)으로서 되돌아온다."[6] 현존은 고독의 흔적이다. 다만 레비나스가 말하는 부재의 의미란 존재의 고독과 같이 그 무엇으로부터 홀로 떨어져 있는 것이다. 사유적인 주체의 확신은 바로 여기서 출발하는 것이기에 주체는 데카르트적인 사유의 주체가 아니다. 결국 존재가 갖는 고독의 체험 역시 여러 가지의 무수한 형태의 존재자

---

6 TA. p. 26.

들로 인해 거듭 표현될 수 있을 것이다. 이렇듯 나의 존재라는 형태가 어떤 제3의 관계들로 인해 표현될 수 있다면 나의 존재자라는 것은 이미 그 무엇들에 대한 존재다. 이 점에서 '있음'(l'il y a)에 의해 지시되는 존재자는 비인칭적인 또는 '탈개성적인'(dépersonalisé) 존재를 의미한다.

따라서 '나'(Je)라는 이포스타즈는 비인칭적인 탈실체성을 표현하며 역설적으로 여기서 나라는 주체의 유일성이 발생한다. 레비나스에게서 나(Je)의 개념은 타자들에 의한 선정(élection)에 있다. "유일한 나, (타자에 대한) 복종에 의해 선정된 의미로서의 나다."[7] 이러한 철학적인 이해는 주체의 사유를 중시하는 일반적인 서양철학의 전통과는 구분되는 것이며 그의 사고방식은 종교적인 유다이즘을 큰 매개로 하고 있는 바 이스라엘 민족의 선민의식이 신에 대한 절대적인 복종을 전제로 하는 것과 유사한 맥락이다. 주체는 고독을 표현하는 존재자이며 이런 존재자는 특정한 본질을 드러내는 관념적인 존재가 아니다. 존재의 유일성은 홀로 있다는 존재자의 고독을 자신의 내적인 본질, 즉 '존재하는 것'으로서 나타낸다. "고독은 로빈슨과 같은 고립이 아니며 의식의 어떤 내용과 같이 비소통성이 아니라 존재자와 존재하는 것 사이의 떨어질 수 없는 일체로서 나타난다."[8] 존재자는 존재하는 것의 현실적인 지배다. 레비나스에게서 주체의 의미는 고독의 의식에서 시작되지만 이것은 존재의 부재를 인식해나가는 과정이다. 그래서 그는 이렇게 말한다. "존재하는 것은 즉자적으로 있는 것(en soi)이 아닌데 후자는 이미 평화 상태다. 존재하는 것은 모든 자신(tout soi)의 부재이며 비 자신(sans soi)이다."[9] 즉 부재는 사유적인 본질주의를 거부하는 존재의 근거다.

---

7   AE, p. 163.
8   TA, p. 22.
9   TA, p. 27.

나아가 주체의 의미는 타자적인 관계들로 인해 자신을 늘 다른 모습
들로 생산하는 존재의 타자성을 철학적으로 문제삼는다. 후일 가필한
《존재에서 존재자로(De l'existence à l'existant)》의 서문에서 레비나스는
존재의 탈중성화는 존재의 비환원성, 타자와의 대면성 등과 같은 윤리
적 의미로 직결된다고 보고 있으며 이것은 또한 초월에 관한 주제들을
구성한다.[10] 그리고 이런 타자성은 존재윤리의 근거로서 등장한다. "주
관적인 분리에서 오는 고독은 나를 내재성(immanence) 안에 가두어두
는 개별적인 고립이 아니다. 따라서 고독이 갖는 애매한 성격을 주장해
야만 한다. 주체의 존재론적인 고립을 표시하는 고독은 나 자신을 타자
에 대한 초월성으로 개방하는 윤리적인 관계 속에서 극복된다."[11] 이제
레비나스에게서 존재의 유일성은 실존적인 부재에서 윤리적인 관계의
타자로 향한다. 궁극적으로 존재는 절대적인 타자성 때문에 자신의 근
거를 갖는 것이며 이런 타자성은 존재의 외부성(extériorité) 때문에 발생
한 것이다. 타자로 향하는 존재의 낯선 욕망은 그에게서 에로스로 정의
되는 것이며 인간들에게 보편적으로 존재하는 본성이다.

우리는 앞서 존재자는 '있음'이라는 단조로운 존재지시라고 언급했으
며 이것은 존재에 어떤 전통적인 본질주의가 끼어드는 것을 배제시키기
위한 의도일 수 있다. 레비나스는 자립체(hypostase)가 생산되는 '있음'
(l'il y a)라는 존재공간에서 존재를 이해한다. "'있음'(l'il y a)은 이포스타
즈가 생산되는 장소다."[12] 존재자는 존재에 대한 주권을 주장한다. 이런
존재의 성격은 아래와 같이 설명될 수 있다. "나는 이포스타즈를 존재자

10   EE, p. 12.
11   CIARAMELLI Fabio, *Transcendance et éthique. Essais sur Lévinas*, Bruxelles, d.
     Ousia, 1989, p. 31.
12   TA, p. 28.

(l'existant)가 자신이 존재하는 것(l'exister)을 움켜쥐는 사건으로서 부르게 된다."[13] 존재하는 것은 존재자의 기원을 먼저 이해시키는 비인칭적인 존재의 성격이며 다만 존재자는 고독을 느끼는 단일주체며 실존하는 것을 현실적으로 지배하는 있음으로서의 자기 자신을 의미한다.

레비나스가 말하는 고독은 존재의 심리적인 기분을 뛰어넘는 실존적인 의식이다. 왜냐하면 고독은 개물적인 현상이 아니라 비인칭적인 '존재하는 것'의 현상이기 때문이다. 이를 표현하는 존재자는 이미 실존적인 지배를 성취한다. 즉 존재자는 '있음'이 지시하는 존재공간에서 '존재하는 것'으로서의 익명성을 지닌다. "고독은 타인으로 인해 우선적으로 주어진 관계의 결여로서 나타나는 것이 아니다. 그것은 가상실체의 기능에서 비롯된다."[14] 존재자의 고독은 단순한 외로움이 아니라 존재하는 것의 흔적이기에 내가 존재한다는 것은 이미 일종의 저항과 같다. "고독은 단지 절망이나 포기가 아니라 용감함이며 자신감이며 주권성이다."[15] 고독은 실존적인 사건이며 존재의 보편성을 열게 하는 존재의 근거다.

레비나스에게서 존재에 관한 근본적인 이해는 '형이상학적인' 추상성과 '동사적인' 구체성을 전제한다. 전자는 존재의 내부성이며 후자는 존재의 외부성 때문에 나타난다. 무엇보다 그는 존재와 존재자를 원칙적으로 구분은 하지만 그들 사이의 환원관계를 가정하지는 않는다. 예를 들어 언어관계에서 주어는 동사적인 서술어에 의해 늘 보충받는 것이 아니라 주어는 동사적인 존재에 의해 지배된다. 즉 존재자가 존재를 지배한다. 실제로 존재하는 개물로서의 존재자가 어떠한 존재론적인 또는

---

13   TA, p. 22.

14   TA, p. 35.

15   TA, p. 35.

명사적인 범주에 앞서 이미 존재한다는 것을 먼저 나타낸다. "우리가 심화시키고자 하는 '존재하는 것'(l'exister)은 명사로서 표현되는 것이 아니며 동사로서의 존재기능이다. 이런 존재하는 것은 극명하게 확신되는 것이 아닌데 왜냐하면 그것을 존재자(l'étant)로서 확신하기 때문이다."[16] 어떻게 보면 존재자는 있고 존재는 부재일 수 있다. 즉 일그러지고 쭈글쭈글한 생김새대로의 '있음'은 존재자다. 그리고 존재의 본질은 데카르트의 코기토, 하이데거의 현존재에서 사유될 수 있는 것이 아니라 타인들에게 있다. 말하자면 존재는 타인들에게 호출될 때 의미가 있다는 것이다. 마치 타인들 사이에 숨겨져 있던 '나'의 익명성이 비로소 여기에 있는 나를 호출할 때 존재의 이유가 있다. 한마디로 그의 타자철학은 나와 타인 사이에 놓인 존재론적인 유대와 보편성을 사유하는 철학이다. 그들 사이에는 경계가 없고 하나의 몸이 존재한다.

그에게서 존재는 고독 이외의 그 어떤 본질도 갖고 있지 않으며 존재자는 그 자신만이 갖는 실존적인 고독 때문에 자신의 유일성을 체험한다. 그래서 그는 이런 존재를 모나드로서 정의한다. "'존재한다는 것'으로서 나는 모나드다. 내가 문이나 창들을 갖지 않는다는 것은 존재하는 것에 의해서지 비소통적인 그 어떤 것에 의해서는 아니다."[17] 그에게서 존재공간은 수많은 모나드들로서 구성된다. '있음'에 의해 지시되는 존재공간은 존재가 생산되는 물질적인 공간이며 실존적인 의식은 그 자신에 대한 고독에서 비롯된다. 존재자는 이미 고독의 흔적이며 고독과 일체에 의해 이포스타즈로서 존재한다. 존재한다는 것은 본질적으로 고독을 느낌으로써 확인된다. 고독은 실존하는 것을 표현한다. "존재하는 것

---

16 TA, p. 26.
17 TA, p. 21.

에 대한 나의 관계는 탁월한 내적인 관계다."[18] 그런데 이 고독은 있음으로서 '있음'이라는 것이 나 자신의 존재본질이 실제로는 물질적인 관계들로 이미 적나라하게 드러난 것 외엔 아무것도 아니라는 의미도 포함한다. "존재자는 자기(soi)에 대해 몰두되어 있다. 자기에 몰두되는 방식은 주체의 물질성이다."[19]

과연 존재의 정체성은 코키토와 같은 순수한 자아의식을 확보하는 것에서 가능한 것인가? 그런 자아의식은 어떤 존재자의 형태들도 자신에게로 되돌릴 수 있는 관념적인 환원성을 가정한다. 즉 그런 의식은 모든 의식의 출발이자 기원인 것이다. 그런데 레비나스에게서 자아는 모든 형태들로도 등장할 수 있는 동사적인 주체며 언어적인 서술관계에서처럼 생산적이고 물질적인 관계 속에서 정의된다. 말하자면 자아는 타자들과의 관계 속에서 생산되는 실존(existence)이다. 레비나스에 따르면 존재의 물질성이나 존재자는 이미 자아의식을 선행적으로 품은 고독의 의식을 지니고 있다. 이런 고독은 '존재하는 것'의 원초적인 의식인 셈이다. 예를 들어 인간의 신체성은 세계 속에서 타자와 분리된 자아며 타자들 사이에서 근거를 갖는 존재하는 것의 외부성이다. 그래서 자아는 고독과 일체가 되면서 존재하는 것을 나타낸다. "고독과 물질성은 서로 어울린다."[20] 말하자면 여기서 물질성은 실존에 대한 긍정이며 자아에 대한 구체적인 관계다. 그에게서 "물질성은 육체의 무덤 또는 감옥에 떨어진 정신의 우연적인 추락을 표현하지 않는다."[21] 왜냐하면 레비나스에게서 자아 또는 자기(soi)라는 것은 이미 존재론적으로 분리되어(séparé)

---

18 TA, p. 21.
10 TA, p. 36.
20 TA, p. 39.
21 TA, p. 37.

있기 때문이다. 그에게 분리의 의미는 존재의 생산이 본질에서 유래하는 것이 아니라 복수적인 실존, 물질적인 실존에 의해 가능하다는 것에 있다. "나(Moi)와 자아(Soi) 관계의 구체적인 사건과 같은 물질성으로부터 육체를 이해한다는 것은 육체를 일종의 존재론적인 사건으로 가져가는 것이다."[22]

존재는 고독을 선험적인 의식으로 갖고 있는 모나드의 존재다. 고독은 존재들 사이의 상호적인 연대를 가져올 수 있는 가능성이다. 왜 고독이 발생하는 것인가? 인간이 생명을 부여받았다는 것은 탄생을 가졌다는 것이고 탄생은 곧 원천적인 분리다. 그리고 분리는 완전한 존재가 아니라 불완전한 존재를 생산한다. 그래서 타자성은 존재의 본질이며 존재에게 고독이라는 의식현상을 가져온다. 따라서 '존재하는 것'은 타자를 의식하고 존재한다는 것이다. 그런데 고독은 타인들과 서로 공유하는 의식이 아니기 때문에 존재론적인 범주로 생각할 수는 없다. 그것은 자기 자신에게 고유한 의식이다. 그래서 레비나스에게서 존재는 고독을 지닌 모나드의 존재다. 그에게서 인간주체란 고독과 이것을 가져온 실존적인 원인, 즉 '존재하는 것'에 의해 규정된다. 그래서 그는 사유본질, 존재론 등과 같은 인식을 비본질적인 것으로 여긴다. 그에게서 존재하는 것은 의식의 일반성을 의미하는 것이 아니라 '있음'의 비인칭성을 선언하는 것이다. 그가 말하는 이포스타즈는 '있음'의 비인칭적인 존재공간과 여기서 생산되는 존재의 타자성을 보여준다. 그것은 존재가 하나가 아니라 여럿 그 이상이라는 것을 나타낸다. 그리고 그런 '물질적인' 존재자는 존재에 대한 전통적인 사유관념들에 종속되지 않는다. 그래서 존재의 실체에 관한 그의 관념은 파르메니데스, 플로티노스 등을 철학

---

22 TA, p. 37.

적인 원조로 받아들이는 서구적인 존재관념들과 구분된다.

(3) 명제적 본질주의의 비판

레비나스는 그의 주요저작인《존재의 다른 모습으로 또는 본질의 저 편에서(Autrement qu'être ou au-delà de l'essence)》(1974)에서 사유의 보 편성을 부여했던 전통적인 본질주의가 왜 존재자와 유리되었는지, 그리 고 이런 본질주의는 실제 인간들 사이에서 어떻게 작용하는 것인지 등 을 설명한다. 그에 따르면 그러한 전통은 conatus(자기보존)와 같이 인 간들의 이기주의를 부추기게 되어 투쟁 상태를 방관했고 '존재하지 않 는 것'(le ne-pas-être) 또는 무를 존재의 본질로 받아들이게 되었다고 비 판한다. 그는 이렇게 말한다. "존재의 본질은 존재하지 않는 것을 지배 한다."[23] "존재의 내연성은 모두가 모두에게 대적하도록 투쟁 상태를 부 추기는 에고이즘에서 비롯된다."[24] 그에 따르면 존재본질은 사유관념에 서 비롯된 것이고 존재와 존재자에 대한 진정한 이해를 왜곡시키는 것 이다. "본질(essence)이라는 용어는 존재자(l'étant)와 다르게 구분되는 존재(l'être)를 표현한다. 그것은 독일어 Seindes와 구분되는 Sein과 스 콜라적인 ens와 구분되는 라틴어 esse를 표현하는 것이다."[25] 사유의 본 질주의는 이성적인 논리와 체계성에 의해 조건을 갖춘 것이기에 오히려 존재를 위협할 수 있다. 자칫 배타적인 독단주의로 빠질 수 있는 것이 본질주의의 특징이고 그가 말하고 있는 전체성은 그 전형이다.

---

23 AE, p. 3.
24 AE, pp. 4~5.
25 AE, p. IX.

그에게서 존재에 대한 관심은 본질주의를 정당화하는 명제적인 언표성과 체계에 있는 것이 아니다. 데카르트 이후 이성(理性)은 존재의 정체성을 근거짓는 것이었다. 레비나스는 존재근거를 제시하고자 앞서 언급한 실존적인 고독, 그리고 타자에 대한 본성을 자연스럽게 표현하는 감수성(sensibilité)을 철학적인 문제들로 이해한다. 이런 것들은 그의 타자윤리를 세워나갈 수 있는 존재론적인 동기가 될 수가 있다. 따라서 그는 존재에 대한 문제가 본질에 관한 문제로 취급되어 지식(savoir)의 문제로 나타나는 것을 비판한다. 물론 모든 감각을 가능케 하는 주체의 타자지향성(l'un-pour-autre)의 원리 역시도 형이상학적인 욕망을 필요로 하는 것이라는 점에서 또 하나의 본질주의로서 나타날 수 있으나 이것은 사유주의와 그 지식적인 관심에서 오는 것이 아니다. 그것은 마치 감수성이 연약한 주체가 타자적인 관심을 쉽게 드러내는 것으로 심성적인 가치론(axiologie)에서 연유한다.

레비나스는 타자지향성에 형이상학의 지위를 부여하며 본질주의적인 존재론과 비교한다. 특히 존재는 시적인 표현을 통해 자신의 시간성에서 그 본질을 폭로하는 것이 아니며 그 언어적인 이미지에 의해 자신의 모습이 그려지는 것이 아니다. 무엇보다 전통적인 본질(essence)의 의미는 로고스적인 가치를 대변하는 것으로 존재자신에 필연성을 내재시키는 내연성(intéressement)과 관련된다. "본질은 내연성이다."²⁶ 이와 달리 외연성(désintéressement)은 본질주의에 대립하는 레비나스의 비판적인 시각을 함축한다. 그는 존재본질에 대해서 타자성을 대립시킴으로써 존재본질의 자기논리적인 속성을 무의미한 것으로 이해한다. 즉 존재본질은 동일성이 아니라 타자성이다.

---

26 AE, p. 4.

타자는 주체의 실체성에 의해 개연적으로 지시되거나 또는 그 유사한 것이 아니라 전적으로 그와 예외적인 것(ex-ception)으로 인정된다. 레비나스에게서 주관성의 본질은 자신을 희생시키고 타인을 대신(substitution)하는 것에 있다. "타자에 대한 주체의 대용. 즉 인간으로서의 나는 또 다른 실체로의 껍질 벗기와 같은 어떤 초월적인 실체(transsubstantiation)가 아니다."[27] 그런데 타자에 대한 낯선 경험은 존재의 근원적인 동일성을 확인할 수 있는 매우 역설적인 방법이다. 즉 존재의 타자(l'autre de l'être)란 존재자신의 것이 아니라 낯선 경험을 통해 얻어진 존재의 새로움이다. 이것은 절대 타자로서 존재하는 무한성의 자기현시인 것이다. 레비나스에게서 무한이란 의식 안쪽에서 파악되는 것이 아니며 사유바깥을 통해 무수히 다른 모습들로 현현(顯現)한다. 마치 빛의 파노라마가 무지개 빛깔로 다양하게 비춰진 것과 같다. 그런데 빛의 무한성은 다시 그런 색채들을 초월한다. "무한은 증인 앞에 현존하는 것이 아니며 마치 현존하는 것의 바깥에 또는 이면에 그리고 이미 지나간 것이며 손으로 잡을 수 없는 것이다."[28]

그에 따르면 타자란 나와 다른 존재와의 차이(différence)에서 오는 것이다. 존재의 바깥에서 구성된 나와의 일체는 타자다. 따라서 존재란 타자들과의 관계 외엔 아무것도 아니며 그 떨어질 수 없는 관계는 나의 외연적인(désintéressé) 존재방식 때문이다. 이런 관심은 존재에 대한 이해를 타자들로 만들어진 '또 다른 존재자'의 모습으로 보고자 하는 탈 체론과 일치하는 것이다. 타자는 존재에 관한 탈중심적인(anarchique) 주관성을 설명해준다. 여기서 초월의 의미가 발생한다.

---

27 AE, p. 17.
28 AE, p. 190.

그런 해체주의적인 주체성의 이해는 타자 중심적인 주체성의 이해를 나타낸다. 레비나스가 말하는 타자론은 비주체성을 의미하는 것이 아니라 주체성에 관한 새로운 이해다. 주체성의 본질은 타자를 환대하고 맞이하는 것에 있으며 이 주체성에서 무한의 관념이 소모된다. 따라서 사유적인 주체가 무한성을 스스로 직관하는 전통적인 주체성의 의미와 구분된다. 주체의 타자성은 이러한 자아의 구성에 무한성을 부여한다. "존재의 타자로 나가는 것, 이것은 '달리 존재하는 것'(être autrement)이 아니라 '또 다른 존재로서 존재하는 것'(autrement qu'être)이다. 그렇다고 존재하지 않는 것(ne-pas-être)은 아니다."[29] 즉 전혀 다른 모습으로서 존재한다는 의미야말로 존재의 외연성을 표현하는 가장 진정한 존재의 모습이라는 것이며 이러한 주장은 그가 말하는 이포스타즈의 의미를 더욱 구체화시킨 것이다.

또한 그의 탈실체론적인 존재관은 진리적인 명제들이 갖는 본질주의를 비판하면서 형성된다. 특히 그는 철학이 존재론에 의해 이해되는 것을 철학의 위기로서 받아들인다. 그는 존재론적인 철학을 이렇게 비판한다. "철학은 진리를 찾고 이것을 표현한다. 언표와 판단으로 특징짓기 이전에 진리는 존재의 전시(exhibition)로서 구성된다. 그러나 존재의 이름으로 진리로서 제시되는 것은 무엇인가."[30] 존재의 전시는 존재자를 무의미하게 나열하는 것과 같다. 그런데 나(moi)라는 존재란 타인 앞에 대면해 있는 존재의 모습 외엔 아무것도 아니다. 어떤 존재의 본질도 내가 주체바깥에서 타자 앞에 존재한다는 시선에 앞서 존재하지는 않는다. 존재에 관한 언표적인 관계들로 인해 존재는 신비화되었을 뿐이다.

---

29 AE, p. 3.
30 AE, p. 29.

"존재라는 단어는 이상적으로 또는 실재적으로 존재하는 실재성이나 이런 실재성에 관한 존재과정을 본질과 같이 지시하는 것인가."[31] 언어적 관계에 의해 생산되는 존재의 의미는 '말해진 것'(Dit)에서 유래된 허구들인 것이다. 이에 반해 그에게서 진리의 언어, 즉 본래적인 음성으로서 '말하기'(Dire)는 존재와 언어관계를 초월한다.

'말해진 것'의 언어에서 '⋯est'에 의해 지시되는 '⋯이다'(있다)라는 존재본질은 '존재하는 것'(l'exister)의 의미와 구분해야 한다. 이것은 언어적인 서술성에서 나타나는 동사의 동사성과 시간성에 대한 비판이기도 하다. "존재자는 있다(l'étant est)와 같이 주어와 술어로 구성된 동어반복적인 서술성, 즉 'A는 A다'라는 것은 단지 A 자체의 내연성 또는 A가 A와 같은 모든 문자들을 소지하고 있다는 사실만을 의미하지 않는다. 'A는 A다'라는 것은 또한 소리가 반향하는 것 또는 불그스름한 붉음과 같이 이해된다."[32] 즉 문자적인 유사성과 시간적인 흐름이라는 지속성 속에는 이미 사고에 의해 조합된 본질주의가 숨겨져 있다는 것이다. 언어적인 시스템에서 표상되는 명사적인 표제어 또는 서술적인 동사성은 이미 언어적인 의미론을 반영하며 이것은 이미 언어가 주는 본질주의 또는 신비주의와 같은 것이다. "언어는 또한 명사들의 체계다. 감각에 대한 시간적인 흐름 속에서 구술로써 명칭붙이기는 동일한 것들을 지시하거나 구성한다."[33]

예를 들어 말하기가 말해진 것과의 상호 연관성 또는 서술적인 체계 가운데서 논리적인 의미들로 되풀이될 때 말하기의 본래성은 말해진 것의 체계성에 의해서 제한될 것이다. 레비나스는 말하기의 본래적인 의

31　AE, p. 29.
32　AE, pp. 49~50.
33　AE, pp. 44~45.

미를 다음과 같이 말한다. "타인에 대한 책임감은 모든 말해진 것에 선행하는 말하기다."[34] 말하기는 윤리적인 명령과 같으며 말해진 것을 통해 언표들로 재현된다. 그래서 존재의 본질은 '또 다른 존재의 모습'(autrement qu'être)으로서 나타나면서 언표적인 재현을 벗어난다. 그런데 말해진 것에 의한 존재재현은 체계적인 관념에 의해 본질주의를 지향한다. 즉 'être'(이다)와 같은 계사(繫辭)가 마치 '존재하는 것'(exister)과 같은 존재론적인 기능을 갖게 될 때 본질주의가 생성한다는 것이다. 언표적인 진리는 본질을 담론이나 확언적인 진리명제들을 통해 본질의 의미들을 표현한다.

그에 따르면 동사의 동사성은 언어적인 서술로 그치는 것이 아니라 존재론적인 시간성의 기능마저 수행한다. "시간화는 확언적인 명제(apophansis) 속에서 마치 본질과 같이 반향한다."[35] 존재론적인 시간성은 마치 영원성을 순간순간들로 분해한 것과 같다. 이것은 본질주의가 반향하면서 진동하는 것일 뿐 여기서 나타나는 다양한 존재자의 모습들은 다만 어떤 그 무엇의 존재를 암시해주는 기능만을 갖게 된다. 말하자면 존재는 시간성을 본질로 하지 않으며 은유적인 표현이 아닌 것이다. "불그스름한 붉음 또는 'A는 A다'는 확언적 명제는 실재를 두 배로 하지는 못한다. 서술성을 통해 단지 붉음이라는 본질 또는 본질로서의 불그스름한 것이 이해될 뿐이다."[36]

그는 우리가 흔히 말하는 존재론적(ontologique)이라는 용어는 이미 그러한 오류를 범하고 있다고 단언한다. 특히 언어적인 존재론은 비가시적인 실재를 만들어내며 그 본질을 형상화시킨다. "말해진 것 또는 로

---

34 AE, p. 56.
35 AE, p. 51.
36 AE, p. 50.

고스의 배후에는 어떤 본질이나 존재자 역시 존재하지 않는다."[37] 시적인 존재와 언어적인 본질주의를 비판하는 그의 관점은 하이데거의 존재와 시간성에 관한 비판이기도 하다. 그에게서 하이데거의 시간성에 대한 비판은 그런 시간성이 이미 '존재와 무'라는 본질주의적인 한 쌍을 구성한다고 보기 때문이다. 그리고 거기서 말하는 존재론적인 차이란 '있음'과 '없음'의 차이다. 따라서 시간의 시간성은 존재하는 것과 존재하지 않는 것의 차이를 표현할 뿐이다.[38] 즉 존재자의 중성화, 은유화, 그리고 도구적인 표현들은 존재의 본질을 개연적으로 명시시키는 사유주의의 흔적이다. 그리고 이로 인해 존재자를 도구로 전락시키는 전체성 (totalité)이 등장한다.

그는 데카르트의 이성주의와 하이데거의 존재론에서 거론되는 인간 주체에 관한 이해에 반기를 든다. 그에 따르면 그들의 사유방식 속에는 본질주의가 숨겨져 있어 존재에 관한 사유가 말해진 것(Dit)에 흡수되어 존재가 체계성 또는 시간성에 갇혀버릴 수가 있다는 것이다. "본질은 단지 말해진 것에서 번역될 수 없으며 거기서 단순히 표현될 수는 없는 것이며 원래적으로 또는 중의적으로 마치 본질로서 반향한다."[39] 언어적 명제들이 주는 존재의 본질들에 대한 정의는 존재하는 것에 우선할 수 없으며 그들 관계들에 의한 존재범주들은 논리적인 동일자를 추론할 뿐이다. 예를 들면 데카르트의 무한성은 코기토에서 반복되는 동일한 의식의 연장(延長)이 될 수 있고 하이데거의 그것은 죽음에 의해 한계가 주어지기 때문에 시간성의 문제로 전락한다.

레비나스에게서 '타자'에 대한 사유주의는 무한성을 겨냥하며 주체자

37 AF, p. 51.
38 AE, p. 11.
39 AE, p. 51.

신을 넘어서 타자성에 의해 거기에 이를 수 있는 것이다. 확언적인 명제들에 의한 진리의 보증은 존재의 문제가 추상적인 본질주의에 종속되는 것을 의미한다. 따라서 그에게서 존재에 대한 탈실체론적인 사유는 로고스 중심주의와 논리적인 사유주의 그리고 시간 존재론 등에 대한 비판에서 그 의미를 갖는다. 그의 타자 존재론은 본질주의에 대립한다. "로고스는 존재와 존재자가 상호 이해되고 상호 동일시되는 곳과 명사가 동사로서 반향하고 확언적인 명제의 동사가 명사화하는 곳의 중의성 속에서 유대를 갖게 된다."[40]

따라서 그는 언어적인 주절관계에서 추론 또는 표상될 수 있는 존재의 실체를 부인한다. 존재와 진리에 관한 그의 사유는 지향성에 근거한 현상학적인 환원주의와 그 본질주의를 부정한다. 해체주의 철학자 데리다는 환원될 수 있는 또는 환원될 수 없는 타자성의 문제를 부각시키며 후설과 레비나스의 현상학을 각각의 예로 든다. "본질성에 관한 이행으로서의 현상학 일반은 본질의 본질(l'esse de l'essence), 그리고 본질과 실존의 분류에 앞서서 존재하는 본질의 일체(l'unité de l'esse)에 대한 선입견을 전제한다."[41] 이런 관점은 지식적인 체계에 의해 은폐된 사유 중심주의를 비판하는 것이다. 레비나스는 이렇게 말한다. "모든 지식은 상징적으로 존재하며 언어적인 형식으로 귀결된다."[42] 그는 서양철학의 로고스 중심주의가 언어적인 논리성과 그 체계에서 파생되어왔다고 인식한다. 그래서 그는 존재의 본질은 타자성에 근거하며 이것은 부동의 실체라기보다는 역동적인 '타자지향성'(le pour-l'autre)을 실현하는 것에 의

---

40 AE, p. 54.

41 DERRIDA Jacques, "La violence et la métaphysique. Essai sur la pensée d' Emmanuel Lévinas", L' écriture et la différence, Paris, d. du Seuil, 1964, p. 197.

42 AE, p. 78.

미가 있다. 즉 타자로 인해 나에게 찾아오는 무한의 관념(idée de l'infini)은 곧 계시(révélation)인 것이다.

이렇듯 주체를 이타성에 의해 구성하는 타자지향성은 합리적인 보편성을 추구하는 로고스 저편의 가치일 수 있을 것이다. 즉 행위적인 가치를 생산하는 말하기(Dire)는 언어적인 현상도 아니며 '폐쇄회로'와 같은 현상학적인 지향성을 초월한다. 레비나스에 따르면 서구의 전통적인 철학은 사유주의의 재생이며 하이데거의 존재론도 그것을 뛰어넘지는 못한다. "철학은 존재의 발견이며 존재의 본질은 진리이며 철학이다. 존재의 본질은 시간의 시간화이며 동일적인 것의 분해이고 재인식 또는 회상이며 인지의 일체다."[43] 무한성은 동일자가 아니라 낯선 타자성에 의해 찾아온다. 즉 진리의 사유는 인간적인 사유의 바깥에 존재한다. 즉 본질에 대한 사유는 타자에 대한 낯선 사유들에 의해 가능하다. 그가 말하는 전통적인 사유주의는 인간의 사유 속에서 되풀이되었던 동일자에 대한 사유다. "지식이란 타자와 관계한 동일자와의 관계라고 할 경우 여기서 타자는 동일자로 환원되고 자신의 낯섦을 박탈당하며 여기서 또한 사유는 타자와 관련되지만 여기서의 타자는 더는 그 자신의 고유한 것이 아니며 나의 것이 아니다."[44]

레비나스는 타자의 형이상학을 주장한다. 신을 사유하는 형이상학은 타자에 대한 사유를 통해 가능하다. 그리고 타자는 주체가 갖는 고독, 신에 대한 사유를 가져오는 원인이며 주체의 밖에 존재하면서 주체를 초월한다. 이 점에서 타자에게서 오는 본래적인 명령으로서의 '말하기'(Dire)는 언어중심적인 '말해진 것'(Dit)를 탈중심적으로 구성하는 원천

---

43 AE, p. 37.
44 TRI, pp. 12~13.

이다. 이런 가치의 가능성은 지식과 언어의 가치가 타자지향적인 주체로 나타나는 형이상학적인 욕망(Désir métaphysique)에 근거하며 여기서 무한의 관념이 타인과의 관계에서 실천적으로 지시된다는 것을 의미한다. 무한의 관념은 동일자(Même)에 대한 논리적인 직관에서 오는 반복이 아니라 동일자에 더는 환원되지 않는 절대적인 타자(Autre absolu)에서 이해된다. 주체와 맞서는 타자의 타자성은 동일자의 화신이다. 그래서 나와 이웃하며 언어를 주고받는 타자와의 마주보기(le face-à-face)는 레비나스가 주장하고 있는 존재의 있음과 비로소 '나 여기에 있다'(Me voici)의 존재진리를 지칭한다.

(4) '나 여기에 있다'의 탈(脫)주체성

앞서 살펴보았듯이 존재란 '있음'(l'il y a)이며 이것은 존재하는 것(l'exister)을 표현한다. 그 있음은 명사적인 실체와의 관계에서 사유된 존재본질을 반복적으로 드러내는 것이 아니다. 그 있음은 이포스타즈이며 이것은 스스로 존재하는 실체가 아니라 제3자의 이름으로 통용되는 실재다. 제3자로 불리는 그런 존재는 타자들 가운데 익명성에 의해 자신을 실재시킨다. 나(Je)라는 주체도 '있음'의 존재다. 레비나스에게서 이것은 '나 여기에 있다'(Me voici)라는 실존을 나타낸다. 이것은 유아론적인 것이 아니라 타인의 시선 속에 존재하는 주체의 있음이다. "나(Je)라는 단어는 모든 것들에게 응답하는 '나 여기에 있다'를 의미한다."[45]

궁극적으로 나의 존재에 대한 이해는 다시 다음과 같이 설명된다. "신

---

45 AE, p. 145.

의 이름으로 나 여기에 있다."[46] 이 의미는 '타자에 의해 강요(obligation) 되어 있다', '신에게 있다'(à-Dieu) 등을 나타내지만 신의 현존을 증명한 다든가, 자아의 확실성을 주는 근거라든가, 또는 신의 형상이 주제화하 는 것을 나타내지 않는다. 즉 '나 여기에 있다'의 존재의 있음은 타자성 에 의해 결정된다. 타자성은 주체에게 나타나는 무한성의 통로다. 그가 말하는 무한성이란 '있음'의 타자성과 타자에 대한 책임감에 의해서 드 러나는 것이며 신 자신의 직접적인 현시가 아니라 타자에 대한 욕망을 통해서 주체를 이끄는 신적인 관념의 계시다. 그런데 신에 대한 관념과 그 무한성은 실존적인 윤리를 전제한다. "초월과 존재 건너편에 있는 무 한에 대한 윤리적 의미의 전시는 이웃에 대한 근접성과 타인에 대한 나 의 책임감에서 이끌어진다."[47] 그러나 이런 형이상학적인 사유는 아래에 서 언급될 몇 가지 이유들을 갖고서 존재의 탈실체론적인 특징들을 보 여준다. 즉 존재의 언어적 표현, 타자와의 탈자아적인 마주보기, 형이상 학적인 사건으로서 타자에 대한 지향성 등에 의해 진리의 보편적인 편 재(遍在)를 주장할 수 있는데 일차적으로 그런 가치관은 존재의 외부성 을 가정한다.

먼저 우리는 존재의 탈실체성을 가능케 하는 타자적인 요소들로서 타 자와의 마주보기(le face-à-face)와 언어적인 표현들을 예로 들어보자. 이런 관계는 존재의 본질을 외부성에 드러낸다. "세계는 타인의 언어로 인해 제공된다."[48] "언어 속에서 외부성이 행사되고 전개되며 분출된 다."[49] 그런데 세계와 타인에 대해 자신을 열어나가는 언어의 외부성은

---

46 "Me voici, au nom de Dieu." (AE, p. 190.)

47 DQVI, pp. 115 ·116.

48 TI, p. 65.

49 TI, p. 273.

언어 자신의 문법적인 규칙성에 의존하는 것이 아니라 이것을 파행적이게 할 수 있는 원동력은 타자적인 관심에서 비롯된다. 여기서 타인은 나 자신의 존재론적인 분리를 하나로 맺게 하려는 초월의 화신이다. 여기서 존재의 타자지향성이 발생한다. 그래서 언어의 외부성에 조차 타자들과의 관계 속에 익명으로 숨어 있는 자아가 존재한다. 그런데 이런 자아는 본질적으로 나 자신 속의 자아가 아니라 타자 안에 있는 '탈주체성'이다. 따라서 존재의 외부성은 초월성이 계시되는 형이상학적인 공간이며 타자들과의 관계 속에서 코기토가 존재하는 셈이다. 즉 존재의 타자지향성은 사유적인 본질주의를 떠나 탈(脫)중심적으로(anarchiquement) 자아의 정체성을 완성시키는 역할을 한다. 그리고 그것은 외현과 향유의 방식으로 주체를 세계에 개방시킨다.

즉 주체가 존재한다는 것은 세계에 대한 나의 향유에 의해 확인되며 이것은 타자에 대한 가까움(proximité)을 통해 확보되는 자아적인 동일성(identité de soi)의 실현이다. "세계는 향유의 방식으로 주체로 하여금 존재하는 것에 참여하도록 하며 결국 주체에게 자아로부터의 거리에서 존재하는 것을 허용한다."[50] 여기서 거리는 타자와의 관계며 자아가 실현될 수 있는 실존적인 범주다. 그리고 이런 범주에서 존재의 정체성이 주어지며 주체는 자신을 떠나 거기에 참여할 때 비로소 존재의 본질인 타자성을 실현할 수 있다. 타자성은 초월성의 원천이다. 즉 타자에 대한 주체의 근접성은 타자와의 관계들만큼이나 무수히 존재하는 초월성의 관념들을 생산한다. 이렇게 타당성에 의한 초월성의 사유는 주체 안의 사유주의에서 비롯되는 신에 대한 유일한 관념을 해체시키는 것이다. 따라서 레비나스에게서 신과의 만남은 타자들로부터 무수히 가능하다.

---

50 TA, p. 51.

그렇다고 이것이 그에게서 유일하게 존재하는 초월의 신을 부정하는 것은 결코 아니다. 즉 레비나스에 따르면 복수화해 나타나는 자신 또는 자아의 즉자적인 부재란 자아의 사라짐이 아니라 그 망각(oubli de soi)일 뿐이다. 따라서 언어를 통한 탈주체성은 주체로 하여금 세계와 타인 그리고 노동에 참여케 하여 주체바깥의 진정한 자아실현을 가져오게 한다.

더 나아가 우리는 레비나스에게서 존재의 탈실체성을 가정할 수 있는 자아의 관념들을 살펴볼 수 있다. 이것들에 의한 자아의 정의는 윤리학에서 새로운 변화를 가져올 수 있는 것이다. 즉 자아의 동일성을 추구하는 철학적인 사념은 역설적으로 주체 자신을 버리는 것에 의해 실현 가능하다. 그는 이렇게 말한다. "자기(soi), 이것은 나의 동일성의 이탈(défection) 또는 와해(défaite)다."[51] 존재란 자신을 떠나는 것(sortir de soi)에 의해 존재하는 것 외엔 아무것도 아니며 이러한 행위는 단순히 의식의 이탈이 아니라 초월이다. "초월한다는 것은 자기를 떠난다는 의미에서 자신 안에서 떠나는 것이며 이것은 타자를 대신하는 것이다. 나 자신의 은신처에서 나를 지탱시키는 것이 아니라 나의 일체를 통해 타자를 향해서 속죄하는 것(expier)이다."[52] 여기서의 속죄란 타자에 대한 주체의 무조건적인 대신(substitution), 즉 이타적인 행위다. 그에게 자기 동일성에 관한 의문은 데카르트와 같이 사유의 확실성에 의해 주어지는 것이 아니라, 주체의 사유에 의해서는 인지할 수 없는 낯선 경험 또는 불확실성에서 해답을 얻을 수 있는 것이다.

말하자면 자아의 존재에 관해 의심할 수 없는 사유의 명확함은 궁극

적인 소통(communication)을 가능케 하는 부차적인 현상이지 그렇다고 본질적인 존재행위는 아니다. 주체에 의해 가능한 모든 인식의 근원 속에는 이미 타자에 대한 관심과 그에 대한 '강요'가 자리 잡고 있다. 따라서 주체는 타자로서의 자기(soi comme autre)에 대한 돌이킬 수 없는 유일한 관계가 강요됨에 의해 자신 바깥으로 자신을 이탈시킨다. 레비나스에 따르면 이런 관계는 어떤 선험적인 의식에도 앞서는 통시적인 (diachronique) 관념 때문에 발생한다. 곧 타인에 대한 근접성 때문이다. "근접성은 무엇에 대한 의식을 의미하는 거리에 대한 제거이며 공의적인 현재를 떠나 통시적인 거리를 열게 한다."[53] 그런데 주체가 근접성에 의해 강요된다는 것은 타자에 대한 주체의 희생을 의미하는 것이다. 이런 관계는 그에게서 타자지향적인 소통이론을 가능케 한다. "속죄를 통한 타자들에 대한 책임감, 비(非)자아(non-moi)와의 관계는 나(Moi) 자신과의 모든 관계에 앞선다."[54] 이렇듯 타자에 대한 나 자신의 강요는 비로소 내가 존재한다는 의미와 같다. 즉 내가 존재한다는 것은 단순히 사유적인 행위에 의해 가능한 것이 아니다. 즉 주체의 주관적인 의식 속에 타자의 관념들이 던져진 것이 아니라, 내가 이미 타자들에게 전적으로 귀속되어 있기 때문에, 마침내 나는 자신을 버리고 스스로 타자가 되어 타자를 위해 타자 앞에 서게 되는 것이다. 이런 관계에서 코기토와 같은 순수자아는 버려진다. 그래서 주체는 타자에 의해 볼모 상태로 잡혀 있다. "주체는 볼모다."[55] 따라서 레비나스가 말하는 '나 여기에 있다'의 실존적인 명제는 '있음'의 나 자신의 탈실체적인 속성과 함께 타자에 대한 형이상학적인 명령을 동시에 함의하는 것이다.

---

53   AE, p. 113.
54   AE, p. 152.
55   "Le sujet est otage" (AE, p. 142.)

이제 우리는 '나 여기에 있다'에 대한 형이상학적인 타자성의 문제들을 생각해볼 수 있을 것이다. 즉 '나 여기에 있다'의 존재 근원성은 신적인 본질로 환원되는 것이 아니라 '나'에 관한 존재의 해명이 우선 타자의 타자성으로서 밝혀질 수 있다는 것이다. 더 나아가 '나 여기에 있다'의 존재표현은 타자에 대한 감수성의 구체성과 그 의미 연관을 보여준다. 자신을 떠나서 존재케 하는 것은 주체에 내재된 감수성의 기능에서 비롯된다. "감수성은 타자에 대한 전시다."[56] 그리고 이런 전시는 외부에 의해 상처받기 쉬운 주체에 의해 자신의 가장 존재적인 수동성 (passivité)을 구성한다. 이 수동성은 사유에 근거한 존재일반의 본질을 전도시킨다. 그에게서 존재의 수동성은 타자에 대한 가장 원초적인 열림의 가능성이며 이것은 타자에 대한 직접적인 접촉에 의해 가능하다. 그런 감수성은 존재의 물질성(matérialité)을 생기 있게 한다. "감수성의 즉시성은 자신의 고유한 물질성이 타자지향적으로 나타나는 것이며 타자에 대한 즉시성 또는 가까움이다."[57]

예들 들어 감각적인 신체성은 주체성을 구성하는 가장 수동적인 요소들이며 이미 의식이 타자들에게 향해서 전시된 것을 의미한다. "주체의 주체성은 상처받기 쉬움, 감정의 전시, 감수성, 가장 수동적인 수동성이다."[58] 이것은 존재진리가 타자에 대한 관심으로 나타나는 친밀성에 관계된다는 것을 의미한다. 곧 존재의 친밀성은 나의 주체성을 타자로 소환하는 방식이며 내가 존재한다는 것에 대한 존재의식이다. 그것은 나의 존재하는 것이 타자와의 마주보기 관계로 인해 배타적으로 존재한다는 것을 의미한다. 말하자면 그것은 타자에 대한 가까움에 관한 것이다.

---

56 AE, p. 94.

57 AE, p. 94.

58 AE, p. 64.

"감각적인 것의 의미화와 같은 근접성은 인식의 운동에 포함되지 않는다."[59] 레비나스는 주체가 타자로 향하고 여기에 강요된다는 것을 사유의 근원에 위치시킨다. 그렇다면 내가 타자에게 강요된다는 것은 무엇인가? 이것은 그의 타자철학이 존재자신의 본질을 탐구하는 것이 아니라 낯선 경험을 통해 나에게 들어오는 미지의 형이상학적인 힘을 암시할 수 있는 부분이다. 그에게서 타자에 대한 존재의 친밀성은 생명의 힘과 같이 늘 살아 있는 것이다.

그는 이렇게 말한다. "주체의 동일성은 자아의 휴식상태에 의해 제기되는 것이 아니라 나를 나의 실체성 바깥으로 몰아내는 불안감에 의해 제기된다."[60] 따라서 '나 여기에 있다'는 것은 단순히 내가 지금 여기에 있는 상황을 기술해 나가는 것으로 그치는 것이 아니라 근본적으로 주제화할 수 없는 것(non-thématisable)의 주제화라는 것이다. 우리는 여기서 초월의 의미를 발견할 수 있다. "가까움의 의미화는 존재론적인 한계들과 인간적인 본질 그리고 세계에 대한 문제제기다. 그것은 초월에 의해 그리고 나에 대한 이해를 신과 함께 있는 것에 의해 의미하는 것이다."[61] 즉 타자와의 관계에 강요되는 것은 신과 함께 있음(à-Dieu)의 증거다. 이 때문에 주체의 동일성이 바깥으로 이탈하며 타자와의 관계를 본래적으로 드러낸다. 그런데 자신을 떠나 타자와의 관계에 들어선다는 것은 크고 작은 실존적인 고통을 수반한다. 본질적으로 타자에 대한 주체의 책임감(responsabilité)은 자신의 의지에 따른 선택이 아니라 자신의 근본적인 본성에 의해 외부세계에 자신을 개방하는 행위다. "타인에 대한 전시는 외연성이며 가까움이며 이웃에 의한 사로잡힘(obsession),

---

59 AE, p. 79.

60 AE, p. 181.

61 DQVI, p. 252.

즉 본의 아니게(malgré soi) 사로잡히는 것, 말하자면 아픔(douleur)이
다."[62] 즉 전적으로 타자에게 전시되는 주체의 본성은 '본의 아니게' 타
자로 향하는 것에 있고 이런 타자성은 주체의 사유와 행위를 결정하며
존재의 가장 원초적인 것을 구성한다.

결론적으로 '나 여기에 있다'의 존재지시는 타자와의 마주보기 관계
속에서 진리에 대한 이해와 관심을 타자에 대한 가까움에 의해 밖으로
향하게 한다. 여기서 주체와 객체라는 지식적인 질서는 허물어진다. 이
점에서 레비나스는 철학적인 존재물음이 인식론적으로 기능화할 수 있
는 존재론적인 지식체계 속에서 나타날 수 없음을 비판한다. '나 여기에
있다'가 형이상학적으로 제시하는 것은 세계에 대한 존재의 열림이며 존
재의 외연적인 실현에 관한 것이다. 따라서 인간은 사유적인 주체로서
존재하는 것이 아니다. 주체가 타자들에게 이미 강요되어 있다는 것은
주체의 사실적인 실존을 넘어서 신의 존재와 무한성을 확인하는 증거다.

"나(moi), 말하자면 타자들에 대해서 '나 여기 있다'라는 것은 근본적
으로 자신의 자리 또는 존재 안의 은신처를 상실한다는 것이며 유토피
아적인 편재(ubiquité)에 들어서는 것이다."[63] 결국 '나 여기에 있다'의
존재명제는 존재의 '있음'(l'il y a)에 대한 존재론적인 응답이며 타자에
대한 책임이 우선적으로 작용하도록 하는 보편적인 윤리의식에 들어서
는 것이다. 이것은 '존재 스스로 있다'의 의미가 아니라 의식 속에 근원
적으로 정착해 있는 주관성의 구조가 이타적으로 존재한다는 것을 나타
낸다. 이런 관계는 사유 중심적인 존재론의 본질과 범주들을 떠나서 성
립한다. 즉 '나 여기에 있다'의 존재명제는 주체 자신이 중심이 되어 '자

---

62 AE, pp. 70~71.
63 AE, p. 233.

신의 위치를 갖는 것이 아니라'(sans lieu) 주체를 떠나서 존재의 본래적인 이타성을 실현하라는 철학적인 가치를 시사한다.

위에서 살펴본 바와 같이 우리가 레비나스의 철학에서 존재에 관한 탈실체론적인 관점을 이해하고자 하는 것은 그가 전통적인 사유주의의 질서에서 타자를 사유하고 이것을 근본적인 것으로서 정립시키기 때문이다. 타자란 내가 이미 감각적이거나 의식적으로 받아들인 것을 사유하는 것에 의해 재구성되어 궁극의 동일자로 환원될 수 있는 것이 아니다. 더욱이 의식의 확실성을 확증하기 위해 주체 안에 있는 자아의식(conscience de soi)의 한 부분과 공감하는 어떤 이미지로서 존재하는 것도 아니다. 자신 속에 머물고 있는 자아의식은 논리적인 구성일 뿐이다. 내가 무엇을 사고한다는 것은 타자적인 질서가 나의 의식을 본래적으로 지배하고 있기 때문에 가능한 것이다. 사유의 본래성은 전적으로 낯선 경험에 의해 나의 의식을 무너뜨리고 새롭게 구성된다. 그런데 전통적인 자아의식은 시간의 공시적인(synchronique) 또는 사유적인 작용에 의해 지적인 표상체계(système de représentation)를 '전체성'으로서 구성한다. 여기서 존재자는 단순히 존재의 재현으로서 존재본질의 기능을 수행하게 된다.

무엇보다 그는 본질에 관한 인식이 존재자에 앞서 존재가 된 것을 비판한다. 예를 들어 그는 하이데거의 시간성에도 존재론적인 본질주의가 숨어 있다고 비판한다. 즉 존재의 본질은 죽음을 향한 존재(l'être pour la mort)가 아니며 존재자는 존재의 재현을 위한 무대 위의 배우가 아니라는 것이다. 레비나스에게 죽음은 가능한 것의 불가능성(impossibilité de la possibilité)이며[64] 실존적으로 존재하지 않는 것(le-ne-pas-être)의 표현이다. 다만 죽음은 나의 죽음이 아닌 타인의 죽음(mort d'Autrui)으로서 내가 타인에게 개입하는 현상일 뿐이다. 그가 비판하는 존재론적인 본질주의는 존재가 마치 실재적인 본질(essance)인 양 자신을 폭로하고 존재자는 다만 그것을 재현한다는 것이다.

따라서 의식의 공시적인 또는 지향적인 작용은 인식론적인 재현을 시도하는 것으로서 이것은 전체성과 같은 체계성으로 나타난다. 레비나스는 존재에 관한 이해가 지식적인 표상체계에 의해 인지되는 것을 비판한다. 그는 논리주의의 한 전통으로서 현상학적인 지향성을 비판한다. "스스로 동일화하는 지향성(intentionnalité)은 본질의 구성을 목적론적으로 가져온다. 그런데 이런 의식은 본질의 에너지 또는 원극(entéléchie)이 자신들의 선험적인 방식에 따라 명령하는 것이다."[65] 그에 따르면 신에 대한 진정한 관념은 통시적인 관점, 즉 타자에 대한 근접성에 의해 이해될 수 있으며 이것은 어떤 지적인 체계에 대해 앞서 존재한다.

존재신학에서 논의하는 신에 대한 본질은 지적인 관심일 뿐 '타인에 대한 근접성'과 같은 심령주의를 활기 있게 하는 것이 아니다. 말하자면 레비나스에게서 존재에 관한 인식은 탈본질주의, 존재의 외부성에 관한 이해를 구한다는 점에서, 사유 중심적인 가치관을 떠나서, 비(非)철학적인(non-philosophique) 접근을 시도하는 셈이다. 이것은 철학에 대한 부정이 아니라 존재에 관한 인식론적인 한계를 뛰어넘어 존재의 정체성에 관한 담론들을 새롭게 시작하는 것이다. '존재를 초월하는' 창조의 이념을 무한과 타자의 관계 속에서 발견하고자 하는 근본적인 내재성(immanence radicale)의 철학을 우리는 레비나스의 타자철학에서 발견할 수 있다.

---

64 EDE, p. 104.
65 DQVI, p. 161.

7장 주체의 죽음 저편에서

(1) 시간이해에 관한 실존적 지평을 넘어

인간이 부르는 '세계'라는 개념은 인간의 가능적인 인식과 해석의 틀속에서 가능하다. 세계는 인간을 둘러싸고 있는 모든 환경들을 의미하는데 일반적인 시간 및 공간은 물론 인간의 역사, 문화, 언어 등도 인간의 환경을 구성한다. 시간은 삶의 환경이면서 삶 자체를 형성하는데 인간의 역사와 문화는 곧 시간의 표현이다. "시간은 존재의 역사며 모든 존재하는 것은 시간 속에 있다. 시간은 한 국가의 역사고 문화를 형성하는 기초다. (…) 그런 의미에서 문화는 다름 아닌 시간 속의 삶의 총체고 시간을 어떻게 이해하느냐에 따라 문화와 역사가 여러 가지 방식으로 전개된다."[1] 더욱 엄밀한 물리학적인 시간관념도 그런 관계에서 멀리 벗어나지 않는데 그것 또한 인간의 대상세계를 계량적인 관점에서 이해한 것이기 때문이다. 이와 함께 만약 죽음이 존재하지 않는다면 일상적으로 인간이 받아들이는 시간관념 역시 충분히 달리 이해될 수 있다. 인간은 죽음을 극복하기 위해 육체적인 죽음 이후의 생명의 영속성을 주장하기 때문이다.

---

1 정기철, 《시간의 해석학》, 해석학 연구 제15집, 한국해석학회 편, 2005, p. 140.

따라서 우리가 시간을 이해한다는 것은 두 가지 태도에서 가능하다. 즉 시간의 본질을 인간인식과 별도로 존재하는 대상세계 자체의 속성으로서 볼 것인가, 인간적 삶의 근원을 탐구하고자 하는 인간적인 이해와 관심에 의해 그것을 볼 것인가 하는 것이다. 일반적으로 전자는 과학적 시간관념을 가져다주며 후자는 철학적 시간관념이 될 것이다. 죽음에 관한 이해와 함께 나아가 신이 존재하느냐 그렇지 않느냐의 관점에 의해서도 시간에 대한 근본적인 생각도 달라진다. 유신론주의자들에 의하면 시간은 신에 의해 창조된 것이고 이후 시간의 의미는 인간에게 궁극적인 구원을 가져다주는 종말론의 관심 속에서 이해 가능하다. 이런 관점에선 신의 말씀이 실현되는 역사야말로 진정한 시간이 될 것이다. 이에 반해 니체의 시간론은 우주의 생성이 끊임없이 반복된다는 것을 보여주는데 이런 그의 영구회귀의 사상은 순환적인 시간관에 기초한 사례다.

시간관념을 신의 존재, 우주적인 주기의 순환, 숫자와 논리 등을 매개로 객관화시킨 해석들과 함께 우리는 시간이해에 관한 실존적 관점들을 또한 흥미 있게 생각해볼 수 있다. 즉 인간에게 삶이란 그 배후에 죽음을 숨겨놓고 있다. 이런 감춰진 시간성을 존재본질로서 이해하면서 인간의 실존을 탐구한 하이데거가 20세기의 서구사상을 지배했던 것은 주지의 사실이다. 아무튼 우리는 그런 실존적 시간이란 죽음을 뛰어넘는 시간 또는 죽음의 본질에서 비롯될 수 있다는 가능성을 배우게 된다. 이 외에도 형이상학적인 시간관념들로서 베르그송의 순수지속과 레비나스의 타인에 대한 시간 등의 예를 들 수 있는데 전자는 생명철학, 후자는 메시아니즘에 대한 새로운 이해를 가져온다.

그런 예들은 시간에 대한 이해가 형이상학적 또는 윤리적 태도에서 결정될 수 있다는 것을 보여준다. 시간에 대한 이런 인간적 관심은 시간의 흐름을 기억과 역사 그리고 이야기의 정체성 속에서 이해하고자 했던 리쾨르의 경우에도 예외는 아니다. 특히 시간관념을 인간의 정체성에 관한 철학적 문제의식과 대비시켜 사유하게 될 때 레비나스, 리쾨르 등은 인간의 근원적 기억(Mémoire)에 대한 고찰을 통해 궁극적으로 윤리적인 시간관념을 제시하게 된다. 여기서의 기억이란 단순히 의식 속에 남아 있는 과거의 이미지가 아니라 인간 자신의 정체성을 묻게 하는 자아의 기원으로서 설명될 수 있다. 위의 두 철학자에 따르면 '자기 정체성'(identité de soi)의 실현과정은 인간역사를 윤리적 관점에서 이해하고자 하는 단서로서 작용하게 된다. 아무튼 '시간이란 무엇인가'라는 철학적 문제의식을 갖는다는 것은 앞서 피상적으로 그 예들을 떠올렸듯이 시간 그 자체에 대한 탐구라는 것은 사실상 인간의 본성과 역사 그리고 미래에 대한 관심이 없다면 무의미하다는 것이며 인간본질과 정의에 대한 폭넓은 이해가 뒤따를 때 시간에 대한 궁극적인 해석이 가능하다는 것이다. 이런 입장에서 우리는 시간관념에 연결되고 있는 인간본질과 인간역사에 대한 이해의 틀 속에서 레비나스, 리쾨르 등의 시간관들을 살펴보면서 그 중심 테마가 무엇에서 기인하고 있는 것인지 등의 철학적 문제의식에 다가서고자 한다.

(2) 존재론적인 시간성에 관한 비판

레비나스에게 시간의 의미란 죽음을 뛰어넘는다. 그에게서 삶의 근원과 그 이해는 존재의 유한성에서 비롯되는 것이 아니라 근본적으로 신과 존재 사이의 윤리적 관계에서 발생한다. 그리고 그 관계는 '나'와 타인과의 관계에서 구체적으로 계시되는 것 외에는 아무것도 아니다. 이를테면 타인의 얼굴은 신적인 것(divinité), 계시의 암시, 또는 영원한 시간의 흔적으로서 '나'의 죽음의 의미를 뛰어넘는다. "타인에 대한 경외는 나의 죽음에 대한 고뇌로서 돌려지지 않는다. 그것은 하이데거적인 현존재의 존재론과 존재 그 자체의 관점에서 본 존재의 가능한 의식을 출발시킨다."[2] 즉 죽음에 관한 그의 시간관은 삶의 시작과 종말 사이에 놓이는 것이 아니라 '나'와 마주한 타인과의 관계에서 전적으로 모색될 수 있는 것이다.

그에게 죽음은 살아 있는 실존을 지배하는 것이 아니라 실존의 그 마지막 과정일 뿐이며 죽음의 현상은 인간의 인식 밖에서 찾아오는 알 수 없는 것이다. 주체의 죽음은 타자에 대한 시간을 미래적으로 열게 하는 또 다른 가능성이며 타인의 죽음은 죽음에 관한 존재론적인 이해를 가져오는 사건이 아니라 타인에 대한 주체(또는 나)의 책임을 묻게 하는 실존적인 사건이다. 타인에 대한 희생과 책임의 윤리는 죽음을 뛰어넘는다. 이런 시각에선 타인의 죽음은 '나'와 타인의 관계를 근원적으로 묻는 단서가 되는 것이지 그 죽음이 무와 같은 것으로서 사유되는 것은 아니다. 따라서 죽음은 존재의 본질이 아니라 존재의 미래를 열게 하는 알 수 없는 불가능성이기도 한 것이다. 그에게서 죽음은 살아 있는 실존을 움직이고 지배하는 근원이 될 수 없다. 이런 입장은 하이데거의 그 이해와 명백하게 대립한다.

죽음의 문제는 인간적인 실존의 가장 중요한 부분을 차지하지만 죽음은 무와 같이 사라져 없어지는 것이 아니며 삶의 전체를 지배하면서 숨어서 실존적인 권력을 행사하는 것도 아니다. "죽음을 감당해야 하는 불가능성에 대해 햄릿은 일종의 긴 증언이다. 무는 불가능하다. 죽음을 실

EN, p. 168.

존의 속박 속에서 벗어나 최후의 지배로서 짊어지도록 인간에게 가능성을 준 것은 햄릿이었다. 사느냐 죽느냐 하는 것은 무화해버리는 것에 대한 불가능성을 나타내는 의식의 한 모습이다."[3] 햄릿은 연약한 주체면서 실존적인 타자성(altérité)으로 고통받는 대표적인 인물일 수 있다. 그는 죽음을 자신의 본질로 받아들인 것이 아니라 죽음으로 몰고 가는 자신의 타자성 때문에 괴로워한다. 따라서 햄릿에게서 죽음은 한계 상황에 부딪혀서 삶의 마지막 문턱에서 마주친 주체의 실존적인 불가능성(impossibilité)으로 보인다. 즉 주체가 알 수 없는 불가능성이다. 이와 같이 죽음에 관한 레비나스의 이해는 하이데거의 그것과 매우 상반되는 것이며 그는 하이데거의 시간성에 존재론적인 본질주의가 숨어 있다고 비판한다. 즉 존재의 본질은 죽음을 향한 존재(l'être pour la mort)가 아니며 존재자는 존재의 재현을 위한 그 시간적인 연출자가 아니라는 것이다.

그에게 죽음은 가능한 것의 불가능성으로서 '존재하지 않는 것'(le-ne-pas-être)의 표현이기 때문에 존재의 본질이 될 수 없다.[4] 죽음은 존재의 본질적인 죽음이 아닌 타인의 죽음(mort d'Autrui)으로서 '나'안에 있는 타자의 타자성이며 '내'가 타인에게 관련되는 현상이다. 레비나스에게서 죽음의 의미란 '나'의 타인에 대한 책임감이라는 존재의 보편성에 귀속되는 것이다. 그래서 죽음 자체가 아니라 죽음을 넘어서 있는 미래에 대한 윤리를 말하게 된다. "나의 죽음 이후, 죽음에도 아랑곳없이 (après et malgré ma mort) 존재하는 권위의 의미(…) 이것은 부활에 관한 어떤 약속도 아니며 죽음에 의해 이탈되지 않는 의무이며 재현의 동

---

3   TA, p. 61.
4   EDE, p. 104.

시적인 시간(temps synchronisable)을 가로지르는 미래다."[5] 그에게서 통시성의 시간은 인간적 사유에 의해 파악되거나 죽음의 종말이 기다리는 시간이 아니라 과거에서 미래로 나아가는 명령의 실현이다. 즉 "타자를 위해 죽을 때까지의 타자를 위한 책임감"을 의미한다.[6]

그는 하이데거의 존재론적인 시간성을 비판한다. 그에 따르면 하이데거의 시간성은 존재의 본질주의에 부합되는 것에 불과하다. 그 시간성은 본질주의의 진동일 뿐 결코 새로운 것이 아니다. "시간화는 확언적 명제(apophansis) 속에서 마치 본질과 같이 반향한다."[7] 시간화는 마치 영원성을 순간순간들로 분해한 것과 같으며 이것은 본질주의가 반향하면서 진동하는 것일 뿐 여기서 나타나는 다양한 존재자의 모습들은 다만 어떤 그 무엇으로서의 존재를 암시해주는 기능만을 갖게 된다. 말하자면 존재는 시간성을 본질로 하지 않으며 메타포와 같은 표현이 아닌 것이다. 그는 흔히 말하는 '존재론적'(ontologique)이라는 용어는 이미 그러한 오류를 범하고 있다고 단언한다. 특히 언어적인 존재론은 비가시적인 실재를 만들어내며 그 본질을 형상화시킨다. "Dit(말해진 것) 또는 로고스의 배후에는 어떤 본질이나 존재자 역시 존재하지 않는다."[8]

시적인 존재와 이를 표현하는 언어적인 본질주의를 비판하고 있는 그의 시각은 하이데거의 존재와 시간성에 관한 비판이기도 하다. 하이데거의 시간성에 대한 비판은 그것이 이미 '존재와 무'라는 본질주의적인 한 쌍을 구성한다고 보기 때문이다. 그리고 거기서 말하는 존재론적인 차이란 그 표현일 뿐이다. 따라서 시간의 시간화는 존재하는 것과 존재

---

5   EN, p. 192.

6   EN, p. 192.

7   AE, p. 51.

8   AE, p. 51.

7장 주체의 죽음 저편에서　231

하지 않는 것의 차이를 표현할 뿐이다.[9] 즉 존재자의 중성화, 은유, 그리고 도구적인 표현은 존재의 본질을 개연적으로 명시하는 사유주의의 흔적이며 이로 인해 존재자가 기능적으로 이해되는 전체성(totalité)이 등장한다고 보는 것이다. 그는 주체가 이성화되고 존재가 가시적으로 암시되는 본질주의로 인해 존재의 모습이 단순히 언어적으로 '말해진 것'에 흡수되어 객관화 또는 재현되었다고 본다. 그에게서 하이데거의 존재론의 의미는 서구사상이 끊임없이 추구해왔던 존재에 관한 본질주의와 결코 상반되는 것이 아니라는 것에 있다. 그에게서 죽음의 의미는 실존적인 가능성 속에서 이해되는 것이 아니라 궁극적으로 부활과 구원을 믿는 메시아적인 소명의식에 의해 살펴볼 수 있을 것이다.

(3) 리쾨르의 시간이해 : 재현

리쾨르는 하이데거의 시간개념을 '죽음을 향한 존재의 근원적 시간성'으로서 단언하며 그런 철학자의 시간이해와 함께 여기에 덧붙여 역사가의 그것을 고려하고자 한다. 그렇다고 역사의 의미가 해석자의 시각에서 평가되는 것이 아니라 그 의미는 삶에 투영되고 있는 재현(représentation)을 이해하는 것에 있다. 그의 후기 저서인 《기억, 역사, 망각(La Mémoire, l'histoire, l'oubli)》(2000)은 인간의 현존 너머에서 통시적으로 실현되는 재현이라는 형이상학적인 관념을 통해 인간의 궁극적인 윤리를 제시하고자 한다. 이런 테마는 지속적인 삶의 기억, 고통과 망각 그리고 전승의 역사, 신의 망각 등을 환기시키고 있는데 그런 과정

---

9   AE, p. 11.

은 인간의 역사를 형성한다.

　그에게 시간의 의미는 과거와 현재의 역사가 재현의 지평 위에서 같이 이어지는 것이며 인간의 모든 행위와 현상들 속에서 지속적으로 실현되는 윤리의 근원을 탐구하는 것에 있다. 그는 앞서《타자로서의 자기자신》(1990) 등에서 이야기의 정체성과 자기이해에 관해 말하며 이후 이런 관심은 인간역사의 정체성을 해석하기 위해 수많은 이야기의 지평들을 분석하면서 역사와 윤리에 관한 테마로 발전했다. 이야기의 정체성은 '나' 자신에 대한 궁극적인 이해를 가져오는 테마로서 그것은 코기토적인 사유에서 결정되는 것이 아니라 '나' 이외의 다른 것들 사이에서 그 영속성을 발생한다. 그런데도 '나'의 존재는 자기존속(maintien de soi)의 근거다.[10] 과거의 역사는 역사가들에 의해 이해된 해석을 지칭하는 것이 아니라 삶 속에 존재하는 시간의 영속성과 여기서 파악되는 인간의 자기이해에 관한 것들이다. 시간의 실재를 말하고자 할 때 그 현상들을 이해한다는 것은 곧 실재가 갖는 타자적인 관계 속에서 가능하다. 말하자면 인간의 역사, 문화 등도 시간의 타자성을 함의한다. 리쾨르에게서 인간 또는 시간의 정체성 역시 그런 타자적인 관계를 떠나서 생각할 수 없다.

　과거는 역사가들에 의해 분석되고 사실로서 기록되는 것을 나타내는 것이 아니라 현재 속에서 재현된다. 기억에 관한 철학적인 담론은 중의적이다. 베르그송, 레비나스, 리쾨르의 본질적인 시간이해는 근원적 기억을 전제하며 아우구스티누스 역시 감각적 기억과 지성적 기억 등 두 가지를 제시한다. "아우구스티누스가 기억의 문제를 많은 분량을 할애하면서 다루는 이유는 근원적 기억에 대한 관심 때문이다. 왜냐하면 우

10　Paul Ricoeur, *Soi-même comme un autre*, Ed. du Séuil, 1990, p. 195.

리는 근원적인 기억을 통해서만 영원하신 신을 알 수 있기 때문이다."[11] 즉 과거는 박제된 것이 아니라 현재적인 삶에 작용하고 있다. 그의 과거에 관한 개념은 역사반성과 인간의 자기이해 과정과 관련되는 해석자의 입장에 서게 될 때 그 의미가 더 풍부해질 수 있다. 그런데 리쾨르가 인간의 역사인식과 시간개념을 심층적으로 이해하기 위해 기억 또는 과거의 이해에 많은 주의를 기울인 이유는 무엇인가. 그리고 그런 이해가 가져다줄 윤리적인 인간의 해석에 관한 관심은 궁극적으로 과연 무엇인가?

"역사의 한 역사 속에서 차지하는 기억의 지위는 '과거/현재'의 한 쌍에 대한 반성과 불가분의 관계에 있다."[12] 한마디로 과거사는 단순히 시간적인 연속성을 나타내는 것이 아니라 전승(transmission)의 연속성을 표현하고 있다. "기억의 한 역사에 고유한 것은 전승의 방식들을 가진 역사에 있다."[13] 이런 전승은 전통적인 대물림이 아니라 인간의 보편적인 자기이해를 가져오는 역사과정이라는 것은 분명하다. 만약 시간이 그 무엇으로서의 흐름이고 여기서 인간의 자기정체성이 궁극적으로 파악될 수 있다면 인간의 자기이해는 심리학적인 자기이해 과정을 넘어선 것이라고 볼 수 있다.

이런 시각에서 리쾨르는 집단적인 기억에 관한 폭넓은 예들을 수용하고 있는데 모리스 할프박스(Maurice Halbwachs)의 《집단적인 기억》(1950), 르 고프(Le Goff)의 《역사와 기억》(1996) 등이 그것이다. 이것들은 리쾨르에게서 기억과 상호 주관성의 영역을 자기이해와 정체성이라

---

11 정기철, 〈아우구스티누스의 시간문제에 대한 해석학적 고찰〉, 《고전해석학의 역사》(해석학 연구 제10집), 한국해석학회 편, 2002, p. 73.

12 Paul Ricoeur, *La Mémoire, l' histoire, l' oubli*, Ed. du Séuil, 2000, p. 503.

13 같은 책, pp. 503~504.

는 측면에서 제시하기 위한 자료들로 여겨진다. 그렇다고 그에게서 철학적인 자기이해가 인류학적인 집단의식과 동일시되는 것은 결코 아니다. 리쾨르는 시간의미의 기원을 설명하기 위해 베르그송이 말하는 기억의 관념이 궁극적으로 어디에 위치해 있는 것인가를 고찰하고자 한다. 즉 그의 재현 개념은 단순히 문화 행태의 보편성을 주장하기 위한 것이 아니라 인간정신의 전승, 윤리적인 역사인식 등을 제시해주기 때문이다.

〈그림 8〉 마그리트의 〈위대한 가족〉(1947). 레비나스와 리쾨르의 존재사유에는 부재가 자리 잡고 있다.

그가 그런 예들을 통해 궁극적으로 이해하고자 하는 재현은 '기억과 역사' 사이의 간격을 변증법적으로 성찰한 것이며 존재는 그런 시간 속에서 자기이해를 궁극적으로 가져올 수 있다고 본다. 자기이해란 '현재의 현존'(présence du présent) 그 자체에 제한되는 존재탐구가 아니라 타자로서 존재하는 '나'를 위치 짓게 하는 자기 정체성에 대한 관심을 의미한다. 그렇다면 그는 현존의 형이상학을 말하고자 하는 것일까. 만약 '나'의 본질이 부재와 같다면 '나'는 결국 타자로서 존재하는 것 외엔 아무것도 아닐 것이다. 이것은 '부재의 현존'(présence de l'absent)을 의미한다. 하이데거에게 존재가 죽음을 본질적으로 숨기고 있듯이 리쾨르가 표현하고자 하는 모든 존재의 형태들은 부재를 숨기고 있다. 〈그림 8〉에서와 같이 부재는 보이지 않는 삶의 현실을 지시한다. 새가 창공을 향해 날아다니던 과거의 시간은 삶의 단절이 아니라 지금의 시간 속에 숨겨진 또 하나의 지속이다. 부재는 삶 속에 내재되어 삶을 지탱하고 있는 존재론적인 근거다.

리쾨르에 따르면 자기(soi)로서의 주체는 언어와 텍스트 속에서 표현되는 상징적 존재, 신체를 가진 주체의 모습 등 다양한 모습을 갖는 타자이다. 이런 타자로서의 자기란 오히려 자기이해에 관한 폭넓은 지평을 제공하게 된다. 형이상학적인 부재가 타자적인 것으로 재현된다는 것은 그의 존재의미를 심층적이게 하는 부분이다. 그렇다면 그런 부재는 어떻게 이해될 수 있는 것인가? 리쾨르에게서 부재에 관한 철학적 관심은 곧 '현존의 형이상학' 같이 여겨진다. 즉 과거성(passéité)이 현재(présent) 속에 부재로서 존재한다는 것은 재현을 이해하기 위한 한 방식이기도 하다.[14]

여기서 그는 존재의미의 해석을 기억이라는 관념을 통해 통시적으로 사유하고자 한다. 리쾨르는 하이데거의 《존재와 시간》의 한계를 지적한다. "《존재와 시간》은 기억의 문제를 간과하고 있으며 에피소드하게 망각의 그것을 다룬 것 외엔 아니다."[15] 곧 기억은 현존재의 죽음을 뛰어넘는 존재이해의 단서가 된다. 이에 따라 존재이해는 역사적인 구체성에서 표현되는 재현에 대한 관심에 의해 도달될 수 있기 때문에 하이데거의 시간성과 존재론적인 죽음은 존재이해의 한계일 수 있다. "(《존재와 시간》에서) 종국적인 모든 노력들은 역사성과 그 너머 죽음을 향한 존재의 근원적인 시간성과 결부된 시간적 방식의 관계들에 대해 다루고 있다."[16] 최소한 그의 시간관념은 현존재의 시간성에서 존재의 시간을 파악하는 것이 아니라 죽음을 흔적으로 남긴 인간역사와 과거(passé) 속에

---

14 같은 책, p. 460.
15 같은 책, p. 474.
16 같은 책, p. 500.

서 존재의 자기 정체성을 이해하기 위해 시도되는 것이다.

리쾨르는 과거와 죽음에 대한 문제를 제기한다. 이런 관심은 그의 '재현'에 관한 역사인식을 또한 가능케 하는 단서가 되기도 한다. "역사의 무대 위로 등장하는 모든 인간들의 익명적인 죽음은 암묵적으로 익명과 같은 의미의 질문을 명상적인 사유에 던진다."[17] 죽음의 의미가 익명적이라는 것은 그 의미가 사회적 평가와 기준에 의해 때로는 지워져버릴 수도 있다는 것이다. 과연 그렇다면 여기서 죽음의 의미는 단절이다. 다시 리쾨르는 죽음의 의미에 관한 반전을 시도한다. "죽음은 역사에서 일종의 부재를 나타낸다. 역사 연대기적인 담론에서 부재다. 언뜻 죽음들의 왕국과 같은 과거의 재현은 죽음을 유예한 생존자들에 의해 선동된 그럴듯한 연극만을 독해에 제공하도록 역사를 심판하는 것처럼 보인다."[18] 사실 리쾨르에게서 '부재와 관련된 재현의 역사가 본질적으로 무엇인가?'라는 문제의식을 만족시킬 만한 명확한 것은 없다. 다만 현재는 과거의 부재라는 가정에서 현재와 과거의 한 쌍은 불가분의 관계에 있다. 이런 측면에서 인간의 죽음들은 역사의 단절을 가져오는 것이 아니라 역사를 구성하는 지속의 현상들이다. 따라서 역사 속에서 허무하게 죽어간 인간의 죽음들은 자기 정체성의 한계거나 끝이 아니다. 이런 죽음은 곧 재현의 한 예가 될 수 있다.

만약 죽음이 시간의 끝이라면 인간의 모든 역사 속엔 단절만이 존재한다. 이런 공간 가운데 존재들의 사라짐은 무와 같고 인간의 역사인식은 무의미하다. 물론 리쾨르는 이런 가정들을 인정하지 않는다. 아무튼 현존한 '나'의 생존은 과거와 분리되지 않으며 모든 현실은 부재의 재현

---

17 같은 책, p. 475.
18 같은 책, p. 476.

이 지속적으로 이어지는 의미를 간직한다. 그는 '과거/현재'의 지평들을 동일한 대지 위에 올려놓는다. 즉 과거와 현재는 불연속적으로 나뉘는 것이 아니라 현재의 삶 속에서 통합되며 과거는 현재에도 지속적이다. 그에게 들뢰즈의 거대한 욕망, 베르그송의 생명의 지속에 관한 이론들이 긍정적으로 이해되는 이유가 여기에 있다. 두 이론가들에게서도 과거와 현재는 불가분의 관계에 있다. 리쾨르는 들뢰즈의 *Le Bergsonisme* 에서 언급된 말을 제시한다. "과거는 그 자신이었던 현재와 공존할 뿐 아니라 전적으로 모든 우리의 과거는 각각의 현재와 공존한다."[19]

리쾨르에게서 과거와 현재를 잇는 것은 기억에 관한 관념이다. 기억과 과거에 대한 철학적 기원의 검토는 플라톤의 상기(anamnèse)와 아리스토텔레스의 기억에 관한 고전적 정의를 전제한다. 그리고 그는 그런 사유에 베르그송의 기억 관념을 대비시키면서 나름대로의 종합적인 사고를 발전시키게 되는데 역사이해에 관한 보편적인 관점을 제공하고 이를 바탕으로 실천적인 윤리를 말하고자 한다. 먼저 리쾨르는 "기억은 과거에서 온다"(La mémoire est du passé)는 아리스토텔레스의 말을 이해하고자 한다. "아리스토텔레스는 mnémè, 곧 기억은 파토스, 감정이라고 말했다. 나는 과거에 대해 영향을 받았고 베르그송은 꿈꾸는 의식을 말하면서 더 나아가고 있다."[20] 그렇다고 그런 의식이 프로이드적인 무의식의 관념을 의미하는 것은 아니며 플라톤의 상기 개념에 근접한 것이다. 리쾨르에게서 기억은 단순한 환기(rappel)가 아니라 삶을 재현 (représentation)하는 역할을 한다. 또한 삶은 기억의 끊임없는 흔적일 수 있다.

19 같은 책, p. 562.
20 *Paul Ricoeur : un parcours philosophique*, propos recueillis par François Eward, Magazine littéraire No. 390, sep. 2000. p. 24.

리쾨르는 베르그송의 기억 관념에 좀 더 주목한다. "(기억과 두뇌의 관계에 관한 두 번째 가설에서) 기억은 두뇌의 기능은 다른 것이며 지각과 회상 사이에는 정도의 차이가 아니라 본래적인 차이가 있다."[21] 베르그송에 따르면 순수지각을 기대한다는 것은 육체자체에 대한 신비적인 이해일 수 있다. "실제 순간적인 순수지각은 이상적이며 한계일 뿐이다. 모든 지각은 지속의 일정한 두께를 차지하며 현재 속의 과거를 연장하고 그럼으로써 기억에 참여하는 것이다."[22] 베르그송은《물질과 기억》에서 그 주요 테마를 다음과 같이 정리한다. "구체적인 형태의 지각을 순수회상과 순수지각의 결합, 말하자면 정신과 물질의 그것으로서 받아들이면서 우리는 그런 협소한 한계 속에서 정신과 육체의 통일에 관한 문제를 다룰 수 있을 것이다. 이것은 우리가 작업의 마지막 장에서 시도했던 노력이다."[23] 즉 베르그송의 기억 관념은 현재적인 지각 활동을 통해 표현되는 것이고 이것은 과거와 현재의 부단한 상호관계를 형성하며 지각에 대한 정신의 끊임없는 승인 활동으로도 볼 수 있는데 생명의 지속은 이런 의미에서 초역사적인 현실로서 이해될 수도 있을 것이다.

사실 기억에 관한 리쾨르의 기본 인식은 베르그송에 가깝다. '기억-회상(mémoire-souvenir)', '기억-습관(mémoire-habitude)'과 같은 베르그송의 기억 관념들 중에서 전자의 경우 '이미지-회상들'과 같이 일상적인 경험들과 결부되어 마치 의식의 지향성이 타자적인 것들과의 관계 속에서 표현되는 것이다. 이것은 리쾨르가 기억의 현상학을 제시하는 동기가 되기도 한다. "우리는 과거에 대한 두 가지 관계를 갖는다. 습관

21 Henri Bergson, *Matière et mémoire*, Paris, PUF, 1939. ; "Quadrige", PUF, 1993, p. 266.

22 같은 책, p. 274.

23 같은 책, pp. 274~275.

과 같이 작용하는 과거와 기억과 같이 재현되는 과거다. 그러나 이런 것은 재현되는 작은 부분 이외에는 아니다. 이 부분은 우리들의 고유한 육체, 세포들, 두뇌 속에서 움직이는, 작용하는 과거(passé agissant)의 심연 위에서 파악 된다"[24]

리쾨르는 작용하는 과거를 베르그송의 기억 또는 프루스트의 '되찾은 시간'(temps retrouvé)에 비유하기도 한다. 그렇게 본다면 인간의 과거사, 역사란 근원적 기억이 재현되거나 망각되는 것을 의미한다. "무엇보다 프루스트는 그가 부르는 되찾은 시간에 이르기 위해 몇천 페이지에 이르는 '잃어버린 시간을 찾아서'를 필요로 한다."[25] 과거에서 현재로 이어지는 인간의 시간이란 기억에 대한 자신의 망각(l'oubli)이 덧붙여지며 역사의 아픔과 고통을 남기게 된다. 여기서 시간에 대한 리쾨르의 윤리관을 살펴볼 수 있는데 곧 용서(pardon)라고 하는 '나' 자신 또는 공동체의 반성을 요구한다. 여기에 반해 레비나스의 통시적인 시간관은 기억의 재현이 아니라 기억의 계시다. 이것은 리쾨르의 시간관과 대비되는 중요한 사실이며 통시성과 재현(représentation)은 두 철학자의 주요한 시간이해를 각각 구성한다.

리쾨르는 《또 다른(Autrement)》(1997)에서 레비나스의 주요 저서인 《존재와는 다른 또는 본질의 저편에서(Autrement qu'être ou au-delà de l'essence)》(1973)에 대한 비평을 통해 타자적인 것들 또는 타자성에 대한 철학적 해석을 시도한다. 이 저서는 레비나스의 타자성에 관한 이해의 차원을 넘어서서 인간의 자기이해 과정에서 타자적인 것들이 어떤 의미인지를 밝히는 것에 더 큰 목적이 있지 않을까 싶다. 여기에는 두

---

24 *Paul Ricoeur : un parcours philosophique*, propos recueillis par François Eward, p. 24.
25 같은 잡지, p. 24.

가지의 이해가 뒤따른다. 즉 본질주의와 시간성에 대한 비판적인 관점이 제시된다. 이것은 존재의 타자성에 관한 이해로서 존재의 자기이해가 통시적인 시간(temps diachronique)개념을 통해 가능하리라는 레비나스의 입장과 일치하는 것이다.

그런데도 궁극적으로 리쾨르의 시간이해는 기억과 역사 사이의 상호관계를 통해 가능하다. 즉 그는 철학의 역사 속에서 개념화한 인간의 정신을 직접적으로 탐구하는 것이 아니라 현재적인 인간의 문제들 가운데서 주체와 타자들 사이의 사회적 관계 속에서 구체적으로 표현되고 있는 인간의 정신을 탐구하려고 한다. 예를 들어 악, 고통, 죄의식 등을 상징하는 신화적인 예들을 역사적인 제한된 상황 속에서 이해하고자 하며 여기서 인간의 운명적인 본성을 확인하는 것이 아니라 인간의 모든 경험과 행위들이 해석 가능한 실존과 역사에 관한 근본적인 구조를 제시하고자 한다. 그에게서 시간의 지평 역시 인간의 사회문화적 환경과 관심 속에서 상징적으로 표현된다. 이런 관점에서 인간의 자기반성과 실천, 즉 용서(pardon)의 책임윤리가 요구된다. 이것은 윤리의 근원이 타인에 대한 관심을 통해 회복될 수 있으며 여기서 인간의 새로운 가치가 발견될 수 있다는 것을 의미한다. 시간은 미래에 대한 과정이 아니라 타인을 향한 탁월한 자기이해, 역사적 오류에 대한 자기반성을 필연적으로 수반하는 것이다. 이런 윤리적인 테마는 레비나스의 그것과 결코 낯선 관계에 있지 않다.

(4) 레비나스의 시간이해 : 통시성

레비나스에게서 타인은 신의 얼굴을 가진 인간을 의미한다. 그는 메시아니즘을 토대로 인간의 역사는 토라의 역사며 신의 섭리가 인간의 역사 속에서 타자들에 대한 경외를 통해 실현된다는 것을 주장하고자 한다. 타자들은 마치 태양 빛을 비추는 푸른 나뭇잎들, 영롱한 빛으로 반짝이는 호수의 잔잔한 물결, 푸른 상공을 향해 날아오르는 새들의 힘찬 날개 짓과 울음소리 등과 같이 존재하며 창조의 신은 그런 세상의 만물들을 초월해 있으면서 그 속에서 표현(présentation)된다. 그에게서 신과 인간의 관계는 메시아니즘이 실현되는 시간 속에서 존재한다. 즉 메시아니즘은 인간의 구원과 속죄에 관한 신적인 메시지를 전달하는 최고의 가치이며 인간존재의 초월성을 상징하기도 한다.

전통적으로 유대인 공동체는 자신들을 축복한 신의 언약을 반드시 기억해야 하고 그 실현을 신앙으로써 기다리는 메시아니즘을 형성한다. 메시아니즘은 고난과 유배에 처한 유대인들이 현실회복과 유토피아의 실현을 위해 역사적으로 가져왔던 희망이다. 이것은 동시에 현실의 고난을 참아내고자 하는 인간적인 소망을 반영한다. 따라서 이스라엘 공동체의 초역사적인 신은 백성들을 역경에서 구원하는 메시아이며 그 기대는 인간적인 육체를 갖고 태어난 '신의 아들'(Fils de Dieu)을 예언하기도 한다. 메시아의 탄생이 너희 자손들 가운데 머지않아 나타난다는 것에 대한 암시다. 또한 바이블에 의하면 신은 세계를 창조했을 뿐 아니라 그 창조물들을 다시 새롭게 창조하는데 이것은 만물을 번영케 하기 위한 것이다. "내가 새 하늘과 새 땅을 창조하나니.(…)"(이사야 65:17) 그리고 이것은 생명의 부활에 관한 신의 영원한 법을 창조물들을 통해 전하고 있는 것이다.

그런데 그 신적인 창조의 법이 인간들에게 어떻게 계시될 수 있는 것인가? 레비나스에게서 미래의 세계를 지배하는 메시아의 언약과 명령들은 창조물 '타자들'로 인해서 밝혀진다. 즉 구원의 신, 메시아는 '타인'

(Autre Homme)의 모습을 통해서 '나'와 인간들에게 무한성(Ein Sof)을 계시하며 이 계시성은 인간들의 법과 윤리를 미래적으로 이끌고 세계를 창조적으로 지배하는 존재의 근원성이다. "타인은 얼굴을 통해서 고결함, 그리고 신이 하강하게 되는 고귀와 신적인 것의 차원을 표현한다."[26] 이런 의미에서 타인의 얼굴이 전시하고 있는 신적인 윤리는 주체의 존재론적인 개방을 가능케 하는 윤리적인 최고의 의미를 갖는다. 그리고 그 윤리는 이미 로고스적인 진리다. "(…) 이런 무한성은 살인보다도 더 강한 것으로서 이미 타인의 얼굴 속에서 우리에게 저항하는 것으로 얼굴자신이며 원래적인 표현(expression)이며 '너는 살인을 범할 수 없을 것이다'는 첫 음절을 말한다."[27] 이렇듯 살인금지에 관한 무언의 메시지는 시나이 산에서 신이 모세에게 명령한 십계 중 하나이며 곧 타인의 얼굴은 이미 그런 윤리적인 질서를 낯선 얼굴을 통해 전달하고 있다.

그런데 레비나스에게서 인간에 대한 본래적인 명령과 같이 신적인 말하기(Dire)를 전달하는 타인의 얼굴은 영원한 빛으로서의 신의 얼굴을 동시에 중의적으로 표현하고 있는데 그 얼굴은 나와 신의 관계를 맺어주는 낯선 육체의 공간을 통해 나와 대면한 신의 고유한 모습을 나타낸다. 즉 육체적으로 강림한 신의 형상은 나의 타인의 얼굴, 즉 세속화한 얼굴에서 존재한다. 그러나 이것은 인격화한 신의 계시적인 방식이다. "얼굴로 생산된 에피파니는 모든 다른 존재들로 구성된 것이 아닌데 정확히 말하자면 에피파니는 무한을 '계시하기' 때문이다. 의미화란 무한이며 즉 타인이다."[28] 에피파니는 실존적인 '나'에게 유일한 계시성이다. 따라서 '나'라는 주체는 타인에 대한 절대적인 복종을 허락해야 하며 여

26   TI, p. 294.
27   TI, p. 217.
28   TI, p. 227.

기에는 주체가 거역할 수 없는 '타인에 대한 욕망'(Désir d'Autrui)이 형이상학적으로 존재한다. 이것은 무한의 이념에 대한 명백한 복종을 의미한다. "얼굴로서의 얼굴의 에피파니는 인간성(humanité)를 열게 한다."[29] 여기서 우리가 주지해야 될 것은 초월자 신의 형상이 낯선 타인의 얼굴로서 주체 앞에 나타난 '인격적인 신'의 모습이라는 것이다. "(…) 신의 에피파니는 인간적인 얼굴 속에서 간구된다."[30]

따라서 신의 얼굴로서의 에피파니는 인간적인 얼굴과 그 고유한 빈곤 (pauvreté) 자체에서 현시된다. 이런 신의 모습은 시나이 산에서 모세가 마주한 신의 모습과 동일한 것이며 나아가 아브라함에게 언약했던 유일한 신의 모습이라는 것이다. 왜냐하면 신의 모습은 주체에 대해서 절대 타자적인 것으로(absolument autre) 나타나기 때문이다. 레비나스의 주체욕망은 신적인 관념에 대한 절대적인 복종에서 오는 것으로 타자로 향한다. "욕망은 절대 타자적인 것에 대한 욕망이다."[31] 즉 그의 신의 관념은 타자들과의 인격적인 관계와 그 '마주보기에서'(dans le face à face) 자신의 무한성을 전시하는 것이다. "신이 너희와 대면하며 말씀하시니 (…)"(신명기 5:4) 그에 의하면 모세는 많은 선지자들 중에서도 특히 신과 대면적인 관계를 통해서 그 말씀을 듣고 백성들에게 전달했던 특별한 인물이었다.[32] 이와 같이 레비나스에 의해 시도된 신과 타인의 관계에 대한 사유방식은 존재를 인격적인 방식으로 초월자의 역사 속으로 인도하면서 인간성(humanité)을 새롭게 열어나가는 메시아니즘에 관한 한 모델을 보여주는 것이다. 즉 "메시아는 고통받는 사람이다."[33]

---

29 TI, p. 234.
30 ADV, p. 139.
31 TI, 23.
32 ADV, p. 174.

그에게서 인간은 메시아니즘의 역사를 통해 인간에 대한 신의 언약, 즉 생성하고 번성하리라는 신의 축복을 실현하는 주체다.[34] 메시아는 인간들을 초월해서 존재하는 빛의 의미며 또한 그 빛이 만물을 비추듯이 인간의 얼굴들을 통해서 신 자신을 계시하는 윤리의 근원이다. 즉 그가 말하는 신적인 본질은 만물의 생성에 영적인 힘을 주는 에너지와 같이 인간들을 사랑으로써 인도한다. 그리고 그 본질의 주체인 신은 인간의 실존과 함께 존재한다. "이사야 63장 9절은 인간의 고통으로 고통 받는 신에 대해 말하고 있지 않은가? 고통받는 나는 고통받는 신의 거룩한 고통과 인간의 죄와 인간의 속죄에 대한 고통을 위해 기도한다."[35] 그는 바이블에서 메시아의 인간주의를 읽어낸다. 즉 그의 신의 관념은 사랑을 실현하는 인격적인 신이다. 따라서 사랑은 모든 사람들에게 존재하는 신적인 본질이며 그 사랑은 새로운 윤리를 탄생시키는 원동력일 수 있는데 타인에 대한 나 자신의 대속을 가져오는 것도 신이 기뻐하는 사랑의 윤리다.

"타인을 위한 대리(substitution)는 타인을 위한 속죄다."[36] 말하자면 타인의 잘못과 죄를 대신하고 속죄(expiation)하는 타인을 위한 주체의 대리 역시 메시아적인 심성을 표현하는 것인데 자신을 낮추고 타인을 관용하는 태도 등이 여기에 속한다. 레비나스에게서 주체성의 본질은 메시아다. "모든 선민의식과 불가분한 메시아적인 감수성 이것은 아마도 주체의 주체성 자체인 것이다."[37] 요약하자면 인간에게 사랑은 메시아적

---

33 "Le Messie, c'est l'homme qui souffre." (DL, p. 128.)
34 신은 인간과 이 세상의 만물들이 생성하고 번성하리라고 축복했으며(창세기 1:28~30) 아브라함에게 자손이 번성하리라는 신의 언약을 확인시키고 있다. (창세기 16~17장)
35 AHN, p. 149.
36 AE, p. 199.
37 DL, p. 138.

인 감수성이며 메시아는 인간의 역사를 사랑에 의해 완성시키는 인격적인 구원자로서 인간의 실천적 의지를 그 역사에 동참하도록 이끌어내는 도덕적인 축으로서 역할을 한다. 인간의 궁극적인 심성은 메시아다. "메시아는 나(Moi)다. 나가 된다는 것은 메시아가 되는 것이다", "모든 사람들은 메시아다."[38]

우리는 메시아가 타자적인 사랑의 근거임을 확인할 수 있었다. 그런데 타인에 대한 욕망은 초실체성(transsubstantiation)을 가진 부성의 속성이다. 이것은 또한 신적인 초월성으로서 인간과 세계의 다산성으로 나타난다. 예를 들면 신의 축복을 받은 자손들은 신적인 본질이 생산된 그 타자성을 의미한다. "전체적인 초월성, 초실체성의 초월성으로 말미암아, 즉 나는 자손(enfant)으로 인해 또 하나의 타자다."[39] 사랑은 인간에 대한 신의 부성을 의미하며 가족, 이웃, 타인들 사이의 박애(fraternité)로서 표현되는데 인류를 구성하는 원천적인 힘이다. 박애는 타자에 대한 사랑이며 신적인 사랑의 구체적인 사건이다. "(…) 박애는 나의 선민(élection)과 평등이 동시에 성취되는 (타자의) 얼굴과의 관계 자체다."[40] 그리고 그것은 통시적으로 실현되는 신의 부성인 것이며 그 관념은 인간들 사이에서 타인에 대한 욕망으로 나타난다. 즉 사랑의 관념은 부성에서 비롯되며 그것은 인간들 간의 박애로서 실현되는 것인데 인간주의의 목적이 여기에 있다. 따라서 주체가 타인을 사랑하는 것은 신적인 부성에서 비롯되는 매우 탁월한 존재론적인 사건이다. 나아가 세상이 창조되고 그것을 번성케 하는 신적인 원리 또는 토라는 인간에게서 타인들에 대한 절대적인 사랑으로서 나타난다. 궁극적으로 메시아

---

38 DL, p. 129.
39 TI, p. 299.
40 TI, p. 312.

의 인격주의로서 나타나는 인간적인 사랑의 윤리는 인간의 도덕을 구성하는 대전제이면서 우주적인 지배의 원리와 공의하는 것이며 창조주 엘로힘(Elohim)의 영적인 질서를 표현하는 것이다.

유다이즘의 관점에서 볼 때 메시아니즘이 실현되는 인간의 역사는 고통과 시련을 요구하는 유배의 역사며 궁극적으로 신의 가치가 실현되는 보편적인 역사다. 레비나스에게서 인간의 역사 속에서 메시아니즘은 단순히 이스라엘을 해방시키는 구원의 상징으로서 국한되는 것은 아니다. 그는 그것을 낯선 땅과 이방인들에게 개방하는 행위의 근거로 보면서 그 이념을 적극적으로 이해한다. 즉 이스라엘의 이집트 예속과 탈출은 신의 역사에 열국들이 복종하여 신의 미래주의를 알게 하는 메시아니즘의 한 모습을 보여주는 것이다. 이런 메시아니즘에 관한 시각은 인간의 역사를 타인과 이방인들과의 관계에서 실현시키는 신의 보편주의를 의미한다.

유다이즘에서 말하는 신의 관념은 초실체적으로 인간들의 역사에 관여하는 것인데 인간들의 유배된 삶과 그 자손들을 통해 나타나는 창조적인 생성은 곧 신의 계시를 암시한다. 그리고 이런 계시는 신적인 부성(paternité divine)에서 비롯되는 무한성을 나타내며 실제 그것은 인간에 대한 신적인 사랑이 형제와 이웃들에 대한 박애(fraternité)로서 구체화하는 것을 의미한다. 부성과 달리 모성(maternité)은 레비나스에 따르면 감각적인 것을 가능케 하며 상처받기 쉬움 등으로 나타나는 인간의 또 다른 본성이다. "타자로 향하는 것을 완전히 구성하는 상처받기 쉬움의 모성은 궁극의 의미다."[41] 레비나스는 바이블에서 언급되고 있는 '나의 자손은 이방인이다'(이사야 49장)의 의미를 환기시키며 그 자손은 단지

---

41 AE, p. 137.

'나'에게 귀속되는 것이 아니라 이미 나의 동일성을 형성하면서 존재한다고 말한다. 예컨대 자신에 낯선 '나'다.[42] 이미 나로서 존재하는 나의 자손들은 신적인 부성의 은혜를 의미하는 것이다.

따라서 주체의 의미는 신적인 부성에서 비롯되는 그 역사에서 자신의 동일성을 확인받는다. "나는 나의 자손을 소유하지 못하며 나는 나의 자손이다. 부성은 전적으로 타인된 나로서 존재하는 이방인과의 관계다."[43] 이방인은 나와 다른 존재가 아니라 또한 신을 경외하는 형제의 의미며 그 영광을 드러내는 나로서의 타인이다. 만물의 생성과 번성은 신에게서 주어지는 것 외엔 아니며 이미 나를 구성하는 형제, 가족, 이웃들은 그런 기원성에서 출발하는 것으로 따라서 나의 실존적인 동일성은 신적인 부성에서 오는 에로스에서 확인받는다. "나는 나의 단일성을 부성적인 에로스(Eros paternel)에서 얻게 된다."[44] 에로스는 신에 대한 경외다. 내가 이웃을 사랑하는 동기 역시도 박애의 근원인 부성적인 에로스가 구체화하는 것으로 나타난다. 따라서 레비나스가 말하는 초월성은 다산성(fécondité)으로 나타나는 신적인 부성의 모습을 의미한다. "나의 다산성은 초월성 자체다."[45]

결국 인간적인 에로스에 관한 문제는 존재의 자기실현을 위한 협의적인 욕망의 차원이 아니라 세계창조와 생성에 대한 신적인 본성을 드러내는 욕망이며 이미 주체적인 동일성의 근원을 차지하는 것이다. 에로스는 존재의 본질을 절대 타자적인 것으로 실존시키는 것으로 또한 그 '여성적인 것'(féminin)의 성격은 존재의 타자적인 가능성이며 부성적인

---

42 TI, p. 245.
43 TI, p. 254.
44 TI, p. 255.
45 TI, p. 254.

에로스를 열게 하는 존재자신의 욕망이다. "초월적인 타자성의 관념은 시간을 열게 하는 것이며 여성성(féminité)에서 찾아지는 것이다."[47]

따라서 타자에 대한 에로스를 통해 계시되는 인간에 대한 신의 사랑과 믿음은 '절대 타자적인 것으로'(absolument autre) 늘 새롭게 갱신되는 것이며 앞서 언급했던 바와 같이 나의 자손의 관계 역시 그런 신적인 창조의 질서를 전제한다. 그런데 창조적인 존재는 곧 신의 선택이다. 유일한 나에 대한 신의 선택은 타자로 인해 결정되는 것 외엔 아니다. "나로서의 나는 타자의 얼굴로 윤리적으로 향하며 박애는 나의 선택됨과 평등이 성취되는 얼굴과 동일한 관계다."[48] 이것은 윤리적인 초월성을 의미하는 것이다. 기억될 수 없는 순수기억에 관한 전수적인 개념이 윤리적인 또는 형이상학적인 측면에서 더욱 근원적인 에로스를 형성하면서 타자적인 것으로 나타나며 여기서 낯선 타자의 얼굴은 그 기억에 관한 고유한 계시성을 구성한다. 요약하자면 레비나스에게서 이타적으로 표현되는 인간적인 에로스의 문제는 통시적인 부성의 권력과 그 실현과 관련되며 그로 인한 만물의 생성과 번영은 신의 다산성을 의미한다. 즉 신적인 부성은 인간의 인식론적인 범주들과 그 이해에 의해 파악되는 것이 아니라 그 자체 창조적인 생성을 가져오는 것이다. 레비나스가 볼 때 부성 또는 토라는 인간에 대한 신의 언약을 상징하는 것으로 신적인 초월성을 미래적으로 파악해야 하는 것을 의미한다.

---

46 TA, p. 14.
48 TI, p. 256.

8장 소통의 윤리로서 타자철학의 초월성

(1) 인문학과 타자철학

1) 인문학과 과학

우리가 부르는 인문학적인 지식이란 무엇인가? 동서고금을 통해 축적되어왔던 지식의 역사는 실제 인간의 인문주의적 관심과 토양을 표현했다고 해도 과언이 아니다. 세계와 우주 그리고 인간사회에 대한 지적인 지식들은 다분히 인간자신과 그를 둘러싸고 있는 환경으로서의 세계 등에 대한 탐구에서 비롯된 역사적 산물이라고 말할 수 있다. 인문학적 지식은 곧 세계를 바라보는 인간적 관심들이 체계화한 것이다. 인간의 지적인 이해능력을 초월해 존재할 수 있는 신 또는 시간의 의미들을 생각해볼 때 이들의 관념 속에도 인간에 대한 관심과 이해에 관한 속뜻이 숨겨져 있다. 그들 관념들은 죽음이라는 인간적 관심을 어떻게 충족시키느냐에 따라 시간관념을 형이상적인 또는 과학적인 시각들에 의해 설명될 수 있으며 죽음을 극복하기 위한 노력들은 종교적인 내세관, 4차원적인 세계관 등에 관한 지적인 호기심을 가져온다. 그런 이해들은 초월적인 신의 존재와 물리학적인 시간관념 등에 대한 인간적 관심으로서 나타나는 것이다. 그리고 이런 지식들은 다시 '인간의 죽음이란 무엇인가?'라는 실존적인 해명을 정당화할 수 있게 된다.

따라서 인문학적인 지식은 사회과학, 자연과학 등의 학문 영역들과 비교해볼 때 그들 근거를 차지하고 있다고 해도 과언이 아니다. 그리고 그것과 상반되게 이해될 수 있는 과학적인 지식은 인문학적인 지식 패러다임과는 전혀 다른 별도의 객관적인 지식체계를 의미하는 것인가? 물론 그렇지 않다. 과학적인 지식은 인문학적인 실증 정신, 계량적인 수치 관념, 인과율이 지배하는 필연적 논리, 효율적이고 실용적인 것을 신봉하는 사회 현실적인 가치 등이 선호되면서 그런 인간적인 관심에 의해 발전되어왔던 지식 체계로서 설명될 수 있을 것이다. 즉 서구의 근대화 과정 속에서 지식의 객관성을 추구하도록 하는 사회적 관심이 과학적 지식을 생산해낼 수 있는 별도의 패러다임을 형성하게 된 것이라고 말할 수 있다.

우리는 여기서 지식과 권력의 관계를 짐작할 수 있다. 미셸 푸코는 앎(savoir, 지식)과 과학 사이에는 불가분의 관계가 존재한다고 본다. 그에 따르면 담론의 형성과정에서 앎과 과학 사이에는 과학들에 직면에서 이데올로기의 관계들이 확립되고 특수화할 수 있는 특수한 관계가 발견된다.[1] 이런 관점에서 본다면 실증적인 과학주의나 실용주의적인 과학 정신 역시 객관성 자체를 논증하는 것을 목적으로 하는 것이 아니라 앎의 수준과 합의 그리고 사회적 가치 등의 지적인 권력에 의해 결정될 수 있는 것이다. "물리적인 앎의 객관성에 관한 진리는 내재적인 방식으로 존재하는 것들이 아니다. 이것들은 투쟁 이후 존립하는 일시적인 것이거나 퇴행으로부터 위협받는 것들이다."[2]

일반적으로 인문학적 사고의 방법들은 과학적 사고의 본질일 수 있는

1   FOUCAULT, Michel, *L'Archéologie du savoir*, Paris, Gallimard, 1969, p. 241.
2   LEVY-LEBLODE, Jean-Marc, *L'Esprit de sel*, Paris, Fayard, coll. 《Points Sciences》, 1984, p. 24.

체계적인 합리성이 인식론적으로 타당할지를 김증하고 진리에 대한 정당성을 확보하고 있는지를 문제삼는다. 이에 따라 우리는 인문학적인 기본 토양 위에서 비로소 과학의 본질, 과학적인 지식의 의미 등을 논의할 수 있게 된다. 말하자면 인문학적 지식과 방법론은 법과 윤리 그리고 사회적인 상식 등의 가치 기반을 새롭게 제시하며 과학적 지식들도 보편성을 유지할 수 있도록 합리적인 사고의 기준과 원칙들을 재조명한다. '지식이란 무엇인가'에 대한 문제의식을 갖고 구조주의의 성과들을 주목해볼 수 있는데 사물 또는 의식의 구조에 대한 해석들은 언어, 신체, 타자, 집단의식 또는 무의식 등에 관한 지식의 지평을 심층적으로 확대한다. 가령 라캉의 주체이해는 데카르트의 코기토의 주체가 외면했던 욕망, 무의식 등의 의식 현상을 분석한다.

인간의 지적인 문화가 역사적으로 성취해왔던 그 어떤 객관적인 지식일지라도 통속적인 일반인식 또는 연구자 집단의 해석의 영향을 벗어날 수 없다. 이런 관점에서 우리가 지식의 본질을 논하게 된다면 여기엔 '사회적 존재로서의 인간자신을 이해하고 설득하고자 하는 믿음'으로서의 인식지평들이 우선적으로 존재할 수 있는 것이다. 객관성 자체가 지식의 본질을 보장해주지는 못한다. 지식의 형성에 관한 내력을 살펴볼 때 사실적인 객관성과 함께 지식의 본성 또는 언어구성에 대한 시대적인 시각 차이 때문에 지식과 정보적인 것도 달라질 수 있다. 예를 들어 "아리스토텔레스, 아퀴나스, 데카르트가 제시하였던 지식에 대한 설명은 오늘날 볼 수 있는 어떤 설명과도 근본적으로 다르다. 그들의 논의에서 어떤 것도 '지식'을 의미하지 않는다."[3]

3   해킹, 아이언, 《왜 언어가 철학에서 중요한가?》, 선혜영, 황경식 옮김, 서광사, 1987, p. 193.

J.-C. 본느에 따르면 데카르트의 물리학은 중세의 신학적 관념을 끝내 배제하지 못한 상태에서 출발한 것이라고 볼 수 있다. 그가 대상적인 세계를 사실적으로 재단하려고 했지만 신에 의해 창조된 또는 그 닫힌 세계를 외부·와의 연관을 차단한 채로 돌아가는 기계적인 단일체로 보려고 했던 믿음이 먼저 존재했던 것이다.[4] 그렇다고 지식적인 진리의 기준이 사실적인 객관성이 아닌 지적인 권력에 의해 조율된다는 것을 말하고자 하는 것은 아니다. 다만 사실이라고 일컬어지는 것들이 실제는 탐구자가 지향하는 지식적인 가치들에 의해 재구성되는 경우가 적지 않게 발생하기 때문이다.

따라서 지식의 보편성을 주장하기 위해 요구되는 인문학적 방법론은 해당 지식의 가치론적 근거와 이해가 편협한 시각 때문에 독단에 빠질 수 있는 인식론적인 모순을 제거하고 지식의 산출 과정을 객관적이게 한다. 즉 그런 방법론은 인문, 사회, 자연과학 등의 모든 지식체계들에 적용될 수 있는 타당성을 지닌 것이다. 과학은 대상세계의 운동과 그 필연적인 관계를 수학적인 지식체계에 의해 재구성하며 논리적인 법칙성을 이끌어낸다. 따라서 세계는 일정한 메커니즘을 자기 속성으로서 갖는다. 과학은 외적인 사물들 관계에서 일정한 법칙성을 이끌어내며 대상세계를 수학, 기하학 등과 같은 정합적인 기호체계 속에 적용시킨다. 과학은 실험과 관찰을 토대로 정밀한 지식체계를 합리적으로 유지하는 것에서 정당화한다. 철학은 그런 지식체계 또는 패러다임이 정당한 것인가를 논의하게 된다. 인간의 지식체계를 상호적인 또는 관습적인 믿음이나 기호적인 약속 등에 근거한 것으로 볼 경우 이를 바탕으로 과학적인 보편성이 과연 영원한 것인지를 문제삼는다.

---

4   BEAUNE, Jean-Claude, *L'Automate et ses mobiles*, Paris, Flammarion, 1980, p. 141.

그렇다면 그것은 어떻게 시도될 수 있는가? 예를 들어 메를로-퐁티는 지각의 이해에 관한 방법론은 감각적인 현상이 사물의 배열과 구조에 대한 인식에서 착각을 범하기 쉬운 것으로 평가될 수 없음을 보여준다. 지각의 현상은 세계에 대한 객관적인 인식을 가져다주는 원초적인 사건이며 오히려 이성적인 판단 능력이 객관성이라는 이름으로 진리를 왜곡할 수 있는 것이다. 메를로-퐁티는 인간의 지성주의를 비판하며 객관적 사유가 지각의 주체를 간과한다고 말한다.[5] 기하학적인 공간을 파악하는 능력은 수학적인 것이 아니라 지각적인 현상에 의존할 수 있다. 즉 메를로-퐁티에 따르면 실제적인 것 또는 객관성은 총체적인 삶의 시선들을 통해 가능한 것이다. 따라서 지각 현상에 대한 그의 이해는 지식적인 객관성의 근거가 어디서 비롯되는 것인지를 제시해준다.

메를로-퐁티의 지각에 관한 이론은 사물의 객관성 또는 사물 그 자체의 실재성이 실제로는 대상과 이를 시선 속에 두고 있는 인간과의 연관성에 의해 비롯된다는 것을 확인해준다. 이렇게 본다면 지각 현상은 보편의 근거이다. 지식적인 것들은 인간과 세계의 관계에서 존재한다. 그런 관계는 가치적인 것들이 선행되면서 만들어진다. 철학, 과학, 종교, 신화, 역사적인 사실들은 인간적인 시선을 떠나 객관성 그 자체를 문제삼는 것은 아니다. 예를 들어 종교적인 내세관과 영생적인 관념이 궁극적인 교리를 담아낸다고 판단하기 전에 죽음과 인간의 관계를 우선 성찰하는 데서 그 의미를 생각해볼 수 있다. 과학적인 진리들 역시 가설 체계, 가치의 패러다임을 떠나 자유롭지 못하다는 것을 지적해볼 수 있다.

5   MERLEAU-PONTY, Maurice, *Phénoménologie de la perception*, Paris, Gallimard, 1945, p. 240.

위에서 언급한 지식적인 것의 의미와 한계들은 '지식의 패러다임은 무엇이며 그 본질은 무엇인가', '인간의 지식적인 관심은 사회 공동체의 가치 기반을 형성하며 발전적으로 나아갈 수 있는 것인가', '진일보하고 있는 과학 기술과 그 문명은 인간세계를 유토피아로 나아가게 하고 있는 것인가' 등을 탐구하게 하는 지적인 관심을 주고 있다. 나아가 우리는 그런 물음들을 총체적으로 묶어가면서 궁극적으로 지식학의 방향 설정으로서 제시할 수 있는 철학적인 코드가 무엇인지를 탐구하고자 한다. 우리는 이런 관심들의 증폭을 학문적으로 조율하고자 하는 시각에서 '타자철학'의 인문학적인 이해의 가능성을 레비나스의 타자철학을 중심으로 살펴보면서 그 진리의 조건들을 사유해보도록 하자.

2) 타자철학의 보편적 사유

타자철학은 세계와 인간사회의 운영과 구성에 관한 인간의 지식적인 관심과 해석들을 새롭게 열게 하는 가능성을 준다는 의미에서 인문학적 인식지평으로서 제시될 수 있다. 이런 인식지평은 인간의 보편적인 사고 행위, 심리적인 사회 행동, 윤리와 도덕의 축, 사회적인 커뮤니케이션, 정보 사회의 본질, 물리학적인 물질 개념 등에 관한 다양한 인식 영역들에 적용될 수 있는 가능성을 가지고 있다. 즉 인식지평으로서의 타자철학은 인문, 사회과학의 지식 분야는 물론 과학적 지식체계의 구성 원리 등을 새롭게 해석할 수 있는 역동성을 지닐 수 있다. 타자철학의 중요한 본질은 타자성에 관한 것이다. 일정한 사물이 지니고 있는 속성은 그 자체가 지닌 실체에 관한 특징들로 여겨지는 것이 아니라 유기체적인 일체, 다자적인 결합방식 등에 의해 설명될 수 있다.

과학적인 타자성에 관한 탐구, 예들 들어 화이트헤드의 합생 (concrescence) 개념 역시 그런 가능성을 물질 세계에 적용시킨다. "합생과 새로운 사물은 별개의 것으로 존재하는 것이 아니다. 새로운 사물을 분석할 경우, 우리는 단지 합생을 발견하게 될 뿐이다."[6] 이런 의미에서 우리는 타자철학의 일반성을 검토함으로써 인문학적 의미와 그 타당성을 고찰해보고자 한다. 궁극적으로 인문학과 지식세계가 지향하는 휴머니즘의 실현은 '나'와 타인 사이의 인간적 삶의 공동체, 일자와 다자의 관계들을 고려할 때 그 생산성을 가질 수 있는 것이다.

일반적으로 동서양의 철학사에서 지속적으로 논의되고 있는 주요 사상들의 핵심은 인간의 근원적인 본성에 관한 것이고 특히 자아의 정체성에 관한 테마는 철학자들의 의무적인 탐구 영역인 것처럼 보인다. 그리스 철학 시대의 자연철학자 데모크리토스의 원자론을 통해서도 인간 자아의 본질을 논할 수 있고 소크라테스 이후 인간 중심의 철학은 말할 것도 없다. 즉 인간존재를 유기체적인 방식으로 잉태하고 있는 우주의 이치, 자연의 섭리들 역시 곧 그에 대한 궁극적인 이해를 가져오고 있다는 것은 분명한 사실이다. 윤리학 분야는 특히 인간의 본성이 무엇인지를 문제삼으며 자아윤리 등에 관한 이론들은 윤리학의 근본 테마를 형성한다. 그래서 전통적인 윤리학은 곧 자아에 관한 윤리, 이를 토대로 공동체의 윤리를 발전시켜왔던 것은 주지의 사실이다.

따라서 서양 철학사를 구분하는 고대, 중세, 근대, 현대철학들은 나름대로 자아 또는 정신의 본질이 무엇인지를 탐구해왔다. 신적인 관념이 지배하는 중세 시대의 자아 관념을 극복하고자 했던 데카르트의 자아론은 인간적인 이성을 중시한다. 이에 반해 현대적인 주체 개념은 탈이성적인 특징들을 형성하면서 인간이해의 새로운 본성, 즉 신체성, 감성 등의 인간의 비이성적인 것을 중요한 철학적 테마로서 등장시킨다. 그런

---

6   화이트헤드, A. N., 《과정과 실재》, 오영환 역, 민음사, 1991, p. 424.

데 이런 비이성적인 것은 인간의 이성적인 것이 사유의 내부로 향하는 것에 반해 사유의 바깥으로 향하면서 그 본질이 이해된다. 말하자면 존재의 바깥으로 향하는 인간의 느낌과 같은 감성은 인간 저변의 의식을 반영하면서 부단히 외부세계를 경험하게 만드는 원동력이 되기도 한다. 즉 이성과 구분되는 인간의 욕망에 관한 철학적 물음이 새로운 자아 개념을 형성한다고 볼 수 있다.

이런 시각에서 레비나스의 타자철학은 타아에 대한 윤리를 발전시킨다. 자아의 본질은 바깥으로 향하는 것에서 의미가 있으며 '나'와 다른 타자적인 것들은 자아의 분신들이거나 자아를 볼모로 잡은 '나'의 근원들이기도 한 것이다. 그에 의해 주장되는 타자철학, 타자윤리는 곧 전통적인 자아철학, 자아윤리를 타자 중심에서 이해하고 있는 것이다. 이런 그의 타자철학은 곧 우주와 인간의 관계, 신과 인간의 관계, 이웃과 '나'의 관계를 불가분하게 이어주는 철학적 원칙을 제공하게 된다. 이에 따라 타자철학은 정신과 육체에 관한 이분법적인 사고를 극복하는 단서를 제공하며 '나'와 타자가 단순히 의식의 지향적인 관계에서 일체를 구성할 수 있도록 하는 철학적인 사유의 시도들을 무의미하게 돌릴 수가 있는 것이다. 그의 타자철학은 관념적인 주관주의를 진정한 철학적 사유에서 배제시킴으로써 무한성의 관념을 동적인 것으로 통찰하고자 한다. "무한의 재현이 아닌 무한의 이념은 활동성 자체를 지닌다."[7]

그런데 그런 활동성은 주관주의적인 과정에서 비롯될 수 있는 직관적인 사유나 앎의 체계에서 도출될 수 있는 수와 같은 무한의 관념이 아니다. 그런 무한성은 레비나스가 말하는 앎의 전체성에 갇힌 그것에 불과

---

7   E. Levinas, *Totalité et Infini, Essais sur l'extériorité*, 《Le Livre de Poche》, La Haye, Martinus Nijhoff, 1971, p. 13.(이하 TI로 약칭)

할 것이다. "무한의 재현에 돌릴 수 없는 무한의 관념은 활동성과 이론의 공통적인 원천이다."[8] 즉 무한의 관념은 행위적인, 학적인 근원으로서 인간적인 사유방식을 초월해 존재한다. 그래서 레비나스는 사유작용이 아닌 '전적으로 다른 것', '절대적으로 다른 것'으로 향하는 형이상학적인 욕망을 무한에 대한 의식으로서 이해한다. "드높음(hauteur)의 차원은 형이상학적인 욕망에 의해 열린다. 이런 드높음은 하늘과 같이 것이 아니라 비가시적인 것으로서 드높은 자체의 고양과 고귀함이다."[9] 이런 관점들에서 볼 때 레비나스의 타자철학은 주체의 사유 속에 내재될 수 없는 낯선 것, 다른 것을 주체바깥에서 찾아 나서게 하는 행위적인 것을 요구하며 무한의 관념은 그런 관계에서 파악될 수 있는 것이다.

현대철학에서 타자 개념은 현상학자 후설 등에 의해 의식의 확증조건으로서 등장하며 이후 라캉의 정신분석학 등에서 심리현상을 표현하는 잠재된 이미지로서 주체의 의식작용을 지배하게 된다. 최근에 이르러 타자철학에 대한 관심은 유럽, 구미 지역 등에서 다양한 영역의 지식인들에 의해 소개, 발전되는 추세에 있다. 특히 레비나스에 의해 제시되는 타자는 의식의 이미지, 심리 현상으로서의 타자가 아니라 인간본성과 타인의 현상들을 이해하는 중심 개념으로서 발전하고 있다. 그의 타자철학은 '나'와 다른 타자 또는 타인이 '나'와 불가분의 관계를 형성하며 자아적인 주체에 앞서 이미 존재하는 자아의 근원이 타자적인 것에 있음을 주장하게 된다.

위와 같은 철학적 성찰의 과정 속에는 신체와 느낌 그리고 감성 등을 갖춘 실존적 인간을 전제한다. 이런 인간관은 근대적 주체로서의 이성

---

8   TI, p. 13.
9   TI, p. 23.

적 인간성과 구분되며 파스칼의 심성적인 주체성, 가브리엘 마르셀의 실존적인 주체성에서 그 전통을 찾아볼 수 있다. 그리고 타자철학의 중요한 특징이 인간의 근원적인 기억 작용과 관련되기 때문에 베르그송의 지속의 이해를 중시할 필요가 있을 것이다. 즉 타자철학을 논의함에서 유대인 레비나스의 종교적 관심을 결코 배제할 수 없는 것이다. 따라서 타자철학의 인문학적인 의미는 인간본성을 타인 또는 신과의 관계 속에서 초월적으로 이해하며 여기서 논의될 수 있는 새로운 윤리의 지평을 사유하는 것에 있다.

(2) 타자철학의 존재론적 근거

1) 앎과 생성의 타자성

인간이 언어주체라고 지칭될 수 있는 이유는 언어가 인간의 오랜 역사와 문화 속에서 발전되고 완성되어왔기 때문이다. 언어는 사회 공동체의 커뮤니케이션의 결과이며 인간의 교류적인 관심을 대변해온 산물임은 분명하다. 그렇다면 언어를 매개로 해서 표현되는 인간의 의사소통을 본래적으로 실현시키기 위해 요구되는 철학적인 조건들은 무엇인가? 언어표현은 이미 개인적인 것이 아니라 공의성을 획득한 사회적인 표현이며 구체적인 매개의 역할, 즉 주체와 타인 사이의 낯선 관계를 맺게 해준다. 이를 위해 언어는 논리적인 방식에 의존해서 그 기능을 다할 수는 없으며 만약 여기에 적합한 기능을 하는 것이라면 인공언어를 그 예로 들 수 있을 것이다. 이것에 비교될 수 있는 자연언어는 역사성, 사회성 등을 타자성과 같이 받아들인다. 이런 타자성은 언어라는 매개가 인간의 삶을 표현하고 있다는 것을 의미한다. 언어는 낯선 관계를 매개하는 소통의 기능을 꾀함과 동시에 그것의 타자성은 역사, 문화적인 삶의 가치를 반영한다. 언어 속에 무언의 윤리적 가치가 숨 쉬고 있는 것도 그런 타자성의 가치가 있기 때문이다.

언어의 타자성은 타인과의 유대를 도모한다. 즉 언어적 기능은 타자성을 실현시켜나갈 때 이것을 토대로 비로소 진정한 의사소통이 가능하다. 우리는 이런 타자성에 생명력을 부여한 레비나스의 타자이론을 통해 사회적 약속으로서의 언어에 담겨 있는 언어적 기능의 본래성을 궁극적으로 생각해볼 수 있는 것이다. 그의 타자성에 관한 논의는 후설의 《데카르트적 성찰》을 통해 그가 어떻게 전통적인 사유주의를 극복하고 타자 또는 타자성의 의식을 발전시키고 있는지를 성찰하는 데서 분명해진다. 데카르트의 코기토는 주체 스스로의 사유작용을 통해 직관적으로 무한의 관념을 파악하고 자아의식을 명석분명하게 설명했다면 후설은 대상, 타자와의 지향적인 관계에서 자아의식의 확실성과 그 초월성을 설명한다. 후설에게서 타자는 주체와의 지향적 관계에서 구성된다. "타인은 원초적 세계, 또는 모나드의 자아로서 간접 제시에 의해 통각 된다. 원초적 세계나 모나드 속에서 타인의 신체는 '절대적 여기'라는 양상 속에서, 바로 타인이 지배하는 활동에 대한 기능적 중심으로서 근원적으로 구성되고 경험된다."[10]

그런데 언어체제는 대상들을 표현하는 공통된 약속을 갖고 기호적으로 호환되는 특성을 갖고 있기 때문에 그 기능적인 실현을 위해 사전적인 정의와 언어적인 규칙을 형식적으로 요구하게 된다. 이것은 언어의 논리성과 같은 필연적인 요구이기도 하다. 예를 들어 '아프다', '어둡다', '기쁘다' 등과 같은 표현들은 실제의 유사감정들을 통합시켜 전달한다.

---

10   후설, 에드문트, 《데카르트적 성찰》, 이종훈 옮김, 한길사, 2002, p. 183.

만약 언어기능 속에 개념의 반복적 사용이 없다면 언어의 논리성은 의미가 없다. 따라서 언어적인 시스템에서 표상되는 명사적인 표제어 또는 서술적인 동사성은 이미 언어적인 의미구조에 영향을 행사하게 된다. 이것은 이미 언어적 기능이 가져다주는 본질주의 또는 신비주의와 같다.

레비나스는 서구의 철학사에서 전형적인 앎의 형태가 본질주의를 지향하는 전체성에 의해 결정된다고 보았다. 데카르트의 코기토가 던져주는 의미는 단지 사유하는 주체로서 인간의 존재의미를 발견하려고 했던 것으로 끝나는 것이 아니라 지식적 체계의 불변을 주장하기 위해 세계에 대한 인식을 수학화, 논리화하는 것으로 귀결된다. 그래서 자아에 대한 통속적인 이해 과정은 일상적인 중심 관념으로서 자리 잡게 되었고 타자적인 것들은 수학적인 대상이거나 운동적인 표상으로서 인지된다. 이렇게 되면 타자는 자신의 특수성을 상실하고 이념적인 동일성을 지향하게 되면서 동일자에게로의 환원을 겪게 되고 그것은 더는 타자가 아니다. "타자가 주제 또는 대상이 되어가고 명석함 속에 놓이면서 타자의 중성화는 정확히 동일자로의 환원이다."[11] 즉 레비나스는 지식의 체계가 언어적인 논리성에 의해 형성되고 인간의 사유마저 그런 논리에 의해 결정될 때 새로운 가치가 등장할 수 없다고 비판한다. 말하자면 타자성은 모든 가치의 원천인 것이다.

그에게 무한의 관념은 초월성을 함의하지만 타자들의 표상들 너머에서 존재하는 것이 아니라 타자성 그 자체에서 사념될 수 있는 것이다. 타자성은 본질적으로 비환원적인(irréductible) 구조를 가진 것이다. 그리고 그것은 지향적인 관점에 의해 파악하기 어려운 무한성의 의미이기도

---

11 TI, p. 34.

하다. 이에 반해 환원적인 구조를 가진 후설의 지향성은 타자의 무한한 타자성을 도외시한 것이며 타자성을 동일자로 환원시킨 한 예가 될 것이다. 가령 무한성은 A와 B라는 사물들을 초월하는 개념이 아니라 A이면서 B와 다른 것, B이면서 A와 다른 것으로서 존재방식을 갖는다. 즉 그런 관념은 차이성을 통해 자신을 드러내는 것 외엔 아무것도 아니다. 인간들 사이에서 그런 차이성은 만남에서 발생한다. 내가 타인을 만나는 것은 나와 전적으로 다른 사람과의 만남이다. "내가 너를 만나는 관계는 윤리적인 것이 등장하는 본래적인 자리이며 상황이다."[12] 예를 들어 의식의 지향성 속에서 파악되는 타자의식은 의식에 부합하는 것이지 엄밀히 말해 나의 의식과 낯선 관계에 있는 것이 아니기 때문에 무한의 관념을 보장해주지 못한다. "사유가 대상에 대해 적합성으로 남겨진 곳에서 지향성은 의식의 근원적 기준에서 의식을 정의하지 못한다. 지향성으로서의 모든 앎은 이미 무한의 관념, 탁월한 비적합성 (inadéquation)을 전제한다."[13] 따라서 궁극적으로 앎의 지평은 낯선 것과의 만남을 통해 형성되는 것이며 여기서 앎의 근원일 수 있는 무한의 관념으로서의 계시적인 것을 만나게 된다.

존재는 경험의 주체다. 생각하는 존재와 같이 정의된 인간은 자기의식을 가진 주체적인 존재라고 말할 수 있겠지만 실제 인간은 자신의 정체성과 생존을 지속시키기 위해 외부세계와 부단한 상호작용을 하게 된다. 생명체의 신경계는 몸의 균형을 유지하기 위해 자율적인 기능을 수행하는 듯이 보이지만 이런 기능은 외부세계에 민감하게 반응하면서 환경에 적응하는 수단이 된다. 생명체의 내적인 메커니즘은 외부와의 교

---

12 DQVI, p. 225.
13 TI, p. 12.

섭을 가능케 하기 위
해 획득된 것이기에
이런 구조적인 타자
성은 유기체적인 기
능을 수행할 수 있게
된다. 생명체가 타자
적인 메커니즘을 획
득하고 생존을 유지

〈그림 9〉 모네의 〈수련〉

하는 것은 생성에 대
한 심층적인 이해를 가져다준다. 예를 들어 연어나 은어 떼가 산란 시기
에 개울물을 거슬러 올라가 알을 놓는 생태 현상을 볼 때 그들에게 존재
하는 본능적인 메커니즘을 생성의 작용으로 이해하게 된다.

또한 들판에 피어 있는 여러 가지의 꽃 색깔들을 상상해보자. 햇빛이
라는 무한적인 영양소를 바라보는 꽃잎들은 그로 인해 자신들의 고유한
색채라고 할 수 있는 다양한 색깔들의 타자성을 발한다. 그리고 그런 색
채들은 바로 햇빛의 형태이며 흔적이기도 하다. 그리고 계절이 바뀌어
꽃들이 열매를 맺고 죽어가지만 열매 속의 씨앗들은 익년이면 다시 꽃
을 피운다. 그렇다면 꽃들은 진정으로 죽은 것인가? 다만 타자의 모습들
로 부활한 것인가?

현대 이미지 예술의 효시라고 할 수 있는 C. 모네(Monet, Claude,
1840~1926)의 회화적인 이미지는 생동하고 변화하는 자연적인 대상들
을 포착하기 위해 빛의 관념을 도입하게 되는데 대상의 실재는 그런 안
목에서 형태화한다. 예술사에서 주목할 수 있는 모네와 같은 인상파 화
가들은 회화적 이미지들의 본질이 빛에 의존하며 대상들의 묘사는 자연
스럽게 빛의 다양한 파장들을 표현한다. 〈그림 9〉에서 볼 수 있듯이 모

네의 수련 이미지는 생동하는 자연의 다채로운 빛을 그려내고 있으며 창공으로부터 넘쳐나는 빛의 외관을 표현한 것과 다름없다. 원천적인 빛은 구름, 호수, 수풀, 수련들에 의해 비춰져서 아름다운 자연의 빛으로 존재한다. 곧 하늘의 빛은 타자들의 옷을 입고 다시 태어나며 타자들의 빛은 빛 자체다.

우리는 이런 입장에서 인간과 세계를 바라보는 일정한 시선으로서의 타자철학을 이해할 수 있다. 죽음의 의미가 하이데거에게서는 인간과 그의 존재현상들을 파악하기 위한 존재론적인 본질로서 해석될 수 있듯이 타자의 의미 역시 인간의 원초적인 본성, 세계를 움직이는 자연적인 원리, 인간사회의 역사적인 변천 과정 등을 설명할 수 있는 중요한 단서가 될 수 있는 것이다. 우리는 생명 현상과 그 생성에서 자신에 의한 번식 활동은 오랜 생명의 역사를 갖지 못한다는 것을 잘 안다. 타자성은 유기체적인 일체를 유지하도록 하며 본능적인 생명활동을 지속적이게 한다. 끊임없이 생산되고 번식하는 자연적 생성은 타자세계의 토대이며 인간의 현실세계 역시 생성하는 세계다.

레비나스는 타자철학의 가능성이 인간의 심성 이해, 윤리학의 중심 시각, 종교적 행위의 근원 등을 본질적으로 뒷받침한다고 본다. 즉 '나'의 자아실현, 신의 계시 등과 관련된 모든 윤리, 종교적인 관심 등은 인간의 자기적인 영역을 떠나 타자적인 것에 대한 관심을 통해 실현되는 것이다. 예를 들면, 사랑과 자비에 관한 종교적인 관심들은 '나'로 향하는 행위가 아니라 '타인'에게로 나아가는 인간의 본질, 즉 선천적인 타자성 때문에 가능한 것이다. 타자철학에 대한 그의 이해는 사변적이기보다는 실천적인 것을 목적으로 한다. 그런 철학적인 원리 때문에 인간의 양심, 윤리적인 선, 법질서를 위한 정의가 필연적으로 실현될 수 있으며 유토피아적인 낙관론이 제시될 수 있는 것이다. 그에 의해 제시된 타자철학의 역동성은 존재의 창조와 생성활동을 표현하는 것이며 주체자신에 대한 끊임없는 자각을 요구한다. 따라서 타자철학은 지식의 보편성을 이해하기 위한 새로운 인식 지평으로서 중요한 의미와 가치를 갖게 된다.

2) 존재의 타자지향성

보편적인 종교 윤리에서 우리가 통찰할 수 있는 기본적인 인륜은 무엇보다 타인들을 사랑하고 그들에게 자비를 베풀라는 것이다. 그리고 종교적인 구원, 자아적인 완성 등에 관한 가르침들을 보더라고 이타적인 사고와 행위를 함으로써 궁극적인 선의 실현을 가져올 수 있다는 것을 알게 된다. 우리가 타자철학을 통해 지적으로 체득할 수 있는 것은 타자존재는 대상적인 존재가 아니라 그를 바라보는 주체의 본성의 기원을 차지하면서 '나'라는 존재와 일체를 구성한다. 즉 타자는 주체에 앞서 존재하기 때문에 단순히 대상적인 존재가 아닌 것이다. 레비나스는 탈무드의 말을 인용하며 인간은 이 우주에 대해 모든 책임이 있다고 말한다. "인간은 이미 완전하게 만들어진 우주 안에 들어왔고 벌받은 첫 번째 인물이다. 인간은 자기가 하지 않은 것에 응답해야 한다. 인간은 우주에 대해 책임이 있고 피조물들의 볼모다."[14] 이것은 타자에 대한 무조건적인 복종의 윤리를 낳게 하는 배경이기도 하다. 주체는 타자들에 대해 볼모로 잡혀 있기 때문에 그들에 대해 '나'를 희생시켜야 하며 이것을 통해 진정한 자기 정체성을 발견할 수 있다는 것이다.

그에게서 주체의 본성과 관련해서 타자존재는 '나'에 대해서 먼저 존

---

14 E. Levinas, *Du sacré au saint. Cinq nouvelles lectures talmudiques*, Paris, Ed. de Minuit, 1977, p. 136.(이하 DSAS로 약칭함)

재하기 때문에 그에 대해 책임의식을 가지라는 의미와는 별도로 타자존재는 나아가 신적인 계시와의 만남 또는 신적인 부성으로서 존재하는 초월자의 현시이기도 하다. "나는 나의 자손을 소유하지 못하며 '나는 나의 자손이다'(Je suis mon enfant). 부성은 전적으로 '타인된 나로서 존재하는 이방인'과의 관계다."[15] 이와 같이 비문과 같은 텍스트는 '나'와 타자, '나'와 자손, '나'와 신의 관계를 통찰한 부분이다. 첫째, 나와 나의 자손은 혈연적인 관계를 초월한다. 둘째, 나의 존재는 스스로 존재하는 주체가 아니라 자손에게서 존재한다. 셋째, 신과의 만남은 타인과의 관계에 있다. 무엇보다 이런 의미들에 담겨 있는 사상의 본질은 곧 신적인 것이 실현되는 역사 속에서 인간들은 자신들의 존재의미를 찾을 수 있다는 것이고 '나'라는 존재는 타자들과의 만남에서 그 계시를 받아들여야 하며 그들을 환대해야 한다는 것이다.

타인과 윤리적 주체로서의 '나'의 관계는 상호적인 윤리의 관계를 넘어서서 불평등한 것임에도 아랑곳없이 이런 비상호성은 희생적인 인간의 가치를 윤리의 근원으로서 제시할 수 있게 된다. 타인에 대한 나의 관계는 마치 비의도적인 다가섬과 같이 불려가는 것이며 그에게서 떨어져 나올 수 없기 때문에 타인에 대한 가까움은 곧 의식적인 사로잡힘이며 이런 관계로 인해 고통이 수반된다. 왜 이런 존재론적인 무모함이 타자와의 관계에 강요되고 개입하는 것일까? 그것은 박애(fraternité) 때문이다. "다가서는 것은 정확히 박애로의 다가섬의 연루다."[16] 그리고 존재의 그런 '본의 아니게'의 심성은 존재의 '타자지향성'(l'un-pour-l'autre)으로 정의되는 것이며 부성적인 시간성, 즉 통시성의 실현을 의미한다.

---

15 TI, p. 310.
16 AE, p. 131.

타자지향성은 주체와 타자 사이의 의식작용을 나타내는 것이 아니라 형이상학적인 동일성을 추구하는 그 어떤 것보다 앞서 존재하는 초월적인 현상이다. "(타자지향성의) 즉시성은 매개 없는 관계며 출발 지점으로 되돌아오는 내부성으로의 복귀가 아니다." 즉 그것은 유일한 진리다.[17] 이것은 상식적인 윤리를 초월해서 평가할 수 있는 심령적인 것의 존재, 그런데도 이것은 타자와의 구체적인 관계를 통해 실현되는 것이다. 즉 "너 자신과 같이 너의 이웃을 사랑하라"[18]와 같은 기본적인 인륜을 정당화할 수 있게 된다.

우리는 위와 같은 레비나스의 타자이해를 통해 궁극적인 자아성찰에 관한 이해를 얻게 된다. 타자는 '나' 밖의 세계며 현실이다. 존재는 타자와 더불어 자신의 삶을 구성하며 대상세계는 단순히 자신 밖의 세계를 의미하는 것이 아니다. 자아형성의 원인을 제공하는 것이 타자존재인 것이다. 그래서 타자는 자아의 연장(延長)이 아니라 기원(起源)이 될 수 있는 것이다. 인간은 유아적인 존재를 벗어나 타아적인 존재로서 자신을 깊이 이해하게 될 때 본래의 정체성을 사유할 수 있게 된다. 이에 따라 우리는 주체와 타자의 관계는 상호 불가분적인 의미를 형성하며 존재의 본질은 타자성이라는 사실을 이해하게 된다. 나아가 그의 타자이해는 인간에게 요구할 수 있는 윤리, 법의 가치가 어떤 심연을 지니는 것인지 검토할 수 있는 가능성을 새롭게 제시하고 있는 셈이다. 사실 레비나스의 타자철학은 종교, 윤리적인 가치를 전달하면서 인간의 심성에 관한 해석을 근원적으로 시도하면서 그것이 윤리의 한 부분으로서가 아니라 형이상학적인 존재론에 이르는 사유방식을 심층적으로 보여주고

---

17 PLOURDE, Simonne, *Emmanuel Lévinas. Altérité et responsabilité*, Paris, Cerf, 1996, p. 58.
18 AHN, p. 128.

〈그림 10〉 샤갈의 〈산책〉(1917)

있다.

〈그림 10〉의 회화 이미지는 연인의 손을 맞잡고 허공에 붕 떠 있는 여인을 묘사하며 초록색과 보라색, 푸른색과 붉은 색이 연출하는 보색 대비의 효과를 보여준다. 두 인간 사이의 사랑의 힘은 물리적인 중력의 힘을 넘어서서 만남의 자유를 가져온다. 원색적인 사랑의 색채들은 인간의 원초적인 힘을 상징한다. 즉 그림에서 표현된 사랑은 초월적인 힘이며 경계 없는 타자지향성을 보여준다. 레비나스에게서 존재의 타자지향성은 타인에 대한 환대를 주체성의 본질로 이해하는 개념이다. 그리고 그런 주체의 타자성은 다분히 사유적인 주체를 비판하고 행위적인 주체의 성격을 차별화한 것이라고 볼 수 있다. "타자지향적 존재의 의미는 가까움의 의미다."[19]

레비나스에게서 주체의 이해는 이성적인 주체가 아닌 서정적인 심성을 가진 실존적인 인간을 철학적 사유의 대상으로 삼은 것과 같다. 말하자면 상처받기 쉬운 주체(sujet vulnérable)는 고독을 느끼고 우유부단하며 수줍어하는 인간의 모습이지만 그런 감성을 가진 존재는 오히려 타인들의 세계에 대해 열린 주체로서 보일 수 있는 것이다. "사랑은 타인

---

19 E. Levinas, *Autrement qu'être ou au-delà de l'essence*, 《Le Livre de Poche》, La Haye, Marinus Nijhoff, 1974, p. 128.(이하 AE로 약칭함)

을 향하며 그것은 자신의 연약함을 통해 그로 향한다. 연약함은 여기서 그 어떤 속성에 대해 열등한 정도가 아니며 나와 타자에게서 공통된 결의에 대해 상대적인 결핍이 아니다."[20] 존재는 에로스적인 주체이며 여성성을 인간적 특징으로서 지닌 존재를 의미한다. 즉 존재는 타자성을 가진 주체다. 이것은 친근성과 같은 것을 자신의 본질로 하는 주체의 가능성이며 이를 통해 인간은 신과 타자들에 대해 가까이 갈 수 있는 행위의 주체인 것이다.

(3) 타자철학은 왜 초월적인 것인가?

1) 신체적 감성의 저편에서

레비나스의 초월적인 심령주의(psychisme)는 그의 타자철학을 생기 있게 구성하며 그런 심령철학은 사유적인 명상이나 지적인 깨우침 등을 떠나 신과 인간의 관계에서 볼 수 있는 복종과 의무, 인내와 기쁨 등에서 체득될 수 있는 것이다. 그의 심령주의는 '타자지향적인 관계'에서 발생하는 것이며 현상학적인 지향성과 차별화된다. 그것은 사유작용이 아니라 신과 인간들 사이에 존재하는 보편적 관계와 여기서 정의되는 인간적인 본성에 의해 그 특징을 갖는다.[21] 무엇보다 그의 초월적인 관념은 신과 같은 초실체적인 근거에서 비롯되며 역사적으로 신은 구원의 신으로서 존재하고 인간은 신의 본성대로 삶의 실현을 목적으로 한다. 그리고 세계와 우주, 자연 현상들은 토라(Torah)와 같은 창조적인 법칙 또는

---

20 TI, p. 286.
21 AE, pp. 111~115.

신적인 말씀대로 상승적인 운동을 지속적으로 실현한다.

즉 그의 심령주의는 신적인 창조성이 늘 새롭게 표현되는 것에 부합하는 진리다. "생산성은 낡은 것을 생산하는 것 없이 역사를 지속시킨다. 무한한 시간은 늙어가는 주체에게 영원한 생명을 가져다주지 않는다."[22] 신적인 본성이 창조성에 있다는 것을 '나'와 자손들 사이에 적용시켜볼 때 그들은 나에 대해 타자들이며 '나'의 새로움이기도 하다. 그리고 그런 새로움은 '나'에 대해 초월적으로 존재한다. 여기서 초월적으로 존재하는 것들은 자손들이면서 이들을 통해 다시 새롭게 표현되는 '신적인 것', 바로 이것이 초실체성의 의미이기도 하다.[23] 말하자면 "시간은 존재에게 새로운 것, 절대적으로 새로운 것을 덧붙인다."[24] 이런 사실들을 토대로 우리는 그의 심령주의를 통해 초월성에 관한 세 가지 특징을 발견할 수 있다.

첫째, 신적인 본성이 역사적으로 실현되는 과정으로서 부성의 존재를 확인할 수 있는데 이것은 초월성 그 자체를 의미한다. 신은 자신이 창조한 물질적인 세계에 대해서 초월해 존재하며 거기에 역사적인 필연성을 부여하게 되는데 인간의 역사 역시 그런 신적인 비밀스러운 계획이 실현되는 과정인 것이다. 신에 의해 창조된 우주와 만물의 운동은 필연적인 이치인 토라에 의해 지배된다. 다만 그런 신적인 초월성은 인간에게 계시성, 선지적인 지혜 등으로 전승되는데 레비나스에게 타인의 얼굴은 그런 진리를 표현한다.

둘째, 존재의 타자지향성은 신적인 욕망이 인간들 사이에서 작용하는 것으로서 '본의 아니게' 타자들에게 나아가는 존재의 욕망을 의미한다.

---

22 TI, p. 301.
23 TI, 306.
24 TI, p. 316.

그것은 주체의 의도적인 의지로서 타자들에 대한 사랑, 경외, 복종이 표현되는 것이 아니라 무조건적으로 타자들에게 향하는 존재의 본성, 말하자면 메시아적인 심성으로서 정의될 수 있는 부분이다. 이런 초월성은 레비나스의 타자철학의 본질을 차지한다.

셋째, 위의 두 가지 측면은 정신적인 초월성을 드러내는 현상이라는 것을 어렵지 않게 파악할 수 있는데 이에 반해 신체적인 활동과 외부세계에 대한 감성의 움직임 역시 초월적 행위라는 것을 이해해볼 수 있다. 여기서 초월성은 이성과 사유의 방식을 통해 파악되는 것이 아니라 실존적이면서 통속적이고 신체적인 일상의 근거들을 통해 그 의미를 부여받을 수 있다는 것이다.

신체는 주체가 타인의 생각, 느낌 등을 같이 공유할 수 있도록 존재론적인 계기를 제공한다. 즉 상호 주체성의 근거가 신체성에 있는 것이다. 신체는 '나'를 세계에 개방시키는 경험적인 매개의 역할을 하며 '나'를 중심으로 한 세계 또는 타자에 대한 이해는 무엇보다 신체성에서 비롯된다고 해도 과언이 아니다. 곧 신체에 대한 이해는 세계에 대한 이해일 수 있다. 말하자면 타자 또는 세계가 '나'와 통일체, '나'의 한부분이라고 주장하는 근거가 신체성에 있는데 레비나스에게서 이것은 생활세계에서 말하는 '신체주관성'의 개념과는 다르다.

그에게 타자성은 신체가 외부세계와 교섭하는 물질성에서 비롯된다. 그것은 어떤 의식에도 앞서 존재하는 감각적인 것(sensible)이며 개념적으로 일반적인 의식 작용이나 상호주관성과 관련되지 않는다. 신체는 세계를 바라보는 주체의 눈이다. 즉 느낌은 타자세계와 '나'의 신체성을 불가분하게 보게 하는 중요한 기능을 수행한다. 그에 다르면 무한의 관념은 그 자체 심령적인 대상이면서도 '주체'에 대해선 타자와의 관계에 의해서만 파악되기 때문에 그것을 타자성이라고 부르는 것이며 이런 타자성은 신체성, 감성 등과 같은 실존적인 형태들로 나타나는 것 외엔 아무것도 아니다. 즉 신체성과 감성은 가장 구체적인 타자성을 표현하며 무한성은 이것을 통해 자신을 새롭게 표현하면서 다시 이것을 초월해 존재한다. 신체적인 감성은 타자와의 향유적인 삶을 주체에게 가져다준다. 물질은 주체에게 양식이며 이런 물질성은 곧 타자성이다. 대상들과의 관계는 단순히 물질과의 관계가 아니라 실존적인 삶의 타자성을 실현하며 향유적인 삶을 제공한다.

타자성은 인간존재의 신체성과 관련해서 고난, 수고로움, 피로함 등과 같이 주체의 수동성을 형성한다. 주체의 그런 분해될 수 없는 수동성은 직접적으로 타인에게 드러난 나의 출현이며 육체적인 고통도 그런 관계에서 오는 대가일 수 있다. 신체적인 것들로 실존을 표현하는 모든 것들은 주체를 형성하는 최소의 단위들인 수동성이며 타자성 그 자체일 수 있는데 이런 타자성은 의식의 어떤 반성적인 작용보다도 앞서는 것이다. 인간은 실존적인 현실에 대해 기쁨, 슬픔, 고통 등과 같은 자신의 감정들을 표현하는 존재이며 이런 것들에 앞서 이성적인 것이 존재의 우위를 설명할 수 없다. 앞서 말한 주체의 수동성은 레비나스에게서 코기토의 의미를 형성하는 것으로 신적인 관념이 내재적으로 존재한다는 것은 낯선 타자성이 나의 온몸 속으로 이미 들어와 있는 것을 의미한다. 즉 '물질적 신체로서의 심령주의'[25]는 그런 실존적인 보편성을 강조하는 표현이다.

레비나스의 감성은 이미 세계를 향한 초월성과 같다. "감성의 즉시성, 이것은 고유한 물질성의 '타자적인 것'(le pour autre)이다. 그것은 근접성이며 타자에 대한 즉시성이다."[26] 즉 타자지향적인 주체는 감성 또는

---

25 "Psychisme comme un corps matériel" (AE, p. 109.)

272

상처받기 쉬움의 형식에 의해 심령적인 통시성을 전달하며 주체의 신체성은 그런 형식들을 통해 이미 자신을 생기 있게 한다. 말하자면 물질적인 감각 현상은 통시성을 옮기는 매개이며 이런 활동을 통해 감각적인 것이 생기 있다는 의미다. 그가 말하는 '물질적인 신체로서의 심령주의'는 그런 감성 활동에 관한 형이상학적인 이해를 바탕으로 하고 있으며 신체적인 감성에 의해 표현되는 그의 심령주의는 곧 외부세계를 삶의 양식으로서 받아들이며 존재의 향유를 구성한다. 물질적인 여건들은 존재의 내면적인 삶의 방식인 주체의 향유(jouissance)를 제공한다. 이런 삶을 통해 정신과 육체에 관한 이분법적인 사유가 무의미해진다. 심령적인 것은 삶 자체에 내재되어 있으며 물질적인 것, 신체적인 것 등과 맞물려 있다.

즉 인간은 신체적인 감성을 통해 세계를 경험하고 그 '좁은 문'을 통해 영적인 진리의 자명함을 체험하는 서정적인 또는 형이상학적인 존재다. 감성은 심령주의의 주요 관념인 근접성을 더 직접적으로 의미한다. 신체의 신체성 역시 그런 감성을 표현하면서 심령적인 매개의 역할을 한다. "고유한 신체의 신체성은 감성 그 자체로서 존재의 매듭과 풀림을 의미하며 신체의 물리, 화학, 생리적인 의미화로의 통로를 함의한다. 이것을 향해 확실히 가까움, 의미화, 타자지향성으로서의 감성이 인도된다."[27] 신체는 타자 지향적인 운동으로 외현하는 형이상학적인 욕망의 매개이며 느낌, 감성은 그런 구체적인 욕망의 표현이다. 신체적인 것, 이것 역시 심령주의의 매개 또는 흔적인 것이다. 성관계의 예를 살펴볼 때 이것은 타자와의 결합을 의미하면서 이를 통해 생성의 욕망 또는 '그

---

26 AE, p. 120.
27 AE, p. 123.

무엇에 대한 의지' 또는 심령적인 통시성 등이 일관적으로 표현되는 것을 의미한다.

2) 초월의 윤리학

우리는 앞서 신체적인 감각현상이 궁극적으로 통시성을 매개하는 형이상학적인 대상이 될 수 있다는 것을 이해하게 되면서 여기서 초월(transcendence)의 의미를 시사받을 수 있다. 초월은 감각적인 세계의 저편에 이르거나 현실적인 앎과 경험을 넘어서는 상태를 의미한다. 일반적으로 회자되는 철학적인 또는 사유적인 초월은 경험에 앞서 존재하는 것을 직관적으로 인식하는 칸트의 선험적 인식론과 후설의 그것을 그 예로 들 수 있다.[28] 이외에도 종교적 초월은 신 또는 절대적인 진리로 회귀, 열반의 경지에 이르는 행위 등으로 생각해볼 수 있다. 그리고 우리가 문제로 삼는 윤리적 초월은 일상적인 도덕적 규범이나 상식을 뛰어넘어 이타적인 행위나 선에 대한 의지가 적극적으로 표현되는 것으로 살펴볼 수 있다. 레비나스에게서 타인에 대한 자기희생적인 사랑이 실현되는 것을 그런 현상으로서 짐작할 수 있을 것이다. 우리는 윤리적 관점에서 그의 철학에서 볼 수 있는 초월의 의미를 평가할 수 있다.

그렇다면 왜 초월을 시도하려는가? 철학적인 또는 사유적인 초월의 경우, 의식의 확실성, 인식의 근거 또는 상호 주관적인 토대를 마련함으로써 인간의 본래적인 주체성, 대상세계의 선험적 인식, 생활세계의 가능성 등을 성찰하게 된다. 종교적 초월의 경우, 내세관의 신앙적 확신 등을 통해 현세적 삶에 대한 영적인 차원의 이해를 가져온다. 이와 함께 윤리적 초월의 경우, 인간본성의 회복, 즉 원래적인 '나'를 발견하려는

---

28 *Les Notions philosophiques II*, PUF, 1990, p. 2636.

것 등의 자아적인 시도와 노력을 통해 삶의 가치를 재조명하게 된다. 이에 따라 칸트철학에서 초월의 관념이 주체의 인식론적인 선험성과 같이 자리매김을 한 이후 그 일반성이 정의되었다면 레비나스는 그런 초월 개념이 아닌 윤리적인 또는 형이상학적인 초월을 주장한다.

그는 초월에 관한 형이상학적인 가치에 대해 《전체성과 무한》(1961)에서 나름대로 체계적으로 피력하고 있다. 즉 이런 삶의 방식은 분리(séparation)를 통해 가능한 것이다. 분리는 삶의 법칙이며 현실이다. 향유와 분리는 밀접한 관계에 있다. 향유는 타자적인 삶과의 만남을 통해 주체에게 행복을 가져다주며 그것은 분리를 실현한다.[29] 예를 들어 삶의 거주는 터를 다시 허물고 개간하며 쌓고 다듬는 등의 타자관계들을 통해 실현되듯이 그런 것들은 곧 '나'의 삶의 영위를 표현한다. "창조주에 대해서 분리는 평온과 행복을 갖고 자립적으로 살아가는 가능성이다."[30] 이것은 재현적인 삶의 방식에 대립해서 생성적인 삶의 활동을 주체적인 가치 기준에 의해 보고자 하는 인식을 가져다준다. 즉 분리는 시간에 대한 해석이며 생성의 방식을 초월적으로 설명한다. 말하자면 "자손과의 관계는 타자와의 관계이며 권력이 아니라 생산성이다. 그것은 절대적인 미래 또는 무한한 시간과 관계한다"[31]에서 볼 수 있듯이 그것은 무한성이 다자적으로 무한히 존재하는 방식이기도 하다. 향유와 분리의 관계에 나타나 있듯이 이것들은 삶의 지속을 실현시키면서 타자세계와 교섭해나가는 거주의 방식이다.

그런 소박한 삶에 대한 초월적 이해는 삶 자체에 대한 긍정과 신앙적인 성실성을 드러낸다. 그런 삶은 곧 유토피아에 대한 동경을 담아내고

---

29 TI. pp. 118~119.
30 CHALIER, Catherine, *La Trace de l' infini*, Paris, Cerf, 2002, p. 33.
31 TI. p. 300.

있으며 '나'라는 존재가 초월자에게 보호받으면서 그와 함께, 타자들과 함께 내가 존재한다는 것을 나타낸다. 즉 신의 이름으로 내가 이렇게 존재하는 한 주체는 자신에 대해서 존재하는 것이 아니라 타인들과 함께 자신의 존재의미를 찾을 수 있는 것이고 유토피아는 멀지 않은 미래에 존재한다는 것을 나타낸다. 레비나스가 친근성과 같은 인간윤리의 가치를 가족 단위에서 찾고 이웃들과의 사랑을 윤리의 기원으로 삼듯이 그의 초월적인 가치는 사유적인 직관, 종교적인 해탈 등에 의존하는 것이 아니라 삶의 향유적인 터전과 그런 삶의 타자성에 대한 통찰에서 발견될 수 있는 것이다.

그런데 '신과 같이 있다'라는 것은 낯선 이들과 그 얼굴들을 환대하는 것에서 계시적으로 파악되는 것 외엔 아니다. "얼굴이란 것은 보여지는 것이 아니며 또한 어떤 대상도 아니다. 그 나타나는 것(apparaître)은 그 어떤 외부성에 의해 유지되는데 이것은 당신의 책임감에 부여된 호출이거나 명령이다. 얼굴을 대면한다는 것은 즉시 이러한 요구와 질서를 이해하는 것이다."[32] 즉 '나'의 주변에 이웃한 얼굴들을 통해 윤리의 발생과 기원을 모색할 수 있다는 것은 마치 데카르트의 명증적인 진리를 사유가 아닌 타인의 얼굴들을 통해서 찾는다는 것과 같다. 그래서 레비나스의 초월적인 진리관은 삶의 평범한 조건들 가운데서 삶 그 자체를 대상으로 하는 가치들을 제시하고 있는 셈이다. 물론 타인을 향한 얼굴들에 대한 호출은 신에 대한 복종을 요구하는 것과 같다. "나 자신 속의 무한의 관념 또는 신에 대한 관계는 타인에 대한 관계에서 오는 구체성과 이웃에 대한 책임감인 사회성에서 찾아온다. 그 책임감이란 어떤 경험

---

32 POIRIE, François, *Emmanuel Lévinas. Qui êtes-vous?*, Lyon, La Manufacture, 1987, p. 94.

에서도 포착할 수 없던 것이며 다만 타인의 얼굴과 그 타자성, 그 낯섦 자체에서 오는 것으로서 내가 알 수 없는 곳에서 오는 명령이다."[33] 신은 불행한 사람들, 죄지은 사람들 등 모든 사람에게 편재하며 이렇듯이 인간들도 낯선 이들에 대한 사랑과 존중의 마음을 늘 지니도록 요구할 수 있는 것이다. 신을 경외하듯 타인들에 대한 그것 역시 신앙을 찾고 진리를 찾는 행위들과 다르지 않다는 레비나스의 타자윤리는 초월의 가치로서 평가될 수 있다.

(4) 타자철학의 인문학적 평가

'삶의 해석으로서 타자철학의 초월적 가능성'은 삶의 가치를 '나' 중심이 아닌 타자 중심에서 해석함으로써 일상적인 윤리의 기준과 그 기원을 반성적으로 살펴본다는 것에 의미가 있다. 그런 점에서 타자철학의 이해를 인문학의 한 부분이 아닌 인문학적 사유의 중심에서 통찰하고자 하는 것은 인문학의 목적이 인간 중심적인 시각에서 세계와 우주, 사회와 역사를 성찰함으로써 궁극적으로 인간과 진리의 이해를 가져오는 것에 있기 때문이다. 레비나스의 타자철학은 진리의 보편성을 주장하기 위해 인식 위주의 철학, 지적인 본질주의 등이 지니는 사고의 유형들을 비판하고자 한다. 데카르트의 사유중심주의, 구조주의 인류학, 현상학적 지향성 등이 그 예가 될 수 있을 것이다.

그에게 뒤르켕의 집단적인 인간본성에 대한 탐구도 전체주의와 맥락을 같이 하는 것이다. "전체주의는 모든 사회적 관계를 사회질서에 대한

---

33 DQVI, p. 11.

똑같은 참여형태로 이끌어간다."[34] 그가 이성적 세계관과 이런 사유의 질서에 의해 인간의 가치를 논의하는 것에 대해 비판적인 이유는 앎의 체계성과 명료성이라는 이름으로 집단적인 이기주의가 인간의 다른 본성들을 지배하고 억압해왔기 때문이다. 그의 역사인식은 폭력과 집단주의 등의 행태들에 의해 인간성이 황폐화하는 것을 직시하고 바람직한 인간화의 윤리를 제안하는 것에 그 목적을 둔다. 그렇다면 그의 타자철학이 인문학적 지식과 가치에 부응하는 이유는 무엇인가?

첫째, 존재와 세계에 대한 해석적 시각을 제공하고 있다. 인간의 삶을 궁극적으로 바라보는 안목으로서의 그것은 인간본성의 보편적 이해, 즉 존재의 타자지향성과 같은 불변의 이치를 말하고 있다. 인간이 진리라고 부르는 학문적 가치도 인간자신에 대한 궁극적 이해와 늘 밀접한 관계를 맺고 있으며 신과 자아, 우주와 자아, 세계 또는 타인과 나의 관계 등도 인간의 자기 정체성에 관한 이해와 병행하게 된다. 이런 점에서 그의 타자철학은 자기 정체성에 관한 본성을 새롭게 제안하고 있는 셈이다.

둘째, 사회 공동체의 윤리를 적극적으로 발전시키고 있다. 윤리와 도덕의 근거는 지적인 의무감을 강요하는 것에서 금과옥조를 형성하는 것이 아니라 인류의 기본 단위인 가족, 이웃들에게서 흔히 볼 수 있는 친근한 환대 등을 윤리적 가치의 기본으로서 삼게 된다. 특히 타인의 얼굴은 타자성의 윤리가 왜 절대적인 차원을 획득하고 있는 것인지를 설명해준다.

셋째, 정신과 육체, 삶과 죽음, 과거와 미래, 남성과 여성, 성과 속 등의 이분법적인 사고의 틀을 극복하고 삶의 현상들을 근원적인 시각, 즉

34　HAYAT, Pierre, *Emmanuel Lévinas, Ethique et société*, Kimé, 1995, p. 43.

타자성을 통해 통찰하고 있다. 타자철학은 인간과 삶의 가치를 논의의 대상으로 하기 때문에 극단의 논리를 배제한다.

넷째, 그의 타자철학은 인간본성에 관한 고전적인 가치를 새롭게 제시하면서 근현대의 다른 인문학적인 사조들과 조우하며 관련된 영향들을 받으면서 특히 타자성, 신체성, 감성 등을 주제로 지식적인 패러다임을 형성하고 있다. 그래서 그것은 윤리학, 사회학, 정치학, 문학, 예술 등의 다양한 장르에서 지적인 공헌을 하고 있다.

그의 타자철학은 초월의 가능성을 제안한다. 초월은 삶의 근원을 통찰하고 그 보편성을 인간의 궁극적인 가치로서 표현하며 지식적인 최고의 선을 추구한다. 이 점에서 초월의 관념은 대중화, 상업화, 획일화되어가는 현대인들의 삶의 편향들에 대해 비판적인 안목을 가져다준다. 그런데도 그것이 탁상공론과 같은 지적인 유희들로 비치는 것은 삶에 대해 반성적 여유가 없는 현대인들의 정신적인 빈약함이라고 볼 수 있다.

레비나스에 따르면 신에 대해 진정한 사유가 없는 지식적인 생산들은 무의미하게 보일 수도 있고 반대로 신에 대한 신앙이 절실하지 않은 사람들에겐 그의 타자철학이 절반의 지적인 사유로 보일 수도 있을 것이다. 그러나 그의 타자철학과 그 초월성은 '자아의 기원은 무엇인가', '법과 윤리 등 가치의 발생은 어디에 바탕을 두는가', '타인은 왜 나와 다르지 않은가', '죄지은 사람들에게 왜 돌을 던져서는 안 되는가' 등의 실존적인 문제 의식들과 밀접한 관계를 지니고 있다. 그의 초월사상에는 두툼하고 거친 손이지만 타인의 아픈 곳을 감싸주는 따뜻한 느낌이 숨겨져 있다. 그리고 그런 이해의 감성들은 타인에게서 다시 타인들에게로 나가는 역동적인 힘, 영적인 에너지와 같이 초역사적으로 작용한다.

IV부
타자 중심적인 윤리와 사회성

9장 타인의 얼굴은 누구의 얼굴인가?

(1) 얼굴에 관한 해석의 기원

레비나스가 타자의 얼굴에 부여하는 윤리적인 최고의 의미와 그 형이 상학적인 본질을 철학적으로 알아보기 위해 우리는 먼저 레비나스 자신 이 유다이즘적인 전통에 충실한 인물이라는 것을 전제할 수 있다. 한셀 (Hansel)은 레비나스가 중세의 유대인계 철학자인 마이모니데스(Moise Maimonide, 1138~1204) 이후 최고의 유대인 학자라고 평가한다. 실제 로 레비나스의 저서들 25여 권 중에는《탈무드적인 네 가지 읽기(Quatre lectures talmudiques)》(1968) 등 5권의 탈무드 주석서가 포함되어 있다. 그리스 시대 이후 서구 사상계에서 비주류적인 위치를 차지하며 유대인 공동체가 발전시킨 아브라함의 신에 대한 관념들과 그로부터 파생된 인 간들에 대한 윤리는 특히 구전토라(*Torah Orale*)인 탈무드, 미드라시 (Midrach) 연구 등에서 비롯되고 있다. 그도 그 연구가들 중 탁월한 한 사람이라는 것을 주시할 수 있을 것이다.[1] 예를 들어 그는 '나 자신이란 누구인가'(Qui est soi-même?)라는 물음에 대해 창세기에서 아브라함이 고백하고 있는 "나는 재와 먼지다"라는, 신 앞에선 보잘 것 없는 인간성

---

1   Georges Hansel, *Explorations talmudiques*, Paris, Odile Jacob, 1998, p. 13.

의 개념을 제시한다.[2]

그러나 이렇듯 단순한 성서의 구절을 통해 그는 자아관념의 실체성 또는 동일성에 관한 서양철학의 일반적인 문제의식에 이의를 제기한다. 그는 자아가 타자성(altérité)으로 구성된 것 외엔 아무것도 아니라는 것에서 파생될 수 있는 새로운 윤리의 질서를 완성한다. 유다이즘의 전통에서 제시될 수 있는 타자성의 문제는 우의적인(allégorique) 방식을 통해 설명되곤 한다. 남성적인 것의 타자성은 여성적인 것일 수 있다. 다음의 예를 생각해보자. "물에 비춰지는 것은 신 안에 있는 남성적인 것의 얼굴이며 인간인데, 즉 비춰진 것은 신 안에서 만들어진 또 다른 얼굴이며 따라서 인간의 소명은 신적인 삶과 그 운동의 중심에 있게 된다. 그리고 이러한 남성적인 것의 반추들은 마치 여성적인 것의 부재와 같다."[3] 신의 이미지를 본떠서 만든 인간의 모습은 물에 비춰진 신적인 것의 얼굴이며 다만 물에 비친 존재는 완전하지 않기에 여성적인 것이 부재하다는 의미다. 즉 반쪽짜리 인간의 얼굴은 자신의 본래적인 소명 또는 타자성을 찾아 타인의 얼굴을 바라보는 것이다.

여기서 인간에게 여성적인 것의 본질은 타자성인 것이다. 레비나스에게서도 주체의 의미는 자신의 바깥으로 향하는 것에 있는데 이것은 주체의 본래적인 타자성 때문이다. 근대적인 주체의 사유주의와 그 실체성을 배제하게 되는 그의 타자적인 질서관은 광의적인 의미에서 이미 유다이즘적인 세계관과 그 공동체 의식을 반영하는 것이다. 여기서의 궁극적인 연구 대상인 토라는 그리스적인 서구 문화에서 말하는 로고스

---

2 E. Levinas, *Nouvelles lectures talmudiques*, Paris, Ed. de Minuit, 1996, p. 82.(이하 NLT로 약칭)

3 Shmuel Trigano, *Le Récit de la disparue*, Galimard, 《folio essais》, 1977, p. 61.(AE, p. 222.)

와 구분되는 것으로 유다이즘의 경향에 따르면 그것은 신의 세계창조와 함께 존재해왔던 것이며 세계의 비밀이자 우주론적인 지혜다.[4]

그에게서 그러한 토라의 단면들은 바로 사회 공동체 안에서 타자의 얼굴들을 통해서 범실존적으로 발견되는 것이며 신의 본성인 신성함 (sainteté)이 세속적인 인간들에게 윤리적으로 나타나고 이들을 구심력 있게 존재케 하는 방식이기도 하다. "얼굴들은 서로가 다른 이들로 향한다. (…) 이것은 서로가 서로에 대해 존재하는 인간들의 실재적인 현존과 이러한 상호적인 관계들에 있게 되는 작은 사회다."[5] 얼굴들이 서로 인격적으로 마주보는 사회가 가장 이상적인 공동체며 그가 말하는 유토피아인 것이다. 그런데 토라의 출현과 타자의 얼굴과 마주하는 관계는 토라의 전수에 관한 이해에 초점을 맞추어 이미 유다이즘에 관한 역사적인 문헌들 가운데 낯설지 않게 등장하고 있음을 주시해볼 필요가 있다. 다만 그는 현대철학적인 측면에서 타자의 얼굴을 매개로 해서 계시의 형이상학과 윤리학적인 또는 공동체적인 타자론의 영역을 새롭게 제시하고 있는 셈이다.

마티스(1869~1954)의 현대적인 형태주의는 이미지 대상들의 해체와 원초적 관념의 부재를 회화적으로 표현한다. 〈그림 11〉의 이미지는 리듬, 율동 등과 같은 추상적인 관념을 연출하고 있다. 원초적인 세계를 반영하듯 보색 대비의 색채 효과, 형태들의 자율성 등이 그런 관념을 생기 있게 해준다. 회화적으로 이미지는 허구적인 환상으로서가 아니라

---

4   12세기 전후에서 등장한 카발리즘(Kabbalisme)은 토라의 신비주의적인 전수 (transmission)를 중시한다. 토라의 이런 의미는 스스로 깨우치는 것이 아니라 영적으로 내가 예언적인 지혜를 받는다는 것이며 또한 전수되는 것이다. 미드라시에 따르면 토라 는 세계를 창조한 신의 청사진이며 그도 토라를 읽으며 세계를 창조했다고 한다.

5   ADV, p. 38.

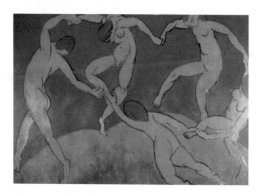

관념적인 사유의 메커니즘을 표현한다. 우리는 이 그림에서 인간의 신체적 율동에 주목할 수 있다. 각각의 인간들이 서로 손을 잡고 춤을 추면서 비로소 그들의 형체가 본래적인 하나의 인간으로 완성되는

〈그림 11〉 마티스의 〈춤〉(1910) 신체들은 서로 어울리며 본래적인 신체의 형상을 표현한다.

것을 볼 수 있다. 그리고 다음과 같이 비평할 수 있다. 첫째, 인간들의 원초적인 만남이 서로 어울리면서 신체적 교감을 하는 것에서 숨겨진 욕망을 실현시킨다. 둘째, 각각의 인간들은 미완의 존재들이며 서로가 묶일때 본래적인 인간으로 태어난다. 여기서 우리는 레비나스에게서 타인의 얼굴이 갖는 의미를 적절히 이해해볼 수 있다. 즉 인간은 서로의 얼굴들은 마주보는 것에서 본래의 인간이 될 수 있으며 궁극적인 자아성찰을 실현할 수 있다는 것이다.

유대인들의 전통적인 경서 미드라시에 의하면 토라가 70개의 얼굴을 갖는다고 한다.(*Bremidbar Rabba* 13 : 15) 그런데 이 토라를 최초로 전수받은 사람은 출애굽기에 나오듯이 모세다. 토라가 전수된 이후 이 신적인 율법은 이스라엘 공동체의 역사를 초월적으로 구성하게 된다. 이 토라의 비밀은 서로가 서로에 대한 다양한 얼굴들로 현시되며 그들을 계시적으로 이끌게 되는 초이성적인 역할을 하게 된다. 즉 타자의 얼굴은 이미 계시적이고 신비적인 유다이즘의 전통을 함축하고 있다. 얼굴에 대한 유대인들의 이미지는 진리의 현시와도 같다. 카발라의 주요문헌인

조하르(Zohar)는 빛과 무한성에 관한 논의들을 빈번히 등장시키는데 얼굴은 그것들을 되비추는 역할을 한다.[6]

유다이즘의 대연구가인 G. 솔렘은 토라와 얼굴의 관계를 다음과 같이 설명한다. "토라의 각 음절은 시나이 산에서 자신들을 발견한 이스라엘 자손들의 숫자만큼과 같이 60만 개의 '얼굴들'을 갖는다. 각각의 얼굴은 그들 중의 한 얼굴에 대해 보이는 것이며 단지 그에게로 향하면서 그에 의해 열리는 것 외엔 아무것도 아니다."[7] 좀 더 주목해보자면 시나이 산은 모세가 신으로부터 계시를 받은 신적인 것의 하강의 공간이며 그곳에서 받은 인간에 대한 신의 율법은 살아 있는 토라 또는 그 명령이다. 그런데 그에게 신의 명령과 같은 토라의 진실은 인간들에게 서로의 얼굴들에 복종케 하는 윤리적인 명령으로서 나타난다.

그런 신과 인간의 관계에서 레비나스가 말하고자 하는 타자에 대한 신적인 것의 윤리가 발생한다. 육체적인 공간으로서의 얼굴은 죽음 앞의 공포감, 세속적인 고뇌와 인내가 함께 새겨진 실존적인 인간의 모습이다. "벌거벗은 얼굴은 빈곤한 자와 이방인의 궁핍을 나에게 보여준다."[8] 동시에 육체의 모습을 가진 타인의 얼굴은 신을 영접하는 시나이 산과 같은 속된 공간인 것이다. 그런데 이 산은 하늘과 맞닿아 있다. 마찬가지로 사람의 얼굴들은 신성함과 맞닿아 있다. 이 얼굴들은 동시에 신에게 유배된 자신들의 삶 속에서 그들 간의 실존을 공유하고 있다. 왜냐하면 디아스포라적인 삶의 공동체 안에서 고난과 희망의 얼굴들은 서로가 서로를 반추하기 때문이다. 요약하자면 타자의 얼굴은 육체성을 가진 인간의 얼굴이자, 실존적인 공동체의 얼굴이자, 신을 비추는 성스

---

6   Zohar, I;45a~b
7   Gershom G. Scholem, La Kabbale et sa symbolique, Ed. Payot, 1966, p. 21.
8   TI, p. 188.

러운 장소다. 무엇보다 레비나스에게 타자의 얼굴은 궁극적으로 에피파니(Epiphanie)로서 표현되며 이것은 신적인 성스러움의 하강을 의미하는 것으로 나의 실존적인 동일성을 타자의 얼굴에 전적으로 복종케 하는 최고의 윤리적인 의미를 갖게 한다. 종교 행사일인 주현절(Epiphanie)은 크리스트의 공현을 기념하는 메시아니즘의 상징이다. 역사적으로 그것은 유대인들이 몇천 년 동안 기다려온 성육화한 메시아의 탄생에 대한 기대다.(이사야 9:1~6) 기원전 2세기경 동방 지역에선 빛과 시간의 탄생을 기념하는 축제였다. 타자의 얼굴이 종교적인 대상으로서 이해되는 이유가 직접적으로 여기에 있는 것이다.

우리는 레비나스의 타자 윤리론과 얼굴론에 대한 형이상학적인 논의들이 단순히 그의 텍스트들 속에서 단적으로 야기되고 그 답안이 제시되기보다는 그가 성장했던 유다이즘적인 지적인 정서를 먼저 이해해야 한다는 것에 공감할 수 있다. 그는 1935년 유대인 학술지 *Paix et Droit*에 마이모니드에 관한 글을 편집인으로서 기고하는데, 이 시기에 그는 프랑스의 지적인 공동체인 소르본에 편입되었으면서 동시에 파리에 있는 이스라엘 공동체 협회(Alliance Israélité Universelle)에서 유다이즘에 관한 학습을 받고 연구 활동을 하게 된다. 또한 타자에 대한 형이상학적인 욕망을 이해하기 위해 우리는 개별자가 타자로 향하는 공동체적인 계시문화를 가정해야 한다. 이것은 서구의 일반적인 사유주의의 전통과는 이론적으로 구분되는 것이며 신 앞에 존재하는 인간의 절대적인 복종과 그 관계를 차별적으로 이해해야 한다는 것이다. 즉 타자의 얼굴에 관한 상징적인 논의는 종교적인 공동체를 전제한다는 것이다.

따라서 무한성을 의미하는 히브리어 *Ein Sof*가 신적인 관념과 역사적인 계시성에서 비롯되듯이 그에게서 철학적인 무한의 관념 역시 직관적인 사유체제에서 얻어지는 것이 아니라 신의 존재를 전제로 한 타자에 대한 절대적인 경험을 통해서 전승(transmission)되는 개념이라야 한다. 철학적으로 그의 사유관은 사유적인 주체 안에서 존재론적인 완벽함 (perfection)을 찾으려 했던 데카르트의 사유관과는 확연히 구분된다. 그는 데카르트가 말하는 내적인 무한의 관념을 타자적인 욕망으로 대체시킨다. "데카르트에게서 무한의 관념은 이론적인 것이고 사유이며 앎이다. 나에게서 무한에 대한 관계는 앎이 아니라 욕망(Désir)이다."[9]

타자에 대한 그의 얼굴론은 마치 메시아의 강림 앞에서 복종해야 하는 절대적인 윤리를 인간들에게 무조건적으로 요구하는 것으로 나타난다. 다만 이러한 경험은 모든 인간들에게 각자의 낯선 경험을 통해 가능한 것이라야 한다. 누구에게나 똑같은 신의 모습이 아니며 그 모습은 무수한 타자의 모습을 통해 나타나는 것이다. 이것은 계시성의 의미이기도 하다. 나아가 그에게서 형이상학이 사유주의와 그 체계적인 전체성이 구성하는 어떠한 존재론에 대해서도 상위적인 이유는 신적인 명령이 존재에 대한 절대윤리로서 나타나기 때문이다. 철학에 대한 이해는 존재에 대한 탐구가 아니라 나와 타인과의 관계로 나아가는 형이상학인 것이다. "타인은 형이상학적인 진리와 동일한 장소이며 신에 대한 나의 관계에서 필수적이다."[10] 이제 '타자의 얼굴이란 무엇인가'에 대한 우리의 논의는 첫째, 철학적인 외부성의 시각과 그 근원성(radicalité), 둘째, 종교적인 윤리의 출현과 무한성의 의미, 셋째, 디아스포라적인 실존과 자아론 등의 주제들을 가지고서 전개될 것이다. 다만 우리는 앞서 유대인 공동체에서 타자의 얼굴이 매개하는 원초적인 보편성과 그 인간주의의 단면을 들여다보고자 했으며 이것은 타인의 얼굴과 그 형이상학

---

9   EI, p. 97.
10   TI, 51.

을 좀 더 융통성 있게 해석하는 실마리를 제공한다.

(2) 빛의 외부성에 관한 차이의 철학

레비나스는 존재의 동일성에 관한 철학적인 주제를 이해시키기 위해 주관성에 부여된 합리적인 반성과 그 인식론적인 관계 속에서 그 체계를 제시하는 것이 아니라 존재에 관한 실존적인 구체성의 문제, 즉 언어와 신체성 그리고 타자 등의 외재적인 소재들을 통해 다루게 된다. 따라서 이것은 사유하는 주체의 유아론적인 구심력을 우선적으로 필요로 하는 것이 아니라 주체바깥(hors du sujet)에서 존재의 본질을 적극적으로 찾아나가는 방랑적인 자아(soi nomade)의 외적인 모습들을 제시하는 것이다. 타자에 대한 대신(substitution)의 의미는 끊임없이 자신의 존재를 부정하고 타자화하는 것에 의미가 있다. 따라서 레비나스의 자아는 늘 타자적인 것으로 이웃하는 자아(soi prochain)다. "이 책(*Autrement qu' être*)은 주체를 볼모로서 주체의 주체성을 존재의 본질과는 인연을 끊는 대용으로서 해석한다."[11] 그의 탈중심적인 자아론은 본질적으로 타자에게로 나아가는 형이상학적인 욕망에 근거한다. 그는 주관성의 본질에 대해 다음과 같이 말한다. "주체성이란 타인(Autrui)을 환대하는 것과 같이 받아들이는 것이며 여기서 무한의 관념이 소비된다."[12] 따라서 타자로 향하고 타자로서 표현되는 존재의 모습은 나 자신 속에서 찾아지는 유아론적인 반성을 필요로 하는 것이 아니라 진정한 존재는 그 자신을 떠

---

11 AE, p. 232.
12 TI, p. XV.

나서 무수한 다른 형식들로 존재한다는 것이다. 외부성은 존재의 근원성(radicalité)을 의미한다. 또한 존재의 외부성은 사유적인 체계성의 의미를 갖는 전체성과 구분된다. 이런 관점은 언어와 육체 등의 영역들을 새롭게 확장시킨 현대철학적인 이해들과 공감하는 것으로서 특히 그의 타자 얼굴론은 주체 개념에서의 존재하는 것(exister)의 부재, 타자적인 시선 등에 대한 의미 등을 새롭게 환기시켜준다.

철학적으로 타자의 얼굴은 이미 전통적인 존재의 문제가 더욱 다원적으로 이해될 수 있다는 해석학적인 가능성을 보여주는 것이다. 얼굴은 존재의 타자적인 발생을 암시하는 것으로 존재의 외부성과 대상에 관한 레비나스의 의미론은 그 자체가 패러독스며 중의적일 수 있다. 따라서 그에게서 외적인 진리란 내적인 것의 전적인 노출이며 그 표현이다. "의미의 제일 현상은 외부성(extériorité)과 일치한다. 이 외부성은 의미하는 것 그 자체다."[13] 이에 따라 타자에 대한 욕망 역시도 이미 존재가 자신의 바깥으로 향하는 외부성에 의해 그려지게 되며 타자는 그 표현이다. "형이상학적인 욕망(désir métaphysique)은 '전적으로 다른 것', '절대적인 타자'로 향한다."[14] 따라서 타자의 얼굴이 의미하는 것은 존재의 표현이 그것으로 인해 가능한 것 외엔 아니다라는 제일 현상으로서의 외부성에 관한 이해를 받아들이게 된다.

《전체성과 무한(Totalité et Infini)》(1961)의 부제가 '외부성에 관한 에세이'(Essai sur l'extériorité)이듯이[15] 타자의 얼굴은 타자와 대면한 나에게

---

13 TI, p. 239.
14 TI, p. 3.
15 '전체성'의 의미는 레비나스에게 사고의 획일화를 가져오는 체계이며 극단식인 폭력이 원천이 되기도 한다. 그는 인간의 사고를 전체성으로부터 자유롭게 할 때 비로소 무한의 관념을 열게 할 수 있다고 본다.

서 존재의 외재적인 구성과 더 나아가 형이상학적인 목적성을 함께 보여준다. 이 책에서 다뤄지는 외부성의 개념은 세계의 실재를 형성하며 존재의 생산 활동을 가능케 하는 '존재의 일반적인 경제'(l'écnomie générale de l'être)를 의미한다. 이 공간에서 존재는 행위하고 노동하며 자신의 향유(jouissance)를 자신의 가족과 집 그리고 이웃관계들로서 실현한다. 그리고 이런 타자적인 관계들은 내적인 친근성(familiarité)으로 엮여 있다. "친근성은 분리(séparation)의 완성이며 에너지다. 그것에서 분리는 자신을 체류(demeure)와 거주(habitation)로서 구성한다."[16] 나와 외부세계를 '나의 단일성'(l'unicité du Moi)으로서 묶는 친근성은 존재의 힘과 같다. 이렇듯 세계구성은 인식론적인 것이 아니라 존재자신에게 향유를 제공하는 공간이며 이곳에서 존재는 자신의 모습을 외적으로 형성하면서 동일성을 실현한다. "세계의 타자에 대해서 나의 존재방식은 체류하는 것이며 그곳에서 나 자신 안에 존재하면서 자신을 동일화하는 것이다."[17] 존재의 타자적인 분리는 세계 안에 존재하는 나(Moi)를 구성한다. 그렇다고 그 세계전체가 존재에 대해서 도구적으로 구성된 세계는 결코 아니다.

그는 하이데거가 말하는 실존적인 심려함에서 제시되는 세계의 존재론적인 구성은 거주(habitation)로 인해 가능케 하는 내부성 근저의 실현을 잘못 인식하고 있다고 판단한다.[18] 존재의 본질은 세계 안에서 타자들에 대한 관계들로서 표현되며 이미 존재론적으로 그들에게 분리되어 있지만 그들과 함께 세계에 존재하는 자신의 단일성(unicité)을 실현한다. 레비나스에게서 철학적인 동일자는 무수한 방식으로 타자로서 표현된

---

16   TI, p. 129.
17   TI, p. 7.
18   TI, p. 137.

다. "무한의 관념은 타자(l'Autre)에 관계된 동일자(le Meme)의 분리다. 그러나 이러한 분리는 순수하게 반정립적일 수 있는 타자에 대한 대립에 근거하는 것은 아니다."[19] 또한 외부세계에 독립한 실존은 타자들에 의한 자신의 분리에 의해 세계를 구성한다. "생성된 실존의 본질적인 것은 무한의 관점에서 실존의 분리로 이뤄져 있다. 이 분리는 단순히 부정이 아니다. 그것은 심령주의(psychisme)로 자신을 완성하며 무한의 관념에 대해서 정확하게 열려 있다."[20] 외부세계에서 무한의 관념이란 수많은 존재들의 다양함에서 발견되며 그들의 생성은 분리에 의해 가능하다. 이것은 무한의 존재방식을 이해하는 그의 시각이며 나 자신의 타자적인 생성 역시 따라서 거기에 따른 향유(jouissance)다.

여기서 철학적인 분리 개념은 유다이즘의 전통에서 본다면 창조와 생산의 의미와 관련된다. 유배를 신적인 소명으로 받아들이는 유다이즘에 관한 긍정적인 이해인 것이다. 또한 존재론적인 분리는 존재자 안에 본질이 없음을 의미한다. 존재자의 성격은 전적으로 타자성으로 드러나는 것이기에 그 자신 속에 존재의 본질을 지니지 않는다는 의미에서 존재는 그 자체로 부재(absence)다. 이 점은 존재자가 근원적으로 타자에게로 향하게 하는 동기로서 작용한다. 그의 존재론은 주체의 부재론에 근거한다. 이것은 존재의 무화(néantisation)가 아니며 무에 의해 지지되는 존재론은 오히려 무의미하다. 즉 주체의 부재란 나 자신을 주체의 바깥으로 표현하는 타자화의 가능성이다.

이렇듯 존재의 외부성은 자신의 내부성을 부정하는 것이 아니라 타자성에 의해 자신을 실현하는 존재의 실재성에 관한 표현인 것이다. 존재

---

19 TI, p. 23.
20 TI, p. 78.

의 외부성에 관한 논의는 이미 그의 초기 작품들에서 소개되며 그 존재 공간은 '있음'(l'il y a)과 같이 표현되는데 이것은 하이데거의 'Es gibt…'와 구분된다. 그는 대담에서 다음과 같이 구분짓는다. "하이데거의 'es gibt'는 일종의 관용이다. 이것은 후기 하이데거의 큰 주제인데 존재는 자신을 익명적으로 나타낸다. 그러나 이것은 과도함과 선이 통용되는 것과 같다. 반대로 '있음'은 무차별성이나 불안에 의해 지지되지 않으며 끊임없는 전율스러움, 의미를 박탈당한 단조로움의 그것이다."[21] 존재의 있음이란 자신의 본질을 시간화하며 늘 은유적으로 나타내는 것이 아니라 자신을 대상적으로 탈주체화시키며 타자성 가운데 자신의 익명성과 고유성을 갖게 한다. 또한 존재자(l'étant)는 존재(l'être)의 은익적인 표현이 아니라 존재를 이미 전적으로 대신하는 유일성을 갖는다. 따라서 존재는 무를 본질로 하는 존재론적인 범주에 의해 분류되는 것이 아니라 세계의 유일성 그 자체로 존재하는 배타적인 존재자다. 그런데 존재의 유일성이란 존재로서의 내적인 고유한 본질을 같지 않는다는 의미에서 존재는 전적으로 외재적인 존재며 타자적으로 익명적인 (anonyme) 존재인데 '…이 있다'(l'il y a)의 존재공간에서 타자적인 주체인 대명사 '그'(il)로 불리는 존재다. "있음은 비인칭적인(impersonnel) 존재의 현상, 그(il)다."[22]

그런데 외부성의 공간은 빛을 표현한다. 레비나스에 따르면 외부적인 공간은 각 대상들이 빛(lumière)으로 인해 자신을 드러내는 곳이며 논리적으로 묻자면 외부성은 내부성(intériorité)과 대립한다. 그러나 이 대립

21 François Poirié, *Emmanuel Lévinas. Qui êtes-vous?*, Lyon, La Manufacture, 1987, p. 90.

22 E. Levinas, *Éthique et infini, dialogues avec p. Nemo*, Paris, Fayard, 1982, p. 45.(이하 EI로 약칭)

은 존재의 타자성(altérité)에 철학적인 본질성을 부여함으로써 해소된다. 이 외부성은 진리적인 표현방식에서 빛의 내부성을 드러내는 존재의 고유성이다. "타자와의 관계는 신비와의 관계며 이것은 그의 외부성이며 더욱이 타자성이다. 왜냐하면 외부성은 공간의 고유성이며 모든 존재를 이루는 빛에 의해 주체를 그 자신에게로 인도하기 때문이다."[23] 그에게 존재의 빛은 이미 타자적인 것으로 존립하는 존재자신을 표현한다.

따라서 대상들의 존재방식은 빛과 인간세계에서 가능하며 그의 외부세계란 한 주관자의 입장에서 구성된 소박한 경험적인 세계가 아니라 이미 인간들의 눈에 보이는 타자적인 공간이다. "대상들이 세계를 이루고 우리에게 존재하는 것은 빛에 의해 가능하다."[24] 그의 외부세계에 대한 존재론적인 관심은 존재의 외부성을 실존적으로 받아들이는 타자성의 기능 때문에 가능하며 존재의 현실은 타자성이다. 따라서 존재의 외부세계를 의미하는 외부성은 내부적인 빛의 표현과 그 외현이며 사유적인 존재의 구성논리 역시 타자적인 관심에서 이해시켜야만 한다. "존재는 외부성이다. 존재의 기능은 외부성으로 구성되며 어떤 사유도 이런 외부성에 의해 지배되는 것보다 더 나은 존재에 복종하지 않는다."[25]

그는《전체성과 무한》에서 타자의 얼굴에 나타난 존재의 빛을 설명하고자 한다. 얼굴은 빛 그 자체는 아니지만 그로 인해 의미성을 획득하는 존재의 타자적인 모습이다. 얼굴 역시 외부성의 한 일부를 구성한다. 그는 외부성을 현상 그 자체의 사건들을 형성하는 것으로 보는 것이 아니라 빛을 드러내는 일종의 비전으로서 해석한다. 이 비전은 가장 원초적

---

23 TA, p. 63.
24 EE, p. 75.
25 TI, p. 266.

인 빛이 외부의 대상들 속에 들어오는 것과 같이 이미 그들과 함께 빛의 모양을 전달한다. 빛은 내부성의 상징이다. 그러나 이 빛은 타자성으로써 자신을 드러낸다. 마치 인상파 화가가 화폭 위에 빛의 모양을 색채로 드러내고 대상들을 음영으로 표면화시키는 것과 같이 그 그림은 빛을 타자화시킨다. 이 모습은 무한의 형상이 타자들을 통해 대상화한 것과 같다. 그렇다고 그려진 대상들이 빛 자체를 의미하지는 않는다. 그에게서도 외부성 역시 빛의 흔적들과 관련된다. 따라서 외부성은 그 표현이며 실존적으로 존재는 타자에 대한 관심을 통해 자신을 표현한다.

이제 타자의 얼굴을 주목해보자. "얼굴은 비전으로서 부여된 것이 아닌가? 무엇 때문에 얼굴로서의 '에피파니'(épiphanie)는 우리의 감각적인 경험을 특징짓는 것과는 또 다른 관계를 표시하는 것인가?"[26] 에피파니는 빛의 현시를 의미한다. 즉 얼굴은 빛이 드러난 외관이며 그것이 지나가는 통로 또는 지나간 흔적으로서 얼굴은 일반적인 빛의 이미지가 아니라 빛의 원초적인 형태다. 따라서 얼굴은 빛의 일반성 속으로 환원되지 않는다. 이미 얼굴은 타자로서 외재하는 빛을 표현한다. 이 점은 토라가 몇십만의 얼굴들을 가지고서 인간들이 서로 마주보는 얼굴들 가운데 존재한다는 의미와 유사하다.

(3) 얼굴에 나타난 무한성의 계시와 흔적

레비나스는 얼굴의 두 가지 측면을 설명한다. 그것은 성스러움과 속됨의 두 가지 차원이 교차하는 공간이다. "타자는 얼굴을 통해서 고결

---

26 TI, p. 161.

함, 그리고 하강하게 되는 고귀와 신적인 것의 차원을 표현한다."[27] 그런데 신적인 외경스러움이 표현되는 얼굴에서 속되고 낯선 모습이 또한 동시에 표현된다. 이 얼굴은 외설적인(lascif) 것 이외의 어떤 의미도 갖지 않는 육체적인 적나라함(nudité) 그대로다.[28] 그런데 신적인 고결함이 이런 속된 육체적인 공간을 통해서 전시될 수 있다는 것은 그가 제시하고자 하는 인간적인 윤리에 대한 근원적인 고찰 때문이다. 즉 왜 타자에 대한 절대적인 책임감을 존재명령으로서 가져야 하는 것인지에 대한 해석을 가능케 하는 것이다. 그는 이렇게 말한다. "무례함(irrespect)은 얼굴을 가정한다."[29] 즉 실례적인 속된 행위들 이면에는 또한 얼굴들이 마주했던 친근감이 전제되어 있는 것이다. 그런 얼굴들은 이미 에로스적인 순수함을 표현하며 부드러운 포용에 관한 윤리를 요구하는 것이다. 얼굴의 그런 양면적인 모습을 주지하면서 우리는 타자의 얼굴이 인간들에게 요구하는 윤리적인 배경을 살펴보게 될 것이다.

우선 타자의 얼굴들에 나타난 무한성의 흔적은 비가시적인 신적인 것의 모습이다. 그러나 육체는 그 자체 무한성을 함축하지 않는다. 손으로 잡을 수 없는 시간의 관념이 나무둥지에 나이테로서 자신의 흔적을 남기는 것과 같이 얼굴은 무한성의 흔적이다. 이 점에서 레비나스는 스피노자와 같은 범신론주의자가 아니다. 만물 가운데 신적인 속성들이 내재한다는 의미가 아니다. 신적인 영원성은 인간의 삶과 호흡하며 얼굴들에 새겨진 고통과 희망에 의해 자신의 흔적을 남긴다. "신은 육체를 갖지 않으며 존재자로 드러내지 않는다. 이것은 그의 비가시성 때문이다."[30] 따라서 타자의 얼굴은 무한성에 대한 현실적인 부정성(négativité)

27 TI, p. 240.
28 TI, p. 240.
29 TI, p. 240.

이며 이 의미는 곧 무한성을 부정한다는 것이 아니라 빛의 외관을 드러 낸 것과 같다. 그러나 이 외관에는 주체를 타자에게로 향하게 하는 윤리적인 명령과 그 질서가 존재한다.

그는 대담에서 다음과 같이 설명한다. "얼굴이란 것은 보여지는 것이 아니며 또한 어떤 대상도 아니다. 그 나타나는 것(apparaître)은 그 어떤 외부성으로 유지되는데 이것은 당신의 책임감에 부여된 호출이거나 명령이다. 얼굴을 대면한다는 것은 즉시 이러한 요구와 질서를 이해하는 것이다."[31] 그에게서 '타자지향성'(l'un-pour-l'autre)의 개념은 타자에 대한 형이상학적인 운동을 암시하며 이것은 사유적인 구성에서 나타난 무한의 관념이 아니라 타자에 대한 책임감을 필연적이게 하는 무한성의 본질이다. 그런데 이 무한성은 타자와의 구체적인 실존적 관계에서 비롯된다는 것에 주목해야 한다. 타자는 일반적인 타자가 아니라 나와 대면한 사람을 지칭한다. "얼굴은 나 자신의 동일성에 관한 자족성을 문제삼으며 타자를 향한 무한한 책임감으로 강요시킨다. 그것은 얼굴에 관한 즉시적인 윤리의 구체성에서 의미하는 본래적인 초월이다."[32]

말하자면 무한성에 관한 진리의 관념은 서로 간에 얼굴들을 마주보는 대면성에서 계시되는 것이다. 진리의 전수에 관한 유다이즘적인 전통이 신비주의적이고 역설적인 측면이 여기에 있는 것이다. "절대적인 경험은 폭로(dévoilement)가 아니라 계시(révélation)다."[33] 또한 타자의 얼굴을 향한 타자에 대한 욕망은 신적인 무한성이 타자라는 실존적인 공간을 통해 나라는 주체를 뛰어넘어 절대적으로 타자화하는 방식이기도 하

---

30 AT, p. 172.
31 François Poirié, 앞의 책, p. 94.
32 DQVI, p. 206.
33 TI, p. 37.

다. 형이상학적으로 그것은 인간들 가운데 신적인 것을 드러내는 영원한 것의 운동이며 윤리적인 시각에서 타자에 대한 주체의 책임감(responsabilité)이 사회성을 구성하는 원동력이 된다.

따라서 타자의 얼굴들 또는 세계의 외부성에 관한 고찰은 단순히 인간의식을 현상학적으로 반영하는 세계의 현상이 아니며 이미 형이상학적인 진리를 내포하고 있다. 얼굴들 또는 타인의 얼굴은 또한 타인을 바라보는 얼굴이다. "얼굴은 절대적으로 전개되고 지나간 부재(Absent)의 흔적으로 존재한다."[34] 타자의 얼굴이란 무한성이 지나가는 통로(passage)로서 빛의 영원성이 초월적으로 지나간 것과 그 부재를 의미한다. 형이상학적인 초월성과 타자에 대한 나의 의무감은 타자의 얼굴과 같은 타자적인 구체성에서 제시된다. "직관적인 폭로와 표출 저편의 얼굴, 신과 함께 존재하는 것(à-Dieu)으로서의 얼굴은 의미의 잠재적인 탄생이다. 의미화 또는 신과 함께 존재하는 것이 외관적으로 드러난 공표로서의 얼굴은 이웃과 타자 그리고 이방인에 대한 책임감으로서 결정되고 구체화한다."[35]

얼굴은 초월적인 것을 비추는 장소이며 여기에는 윤리적으로 주체를 강요시키는 내재적인 질서가 존재한다. 동시에 타자의 얼굴은 무한성을 외부적으로 표현하는 근본적인 내재성(immanence radicale)의 존재방식을 보여준다. 얼굴은 영원성 그 자체의 본질을 묘사하는 것이 아니라 그것이 시간성으로 생산되는 복수적인 흔적이며 이 흔적들은 영원성을 표현하는 의미의 무수한 분절들인 것이다. 따라서 타자의 얼굴들에는 이미 내재적인 질서 또는 윤리적인 명령이 존재한다.

---

34 EDE, p. 198.
35 DQVI, p. 253.

타자적인 담론들 역시 얼굴의 의미화에서 비롯된다. "얼굴의 비전 (vision)은 언어적인 제시와 분리되지 않는다. 얼굴을 본다는 것은 세계를 말하는 것이다. 초월은 일종의 시각이 아니라 제일의 윤리적인 제스처다."[36] 무엇보다 얼굴은 윤리적인 메시지를 드러내는 의미며 여기에 초월적인 것이 존재한다는 것은 로고스적인 진리가 함께 표현된다는 논리도 포함된다. 한 예로 '너는 살인을 범할 수 없을 것이다'는 원리는 얼굴 그 자체에 나타나는 로고스적인 의미다. "존재의 로고스, 즉 너는 결코 살인할 수 없을 것이다."[37] 즉 얼굴은 로고스의 흔적이다. 그가 말하는 빛은 존재론적인 이성이 아니며 대상을 볼 수 있게 하는 타자성이다. 이미 대상에는 빛의 흔적이 음영으로 남아 있어 인간적인 시야를 가능케 한다. 그에게 비전은 빛의 표현이며 다만 이것은 내부성(intériorité) 그 자체 안으로 환원되는 것이 아니라 인간에게서 늘 언어의 구성, 대상 세계와 함께 자신의 모습을 보여준다.

"담론의 외부성은 내부성으로 전환되지 않는다."[38] 즉 무한성은 끊임없이 자신을 타자화하고 외재화한다. 그것은 실존적인 관계에서 타자에 대한 욕망으로 나타난다. 얼굴은 무한성이 직접적으로 계시되는 흔적으로서 그 의미는 인간적인 실존에 그려진 무한성의 가시적인 불가능성 (impossibilité)이다. 이런 의미론적인 모호성은 초월적인 욕망이 얼굴이라는 유한자의 모습을 통해서 보이는 비논리성 때문이기도 하다. 자끄 롤랑은 얼굴에 관한 모호성을 다음과 같이 설명한다. "자신을 나타내지 않는 얼굴 스스로가 자신을 나타나게 하는 것은 스스로 그 형태를 탈 얼굴화하는 곳에서 가시적으로 윤곽을 드러내는 얼굴이다. 결과적으로 얼

---

36 TI, p. 149.
37 EDE, p. 173.
38 TI, p. 271.

굴은 현상과 그 이탈에 관한 모호성으로서 그 자격이 부여된다."[39] 육체적인 공간에 비춰지는 비가시적인 동일성은 끊임없는 긴장 가운데 다시 타자적인 것으로 자신을 생산하게 되는 욕망적인 순환 속에서 주체성의 타자적인 대체를 가능하게 한다.

우리는 타자의 얼굴이 표현하는 윤리적인 질서와 여기서 강요되는 주체의 의미를 살펴보았으며, 여기서 발생하는 형이상학적인 욕망은 존재의 자아자신을 떠나서 타자를 향해 초월해서 존재하는 것으로 타자에 대한 책임감으로서 나타나는 것이다. 타자에 대한 그러한 욕망은 신적인 것에 대한 경외에서 발생하며 인간적인 에로스의 문제는 근본적으로 여기에 기반한다. 타자의 얼굴에 나타난 성스러움은 인간들 가운데 초월적으로 등장하는 신적인 것의 하강이며 거기에 대한 나 자신의 의무감을 요구하는 것이다. 존재들에게 이미 각인되고 있는 신의 모습은 매우 근원적인 위치를 차지하고 있으며 더욱이 그것은 우리들 가운데 살아 있다. "우리의 사념들 가운데 신이 찾아온다는 나의 공식은 신의 실존을 표현한다. 신의 하강(Descente de Dieu)이다!"[40] 그리고 무한의 관념은 나와 타자 사이의 가까움(proximité)을 통해서 욕망들과 같이 발생한다. "타인과 이웃에 대한 근접성은 존재 안에서 계시적인 것이 드러나는 피치 못할 순간, 절대적인 현존이다."[41]

가까움은 내재적인(immanent) 무한의 관념이 생산되는 구체적인 개념으로 레비나스는 그러한 관념을 전통적인 내재주의에서 이탈시킨다. 즉 그의 형이상학적인 욕망이 늘 초월자의 의지를 드러내는 것만은 아

---

39 ROLLAND Jacques, "L'ambiguïté comme façon de l'autrement", *Emmanuel Lévinas. L'éthique comme philosophie première*, Paris, Cerf, 1993, p. 443.

40 TRI, p. 60.

41 TI, p. 51.

니다. 따라서 에고이즘 역시 저속한 관념만은 아니다. 왜냐하면 모든 인간적인 가치는 존재의 분리를 가정한 것에서 발생하는 것이기 때문이다. "에고이즘은 존재론적인 사건이다."[42] 여기서의 에고이즘은 자기보존을 위한 욕망의 성격을 대변하는 것이 아니라 세계 가운데 주체자를 거주시키는 기본적인 욕망이며 세계에 대해 개방시키는 타자적인 욕망에 기초한다. 더욱이 레비나스의 욕망은 우선 주체의 거주적인 생산 활동과 관련되며 주체의 욕망은 타자에 대한 존재의 분리에서 기인하기 때문에 오히려 비신학적(a-thée)이다.[43]

(4) 디아스포라적인 실존과 자아론

타자의 친근한 얼굴이 나로 하여금 그 윤리적인 질서에 복종케 하며 다소는 투박하고 무뚝뚝한 얼굴도 주체로 하여금 절대적으로 복종하게 만든다. 그런데 우리는 아래와 같은 의문을 던지게 된다. 상대방의 뻔뻔한 이기적인 모습과 죄를 지은 사악한 얼굴에서도 거기에 복종해야만 하는 윤리가 존재하는 것인가. 레비나스에 따르면 고아, 과부 등 실존적으로 소외된 이들에게 나의 동정심과 타자에의 책임감이 선행되는 이유는 그들에게서 메시아의 모습을 보기 때문이다. "모든 사람들은 메시아다."[44] 따라서 이 논리는 모두에게 적용될 수 있다. 그러나 이것은 종교

---

42 TI, p. 150.

43 레비나스는 무한의 관념들 역시 실존적인 입장에서 존재의 분리(séparation)에서 기인한다고 본다. "향유는 무신론적인 분리를 완성시킨다."(TI, p. 88) 분리는 삶의 생성과 의미의 분절을 가능케 하는 존재론적인 용어임을 주의해야 한다.

44 DL, p. 129.

적인 메시지지 철학적인 메시아는 아니다. 그는 탈무드의 말을 인용하며 인간은 이 우주에 대해 모든 책임이 있다고 말한다. 이것은 무조건적인 윤리를 낳게 하는 배경이기도 하다. "인간은 이미 완전하게 만들어진 우주 안에 들어왔고 벌받은 첫 번째 인물이다. 인간은 자기가 하지 않은 것에 응답해야 한다. 인간은 우주에 대해 책임이 있고 피조물들의 볼모다."[45]

우리는 타자의 얼굴에 부여되는 일방적인 윤리적 성격을 떠나 그 실존적인 성격들을 살펴보고자 한다. 즉 각양각색의 얼굴들이 드러내는 차이적인 모습들이 나의 실존과 무관하지 않다는 의미구조를 파악해보고자 한다. 레비나스가 말하는 타자의 얼굴은 일반적인 얼굴의 이미지가 아니라 지금 나와 대면한 상대방의 얼굴이며 신에 대한 관념과 그 계시성은 거기서 주어진다. "타인의 얼굴은 환원되지 않는 차이인데 나에게 부여되고 나에 의해 이해되며 나의 세계에 속하는 모든 것들에 뜻하지 않은 출현을 일으킨다."[46] 즉 타자의 얼굴은 전혀 낯선 곳에서 찾아오는 신적인 계시에 대한 암시며 이것은 일반적인 신학적 사고에 대해 선행하는 것이다. "성서의 예언주의와 탈무디즘은 신학적인 사고에 선행하며 그 선험성은 의심할 것도 없이 타자의 얼굴에 관한 사념 속에 찾아오는 신의 등장과 같은 과정이기 때문이다."[47] 그런데 그 얼굴은 나의 실존적인 형성과 배다른 얼굴이 아니며 나의 고유성과 타자의 얼굴은 공동체적인 유대를 이미 형성하고 있었다. "마치 타자의 얼굴은 나의 그것을 연장했던 것처럼 타자에 대한 책임이 있다.(⋯)"[48]

---

45 DSAS, p. 136.
46 ADV, p. 139.
47 AHN, p. 130.
48 DSAS, p. 133.

얼굴에 관한 그의 표현은 주체의 사회적인 실존과 그 책임성을 일깨우는 것으로 주체는 타자에게서 빠져나올 수 없는 그와의 일체를 이미 구성했던 것이다. 이 끈끈한 유대는 타자성의 구성 외엔 아무것도 아니며 나 자신성은 타자에 대한 근접성 또는 타자성을 통해 타자와 함께 묶여 있다. 이것은 타자에 대한 책임감을 갖게 하는 실존적인 원인이 되기도 한다. "대체될 수 없는 주체의 일체성(Unité du sujet un)은 타자에 대한 책임감이라는 돌이킬 수 없는 소환에 놓여 있다."[49] 즉 주체는 타자에 대해 이미 파기될 수 없는 일체로서, 즉 타자지향적 주체(l'un-pour-autre)를 구성한다. 따라서 우리는 타자에 대한 주체의 윤리가 인간에 대한 명령으로서 요구된다는 종교적 차원에 대한 이해를 떠나 공동체의 윤리가 요구하는 나와 타자 사이의 인격적인 관계를 중요하게 이해해야 할 것이다. 사회적인 담론들의 형성 역시 얼굴들의 의미화에서 비롯된 것이다. "기호로 구성된 상징주의는 이미 표현의 의미화, 즉 얼굴을 가정한다. 얼굴 속에 존재자 자체가 자신을 나타낸다."[50]

우리는 나 자신성과 타자의 얼굴에 대한 윤리적인 관계를 디아스포라가 주는 유배의 관념과 그 신앙적인 메시지를 통해서도 살펴볼 수 있다. 디아스포라적인 진리의 역설은 흩어진 유대인들이 자신들의 역사적인 동일성을 회복하면서 신적인 구원에 이르게 된다는 이스라엘 민족의 메시아니즘에 대한 희망을 반영한다. 유배는 창조적인 역사의 의미로서 극복된다. "유다이즘에서 유배는 창조적인 격동이며 서사적인 행위이며 형이상학적인 수고스러움이다. 결코 운명적이고 슬픈 무기력함이 아니다."[51] 레비나스에게서도 존재에 대한 타자적인 표현은 초권력적으로 자

---

49 DSAS, p. 133.

50 TI, p. 239.

51 Shmuel Trigano, *Un exil sans retour?*, Stock, 1996, p. 290.

유를 표현한다는 점에서 디아스포라의 초월적 개념을 공유한다.[52] 디아스포라적인 공동체는 신적인 소명과 함께 타자에 대한 개방에 의해 자신의 결속력을 강화시킨다. 또한 타자에 의해 개방되는 윤리는 그가 갖는 실존적인 구체성과 주체의 유일성에서 비롯되는 것으로 나와 타자 사이의 동일성을 회복시키는 유대로서 나타난다.

여기서 나 자신성은 전적으로 타자와 관계되며 정의된다. "타인의 시련은 절대적으로 구체적인 것인데 왜냐하면 타인의 얼굴은 자신의 고유한 구체성과 유일성에서가장 구체적이면서 유일적인 나 자신성(mon ipséité)을 등장케 하면서 나와 관계하기 때문이다."[53] 말하자면 실존적으로 타자의 얼굴은 이미 나 자신성을 구성한다는 논리를 갖게 되는 것이다. 타자의 얼굴은 주체의 나 자신성 또는 고유성을 표현하며 나의 얼굴과 타인의 그것은 본질적으로 동일한 얼굴들이다. 곧 타자는 디아스포라적인 나의 분신인 셈이다. 왜냐하면 그들 간의 실존은 일자에서 분리된 것이기 때문이다. 이런 관점은 포괄적으로 철학적인 분리의 개념에서 성립될 수 있는 것이다. "얼굴은 분리된 일자(Un séparé)의 흔적 속에서 자신(soi)과의 일체다."[54]

따라서 타자의 얼굴은 디아스포라적인 공동체 안에서 발견되는 실존적인 또 다른 자아의 모습이며 타자 앞에 복종해야 하고 그를 도저히 죽일 수 없는 이유는 신에 대한 경외스러움을 표시하는 윤리적인 가르침과 함께 이미 나 자신의 존재구성에 대한 타자적인 개입 때문이기도 하다.

---

52 François Laruelle, "Au-delà du pouvoir", *Textes pour Emmanuel Lévinas*, Ed. Jean-Michel Place, 1980,

53   Franois-David Sébah, *Lévinas. Ambiguité de l' altótité*, Paris, Les Belles Lettres, 2000, p. 49.

54 Benny Lévy, *Visage continu. La pensée du retour chez E. Lévinas*, Paris, Verdier, 1998, p. 59.

이러한 입장은 공동체적인 인간의 실존문제를 이해하는 데 많은 탄력을 제공할 수 있다. 나아가 레비나스는 타인에 관한 나의 윤리적인 관계를 무차별적으로 적용시킨다. "너 자신과 같이 너의 이웃을 사랑하라"[55] 즉 나와 이웃의 관계는 이미 낯선 타인의 관계가 아닌 것이다.

디아스포라적인 윤리는 주체가 나 자신을 떠나 오로지 타자에 대한 관심에 의해서만 무한성을 사유하고 신에 대한 관념을 갖게 한다. "무한은 나에게 전시될 것도 없이 이웃을 얼굴로서 받아들이도록 지시한다."[56] 자신을 떠나서 타인의 얼굴을 환대해야 한다. 존재에 관한 동일성은 그 자신 속에서 제시되지 않는다. 즉 존재의 본질은 타자성이다. 주체가 타자적으로 존재하는 이유는 그가 타자에 대해서 볼모이기 때문이다. "볼모로서의 주관성, 이 관념은 나의 자아적인 현존이 철학의 시작이자, 완성으로서 나타난다는 입장을 전도시킨다."[57] 레비나스에게서 타자란 나의 구체적인 실존을 구성해왔던 존재의 모든 것이며 자아에 관한 유일한 표현이다.

나를 떠나서 존재하는 디아스포라의 개방적인 윤리는 나와 이웃 간의 관계만이 아니라 자손을 통한 계승을 통해서도 실현된다. 그에게서 자손의 의미는 존재를 완성하는 절대적인 자유이며 명령일 수 있으며 이 가능성과 근거는 신적인 부성(paternité)에서 나온다. 형이상학적인 생산성(fécondité)은 다름 아닌 아들, 딸과 같은 종적인 관계를 통해 실현되며 이러한 발상은 '에로스에 의해 열린 미래에 대한 시각'에서 가능한 것이다.[58] 동족의 번성과 유지는 공동체를 유지시키는 기본이기도 하지만

---

55   AHN, p. 128.
56   AE, p. 191.
57   AE, p. 163.
58   TA, p. 86.

신의 소명을 실현시키는 전승적인 동일성의 회복이기도 한 것이다. 그는 "나는 나의 자식이다"라고 말한다.[59] 이것은 나의 근본적인 타자성이 나의 자식을 통해 실현된다는 신적인 소명을 의미하며 그 아이가 생물학적인 나의 자식이라는 것은 별다른 의미가 없다. 그 아이는 나의 절대적인 타자이며 신에 복종해야 하는 것과 같이 나는 그 아이에게서 나의 본질적인 자아를 보게 되는 것이다.

궁극적으로 우리는 디아스포라적인 실존론을 통해 타자의 얼굴에 관한 철학적 의미를 발견하게 된다. 타자의 얼굴은 토라의 얼굴 또는 그 흔적이며 이를 통해 서구적인 근대적인 인간관에서 제시되는 합리주의의 근원과 구분되는 또 다른 철학적인 의미를 보게 되는데, 즉 얼굴의 모습에 나타난 절대적인 타자성은 인간의 자아의 본질을 드러내는 명백한 구체성이다. "얼굴은 데카르트적인 합리주의를 지지했던 신적인 진리성과 같은 명백함을 가능하게 하는 명백함이다."[60] 얼굴은 데카르트가 말하는 '사유하는 것'(cogito)과 같은 진리의 명백함이며 왜냐하면 얼굴은 신적인 창조의 질서와 맞닿아 있기 때문이며 그 얼굴은 이미 실존적인 공동체의 질서를 구성하고 있다. 따라서 타자의 얼굴을 통해 발견되는 디아스포라적인 윤리는 인간의 사회성(socialité)에 관한 윤리를 재발견케 한다.

이렇듯 이방인(l'étranger)에 대한 수용적인 관심은 이미 근원적일 수 있는 윤리에 기초한다. 그리고 타자의 낯선 얼굴에 대해서 환대해야 한다는 명령은 신에 대한 경외감을 사회성으로서 실현하라는 음성과도 같다. "나 자신 속의 무한의 관념 또는 신에 대한 관계는 타인에 대한 관계

---

59 TA, p. 86.
60 TI, p. 179.

에서 오는 구체성과 이웃에 대한 책임감인 사회성에서 찾아온다. 그 의무감이란 어떤 경험에서도 포착할 수 없던 것이며 다만 타인의 얼굴과 그 타자성, 그 낯섦 자체에서 오는 것으로서 내가 알 수 없는 곳에서 오는 명령이다."[61]

그에게서 타자에 대한 복종은 주체에 부여된 신적인 계시의 관념 때문에 발생하며 사회적인 구체성을 전제한다는 점에서 공동체적인 윤리를 새롭게 제시해주게 된다. 이러한 인간의 윤리는 실존적으로 디아스포라적인 창조에 근거하면서 또한 타자적인 주체의 생산을 매우 능동적이게 한다. "나라는 것들의 복수성(multilicité)은 우연이 아니라 창조물의 구조다."[62] 타자와의 끊임없는 관계는 주체의 창조적인 의미생산과 관련되며 수많은 복수적인 얼굴들이 나에게 이미 명령하듯이 인간의 본질은 사회적인 공간 속에서 주체의 실존적인 복수성을 실현하는 것에 의미가 있다.

(5) 레비나스의 우주론 또는 실존론

얼굴들 또는 타자의 얼굴은 존재들이 신의 무한한 관념을 표현하며 신적인 보편이 존재자와 같이 호흡을 하는 성스러운 공간인 동시에 죽음과 모든 폭력 앞에 노출되고 고통으로 신음하는 육체적인 공간이다. 따라서 우리는 타자의 얼굴이 나타내는 다의적인 의미들을 좀 더 탄력 있게 이해하기 위해서 얼굴에 관한 유다이즘적인 전통을 도입하고자 했

---

61 DQVI, p. 11.
62 EN, p. 42.

으며 또한 디아스포라적인 관점에서 타인의 얼굴과 그 실존적인 윤리를 이해하려고 하였다. 이런 관점들은 얼굴에 부여되는 형이상학적인 근원성과 함께 타자의 얼굴을 통해서 주체에 관한 또는 공동체적인 다원주의와 그 윤리를 이끌어내기 위한 것이다. 다원주의적인 입장에서 타자의 얼굴은 나의 주체적인 실존과 무관하지 않은 공동체의 얼굴을 이미형성하고 있다. 얼굴들은 서로가 서로를 바라보며 사회적으로 친숙한 타자적인 유대를 가짐으로써 진정한 인간의 윤리와 사회적인 법을 가능케 한다. 인간의 모든 투쟁 상태를 극복하고 평화적인 공존을 실현하기위해 인간적인 선과 악의 문제를 관습적인 잣대로 판단할 것이 아니라상대방과의 실존적인 공감을 유지하는 것이 서로간의 책임윤리를 갖게하는 이유가 될 수 있을 것이다. 타자의 얼굴은 실존적인 공동체의 얼굴이기 때문이다.

형이상학적인 관점에서 보자면 얼굴은 우주론적인 이치를 비추는 살아 있는 이성과 같으며 인간들에게 신적인 믿음을 서로들에게 전수시키는 역할을 하듯 모든 윤리가 시작되는 장소이기도 하다. 얼굴은 마치 성스러운 땅 위에서 존재의 거주를 가능케 하고 이를 상징하는 집(Maison)의 의미와 같은데 집은 이미 우주론적인 구성을 갖는다. 그에게서 집의원래적인 기능은 건축적인 의미를 갖게 하는 것이 아니라 내가 자신 안에 머물면서 내가 자성하는 곳에서 유토피아를 열게 하는 것에 있다.[63]집은 인간의 에로스적인 관심이 어떤 윤리에 앞서서 구체화하는 공간이며 여기서 신에 대한 경외의 태도가 표현되며 그 기능은 타자를 환대하는 것에 있다.

마찬가지로 얼굴도 인간들에게 유토피아를 열게 하는 화해의 공간이

---

63 TI, p. 130.

며 인간들을 서로 서로 환대하는 공간이다. 그런 얼굴들에게서 신적인 무한성이 계시되며 초월적인 보편이 하강하게 된다. 타자의 얼굴이 의미하는 것은 고통을 지니는 육체적인 실존의 한계를 넘어서서 그 인내함에서 오는 신적인 것의 기다림이다. 우리는 레비나스가 제시하는 타자의 얼굴론을 통해 또한 다음과 같은 철학적인 논의를 이해할 수 있을 것이다. 즉 타자의 얼굴과 그 의미는 헬레니즘이 발전시킨 신적인 이성과 그 합리주의에 기초한 것이 아니라 신적인 계시의 문제를 인간의 신앙과 에로스를 통해서 설명하고 있는 헤브라이즘적인 우주론 또는 자아론의 질서에 근거한다는 것이다.

10장 타인을 위한 윤리 공동체와 여성성

(1) 새로운 패러다임의 윤리를 찾아서

우리가 말하고자 하는 '너'와 '나'의 삶의 공동체는 타인과 함께 영위하는 운명적인 삶의 공동체를 가정한다. 우리는 그런 공동체의 윤리와 질서를 새롭게 조명할 수 있는 철학적 가치의 해석을 제시하기 위해 삶을 위한 실존이 타인과의 삶과 보편적인 유대를 같이함으로써 가능하다는 것을 주장할 수 있다. 우리는 사람과 사람 사이를 공생적으로 잇게 하고 사람이 사람에게 향하게 하는 인간의 윤리적인 본성을 새로운 페미니즘의 해석을 위한 중요한 조건으로서 이해하고자 한다. 이런 페미니즘은 보편적인 사회윤리의 실천적 형성을 위한 공동체의 주요 덕목들로서 제시되는 소통, 화해, 관용 등의 윤리적 관념이 왜 가능한 것인지를 논의하게 될 것이다. 이런 삶의 공동체에 관한 학술적인 관심은 무엇보다 집단적이고 획일적인 삶의 가치가 지배하는 정치, 사회, 문화행태들을 비판해나갈 수 있다. 즉 개인주의적인 윤리와 가치가 대중적으로 팽배하고 이를 정당화하는 현대사회의 왜곡된 가치인식을 극복하고 인간적인 삶의 공동체를 위한 새로운 패러다임의 윤리를 찾아나갈 수 있는 것이다.

우리는 삶의 새로운 가치와 윤리를 대안적으로 제시하기 위해 일례로 레비나스의 타자윤리와 그 가치의 근거를 논의할 수 있다. 그는 서구 근대철학 이후 지성적인 노력들이 발전시켜온 이성과 사유 중심주의 그리고 이를 바탕으로 한 합리주의가 도리어 반인간화의 도구들로 전락하게 된 것을 비판한다. 인간의 사유적인 의식은 관념에 불과한 것이지 절대성을 보장할 수 없다. "절대적인 타자는 의식 안에서 반성되는 것이 아니다."[1] 그래서 사유바깥에 존재하는 타인의 얼굴은 주체자신을 일깨우는 근거다. 그가 추구하고자 했던 철학적 문제의식은 인간적인 가치를 최우선으로 하는 보편적인 윤리의 회복에 있으며 타인을 위한 가치와 윤리는 그 중심에 위치한다. 근대철학 이후 관념론의 철학은 '생각하는 주체'에 너무 많은 기대를 해왔으며 그 철학적 체계성이 난해해지고 추상화하면서 그런 주체이해가 도리어 인식론적 권력이 되어가고 있는지도 모른다.

현대 사회에 이르러 인간적 삶에 대한 성찰이 '나' 이외의 다른 요소들 속에서 바라보고자 하는 관심들이 커지고 있는데 곧 주체를 둘러싼 타자, 환경 등에 관한 현대인들의 성찰이 높아지고 있다. 레비나스는 인간이해의 지평을 타자, 욕망, 감성, 신체성, 향유, 유일 신 등과의 다원적인 관계를 통해 설명하고자 한다. 오늘날 그의 타자윤리가 호소력을 갖는 이유는 무엇보다 그가 인간본성에 관한 정의를 새롭게 발전시키고 있기 때문이다. 그의 타자윤리는 '너'와 '나'의 구체적인 사회성과 유대관계들 속에 보편적인 윤리와 가치가 존재한다는 것을 정당화한다. 인간의 자기본성은 바로 그런 관계의 가능성에 의해 정의될 수 있는 것이기에 존재의 자기정체성은 바로 타자성에서 논의된다. 따라서 이런 타

---

1   E. Levinas, Humanisme de l'autre homme, Montpellier, Fata Morgana, 1972, p. 53.(이하 HA로 약칭함)

자성은 주체의 사유 속에서 파악되는 것이 아니라 그런 사유를 떠나 자기희생과 같은 타인에 대한 관심과 행위를 통해 실현된다.

그에게서 존재의 본질은 타자성이다. 존재의 자기정체성은 본래적으로 자신을 떠나는 것(sortir de soi)으로서 존재하는 것 외엔 아무것도 아니며 이런 행위는 단순히 외부에 대한 의식의 관심이 아니라 초월 그 자체다. 그에게서 윤리의 보편성은 자아론적인 이기주의를 버릴 것과 자시희생을 요구한다. 물론 그에 따르면 타인에 대한 경외와 책임감은 근원적인 속죄의식에서 비롯된다고 가정할 수 있다. 그런 그의 타인에 대한 윤리는 서구 윤리학에서 새로운 패러다임을 제시한 것으로 높이 평가된다. 그에 따르면 서구 철학사에서 이성적인 보편주의는 사유적인 주관성의 문제에 천착한다는 것이다.

그가 비판하는 전체성(totalité)은 바로 그런 관심들의 인식론적인 총체성을 의미한다. 그에게서 전체성의 개념은 사유적인 체계성을 의미한다. 이 안에서 논리적인 모순은 존재하지 않지만 A=B이고 B=C라면 A=C라고 하는 진리는 삶의 실존을 이해할 수 없다. 왜냐하면 근본적으로 삶은 단절(rupture)이기 때문이다. 이런 공간에서 삶의 형이상학적인 요소들을 논할 수 있게 된다. 사유적인 주체의 주체성을 데카르트와 같이 아르키메데스의 점으로 인식한다면 더 큰 가치의 발전을 기대할 수 없게 된다. "아르키메데스가 지구를 그 자리에서 움직이기 위해 확고부동한 일 점밖에 찾지 않았듯이, 나 역시 확실하고 흔들리지 않는 최소한의 것만이라도 발견하게 된다면 큰일을 도모할 수 있다고 희망을 걸 수 있지 않을까, (…) 이렇게 이 모든 것을 세심이 고찰해본 결과, 나는 있다, 나는 현존한다는 명제는 내가 이것을 빌인할 때마다 모두 혹은 마음속에 품을 때마다 필연적으로 참이라는 결론에 이르게 된다."[2] 이에 반해 레비나스의 철학적 통찰은 주체의 순수사유와 지식적인 인식체계들을 통해서 삶의 세계를 바라볼 수는 없다는 이해에 근거한다.

서구 철학사에서 윤리의 기원을 철학적으로 논증해나갈 때 고대 그리스 철학의 지적인 권력은 상당한 영향력을 행사한다. 이성적 사유 질서를 일반적으로 중시하는 헬레니즘의 사유방식들에 비교될 수 있는 헤브라이즘의 그것들은 계시적인 앎과 타인에 대한 관심들을 발전시킨다. 그런 가운데 유대인 철학자 레비나스는 타자철학의 가능성이 인간의 심성과 종교적 행위의 근원 등을 본질적으로 뒷받침한다고 본다. 즉 '나'의 자아실현, 신의 계시 등과 관련된 모든 윤리, 종교적인 관심과 가치들은 궁극적으로 인간의 자아적인 영역을 떠나 타아적인 것에 대한 관심을 통해 실현된다는 것이다.

이에 따라 그는 '타인'에게로 나아가는 인간의 본질, 즉 선천적인 타자성을 중심으로 인간의 양심, 윤리적인 선, 법질서를 위한 정의들을 해석하게 된다. 주체성의 본질을 차지하는 타자성에 관한 이해는 자아에 대한 윤리를 사회 공동체 속에서 실현시킬 수 있도록 타인의 얼굴이 그 지고의 목적으로서 작용한다는 것을 설명한다. 그 얼굴은 자아의 기원을 원천적으로 구성하며 사회 공동체의 모든 얼굴들은 서로가 서로를 바라보며 실존적인 일체감과 유대를 형성하게 된다. 그에게서 얼굴은 타인의 얼굴을 지칭하며 이것은 초월적인 윤리의 대상이다. 그래서 그는 얼굴에 나타나는 '에피파니'(épiphanie)가 우리의 감각적인 경험을 특징짓는 것과는 또 다른 관계를 표시한다고 말한다.[3] 타인의 얼굴과 마주한다는 것은 그를 알고 있던 경험을 뛰어넘어 낯설고 새로움을 주는 계시와의 만남인 것이다. 그에게서 타자철학과 얼굴에 관한 이해는 윤

---

2 데카르트, R. 《성찰》, 제2성찰, 이현복 옮김, 문예출판사, 1997, pp. 42~43.

3 E. Levinas, *Totalité et Infini. Essais sur l' extériorité*, La Haye, Martinus Nijhoff, 1961, p. 161.(이하 TI로 약칭함)

리의 보편성을 주장하기 위한 새로운 인식지평으로서 중요한 의미를 지닌다.

레비나스가 주장하는 타자윤리는 자율적인 주체의 선택에 의해 그 정당성을 내세우고 있는 것은 아니다. 그에게서 구원과 속죄는 타자윤리의 근간을 형성하고 있다고 해도 과언이 아니다. 그런 궁극적인 가치들은 실제 그가 신앙적인 믿음을 갖고 주장하는 삶에 대한 남다른 사유에서 비롯된 것일 수 있다. 그런데도 그의 윤리는 종교적인 정서와 윤리적인 정당성을 내세우는 것이 아니라 무엇보다 실존적인 인간정서의 보편성에 호소하고 있다. 왜 그런 것인가? 종교의 일반적인 가치관은 생명의 존엄성, 사랑의 윤리, 내세관, 영혼불멸 등과 같은 관념들을 주장한다. 그런데 이런 가치관은 종교적인 요소들로서 인식되는 것만은 아니다. 그것들이 죽음을 극복하고 삶을 추구하려는 실존적인 정서들과도 다르지 않다는 인식을 가져볼 수 있을 것이다. "가장 원초적인 문화단계에서 인간의 삶 자체가 곧 종교적 행위에 해당된다. 왜냐면 식생활, 성행위, 노동 등이 모두 하나의 성례적인 가치를 지니기 때문이다. 다시 말해 한 인간으로 존재한다는 것, 한 인간이 된다는 것은 곧 종교적임을 뜻한다."[4] 우리는 엘리아데에서 삶과 종교의 관계를 생각해볼 수 있는데 신적인 존재의 가정이 종교를 필연적으로 구성하는 것만은 아니다. 다만 신의 관념은 인간을 신성하게 만든다. 말하자면 본질적으로 산다는 것의 의미는 늘 자신을 극복해 나간다는 것을 의미한다. 이런 인간의 모습은 신성한 것이다. 왜냐하면 삶이란 기도이며 희망이기 때문이다. 이와 같은 엘리아데의 보편적인 삶의 구조 속에서도 우리는 타자철학의 보편적 가능성을 생각할 수 있는데 그런 가능성을 몇 가지로 예들로 나누어

---

4   엘리아데, 멀치아, 《종교의 의미》, 박규태 옮김, 서광사, 1990, p. 8.

생각해볼 수 있다.

첫째, 타자윤리는 보편적인 생명윤리와 호흡하고 있다. 생명윤리는 살아 있는 모든 생명체가 내재적인 가치를 지닌다는 이해에서 비롯된다. 삶에 대한 경외, 생명의 존엄적인 가치는 그런 보편적 이해에서 출발한다. 자연은 인간의 태어남과 죽음이 공존하는 삶의 현실이다. 이런 자연은 생명의 태동과 지속이 이뤄지는 공간이며 여기서 모든 생명체는 우연성이 아니라 필연성의 과정에 의해 지배된다. 그래서 미물일지라도 자신의 생명이 존엄하다는 것을 주장할 수 있다. 왜냐하면 모든 생명체들은 이유 있는 생성과정을 숨기고 있기 때문이다. 생명에 관한 레비나스의 지속적인 관심은 태어남의 운명을 긍정하며 죽음을 부정한다. 따라서 그에게서 생명윤리에 대한 관심은 신앙화한 가치관, 즉 메시아니즘과 같은 구원의 가치와 윤리를 보편적으로 이해하고자 한다.

둘째, 타자윤리는 사회공동체가 추구하고자 하는 선의 가치와 일치하고 있으며 타인과의 관계를 통해 '나'의 정체성과 의미를 발견하고자 한다. 전통적으로 윤리는 인간존엄성에 관한 가치를 중요한 명분으로 한다. 정당한 윤리는 사회공동체의 합의적인 권위와 질서를 발생시키는 원인이 된다. 레비나스에게서 그런 윤리관은 인간의 삶에 바탕을 둔 초월적인 가치이해이기도 하다. 그에게서 타인에 대한 윤리는 무조건적인 행위를 가져오는 속죄의 행위로 나타나기도 하지만 그런 윤리는 사회공동체의 가치를 형성하고 발전시키는 데 매우 중요한 역할을 하게 된다.

그는 무엇보다 인간주체의 본성을 타자지향성(l'un-pour-l'autre)으로서 이해하고 있으며 그런 주체의 역사적인 참여는 유토피아적인 윤리공동체를 지향한다. 이런 맥락 하에서 우리는 사회 공동체의 가치로 발전될 수 있는 페미니즘의 가치연구를 통해 사회윤리의 보편적인 근거를

316

제시하고자 한다. 이에 따라 우리는 레비나스의 타자철학에 나타난 인간적 본성으로서의 여성성과 이것이 토대로 삼고 있는 헤브라이즘의 가치와 윤리 등을 논의할 수 있게 된다. 결국 윤리의 기원과 발생은 자아의 확실성을 우선적으로 탐구하는 것에서 비롯되는 것이 아니라 타인에 대한 이해와 관심에서 필연적으로 모색된다는 것을 검토할 수 있게 된다. 우리는 그런 이론적인 이해와 함께 삶의 공동체의 윤리가 실존적인 연대의식에 바탕을 두고 있으며 타인의 이해와 그의 얼굴에 관한 가치론적인 성찰이 공동체의 참된 윤리실현을 위해 매우 절실하다는 것을 생각할 수 있다.

'너'와의 타인관계는 '나'의 실존적인 시작과 종말을 지배하는 삶의 현실을 의미한다. 존재의 태어남과 죽음은 그 관계에서 자유롭지 못할 뿐더러 삶에 대한 '나'의 관심은 그런 성찰을 통해 체험적으로 실현 될 수 있다. 따라서 진정한 '나'의 자기실현은 '너'라는 타인에 대한 삶 속에서 지배된다고 해도 과언이 아니며 그런 자아관은 이타적인 자기본성을 실현하는 것에서 삶의 목적을 갖게 된다. 레비나스는 존재의 본질을 타자성으로서 정의한다. 그리고 그 윤리적 실천은 존재의 열린 사회성 (socialité)을 구성한다. "레비나스는 사회, 정치적인 질서에 무관하면서 사회성 그 자신에 갇힌 경향을 지닌 폐쇄된 사회성을 비판한다."[5] 이런 사회성은 나와 타인관계를 통해 역동적인 가치형성을 주도하게 된다. 그런데 타자관계를 원천적으로 구성하고 지속시키는 원동력은 무엇에 근거하는 것인가? 그것은 에로스 또는 여성성에 있다. 그에게서 분리 (séparation)는 생산성이다. 따라서 여성적인 것(féminin)은 그런 타자들

---

5 HAYAT, Pierre, *Individualisme éthique et philosophie chez Lévinas*, Paris, Ed. Kimé, 1997, p. 35.

과의 무한한 관계를 가능케 한다. 즉 여성성은 시간의 생산성과 초월성을 실현한다. "끝으로, 타인, 여성적인 것, 아이에 대한 관계에 관해서, 그리고 '나'(Moi)의 생산성, 통시성의 구체적인 양태, 즉 시간의 초월성이 갖는 분절과 불가피한 탈선에 관해서 말했다."[6] 그가 말하는 여성성의 가치와 윤리는 인간의 보편적인 심성을 해석하고 있다는 것이며 이에 대한 입장을 받아들이게 되면서 우리는 그의 타자철학이 심층적으로 이해될 수 있다는 것을 기대하고자 한다. 또한 그의 여성성에 관한 이해와 더불어 우리가 주목하고자 하는 것은 그런 관심이 페미니즘의 새로운 이해와 연관성을 갖는다는 점이다.[7]

(2) 에로스의 윤리적 정서 : 헬레니즘과 헤브라이즘[8]

우리는 일반적으로 인간의 본성과 기원을 설명하고자 할 때 에로스에

---

6   E. Levinas, *Le Temps et l' Autre*, Paris, Arthaud, 1947 ; Paris, PUF, 1983, p. 13.(이하 TA로 약칭)

7   일반적으로 페미니즘은 각기 주장하는 입장에 따라 이론적으로 자유주의적 페미니즘, 마르크스적 페미니즘, 급진주의적 페미니즘, 사회주의적 페미니즘 등으로 분류된다. 이런 시각들에 대해 우리는 페미니즘을 여성의 재발견이 아닌 인간의 보편적 요소를 새롭게 이해하는 시도로서 보고자 한다. 남성 중심주의의 문화는 상대적으로 여성적인 것의 문화적 결여로 볼 수 있고 보편적인 문화 관념은 사회적 성의 조화에서 비롯될 수 있을 것이다. 우리는 현대적인 페미니즘의 운동을 새로운 가치변화를 추구하려는 범세계적인 현상으로 보고자 하며 정치, 사회, 문화 등의 영역에서 탈이데올로기, 자유정신의 선호, 개방적인 미디어 문화 등을 그런 인식을 통해 이해하고자 한다.

8   우리는 헬레니즘을 그리스적인 문화와 정서를 지칭하는 개념으로 받아들이고 유대인들의 헤브라이즘과 구분하고자 한다. "(…) '헬레니즘'이라는 개념에서 그리스 신들에 대한 예배와 그리스 방식의 관습은 이스라엘의 하나님에 대한 예배와 유대인 방식의 관습이라는 의미의 '유대교'에 대한 반대 개념이다." (코헨, J. 샤이, 《고대 유대교 역사》, 황승일 옮김, 은성, 1994, p. 47.)

관한 정의를 끌어들이곤 한다. 일반적으로 에로스는 관능적이고 미적인 인간의 욕망을 지칭한다. 현대사회에서 인간의 자기본성에 대한 심리적이고 미적인 관심이 고조되면서 그것은 자기 모순적인 오이디푸스의 존재 또는 나르시시즘과 같은 자기애의 본성을 설명하곤 한다. 물론 에로스가 심미적인 인간의 태도나 자기 콤플렉스에서 비롯된다고 말할 수는 없다. 일찍이 도가철학자들에게 자연은 만물의 도가 실재하는 신성한 곳이며 그런 영원한 이치에 합일하는 삶을 추구할 때 인간은 장수할 수 있다. 자연은 바로 도가사상을 싹트게 했던 근원이며 그들에게 인간의 모든 가치는 여기에서 비롯될 수 있다. 곧 자연은 에로스의 초월적인 대상이다. 왜냐하면 자연은 인간의 태어남을 가져다주고 본성을 지배하는 근원이기 때문이다.

18세기 '폭풍노도'의 시기를 주도했던 괴테는 자연에 대한 찬미를 통해 인간의 새로운 발견을 시도한다. 그에게서 인간의 심미적인 태도는 마치 에로스와도 같다. "온 마음으로 즐기는 달콤한 봄날 아침과도 같은 야릇한 상쾌한 기분이 나의 모든 영혼을 사로잡고 있네. 나는 혼자서 호젓하게 시간을 보내며 나와 같은 사람은 위해 마련된 듯싶은 이곳에서 마음껏 나의 삶을 누리고 있네. (…) 사랑스러운 골짜기가 나의 몸 주변을 감싸고, 드높은 햇빛이 꿰뚫을 수 없는 숲의 어두운 표면에서 잠자며, 다만 몇 줄기의 광선이 내부의 성전을 들여다볼 때, 나는 흐르는 시냇가에 무성하게 자란 풀밭에 누워 있지. 대지에 얼굴을 바짝 붙여 이루 말할 수 없는 여러 풀들에 눈을 주네."[9] 우리는 이런 관계에서 에로스에 관한 정의를 생각해볼 수 있다. 즉 에로스는 인간의 자기정체성을 찾게 하는 행위로 나타나며 인간의 자기욕망을 자연스럽게 발생시킬 수 있는

9　괴테, J. W., 《젊은 베르테르의 번민》, 〈1771. 5.10〉, 박환덕 옮김, 삼중당문고, 1986.

동기가 된다.

우선 우리는 고대 그리스 신화와 전통 그리고 문헌적 이해를 통해 에로스에 관한 수많은 관심들을 다양하게 발견하게 된다. "우리가 일반적으로 많이 알고 있는 가장 오래된 에로스의 이야기는 그대 그리스의 시인 헤시오도스(Hesiodos)의 작품인 《신통기》에서 만날 수 있다. 그의 시는 신들의 기원에 대하여 이야기하는 창조신화다. 에로스는 우주의 원초적 공허 상태인 카오스에서 생겨났고, 대지의 산 가이아와 함께 신성을 이루었다."[10] 또한 에로스는 정신적이고 인격적인 본성을 나타내는 필리아(Philia)와 성욕과 죽음의 본성을 나타내는 타나토스(Thanatos)의 아들로 태어난다. 그런 이유들로 인해 인간은 정신적인 인격의 주체 또는 본능적인 감성의 주체로 표현되기도 한다. 이후 그리스로마 신화에서 비너스의 아들이라고도 하며 신과 인간들의 본성을 지배하는 사랑의 신으로 일컬어지기도 한다.

특히 플라톤의 《향연》에서 언급되는 아가톤의 에로스론(論)에서 에로스는 여성적인 신이고 미적인 인간의 심성 속에서 부재(不在)의 존재이기도 하다.[11] 부재는 '있던 것의 없음'이다. 이런 없음의 유형은 무가 아니며 그렇다고 본래의 실재가 현재에 있는 것도 아니면서 의식을 지배한다. 이런 부재는 없는 것을 찾게 하는 에로스와 같은 욕망을 가져다준

---

10 양해림 외, 《성과 사랑의 철학》, 철학과현실사, 2001, pp. 78~79.

11 "(아가톤에게서) 에로스는 '부드러운' 신으로 설명된다. 땅 위로 다니지 않고, 머리 위를 걷지도 않는다. 에로스는 '모든 사물들'의 가장 부드러운 것 위를 걸어 다니며 그 속에 틀게 된다(…) 반면 호메로스는 아가톤처럼 에로스는 부드로운 존재로 이해하지 않는다. 제우스의 딸인 (해악과 복수의 여신) Ate는 에로스가 담당하는 영역을 그녀의 부드러움으로 인해 장악하고 있다. 아가톤은 Ate를 에로스, 즉 아름답지 않은 존재를 아름다운 존재로 변형시킨 것이다." (임성철, 〈아가톤의 에로스론에 나타난 플라톤의 존재론적 거리 두기〉, 《해석학연구》 16집, 한국해석학회, 2005, pp. 299.)

〈그림 12〉 19세기 벨기에 출신의 화가 장 델빌(Jean Delville)의 〈플라톤 학파〉(파리 오르세 박물관 소재)

다. 레비나스에게서도 부재는 형이상학적인 욕망을 가능케 하고 타자에게 향하게 하는 원인이 된다.

에로스는 정신적인 자기실현을 추구하는 인간의 욕망으로 나타나기도 한다. 한 예로 〈그림 12〉를 살펴보면 이것은 에로스와 인간의 본성에 관한 철학적인 한 해석을 보여준다. 여기서의 에로스는 인간적인 한 본성을 표현하는데 그림에서 볼 수 있듯이 이것이 여성성에 가깝다는 것을 주시해볼 수 있다. 진리의 전수와 설파가 인간적인 요소일 수 있는 감성적 교감과 호소에 있음을 암시하며 이런 육감성은 쾌락자체를 추구하는 것이 아니라 자아의 실현에 더 비중을 둔 것으로 이해할 수 있다. 프로이트에 따르면 에로스는 사랑과 창조, 충동적인 감각, 성욕의 주체 또는 오이디푸스의 콤플렉스를 지닌 인간의 본성으로 지칭되기도 한다. 그것은 정신적인 사랑과 육체적인 욕망 두 가지를 의미한다. 헬레니즘에서 에로스는 신과 인간의 중간에 위치해 있으면서 인간의 욕망과 행위를 지배하는 상징적인 본성인 것은 분명하다.

이에 반해 헤브라이즘은 유일신주의를 바탕으로 하기 때문에 신에 대한 인간의 사랑, 인간에 대한 신의 사랑을 우선시한다. 이런 유일신에 대한 관념은 고대 그리스의 문화적 토양에서 말하는 신과는 다른 상징들을 구성한다. "우리는 오늘날 '거룩(holy)'이라는 말을 도덕적으로 탁월한 상태를 가리킬 때 사용한다. 그러나 히브리어의 '카도쉬(kaddosh)'는 도덕상 그 자체와는 아무 상관이 없고, '타자성(otherness)', 곧 철저한 분리를 의미한다. 시나이 산에 나타난 야훼의 현현은 인간과 신적 세계 사이에 갑작스럽게 벌어진 엄청난 간극을 강조하였다. 이제 천사들은 '야훼는 다르시다! 다르시다! 다르시다!'라고 외쳤다."[12] 유배적인 삶의 역사 속에서 키워왔던 구원에 대한 희망은 유대인들의 민중적인 정서라고 해도 과언이 아닌데 성육화한 신의 재림을 기다리는 메시아니즘은 그런 정서들 중의 하나다. 그래서 디아스포라의 유배와 방랑은 유대인들의 신비적인 종교체험과 예언적인 미래에 대한 구원을 중시하게 만든다.[13] 그들은 역사를 다스리는 신을 늘 기억해야 했고 이것은 뿔뿔이 흩어진 동족과의 만남을 지속적으로 가능케 한 구심점이기도 하다. 헤브라이즘은 신앙 공동체를 통해 삶의 목적과 호흡하는 인간적인 정서를 발전시키며 신에게 귀의하기를 염원하는 에로스는 이런 정서의 중심에 있게 된다.

한 예로 종교적인 관심을 회화적인 이미지로 표현하는 유대인 샤갈(M. Chagall, 1887~1985)의 그림을 살펴보자. "〈그림 13〉에서 볼 수 있는 중요한 주제는 '만남'이다. 언뜻 보기에 주인공과 당나귀의 만남일 수 있지만 당나귀는 목가적인 분위기를 연출하면서 기억 속에 남아 있는 고향의 정서를 전달한다. 고향은 생명활동이 시작됐던 영원한 과거며 실제 마주보고 있는 당나귀는 그런 기억을 환기시켜준다. 그림에서 볼 수

---

12 암스트롱, 카렌, 《신의 역사 I》, 배국원·유지황 옮김, 동연, 1999, p. 87.
13 AZRIA, Régine, Le Judaïsme, Paris, Ed. La Découverte, 1996, p. 23.

있듯 둥근 원의 형태는 기하학적 구도의 의미, 즉 완전, 통일, 만남 등을 상징한다. 연인, 당나귀 등과 같은 타자들과의 구체적인 만남을 통해 기억 속에 흐릿하게 남아 있는 자기 정체성에 대한 애정이 되살아나며 나아가 삶의 구도적인 자세마저 이끌게 한다."[14] 여기서의 에로스적인 정서는 자연과 삶에 대한 친화적인 태도이며 구원적인 삶에 대한 기대를 엿보

〈그림 13〉 샤갈의 〈나와 마을〉(1911)

게 한다. 자기정체성의 근원에 관한 관심은 삶에 대한 애착으로 나타나고 타자들에 이해와 관심은 곧 인간자신의 삶을 보편적으로 성찰하는 계기를 가져다준다. 이런 점에서 샤갈의 회화 이미지는 유토피아적인 삶에 대한 에로스를 표현한다.

전통적으로 유대인들은 부활에 대한 희망과 꿈을 버리지 않는다. 중세의 유대 철학자 마이모니데스는 죽음 이후 삶의 부활을 예찬하며 이방에서의 삶의 현실과 고통을 이겨내고자 했다. 신의 섭리는 인간들을 그의 사랑 안으로 인도하며 그 유일신은 영원한 존재다.[15] 계시적인 삶의 영위는 곧 구원을 향한 삶이기도 한 것이며 이런 삶은 바로 신과 인간의 진실한 관계에서 기대될 수 있는 것이다. "성서와 랍비들의 가르침에 의해 제공되었던 메시아적인 기대는 제례의식에 의해 강화되었고 일상적

---

14 윤대선, 〈예술의 대상 이미지와 실재에 관한 철학적 해석〉, 《해석학연구》 19집, 한국해석학회, 2007, p. 257.

15 MAIMONIDE, Moïse, *Le Guide des égarés*, Paris, Verdier, 1979, pp. 621~622.

으로 성례적인 기도에 의해 새롭게 되었다."[16] 중세시대 유대 카발리즘의 신비주의는 인간성과 계시적인 진리의 본질을 인간과는 다른 신성한 것에서 직관적으로 얻으려고 하였다. 그렇다고 그런 신비주의가 비교(秘敎)의 테크닉을 중시하는 것이 아니라 중요한 것은 토라(신의 말씀, Torah)와의 진실한 만남에 있었다. 그런데 그런 계시는 인간의 혼과 융합해서 얻어지는 사유의 결실이 아니라 유대인들의 전통들이 늘 그렇듯이 종교와 인간사회에 대한 지속적인 유대를 갖고 신앙적으로 전수되는 것이었다.[17] 토라에 대한 그들의 전통적인 관심은 곧 삶의 목적을 이해하기 위한 것이며 그것은 신앙적으로 추구해야 할 최고의 가치다.

실제 레비나스의 철학에서도 우리는 위와 같은 유대인들의 정서와 에로스를 발견할 수 있다. 그에게서 신과 인간의 관계는 아브라함과 그의 자손들을 축복하고 이스라엘의 신의 되었던 유일신과의 관계를 전제한다. 연구자들은 타자철학과 그의 학술적인 성과들을 체계적으로 비평하기를 원하지만 레비나스의 25권에 이르는 저서들 중에서 비교적 체계적인 서술을 지닌 것은 《후설의 현상학에서 직관이론》(1930), 《전체성과 무한》(1961)에 불과하다. 대부분의 저서들은 주제 위주의 단편적인 서술들로 엮여 있으며 《시간과 타자》(1948), 《존재하는 것과 다른》(1974)과 같은 중요한 작품들도 주체이해, 타자관념 등을 개념적으로 생산해 내고 있지만 비체계적인 구성을 갖고 있는 것은 사실이다. 그의 철학사상은 다른 유대인 학자들에 의해 더욱 정확히 이해되고 있는지도 모른다.[18]

---

16 CHOURAQUI, Andre, *La Pensee juive*, coll. 〈que sais-je?〉, Paris, PUF, 1965, p. 54.

17 SCHOLEM, Gershom, *La Kabbale et sa symbolique*, traduit en langue françoise, Paris, Ed. Payot, 1966, p. 37.

18 C. Chalier가 저술한 *Judaïsme et Altérité* (Lagrasse, Verdier, 1982.), *La Trace de l'Infini, Emmanuel Levinas et la source hébraïque* (Paris, Cerf, 2002.) 등이 있으며 S. Trigano 가 편집한 *Emmanuel Levinas, Philosophie et Judaïsme* (Pardès 26, Paris, In Press

그 예로 데리다의 주요 저서 《글쓰기와 차이》(1967)에서 소개된 레비나스의 철학에 대한 비평은 그 점을 반증하고 있다. 그만큼 레비나스의 철학적 정서는 헬레니즘과 같은 서구철학의 전통에서 벗어나 있으며 데리다에게서 레비나스와 후설의 사유론에 관한 비교를 통해서도 그런 개연적인 근거들은 분명히 지적되고 있다. 이 점에서 레비나스와 데리다의 철학적 관심은 여기저기 씨를 뿌려나가는 '디아스포라적인' 헤브라이즘의 삶의 방식을 암암리에 공유하는 것은 아닌지 문제의식을 가져볼 필요가 있다. 여기서 디아스포라는 흩어져 살아가는 삶의 역경이 아니라 역설적으로 생성과 창조를 의미한다. 그래서 코기토와 같은 전통적인 자아관념을 레비나스는 낯선 타인의 얼굴들에 의해, 데리다는 차이의 글쓰기를 통해 나름대로 해체시킨 셈이다. 이렇듯 유대인들의 정서는 신으로부터의 유배된 삶, 디아스포라의 삶, 메시아니즘의 희망 등으로 이해될 수 있을 것이다.

위와 같은 이해를 두고 볼 때 레비나스의 철학은 서구 근대 이후 수많은 철학자들이 중요하게 생각했던 자아와 사유에 관한 주체철학에 대해 타자와 계시에 관한 '탈주체의 철학'으로서 구분될 수 있다. 사실 그의 타자철학이 주체성의 철학인지, 탈주체성의 철학인지를 정의내린다는 것은 아직도 많은 논쟁의 여지를 남겨주나 만약 서구 전통적인 자아철학의 입장에서 그의 타자철학을 이해하고자 한다면 그의 철학이 왜 그렇게 생소할 만큼의 지적인 호기심을 주는 등의 큰 매력을 발견하기 어렵다. 무엇보다 그는 신과 인간의 관계를 중시한 유대인의 전통과 신앙에서 많은 영향을 받으면서 신과 타자에 대한 윤리를 발전시킨다.

Edition, 1999.), A. Finkielkraut의 저서인 *La Sagesse de l'amour* (Gallimard, 1984.) 등이 있다.

그의 철학과 유다이즘의 관계를 좀 더 구체적으로 이해하는 데에 우리는 한 분파인 하시디즘을 염두에 둘 수 있다. 18~19세기 동구권 유대인들 사이에서 대중적으로 유행했던 그 운동은 신비주의적인 유대전통을 계승하면서도 신과 인간의 관계를 새롭게 조명하는 변화를 추구했다. 이에 대해 마르틴 부버는 이렇게 말한다. "만일 인간이 '인간적으로 거룩하게' 된다면, 즉 인간의 태도와 도량에서 거룩해질 경우, 그것은 기록된 바와 같이 '내 앞에서', 즉 신의 목전에서 거룩해질 때, 그 사람, 즉 개인은 그의 개인적 능력의 도량에서 그리고 그의 개인적 가능성의 면에서 또한 신이 보는 면전에 있게 된다. 인간은 인간을 넘어서 신에게 접근할 수 없다. 인간이 됨으로써만 신에게 접근할 수 있다. 인간이 된다는 것은 바로 그가, 즉 이 개인이 그렇게 되도록 창조되었다는 것을 의미한다. 필자가 아는 한, 이것이 하시디즘의 삶의 영원한 핵심인 동시에 하시디즘의 가르침이다."[19] 그에게서 타인과의 만남은 신과의 만남이며 궁극적인 자아의 실현에서 타자관계는 계시의 조건이다. 그래서 수많은 타인의 얼굴들은 신을 현시하며 '나'라는 주체는 그런 신 또는 타인들에 대한 경외의 태도를 가져야 하며 희생도 요구받는다.

　사실 레비나스의 타자철학은 유일신주의를 중심으로 하는 헤브라이즘과 역사 공동체의 가치를 발전시켰다고 해도 과언이 아니다. 즉 타자윤리를 중심으로 해서 신을 향한 초월적인 윤리를 인간에 대한 바람직한 가치로 발전시키고자 시도했다는 점, 바로 여기서 레비나스의 타자철학은 코기토의 윤리보다도 삶과 공동체의 윤리를 지향한다. 그런데 그런 윤리적인 가치는 '너'와 '나'라는 구체적인 사회성에서 실현되는 것이다. 그렇기에 그가 믿는 메시아니즘은 유토피아와 같은 이상적인 미

19　부버, 마르틴,《하시디즘과 현대인》, 남정길 옮김, 현대사상사, 1994. pp. 39~40.

래사회를 인간 공동체에서 구현하는 것에 의미가 있다.[20] 말하자면 인간
은 그렇게 할 수 있는 메시아의 심성을 지녔고 타자윤리는 이것을 실현
하도록 요구한다. "모든 사람들은 메시아다."[21] 그래서 그는 신의 초월적
인 관념에 타인에 대한 윤리를 일치시킨다. 바로 여기서 그의 타자철학
이 왜 형이상학적인 이해를 필요로 하는 것인지에 관한 문제의식을 갖
게 된다. 그래서 신과 타자의 관계는 무엇인가? 타자는 곧 메시아적인
화신이다. 인간은 타인에 대한 경외와 희생을 통해 구원을 얻을 수 있기
에 타자는 마치 구원의 신과 같다. 따라서 그가 말하는 타인에 대한 에
로스는 고난의 삶을 살아가는 사람들의 구원에 대한 욕망을 의미하는지
도 모른다.

(3) '여성적인 것'(féminin)의 초월성과 윤리

레비나스에게서 타인 또는 신과의 만남은 곧 신비와의 만남이며 끊임
없는 만남들로 이어지는 미래를 향한 도정은 신비적인 미지의 세계로
향해 있음을 이해해볼 수 있다. 삶은 태어남과 죽음에 의해 실존적으로
제한된 현실이지만 타인과 운명을 같이 하는 미래는 그것을 넘어서서
무한히 존재한다. '나'의 죽음 이후에도 타인들에 의한 삶의 세계는 지속
된다. 타인들 가운데 '나'의 죽음은 부재로 남아 있다. "죽음이란 무가

---

20 "메시아니즘은 유다이즘의 통일된 교리를 실제적으로 구성하지 않는다. 여기서 레비나
스의 해석은 하시디즘의 그것에 가깝다." (CHALIER, Catherine, Iévinas. L'utopie de l'
humain, Paris, Albin Michel, 1993, p. 146n.)

21 E. Levinas, Difficile liberté Essais sur le judaisme, Paris, Albin Michel, 1963, p.
129.(이하 DL로 약칭)

아니라 소유할 수 없는 신비다."[22] 그래서 미래는 죽음이 무로서 존재하지 않는 세계며 무한성을 향해 열려진 세계다. 그런데 인간은 그런 미래의 세계에 대해 죽음과 고통이 지배하는 현실을 살아간다. 미래에 대한 가능성은 수많은 만남들에 의해 실현되기에 무한성은 그런 타자성의 의미한다. 타인과의 만남은 운명적인 필연성 곧 피할 수 없는 조우와도 같다. 그런데 이런 현실은 고통이나 아픔과 같은 실존적인 고난을 가져다 주게 마련이다. 존재의 타자성은 바로 그런 체험을 가져다준다.

레비나스는 왜 그런 타자성을 존재의 본질이라고 지적하는가? 타자성은 곧 태어남의 존재론적인 조건이며 이런 조건이 없이 '나'는 태어나지도 않았고 존재하지도 않는다. 그래서 존재는 '무'에서 자신의 실존을 획득한 존재가 아니라 '유'로서 존재한다. 그에게서 존재의 '있음'은 바로 그런 타자성에 의해 지배된다. 따라서 '나'의 실존은 나의 태어남으로 인해 시작된 것이 아니라 타인들의 삶과 그 관계들에서 나의 실존은 지속되는 것이고 이런 '나'의 실존적인 운명 지워짐 때문에 '나'는 타인들에 대해 빚이 있는 것이다. 세상의 그 어떤 것도 '나'와 관련되지 않는 것이 없다. 타자들에 대한 책임감은 그런 연대적인 운명에서 비롯된다. "마치 타자의 얼굴은 나의 그것을 연장했던 것처럼 타자에 대한 책임이 있다(…)", "대체될 수 없는 주체의 일체성(Unité du sujet un)은 타자에 대한 책임감이라는 돌이킬 수 없는 소환에 놓여 있다."[23] 그에게서 '타인에 대한 책임감'(responsabilité d'Autrui)은 그런 존재론적인 이해에서 비롯될 수 있는 것이며 '나'의 자기실현은 그런 인간적인 책임감을 실현함으로써 가능한 것이다.

---

22 TA, p. 13.

23 E. Levinas, *Du sacré au saint. Cinq nouvelles lectures talmudiques*, Paris, Ed. de Minuit, 1977, p. 133.(이하 DSAS로 약칭)

우리는 여기서 인간의 고난과 구원의 관계를 통찰해볼 수 있다. 고난은 실존적 운명이며 구원은 미래에 대한 희망이다. 유대인들에게 전자는 디아스포라의 운명을 가져다주었고 후자는 메시아니즘의 희망을 가져다준 셈이다. 유대인들의 전통적인 가치와 가르침을 흡수한 레비나스의 철학에서도 그런 존재이해를 읽어나갈 수 있다. 《시간과 타자》(1948), 《전체성과 무한》(1961) 등과 같은 레비나스의 주요 저서들은 본질적으로 유다이즘의 신과 타인에 대한 경외 사상을 전파한다고 해도 과언이 아니다. 그에게 인격적인 신은 바로 타인이다.

그렇다면 그의 타자윤리는 인간이 왜 운명적으로 고난을 당해야 하는 것인지, 어떻게 삶에 대한 구원에 이를 수 있는지를 제시하는 것은 아닐까? 따라서 타인과의 만남 자체에 부여된 초월적 의미는 각별히 해석될 수밖에 없다. 그런데 그런 만남을 가능케 하는 내재적인 가치는 무엇인가? 그에게서 여성성은 상처받기 쉬운 심성적인 주체의 연약함 때문에 타인들에 대한 동정을 곧잘 드러내는 성격이다. 그래서 그런 여성성은 삶에 대한 보편적인 정서를 표현하며 과부, 고아 등과 같은 소외된 이들에 대한 동정으로 나타나기도 한다. "여성적인 것은 빛을 지향하는 초월성이 아닌 수줍음을 통해 존재자로서 완성된다."[24] 즉 여성성은 타인과의 소통구조를 형성하는 보편적인 정서이며 신적인 초월성 그 자체가 아니라 인간적인 요소 그 자체로 볼 수 있는 것이다. 유대인 철학자 A. 핀키엘크라우트는 레비나스에게서 에로스를 타인과의 관계로서 이해한다. "성적인 주제에 의해 가려진 것은 바로 관계(relation), 타자에 이르는 도정과 같은 에로스다."[25] 타인들에 대한 에로스로 나타나는 그런 원초적인 감성은 존재의 자기실현 곧 타자싱의 실천으로 나타나는 것 외엔

24 TA, p. 81.

아무것도 아니다. 타인과의 관계는 얼굴을 마주하는 타자성 또는 사회성을 의미한다. "《시간과 타자》에서 시간은 (…) 에로티시즘, 부성, 타인에 대한 책임감과 같은 것은 타자에 대한 사유의 관계와 같은 것이다."[26]

또 다른 유대인 학자 S. 트리가노는 여성성에 철학적인 인간본성의 의미를 부여한다. 여성성과 관련된 페미니즘의 관념들 중 하나가 바로 생산성이며 이것은 역사적인 지속을 현실화하는 관념이기도 하다. 그래서 그는 유대성(judéité)을 여성성으로 해석한다. "유대인들의 유대성의 유배는 여성들과 유대인들의 유배다."[27] 여기서 여성성은 유대인들의 보편적인 정서이면서 (초월적인) 구원에 대한 인간적인 가능성이다. 타인 또는 신비와의 만남을 가져오기도 하고 구원에 대한 손길을 인간에게 가져다주는 것도 그런 여성성이다. 그래서 여성성은 타자성이기도 하고 초월성이기도 하다. 레비나스에게서도 여성성은 구원에 대한 가능성이다. "모습 그대로에서, 대상과 얼굴 저편에서, 존재자 저편에서조차 잡을 수 있으면서도 손댈 수 없는 연인(Aimée)은 순결과 연유된다. 본질적으로 침해적이면서 불침해적인 여성적인 것, '영원히 여성적인 것'은 성녀이거나 순결의 부단한 재개이며 쾌락적인 교제에서는 느껴질 수 없는 것이다."[28]

레비나스에게서 '여성적인 것'은 타인의 얼굴에서 현시하는 신의 얼굴로서의 에피파니(Epiphanie)와 같은 것이다. 그런데 왜 신의 얼굴이 여성적인 것인가? 왜냐하면 타인의 얼굴은 또한 인간의 얼굴이기 때문

25 FINKIELKRAUT, Alain, *La Sagesse de l'amour*, Paris, Gallimard, 1984, p. 78.
26 TA, p. 8.
27 TRIGANO, Shmuel, *La Nouvelle question juive*, <<folio essais>>, Gallimard, 1979, p. 286.
28 TI, p. 289.

이다. 이런 얼굴은 본래적인 인간성을 표현한다. 그리고 그 심연은 여성성이 아닐까?[29] 에로티시즘은 타자적인 것으로 향하는 미학적인 심성으로도 볼 수 있다. 여성성에 관한 레비나스의 이해는 곧 인간성에 관한 철학적인 이해이면서 다시 이것을 구원에 대한 가능성을 정당화하는 메시아의 심성으로서 이해한다. 그래서 우리가 인간행위의 도덕적인 목적을 정당화하기 위해 그의 타자철학을 제한적으로 이해하고 그 의미를 논하게 된다면 형이상학적인 타자성의 의미를 심층적으로 생각할 수 없게 된다.

그의 철학이 추구하는 것은 초월과 새로운 인간성의 가능성에 관한 것이다. 그에게서 삶과 에로스의 관계는 마치 하이데거에게서 삶과 죽음의 그것과 같다. 궁극적으로 에로스가 지향하는 초월성은 사유적인 작용으로 그치는 것이 아니라 '부성적인 에로스'(Eros paternel)로서 나타나며 이것은 '나'의 주체성을 버림으로써 실현될 수 있는 삶에 대한 초월을 지향한다. "에로스는 대상을 고정시키는 주체, 기투와 가능성 같은 것으로 완성되는 것이 아니다. 그 운동은 가능성을 넘어 저편으로 가는 것에 있다."[30] 그에게서 에로스는 타인들과의 불신을 허무는 가능성이며 자기정체성의 실현과 유토피아적인 역사실현이 어떻게 가능한 것인지를 제시해준다. 그의 유토피아는 내세(內世) 지향적이다.

그에게서 여성성 또는 에로스는 타자성의 원동력이다. 그에게서 현실은 물질로 창조된 세계고 그 자체 속에 초월성이 내재된 것은 아니다.

---

29 레비나스의 타자철학에서 에로스의 관념을 발전시킨 비평서들을 소개해볼 수 있다. OUAKNIN, Marc-Alain, *Méditations érotiques*, Paris, Balland, 1992, FINKIELKRAUT, Alain, *La Sagesse de l'amour*, Paris, Gallimard, 《folio essais》 1984, KAYSER, Paulette, *Emmanuel Levinas: la trace du féminin*, Paris, PUF, 2000, THAYSE, Jean-Luc, *Eros et fécondité chez le jeune Levinas*, Paris, L'Harmattan, 1998.

30 TI, p. 292.

우리는 다만 타자들과의 만남과 교섭을 통해 파악할 수 있는 초월적인 실재를 가정해볼 수 있다. "교제(contact)로서의 어루만지기(caresse)는 감성(sensibilité)이다. 그런 어루만지기는 감각적인 것을 초월한다."[31] 그리고 그런 가능적인 실재가 인간의 본성을 실제로 구성한다면 그에게서 실제로 그런 가능적인 본성은 중요한 몫을 지닌다. 그에 따르면 인간은 고독한 주체다. 홀로 있는 존재는 고독 이외의 다른 것을 자신의 본질로 삼고 있지 않다.[32] 그런데 인간의 본래적인 심성은 신적인 초월성과 연관되며 여성성은 이것으로 향하는 존재론적인 코드다.

근본적으로 인간은 영적인 존재이며 그 영(esprit)의 본성은 물질적인 현실과 조우하며 이것을 초월하고자 한다. 그에 따르면 그런 삶의 조건은 영적인 것과 모순되지 않는 양식(nourriture)이다. 예를 들어 인간이 육체적인 몸을 지녔지만 이것이 실존에 모순되는 것은 아니다. 왜냐하면 몸도 실존을 위한 필연적인 조건이기 때문이다. 그런 몸의 조건은 실존의 지속을 위한 타자성과 같다. 그런 몸들의 구분으로 인해 혈연적인 관계가 존재하고 이웃들이 존재한다. 즉 몸은 존재자(existant) 자신을 의미한다.

그런데 그에게서 그런 타자성을 함의하는 몸과 같은 존재자는 동시에 존재(또는 실존, existence)의 분리이기도 한 것이다. 그렇다면 존재의 타자성은 무엇인가? 이것은 존재 내에 내재하는 것이 아니라 외재적인 관계에서 익명적으로 존재한다. 따라서 존재의 영적인 본성은 타자성에 의해 지배되며 이런 관계를 통해 초월적인 본성은 실현되지만 그렇다고 그런 타자성이 물질적인 연관성 그 자체로 사라지는 것이다. 왜냐하면

---

31 TI, p. 235.
32 TA, p. 35.

영은 궁극적으로 초월성을 실현하기 때문이다. 그리고 이런 초월성은 인간적인 주관성 자체에 머무는 것이 아니라 타인에 대한 윤리적 실현을 통해 부단히 작용하는 것이다. 주체의 여성성은 타인에게 열린 존재운동을 가능케 하는 그런 초월에 대한 의미를 제공한다. 따라서 우리는 그의 타자철학이 왜 보편적이고 초월적인 것인가를 해명할 수 있게 된다.

레비나스에 의해 주장되는 타자철학, 타자윤리는 곧 전통적인 자아철학, 자아윤리를 타자 중심에서 이해하는 것이다. 이런 그의 타자철학은 곧 우주와 인간의 관계, 신과 인간의 관계, 이웃과 '나'의 관계를 불가분하게 이어주는 철학적 안목을 제공한다. 그리고 불가분적인 그런 실존관계가 에로스 또는 여성성에 의해 설명되면서 타자철학의 근거를 되짚어볼 수가 있다. 그런데 레비나스에게서 에로스의 근거는 친밀성에 있다. 가족적인 친밀성은 '나'의 생명적인 성장을 가져온 원초적인 감성을 의미한다.

"시간을 열게 하는 초월적인 타자성의 관념은 무엇보다도 내용의 타자성, 즉 여성성에서 추구되었다. 여성성은 남성성이나 남자다움과 같은 것, 말하자면 일반적인 성의 차이에 관해서도 말할 수 있겠지만 그것은 차이들을 나누는 차이로서 다른 모든 차이와 구분되는 차이뿐이 아니라 차이의 질 자체로 우리에게 나타났다."[33] 여기서 여성성은 남성적인 것과 구분되는 것이 아니라 존재의 보편적인 심성을 해석한 것과 같다. 마치 신을 향한 회귀본성이 타자에 대한 존재운동을 통해 실현되는 것과 같다. 그에게서 여성성은 마치 인간 속에 내재하는 우주론적인 섭리 또는 회귀본성과 같은 것이 아닐까?

---

[33] TA, p. 14.

삶을 지배하는 것은 죽음이 아니라 에로스다. "죽음과 같이 강한 에로스는 신비와의 관계에 대한 분석적인 토대를 우리에게 제공할 것이다."[34] 에로스는 타자에 대한 관심과 그 지향적인 관계가 왜 가능한 것인지를 설명한다. 에로스는 타자성의 근거다. "타자가 본질로서 내포하는 것은 타자성이다. 이것은 우리가 타자성을 에로스와의 원천적인 관계 속에서 찾아왔던 이유이기도 하다."[35] 타자성은 여성성의 실현이다. 즉 타자성은 '나'의 자아론적인 의미를 다원적인 관계에서 결정하는 생산성(fécondité)으로 가져간다. 즉 에로스는 형이상학적인 생산성을 가져오며 나의 자손들 즉 아들, 딸과 같은 종적인 관계를 통해서도 실현된다.

그에게 주체성의 구조는 내적으로 존재하는 것이 아니라 나와 이웃과 자손과의 관계, 미래에 대한 생산성으로 구체화하는 것을 의미한다. 결국 인간의 에로스는 타자에 대한 욕망이며 이것은 세계창조와 역사실현에 관여하면서 신적인 본성을 드러내는 형이상학적인 욕망과 같다. 그래서 "나의 생산성은 초월성 자체다."[36] 그렇다면 에로스는 무엇에 의해 지배되는 것인가? 레비나스에게서 에로스는 존재의 실현을 타자들과의 관계에서 실현하는 원동력이며 이를 통해 인간의 역사를 지배하는 신적인 부성의 존재방식이다. 그래서 에로스는 주체의 심리적인 현상으로 그치는 것이 궁극적으로 형이상학적으로 존재한다. 그에게서 자손의 의미는 존재를 완성하는 절대적인 자유이며 명령일 수 있으며 그 근거는 신적인 부성(paternité)에서 나온다. 인간의 에로스는 끊임없이 그런 부성을 찾는다. 그래서 부성의 실현은 곧 인간의 역사다. 나는 자손을 소유할 수 없고 '나'는 나의 아들인 셈이다. "나는 나의 자손을 소유하지

---

34 TA, p. 64.
35 TA, p. 80.
36 TI, p. 254.

못하며 나는 나의 자손이다. 부성은 전적으로 타인된 나로서 존재하는 이방인과의 관계다."[37]

이에 따라 우리가 '레비나스의 타자철학'이라고 말할 때 여기엔 다분히 심령적인 것이 숨겨져 있다. '타자에 대한 욕망'(Désir d'Autrui)은 곧 에로스며 이것은 인간의 보편적인 심성, 즉 여성성이다. 이것은 마치 인간의 영적인 정신을 움직이는 생기와도 같다. 그런데 이것은 토라와 같이 우주적인 이치를 실현한다. 말하자면 인간의 보편적인 심성으로서의 여성성은 우주적인 이치가 인간의 본성으로서 표현되는 것은 아닐까?

예를 들어, 바람 불고 추운 날 사랑하는 사람을 위해 겉옷을 벗어주고 그것도 모자라 그를 살리기 위해 자신의 온몸으로 그를 꼭 껴안고 있는 모습! 아이를 살려낸 어미의 사랑이다. 즉 주체의 체온은 이내 타인에게 옮겨지면서 주체는 온기를 잃어가고 마침내 죽지만 타인은 살아난다! 여기서 타인에게 옮겨진 체온은 사랑이며 이런 사랑은 인간적인 그것을 넘어선 초월적인 그것으로서 타인들을 통해 인간을 사랑하는 신의 편재(遍在) 방식이 아닐까? 신은 인간을 축복한다. 그래서 타인에 대한 사랑은 곧 인간에 대한 신의 사랑이 실현되는 초월적인 것이며 모든 윤리의 근원을 차지하는 불멸의 진리다. 결과적으로 레비나스의 타자철학은 '나'를 희생시키는 타인에 대한 최선을 말하는지도 모른다. 이렇듯 그의 타자철학은 심령적인 초월성이 주체와 타자 사이에서 구체적으로 실현되는 것을 궁극적으로 제시한다.

---

[37] TI, p. 254.

(4) 공동체 안에서 에로스의 관념으로서 페미니즘

레비나스에게서 삶은 '나' 안의 주체성을 떠나 자신에게 낯선 타자성을 받아들이게 될 때 비로소 향유라는 축복을 누릴 수 있다. 그런데 낯선 이들은 내가 좋건 싫건 간에 마주할 수밖에 없는 이웃들이다. 인간이 사유의 주체라는 것은 인간이 곧 자유의 주체라는 것을 의미한다. 그런데 그에게서 "주체는 볼모다."[38] 그리고 이런 '나'의 타자성 속에서 진정한 자유의 실현이 가능한 것은 물론이다. 타자성이란 '나'라는 주체가 타인들에 대해 구속력을 갖고 '아빠', '남편', '교사', '학생' 등으로 '나'라는 동일한 존재가 타인관계를 통해 무한하게 존재하는 것을 나타낸다. 이런 의미에서 주체성은 타자성 이외의 그 무엇도 아니다. 따라서 삶이란 유아론적인 '나'가 중심이 되는 삶이 아니라 타자들과 교섭하는 삶이며 심지어 '나'를 버리는 타인에 대한 희생을 요구한다. 그가 말하는 타인중심의 삶이란 곧 자아윤리가 발생하는 근원이며 '나'보다도 타인과의 공동체를 지향하는 삶이라고 할 수 있을 것이다.

우리는 그런 삶의 가능성이 그가 말하듯 에로스 또는 여성성에 있듯이 이것은 타인과의 유대를 지속시키는 보편적인 삶에 대한 가능성을 제시하는 것이다. 따라서 우리는 새로운 휴머니즘으로서 페미니즘의의 지평을 논의할 수 있게 된다. 일반적으로 페미니즘은 현대적인 여성주의를 지향하는 것이며 우리는 이것이 평등한 인간주의를 목적으로 하고 있다는 점에서 사회 공동체의 정의를 위한 보편적 운동으로서 이해하고자 한다.

페미니즘은 사랑 또는 자아적인 실현을 나타내는 여성성의 의미로서

---

38 "Le sujet est otage." (AE, p. 142.)

평가되는 경우가 일반적이다. 그런데 여기서 여성성은 남성성과 대비되는 성적인 차이에 근거하게 되면서 사랑, 미, 순결, 유혹, 다산성 등의 관념들과 결부되기도 한다. 남성성, 남성적인 것과 구분되면서 그런 여성성의 의미는 남성지배적인 사회 권력의 구도에 대립한다. 이에 따라 여성성은 보수적인 전통 속에서 남성보필, 자녀교육 등과 같은 사회적인 여성의 역할에 관한 해석을 가져오기도 하며, 특히 현대사회에서 성의 가치가 상업화하면서 욕망과 섹스의 심벌로 오해를 받기도 한다. 이와 같은 여성성에 대한 제한된 평가는 남성권력과 그 사회 문화에 저항하는 여성 중심적인 페미니즘을 낳게 하는 원인이 되었다는 것을 부인할 수 없을 것이다.[39]

그런데 한 예로 〈그림 14〉는 분명히 남성적인 현상은 아니다. 그렇다고 인간적인 현상이 될 수 없다고는 결코 말할 수 없다. 문제는 여성적인 것을 표현하고 있는 남성의 시위라는 점이다. 왜 그런 일탈적인 가로지르기를 시도하는 것인가? 혹시 남성도 여성 지향적인 페미니즘을 공유할 수 있는 인간존재라는 것을 생각해볼 수 있지 않을까? 즉 남성도 여성성을 지닌 인간존재라는 것에 주목해보자. 남성 호르몬에 의해 남성존재의 생리적인 현상이 전적으로 지배되는 것은 아니다. 남성은 중년의 시기를 지나면서 내분비계통에서 남성 호르몬이 감소하고 여성 호르몬이 증가하는 변화를 신체적으로 겪는다고 한다. 여성존재에서도 상대적인 그런 반대의 현상을 생각해볼 수 있을 것이다. 그렇다면 인간존

---

39 한국 사회에노 녀싱의 ㄱ위와 파워가 모든 분야에서 크게 높아지고 있다. 그만큼 여성들에게 불평등했던 사회적 환경과 경쟁 체제가 합리석으로 변화하고 있다는 것도 생각해볼 수 있지만 특히 감성과 언어적 능력을 중시하는 현대적인 영역에서 여성적인 능력이 크게 부각되고 있다는 것은 현대사회의 생산성이 과거와 달리 남성적인 효율성에서 탈피하고 새로운 인간적인 요소들을 기대하고 있다는 것도 고려해볼 수 있다.

〈그림 14〉 2006 서울 마라톤대회에서 마라톤 동호회의 퍼포먼스

재는 모두 양성의 호르몬을 갖고 태어난다는 것을 주목해볼 수 있는데 남성이 남자다워야 하고 여성이 여자다워야 한다는 것은 관습적인 강요로 볼 수 있어야 할 것이다.

통속적으로 에로스의 한 현상으로서 에로티시즘은 불륜의 관계, 저속한 사랑으로서 비쳐지지만 인간의 감성지수에 대한 과학적 인식이 높아지면서 실제적인 인간 심성, 사랑의 표현 방식으로 이해되는 것에 관심을 가져 볼 수 있다. 그것이 암시하는 것은 성, 육감, 감성, 일탈 등이며 여기에 대립하는 것은 이성, 금욕, 도덕, 정상 등이다. 중세 종교사회에서 인간의 성(性)의 욕망은 신성한 것을 찾으려는 수도적인 삶에 대해 불필요한 것을 불러일으키므로 금기의 대상이다. 서구 계몽 시대에서도 그것은 일반적으로 도덕적 이성과 비교해서 인간의 본성을 설명할 수 있는 본질적인 원천이 될 수는 없다. 그런데 현대사회에서 성에 관한 인식이 과학화, 대중화하면서 남녀관계에 관한 전통적인 윤리 관념들이 큰 변화를 겪게 된다.

프로이트 이후 성은 인간의 자기본성과 욕망을 이해하는 중요한 테마로서 자리매김하면서 남녀 사이의 에로티시즘은 인간의 그런 자기본성을 표현하는 예술적인 목적이 되기도 한다. 인간의 이성적인 판단능력에 앞서 타자관계를 의식하는 느낌은 감성적인 지각능력을 의미한다. 이것은 의식주체가 외부세계와 바깥으로 향하는 내적인 메커니즘을 가정한다. 마치 식물이 생성하기 위해 태양으로 향하는 것과 같다. 인간에게서 누군가를 연모하고 사랑하게 되는 본능은 '여성적인 인간의 성'에서 비롯된다. 이런 본성은 인간의 본질적인 성을 의미하며 사랑의 근원일 수 있다. 즉 여성성은 인간의 보편적인 성으로서 해석할 수 있다.

현대적인 페미니즘의 운동은 젊은 층을 중심으로 한 세계적인 정치문화 현상 즉, 성 차별 반대, 반전주의, 환경운동 등 평화 이념을 지향하는 포스트모던적인 코드와 일치한다. 그래서 그런 문화적인 흐름은 유니섹스를 상징하는 신세대의 문화를 탄생시켰으며 여성주의뿐 아니라 인종편견, 신체의 구속, 성 차별을 허무는 새로운 휴머니즘의 경향으로 나아간다. 이렇게 페미니즘은 남성과 여성의 차이를 가정하고 여성의 입장에서 사회적 평등을 실현하는 것으로 그 목적을 달성하는 것이 아니라 근본적으로 사회적인 자기정체성의 실현 과정에서 그 의미를 평가해볼 수 있는 것이다. 즉 휴머니즘의 관점에서 페미니즘을 이해해볼 수 있는데 타인들과의 유대와 소통구조를 중시하는 보편적인 공동체주의와 관련하여 생각해볼 수 있다.

무엇보다 페미니즘은 사랑의 코드를 지향하며 이런 성향이 남성에게 배제되는 것은 아니다. 우리는 페미니즘의 사랑이 이기적인 나르시시즘을 반영하는 것이라고 말하는 것이 아니라 인간적인 자아실현에서 그 의미를 찾아볼 수 있다고 생각할 수 있다. 그런데 그런 사랑은 자기정체성을 자신 밖에서 실천하는 것을 목적으로 하며 타인에 대한 지향적인 관계를 설정한다. 이것은 '나' 밖의 현실인 타인들 속에서 자신을 실현해나가는 과정이며 '나'를 객관화시키는 방식이기도 하다. 이런 의미에서 타인은 자아의 연장(延長)에 그치는 것이 아니라 기원(起源)이다. 이런 관계는 레비나스의 타자윤리를 원천적으로 가능케 하는 근거다.

이와 같은 페미니즘의 윤리는 나르시시즘의 가치를 지향하지 않는다.

예를 들어 타인의 얼굴은 마치 '나'의 자화상과 같다. 거울을 보고 나의 얼굴을 그려나가는 미적인 자신의 자화상이 아니라 나의 얼굴이 아닌 타인의 그것을 그려나가는 형이상학적인 자화상은 궁극적으로 자아의 얼굴을 의미한다. 레비나스에게서도 자기정체성을 끊임없이 찾고자 하는 타인에 대한 욕망과 복종은 존재의 본성과 같으며 이것은 타자운동을 통해 초월자로 향해가는 형이상학적인 사건이다. 이런 의미에서 여성성은 유아론적인 자아를 타인들과 미래로 열게 하는 인간의 보편적인 심성이다. 마치 해바라기가 태양을 따라 자신의 성장운동을 하듯 태초에 신에 의해 만들어진 인간존재는 그를 바라보고 존재실현을 한다. 말하자면 인간은 자기실현을 위한 주체이며 이것은 자기애의 욕망 또는 에로스로서 나타난다는 것을 생각해볼 수 있다.[40] 궁극적으로 페미니즘 공동체는 자기애의 실현을 위해 타인과의 관계라는 구체적인 사회성을 가정하기 때문에 사회적 사랑과 평등의 코드를 지향한다.

그런 공동체는 새로운 관점에서 에코 페미니즘을 달리 이해할 수 있다. 에코 페미니즘에 관한 일반적인 정의는 이렇다. "에코 페미니즘은 남성의 여성 지배를 자연지배와 등치시킴으로써 생태계 문제 전반을 '남성 때문'으로 환원하는 최근에 등장한 여성주의의 부류다."[41] 즉 휴머

---

43 사랑의 현상을 물질적인 화학 작용으로도 설명할 수 있다. 만약 사랑을 대뇌에서 발생하는 도파민의 화학물질 작용이나 뇌하수체에서 분비되는 옥시토신이라는 호르몬의 영향이라고 본다면 사랑의 가치는 생물학적인 메커니즘의 반응에 불과하다. 일반적으로 사랑의 현상들은 부단한 자기애의 실현이나 영적인 가치의 실현 등으로 설명하거나 생물학적인 자기본능의 실현과 같이 이해할 수도 있다. 즉 에로스는 지속의 생명 현상을 실현시키는 작용으로 나타나기도 하고 생물학적인 현상으로서 나타날 수 있다. 과연 에로스는 생존보존을 위한 자기본능과 같은 것인가? 도킨스에게서 사랑의 관념은 현실적이다. "우리는 유전자가 암수 두 종류의 어떤 몸 속에 들어 있든 간에 자기가 들어 있게 된 몸에 의해서 주어진 기회를 최대한 활용할 것이라고 기대할 수 있다. 생물체는 본질적으로 유전자들의 프로그램으로 만들어진 기계이며 그 목적은 번식이다. 그 과정은 구애와

340

니즘을 지향하는 인간의 윤리와 가치가 궁극적으로 생명의 근원인 자연에 대한 이해에서 비롯될 수 있는 것이다. 환경은 인간의 몸이 담고 있는 그릇과 같으면서도 생물학적으로 같은 유기체의 뿌리가 환경 속에서 발견될 수 있음을 부인할 수 없다. 우리는 여기서 환경이란 근본적으로 인간의 생명현상을 설명할 수 있는 중요한 모태가 된다는 것을 가정해 볼 수 있다. 즉 우리가 유기체적인 인간을 자연의 일부로서 이해하게 될 때 자연은 인간의 큰 자아를 의미한다. 따라서 인간의 자아실현은 궁극적으로 친자연적인 인간화 과정을 통해 가능해진다.

우리는 인간의 자연파괴와 생명체의 위협은 인간의 이기적인 야욕과 사회적인 권력독점에서 비롯된다는 사회생태주의자 M. 북친의 환경이론을 환기시킬 필요가 있다. 그에 따르면 환경문제는 인간의 사회적인 지배방식에서 기인한다. "시장경쟁과 자본의 전 지구적인 집중이 사회적이고 생태학적인 혼란의 직접적인 근원으로 우리의 눈앞에 제시되고 있을지라도 이런 흐름은 지금 소비자 중심주의, 인간 중심성, 정체성의 상실, 신성의 부재 등 새로운 이름으로 등장하는 반인간주의에 의해 끊임없이 신비화하고 있다."[42] 사회적인 불평등 구조가 해소되지 않고 일부에 의한 권력지배는 사회적인 민주절차를 무시하고 이기적인 담합과 독단적인 결정에 의해 자연개발을 주도해 나간다. 그에 따르면 환경문

교미에 의해 실현된다. (…) 진화론적인 사랑은 암수 사이에서 교미를 위한 배짱과 흥정에 의해 선택된다고 해도 과언이 아니다. 배짱을 부리는 흥정에 대응할 만한 일이 자연선택에 의해 진화될 수 있는 현실적인 방법은 있는 것일까? 여기서 대표적인 두 가지의 가능성을 생각해보고자 한다. 그 하나는 가정의 행복을 우선으로 하는 수컷을 선택하는 전략이고, 또 하나는 남성다운 수컷을 선택하는 전략이다." (도킨스, 리처드, 《이기적 유전자》, 홍영남 옮김, 을유문화사, 2002, pp. 262~266.)

41 구승회, 《생태철학과 환경윤리》, 동국대출판부, 2001, p. 108.
42 북친, 머레이, 《휴머니즘의 옹호》, 구승회 옮김, 민음사, 2002, p. 395

제는 정치, 사회적인 문제에서 비롯될 수 있는 것이다. 오늘날 인류는 환경문제에 대한 윤리적인 책임의식을 요청받고 있으며 무엇보다 생명에 대한 가치와 윤리는 인간 중심적인 사고와 편견에 의해서는 발전될 수 없는 것이다. 우리는 타인과의 열린 공동체, 친자연적인 윤리 공동체 등에 관한 새로운 관심들을 필요로 하는 시대에 살고 있다.

(5) '낯선 얼굴들'에 열린 삶에 대한 에로스

우리가 본고에서 문제제기를 하는 것은 사회적 가치로서의 인간의 에로스에 관한 것이다. 고대 그리스 철학과 헤브라이즘의 전통에서도 인간의 에로스에 관한 다양한 기원과 해석들은 곧 인간자신의 본성이 무엇이고 어디에 근거한 것인가를 묻고 이해하고자 한다. 그러나 우리는 그런 에로스의 문제가 심성적인 인간의 가치로서 이해되는 것으로 그치는 것이 아니라 더 나아가 타인들과 함께 삶의 공동체를 영위해나가는 현대 사회에서 그것이 사회적 가치로 발전해나갈 수 있는 가능성을 탐구해보고자 한다. 이에 따라 에로스의 기원에 대한 헬레니즘과 헤브라이즘의 기본적 태도에서 그 관념은 바로 인간의 자기정체성에 관한 물음과 관련된다는 것을 확인하게 된다. 특히 유대인 전통에서 에로스는 인간성 또는 여성성에 대한 철학적 해석을 가져오면서 삶과 공동체가 지향해야 할 가치로 발전하게 된다.

신앙적인 에로스가 사회적 실천의 윤리로 재구성되는 것을 시도하게 되는 S. 트리가노는 신앙 공동체의 나아갈 길이 여성성의 부활에 있고 이것은 신에게의 복귀라고 주장한다. 신과 인간의 기원적인 관계에서 여성성이 비롯되기 때문에 그것은 마치 유대인들의 본유관념과 같이 작용한다. 그러나 우리는 에로스에 부여된 현실적인 가치의 문제를 레비나스에게서 찾고자 한다. 그는 타인을 향한 에로스를 통해 삶의 가치를 근원적으로 이해하고자 한다. 그에게서 에로스가 향하는 타인의 얼굴은 모든 인간의 가치가 발생하는 성전이며 법전이기도 하다. 물론 그런 얼굴은 초월적인 신의 그것이다. 그러나 그런 얼굴은 신성을 표현할 뿐만 아니라 인간성에 호소한다. 즉 보편적인 계시의 가치는 바로 '너'와 '나' 사이의 구체성에서 비롯되는 것이며 이런 유대를 떠나서 그것은 존재하지 않는다. 타인에 대한 에로스는 곧 자아윤리의 실천 가능성으로서 삶에 대한 책임성으로서 나타난다.

우리는 페미니즘을 여성주의를 배타적으로 지지하는 사회적 운동으로 제한시켜 보는 경우가 있다. 그런데도 현대적인 문화, 예술 등의 경향에서 그것은 인간적인 자기정체성을 찾기 위한 새로운 시도들로 나타나고 있음을 흥미 있게 볼 필요가 있다. 최근에 성(性) 바꾸기를 주제로 하고 있는 영화, 연극, 드라마 등에서 그 유사한 사례들을 찾아볼 수 있다. 예를 들어, 뮤지컬 〈넌센스 아멘〉에서 수녀복을 입은 수염 난 남성 배우가 등장한다든가 매튜 본의 〈백조의 호수〉에서 남성 발레리나가 여성 캐릭터를 소화하는 것 등이 그것이다. 특히 영화 〈헤드 윅〉은 인간의 에로스와 사회적 여성성의 문제를 부각시킨다. 플라톤의 《향연》에서 언급되고 있는 인간의 기원에 관한 가정은 영화의 지적인 배경이 되고 있다. 물론 예술작품들에 지나지 않지만 우리는 남성 안의 여성성을 생각해볼 수 있고 이것이 말하고자 하는 것은 누구나가 여성이 되어야 한다는 것이 아니라 인간 안에 숨어 있는 또 다른 자아를 찾고자 하는 것이다. 곧 여성성은 인간성의 문제다.

이런 의미에서 우리는 페미니즘의 새로운 이해를 휴머니즘을 지향하는 지적인 노력으로서 보고자 한다. 레비나스 역시 여성성을 타자성 내지 인간성으로서 이해한다. 그에게서 여성성은 타인에 대한 가치와 윤리를 가능케 하는 보편적인 인간의 정서다. 오늘날의 인간들은 남성과 여성에 역사적으로 각각 부여된 관행적인 가치에 익숙하다. 그러나 우리는 인류학적인 진화의 가치들이 미래사회의 인간가치를 주도해나갈 것이라고 주장할 수는 없다. 미래사회는 변화를 향해 열려 있는 사회고 새로운 가치를 요구하며 나 홀로 살아가는 시대가 아니다. 기존의 가치들을 가지고는 현대 사회의 과학 기술 문명, 개방적인 인간사회 등에 합리적으로 적응해나가기 힘들고 오히려 이기적인 집단과 권력들에 의해 수많은 사회적 갈등들을 가져올 수 있는 것이다.

이제 인간사회는 새로운 패러다임의 가치와 윤리를 찾고 발전시켜야 한다. 권력적인 집단 이기주의를 극복하고 사회적 약자의 권리가 보호받는 합리적인 사회 공동체를 위한 새로운 정의(正義)를 생각해야 한다. 이런 정의는 타인들에 대한 사회적 편견을 야기하는 사회적 불평등을 해소시켜 나가는 것이어야 한다. 수단이 아니라 인격적으로 사람을 대할 수 있는 타인에 대한 가치와 윤리를 새롭게 인식하지 않으면 안 된다. '너'와 '나'의 삶의 공동체는 그런 가치의 실현을 목적으로 한다. 우리는 이런 맥락에서 인간성에 호소하는 에로스를 나르시시즘의 문제가 아니라 자기 정체성의 보편적 실현을 위한 사회적 가치로서 그 가능성을 새롭게 평가하고자 한다.

11장 생명 지향적인 타자철학과 종교윤리

(1) 인간과 종교의 관계

레비나스는 인간 또는 타자 중심적인 삶의 가치를 무엇보다 중시하고 유일신에 대한 신앙을 새롭게 개척한다. 초월적인 신의 관념이 인간 세상에 내려와서 존재하고 타인의 얼굴은 하늘로부터의 초월성을 현시한다. 우리는 그의 타자철학을 통해서 타자 중심적인 초월의 가치가 신과 인간에 대한 깊은 이해를 가져다줄 뿐 아니라 우주와 생명에 대한 심층적인 통찰이 타자관념에 숨어 있다는 것을 생각해볼 수 있다. 이제 우리가 논의하고자 하는 것은 생명과 구원에 대한 관심으로서 종교의 초월적 가치에 관한 것이다. 그리고 우리는 종교적 가치가 하늘에서 뚝 떨어진 것이 아니라 하늘을 향해 소망하고 기도하는 인간의 삶 속에 존재한다는 것을 이해하고자 한다. 종교의 초월성은 인간들이 서로에게 실존적으로 의지하고 지고의 가치를 실현하면서 삶의 근원을 성찰해나가는 것에서 추구될 수 있다. 타자 중심적인 인간의 삶은 그 중요한 예가 될 것이다.

먼저 종교와 철학은 어떻게 다른 것인가? 철학은 인간존재의 본질과 우주의 궁극적인 이치를 탐구하는 학문이며 존재와 세계, 존재와 존재 사이에 놓인 '논리적인 관계'와 같은 필연성을 사유하게 된다. 철학적 탐구는 인간의 지적인 이성능력(理性能力)에 의지한다. 이에 반해 종교는 인간존재와 인간이성을 초월해 존재하는 것에 대한 믿음과 신앙을 중시한다. 절대자(초월자), 신, 영혼불멸, 내세관 등의 관념들은 본질적으로 이성적인 논증에 의해 추론하기가 가능하지 않다. 그런데 구원과 영생의 삶이 미래에 존재하리라는 인간의 믿음은 종교의 역사가 일찍이 시작된 중요한 이유다.

일반적으로 종교는 인간의 세속적인 삶을 넘어서서 저편의 초월적인 가치를 추구한다. 그래서 종교적인 초월의 가치는 인간적인 인식의 능력에 의해 탐구될 수 있는 가능성을 배제하고 신앙적인 믿음에 의해 그 보편성을 주장할 수 있다. 그런 특징은 과학적인 가치와 구분되는 종교적인 그것이며 영혼불멸, 내세관, 초월자의 존재 등은 '종교란 무엇인가'에 관한 주요 문제들을 논의함에 있어 마주칠 수밖에 없는 관심의 대상들이기도 하다. 인간 공동체에는 삶을 지배하는 질서들 즉 사회규범, 관습, 법, 윤리 등이 존재한다. 인간의 삶을 표현하는 철학과 종교는 그런 관념들을 가능케 하는 가치의 영역이다. 철학이 현세 지향적인 관점을 지녔다면 종교는 내세 지향적이다. 예를 들어 '신은 존재하는 것인가', '죽음 이후에도 삶은 지속될 수 있는 것인가' 등은 마치 종교적인 문제의식을 통해서 그 답을 얻을 수 있는 것처럼 보인다.

우리가 종교와 삶의 관계를 논의하고자 하는 것은 종교적인 초월의 가치가 인간적인 삶의 세계를 떠나서 과연 존재할 수 있는 것인가에 관한 철학적인 문제의식에서 출발한다. 즉 삶이라고 하는 실존적 뿌리가 없이는 종교라고 하는 열매를 거둘 수 없다는 이해를 갖고자 한다. 뿌리는 흙 속에 자신을 묻고 있으면서 나무가 성장할 수 있는 많은 자양분을 공급하며 나무의 열매들을 맺게 한다. 그 열매들은 마치 나무의 상징이며 경이로운 초월의 형태라고 해도 과언이 아닐 것이다. 그 열매들은 분명히 하늘에서 뚝 떨어진 것이 아니며 삶의 뿌리가 없다면 불가능한 것이라고 말할 수 있다. 우리는 어떤 종교도 삶과 동떨어져 존재하지 않는다는 것을 잘 안다. 우리는 종교적인 초월의 논리를 인간적 삶의 내적인 욕망에서 이해하고자 한다. 우리는 종교의 초월성이란 제사장이 거주하는 신성한 곳에 배타적으로 존재하는 것이 아니라 실제로는 삶 속에서 하루하루를 살아가며 가족과 이웃을 위해 헌신하는 일상적인 삶의 터전들 속에 근본적으로 존재한다는 것을 주장하고자 한다. 그런 삶의 터전들은 마치 종교적인 성전과 같다.

종교는 초월적인 존재나 세계관을 가정하고 이를 위한 인간의 신앙과 신앙체계를 요구하며 인간을 위한 구원, 해탈, 축복 등을 목적으로 하는 삶의 보편적인 현상이다. 즉 종교는 인간의 이성적인 능력에 의존하지 않으며 그런 능력에 의해서 해결할 수 없는 삶의 불가능성을 해명하고자 한다. 따라서 종교는 인간의 삶에 관한 초월적 이해에서 비롯된다. 그런데 우리는 종교와 종교문화를 어떻게 이해하고 인간과 인간의 사회적 삶과 연관해서 그 의미를 어떻게 평가할 것인가? 몇천 년의 역사적인 기원을 갖고 세계종교들로서 인정받고 있는 불교, 기독교 외에 인류사에는 문명을 대표하는 수많은 종교들이 탄생하기도 하고 사라지기도 했다. 종교적 삶들이 인간의 다양한 삶들과 호흡하며 인간의 사회적 삶을 이끌어가는 보편의 가치들을 형성해 왔던 것을 우리는 부인할 수 없을 것이다. 때로는 삶의 질서와 창조의 힘을 가져왔던 것이 종교적인 삶의 가치들이기도 하다.

우리는 종교의 기원과 역사를 이해하기에 앞서 인간의 삶의 역사를 먼저 살펴보고자 한다. 엘리아데는 종교의 이미에 대해 다음과 같이 설명하기도 한다. "생명과 정신의 기원에 대한 집요한 추구, '자연의 신비'에 대한 매혹, 물질의 내적 구조를 관통하여 해독하고자 하는 노력

등, 이러한 모든 추구와 충동은 원초적이고 본래적이며 보편적인 모체에 대한 일종의 향수를 내포한다고 말할 수 있을 것이다."[1] 삶의 역사 속에서 종교를 바라본다면 종교는 삶의 성찰과 깊은 관련을 갖게 되며 죽음을 운명적으로 받아들이는 인간의 보편적 실존과 이것을 극복하려는 인간의 존재욕망과 맞물리게 된다. 그래서 종교의 일반적인 가치관은 생명의 존엄성, 사랑의 윤리, 내세관, 영혼불멸 등과 같은 관념들을 주장한다. 그런데 이런 가치관은 종교적인 요소들로서 인식되는 것만은 아니다. 그것들은 죽음을 극복하고 삶의 지속을 추구하려는 실존적인 욕망과 다르지 않다는 인식을 가져볼 수 있다. 그렇기 때문에 우리는 종교문화와 가치가 인류 역사에서 그 어떤 지적인 가치체계들에 앞서 존재했던 삶의 보편적 이해라는 것에 주목할 수 있다. 나아가 종교는 삶에 관한 초월의 가치를 공동체 속에서 실현하는 것을 목적으로 하는 경우도 있으며 원시 공동체 역시 나름대로의 종교적인 집단의식들을 행해오면서 제정일치의 사회체제를 구성하기도 한다.

종교적인 가치관들은 인간의 현세적인 삶을 극복하기 위해 구원과 해탈 등의 관념들을 제시한다. 구원과 해탈은 곧 영원한 삶의 긍정이며 죽음으로부터의 자유다. 그래서 대부분의 종교는 창조 신화를 가정하며 이런 불멸의 세계에 죽음은 본질적으로 존재하지 않는다. 무엇보다 우리는 종교현상들에 대한 다양한 해석들에 대해 두 가지의 태도를 갖고 종교적인 가치를 이해해볼 수 있다.

첫째, 종교는 인간의 삶 속에서 볼 수 있는 보편적인 문화현상이다. 종교는 시간을 초월해서 인간의 실존적인 삶을 해석한다. 이상적인 삶의 회구는 인간의 보편적인 욕망이며 생명에 대한 강한 집착은 죽음을

---

1   엘리아데, M.,《종교의 의미》, 박규태 옮김, 서광사, 1990, p. 71.

부정한다. 따라서 정상적인 종교라면 인간의 그런 기본적인 욕망을 수용하기 때문에 종교는 구원을 목적으로 한다. 이런 입장은 인간이 종교를 만든다는 가정을 피할 수 없게 된다. 예를 들어 제사문화도 일종의 종교적인 관념을 표현한다고 하며 이 점에서 유교(儒敎)도 종교의 범주에서 제외될 수 없다고 일부 식자는 지적한다. "유교적 제사란 '신적인 존재에 대한 인간의 종교적 기원을 표현하는 종교의례'를 총체적으로 지칭한다. 개인의 차원에서 드리는 조상제사는 조상의 영혼이 존재한다는 믿음을 바탕으로 그 영혼에게 예를 올리는 행위다. 제사는 인간이 신적인 존재나 영혼과 교감하고, 그 힘을 빌어서 인간의 삶 속에 발생하는 여러 가지 문제를 해소하고자 하는 기원과 연결되어 실천된다. 그런 의미에서 제사는 종교로서의 유교적 실천의 핵심이다."[2] 그런데도 우리는 유교를 종교의 한 형태라고 규정할 수는 없다. 왜냐하면 유교는 내세관에 관한 신앙을 본질적으로 주장하고 있지 않기 때문이다. 유교가 영혼과 같은 죽음 이후의 것들을 언급한다 하더라도 이것들은 현세를 떠나 존재하는 것들은 아니다.

둘째, 종교는 인간의 본성을 근거 짓고 지배하는 본래적인 현상이다. 이 경우 인간의 본성은 창조된 것이며 인생의 궁극적인 목적도 창조주의 뜻과 일치하지 않으면 안 된다. 따라서 유대, 기독교 문명에서 신의 원천적인 존재는 문화적인 현상이 아니라 종교발생의 중요한 원인이 된다. 불교에서도 인간의 실체는 무상의 불도에 따른다. "불교의 현실인식에 의하면 인생의 모든 고통과 고뇌는 실제로는 변화하지 않는 것이 없음에도, 불변의 고정된 실체가 있는 양 그런 실체를 집착하는 데서 기인한다. 그러므로 그런 불변의 실체가 없음을 스스로 깨달아 무상(無常)을

2   이용주, 〈제사는 우상숭배인가〉, 《종교읽기의 자유》, 청년사, 1999, p. 139.

현실세계의 본래 모습이라고 진지하게 인식함으로써 고통과 고뇌는 불식된다."[3] 종교는 인간의 역사가 창조주 신에 의해 주재된다는 것이거나 원래부터 만물의 삶이 윤회한다는 세계관을 제시하며 이로부터 우리는 종교가 인간을 만든다는 가정을 논할 수 있다.

우리는 여러 형태들의 종교들의 교리적인 가르침들을 비교하면서 종교적인 초월성을 논하고자 하는 것은 아니다. 우리의 말하고자 하는 것은 영혼불멸, 내세관의 긍정 등의 초월적인 종교 관념들과 다양한 종교사회에 대한 보편적 이해와 인식들이 곧 인간과 인간의 삶에 대한 근원적인 성찰을 가능케 한다는 것이다. 즉 종교는 나름대로의 우주관 또는 교리들을 갖고 삶을 근원적으로 해석한다는 것이며 이런 종교적인 가치들은 삶과 불가분의 관계를 유지하면서 삶에 대한 초월적 이해를 발전시킨다. 종교적인 가치들에 관한 우리의 주요 관점들은 다음과 같다.

첫째, 종교는 초월자나 절대적인 가치를 가정하고 인간의 신앙에 의해 구원과 해탈 등을 목적으로 하는 문화적인 현상이며 생명윤리, 사랑 또는 자비, 내세관, 영혼불멸 등의 보편적인 가치들을 중시한다. 이런 종교적인 가치들은 죽음, 고통과 같은 인간의 실존적인 유한성을 극복하고 초월적인 삶을 살아 갈 수 있도록 현세적인 삶 속에서 성스럽고 영적인 것을 성취하도록 한다. 또한 이런 네 가지의 종교적인 관념들은 사이비 종교단체의 가치관들과 구분될 수 있는 중요한 잣대가 될 수 있다. 특히 생명윤리는 살아 있는 모든 생명체가 내재적인 가치를 지닌다는 가치에서 비롯된다. 삶에의 경외, 생명의 존엄적인 가치는 그런 보편적 이해에서 출발한다. 근대 과학주의는 그런 삶에 관한 몰이해로 인해 자연자체를 물리학적인 메커니즘을 지닌 기계운동체로 취급한다. 곧 착취

---

3   정승석, 앞의 논문, pp. 83~84.

대상으로서의 자연이 정의된다. 이런 가치관은 사회 불평등을 정당화한다.

둘째, 종교는 내세지향적인 가치실현을 중시하나 무엇보다 어려운 현실을 극복하려는 인간의 초월적인 노력을 신앙적으로 유지하기 때문에 종교는 인간 중심적인 삶의 보편성을 토대로 한다. 종교는 공동체의 역사와 사회 그리고 이념들을 표현하며 문화적인 형태를 갖고 형성된다. 따라서 종교사회와 현상들에 대한 편견이 있어선 안 되며 종교는 그 시대의 인간관을 반영한다. 원시사회에 대한 차별성에 관한 인식 역시 보편적이지 않다.

셋째, 종교는 인간을 지배하는 구속이 아니라 자유를 가져다준다. 왜냐하면 구원, 사랑, 해탈, 자비 등의 가치들은 궁극적으로 죽음을 극복하고 생명을 긍정하기 때문이다. 그래서 인간을 떠난 종교, 인간을 구속하는 종교는 삶을 보편적으로 이해할 수 없게 된다. 레비나스가 타자철학을 통해서 제시하는 삶의 궁극적인 가치도 바로 구원에 이르는 것이며 그의 철학에는 타인을 위한 주체의 희생과 책임감이 필연적으로 요구된다. 그리고 그런 속죄의 삶이 구원의 길을 열어놓은 것처럼 보인다. 여기서도 구원은 곧 삶이 추구하는 최고의 자유인 셈이다. 우리는 삶과 호흡하는 종교의 보편적인 가치들로서 몇 가지의 일반 기준들을 제시할 수 있을 것이다. 생명윤리의 존중, 사랑의 가치, 내세관의 긍정, 영혼불멸의 관념 등 이런 종교윤리의 보편성들은 일상적인 삶(俗)과 지속적인 관계를 유지하며 삶에 대해 초월성(聖)을 부여한다. 예를 들어 생명의 존엄성에 관한 보편적 가치에 대해 기독교, 불교윤리는 각각 부활, 윤회 등과 같이 인간의 삶을 초월적으로 이해한다.

'종교적인 것'은 '과학적인 것'과 대비되면서 미신적인 것, 믿을 수 없는 것, 증명 불가능한 것 등으로 평가될 수 있다. 그러나 '과학적인 것'이라고 부르는 것 역시 인간의 실증적 믿음체계 즉 또 다른 가치이해에서 비롯되는 것이다. 인간의 인식에서 '과학적인 것'과 '종교적인 것'은 관습, 상식, 과학적 인식 등을 포괄하는 동일한 가치 패러다임에 의존한다. '종교적인 것'의 코드들 중의 중요한 하나는 종교가 인간적인 초극의 가능성을 발전시킨다는 것이다. 사실 이런 가치는 비단 종교적인 가치에만 제한되는 것은 아니다. "탈종교적인 현대문학에서는 호교론적인 문학의 경우와는 반대로 문학이 종교를 포괄하려는 경향을 보인다. 가령 19세기 영미 낭만주의 문학사조에서는 시인이나 예술가가 예언자 혹은 상상력의 사제로 표상된다. 이 낭만주의자들은 인간의 초월적 충동을 강조하면서 시(詩)가 종교의 대용물이 될 수 있다고 주장했다."[4] 이런 입장에서 우리는 종교가 신비적인 의식(儀式)과 교리를 가질 때 발생한 것이라고는 볼 수 없을 것이다. 인간의 종교적 심성은 교회 바깥에서도 존재할 수 있는 인간적 삶의 가능성이다. 따라서 우리는 종교적인 초월의 가능성이 실존적인 삶을 떠나서 존재한다는 입장을 배제하고자 한다. 왜냐하면 생명의 가치는 언제 어디서든 존엄한 것이며 삶이란 나 자신을 부단히 극복해나가는 과정이기에 여기서도 삶에의 의지는 성스러운 것으로 평가될 수 있기 때문이다.

　종교와 신화는 인간의 원초적인 정신현상을 상징적으로 표현한다. 신화는 종교 발생의 모태이기도 하며 인간역사, 문화적 전승을 정당화 시키는 '원형적인 사고'를 표현한다. 신화는 인간의 무의식을 드러내는 현재진행형의 현상이며 보편적인 인간심리와 본성을 이해하는 해석이기

---

4 박규태, 〈이야기가 우리를 구원할 수 있을까〉, 《종교읽기의 자유》, 청년사, 1999, p. 173.

도 하다. 인도 신화, 이집트 신화, 그리스 로마 신화, 중국 신화 등 종교 발생의 기원을 지닌 문명권들은 자신들의 역사시작에 대한 서사적인 신화들을 구성한다. 종교적인 것은 원시적인 것, 신비적이고 주술적인 것을 의미하는 것이 아니라 실존적인 인간의 한계를 뛰어넘고자 하는 삶의 가치를 형성한다. 현대의 과학기술이 발전하면서 종교가 아닌 과학적 인식에 의해 세계에 대한 인간의 호기심을 충족시키고자 하지만 인간은 자신의 상상력과 욕망을 영원히 지속시키기 위한 삶에의 본성을 지향한다. 이것은 종교의 존재이유이기도 하다.

우리가 일상적인 삶 속에서 이해할 수 있는 종교적인 것의 의미에서 선과 악의 의미는 무엇인가? BC 13세기 조로아스터교에서 선과 악은 세상을 지배하는 두 축이며 그들의 경쟁관계가 삶을 지배한다. 그리고 그리스 로마신화의 대부분의 신들은 신성과 악성을 모두 공유하는 경우가 많은데 인간적인 권력의 본성을 상징하는 제우스, 미와 유혹의 상징 비너스 등은 인간자신의 본성들을 상징적으로 해석할 수 있다. 기독교의 사탄들은 영적인 속성을 갖고 있지 않으면서 중세 유럽인들에 의해 악에 관한 많은 상상력을 제공하기도 한다. 사탄은 광야에서 예수를 유혹하기 위해 '돌을 빵으로 만들라', '성전 위에서 뛰어 내려라', '내게 절하면 세상을 다 주겠다' 등으로 예수의 마음을 움직이려고 한다. 그런데 인간은 배고프면 먹고 싶고 새와 같이 날아다니기를 꿈꾸며 세상을 지배하고 싶은 욕망을 지닌다. 즉 예수를 유혹한 것은 사탄이 아니라 실제로는 인간의 마음속에 도사린 욕망 자신인 것이다. 종교문화에서 이런 욕망은 악마이고 사탄이다. 그런 마음속의 악마들은 불교문화에서도 나타나는데 불교의 미리는 자신이 세 딸인 욕망, 불안, 환희에 의해 붓다를 유혹하려고 한다.

그렇다면 악마는 실제 존재하는가? 악마는 인간의 숨겨진 욕망이며 마음의 갈등을 표현하는 상상일 수 있다. 이런 악의 이미지는 신이나 천사와 같은 선의 실체를 긍정하기도 한다. 이런 선과 악의 대립은 종교적인 순수성, 공동체의 자기정체성을 유지하기 위해 필요한 것으로 여겨진다. 중세 시대 마녀사냥, 화형 등의 처벌은 사회적 금기를 악마의 현시로 몰아붙이고 지배 권력의 정당성을 유지했다. 악마는 인간육체에 서식하는 요물이기 때문에 인간 육체를 고문하고 화형에 처하는 명분이 되기도 한다. 그런데 악마로 상징되는 인간욕망의 정체는 무엇인가? 일탈과 자기만족을 요구하는 '나'의 또 다른 모습이며 자기중심적인 이런 모습은 윤리, 종교의 시각에서 보면 이기적인 자신, 악마의 모습이기도 하다. 인간의 선한 본성을 부정할 수는 없지만 사회적인 선의 관념은 관습과 금기, 일탈 등에서 벗어나는 것을 규제하기 위해 요청된 측면도 갖고 있다.

(2) 삶과 죽음의 종교적 이해

일찍이 니체(1844~1900)는 기독교 정신을 나약하고 무지한 대중들을 위한 약자도덕이라고 혹독하게 비판한다. "이제까지 지상에 종교적 신경증이 발생한 경우에는 거기에는 반드시 세 개의 위험한 양생법이 딸려 있음을 보게 된다. 그것은 즉 고독과 단식과 성적 금욕이다."[5] 그에 따르면 형이상학적인 존재운동의 원리인 '힘에 대한 의지'(Wille zur Macht)가 지배하는 세계가 보편적으로 실재하기 때문에 종교적인 신의 존재는 인간적인 집단이 허구적으로 만들어낸 우상인 셈이다. 그리고

5　니체, 《선악의 피안》, 박준택 옮김, 박영사, 1980, p. 82.

만약 신이 존재한다면 그런 신은 인간에게 어떻게 자신의 모습을 드러내며 인간은 그 신의 존재를 어떻게 증명할 것인가? 프로이트의 관점에 따르면 종교적인 가치는 초월적인 것이 아니라 허위의식이거나 심리적인 현상으로서 설명된다. 그는 〈강박행동과 종교행위〉라는 논문에서 이렇게 말한다. "강박 신경증의 죄의식과 아주 흡사한 것이 바로, 진심으로 자기네들은 용서받을 수 없는 죄인이라고 생각하는 종교인들의 확신이다. 종교인들의(기도, 주문 등과 같은) 일상생활과 특수한 비일상적 행사를 지배하는 경건한 의식도 방어 혹은 방어수단과 같은 의미를 지닌 것으로 보인다."[6]

신의 존재유무는 서구 기독교 권력과 문화의 정당성을 좌우할 정도로 매우 중대한 사안이 아닐 수 없다. 그래서 많은 신학자들은 신의 존재증명을 위해 많은 논증방법들을 제시했고 이렇듯 서구 지성사에서 종교역사의 보편적인 정당성은 신앙적인 초월적 대상으로서의 신이 존재하는가, 아닌가에 달려 있다고 해도 과언이 아니다. 그런데 종교에 관한 이런 이해는 종교에 관한 지적인 이해를 독단에 빠뜨릴 위험이 있다. 신이 존재하는가, 아닌가에 종교적 가치의 보편성이 존재하는 것은 아니다. 무엇보다 종교적인 것의 이해는 신의 초월적인 존재에 한정되는 것이 아니라 그런 이해는 삶의 현상들을 통찰하는 것에서 가능하다는 것이다. 인간은 왜 신을 찾고 종교문화를 형성해왔는가? 우리는 신의 존재자체를 부정하고자 하는 것이 아니라 인간이 왜 그런 절대자를 추구하는지에 관한 인간자신의 내적인 동기를 논의하고자 한다. 그래서 인간의 삶이 존재하는 곳이라면 신적인 존재가 상징적으로 등장하고 그를 향한 기도행위가 자연발생적으로 존재한다는 종교문화를 가정하고자 한다. 즉

6   프로이트, 《종교의 기원》, 이윤기 옮김, 열린책들, 1997, p. 17.

인간적인 행위의 현상들을 통해서 종교문화의 의미를 이해하고자 한다.

우리는 종교적인 순수관념이 인간적인 삶의 역사와 문화에서 별도로 떼어져서 존재한다는 것을 가정할 수 없다. 만약 그런 관념이 존재한다면 이것은 생명의 가치에 관한 몰이해에서 비롯될 수 있는 것이다.[7] "체계화된 경전이 있고, 기도와 예배, 미사와 법회 같은 의례와 형식이 갖추어졌으며, 교회와 같은 공동체가 있어 집단에 대한 소속감을 지닐 수 있는 것, 이런 것들을 종교를 구성하는 핵심요건으로 간주하게 된다. 이런 관점에서 이야기 할 때는 주로 기독교, 불교와 같은 역사적이고 전통적인 실체로서의 개별종교에 주목하는 경향이 있다. (⋯) 그래서 우리들의 삶과 문화 속에서 살아 숨 쉬는 종교의 역동성은 어디론가 사라져 버린다."[8] 여기서 지적하는 종교의 역동성은 바로 삶의 그것을 반영한 것이며 그런 역동성은 또한 삶의 지속성을 표현한 것이다. 따라서 우리는 삶의 지속이 존재하는 인간의 과거, 현재, 미래에도 삶을 표현하는 종교적인 관념들이 존재한다는 것을 가정할 수 있게 된다. 말하자면 과학이 첨예하게 발달하게 될 미래사회에도 인간이 죽음이라는 실존적인 문제를 해결하지 않는 한 종교적인 신앙은 존재하게 될 것이라고 예상할 수 있다. 왜냐하면 종교는 궁극적으로 인간의 영생과 구원을 목적으로 하기 때문이다. 죽음으로부터의 해방은 인간은 가장 큰 자유인지도 모른다. 그리고 인간은 그런 자유를 종교적인 신앙을 통해서 추구하고자 한다.

---

7   고대 그리스의 자연철학자 엠페도클레스가 제시한 네 가지 원소인 물, 불, 흙, 공기는 생명현상을 설명할 수 있는 자연적 요소다. 특히 물은 기독교행사의 세례식이나 힌두교도들이 갠지스 강에서 몸을 씻는 의식 등에서 흔히 등장하며 불은 기독교, 불교 등의 촛불행사 때 교인들의 기도를 영적으로 매개하는 희망의 상징이다.

8   고건호, 〈종교적이라는 것의 의미〉, 《종교 다시읽기》, 청년사, 1999, pp. 130~131.

실제 종교의 역사에 관한 인류학적 검토 즉 주술신앙과 민간신앙의 관점에서 볼 때 인간의 역사는 곧 종교의 역사라고 해도 과언이 아니다. 민간신앙에서 신앙의 발생은 지역 공동체의 연대의식에서 비롯된다. 개인, 공동체를 위한 구복, 안위가 중시되며 주술적인 행위, 정성기도 등을 통해 그 대가를 기대한다. 민간신앙은 인간의 지역적인 역사과정에서 발생하며 풍습, 관습 등과 혼재해서 변천한다. 우리는 삶 속에서 종교적인 현상들을 어떻게 발견할 수 있을까? 가령 한국의 전통사회에서 볼 수 있는 일반적인 종교현상은 조상숭배 사상과 샤머니즘에서 비롯된다.[9] 조상숭배사상의 경우 모든 영혼은 죽은 사람의 유령이라는 믿음에서 출발하며 죽은 자와 산 자의 교섭을 가정한다. 그러니까 내세관이 현실과 독립해서 별도로 존재하는 것이 아니라 그것은 산 자의 삶 속에서 공존한다. "이승에서 살던 사람이 죽어서 사는 저승은 도대체 어디에 있는가? 한국의 신화, 구비전승 문화, 고전 소설, 무속신앙에서 저승을 이승과 다른 하늘, 산, 땅 밑, 바다 등으로 표현하고 있다. 그러나 여기서 말하는 저승은 이승의 단절이 아니라 이승의 연장일 뿐이다."[10] 그리고 그런 조상숭배 문화는 설날이나 추석과 같은 명절 때 고향을 떠난 사람들이 자신들의 생명이 시작했고 자라났던 고향을 찾아 가족과 친지들을 만나 자기정체성을 확인하는 기회를 부여하기도 한다. 그런데 이런 사회적 현상이 생성적인 자연현상과 별개의 것으로 이해될 수 있는 것은 아니다. 즉 연어나 은어의 경우 산란기 때 자신들이 태어났던 하천의 상

---

9 한국의 전통문화에서 종교적인 것 또는 종교현상들을 예로 들 때 삼국 시대부터 유래된 장승 문화의 경우 마을 수빈들의 소망을 들어주거나 역병을 막아주던 마을의 수호신이기도 하며 지리적인 경계를 나타내기도 한다.

10 황필호, 〈죽음에 대한 현대 서양철학의 네 가지 접근과 한국인의 접근〉, 《죽음이란 무엇인가》, 도서출판 창, 1990, pp. 286~287.

류로 거슬러 올라가서 알을 낳는 자연의 현상들을 볼 수 있는데 이 경우도 생물학적인 귀소본능 때문에 가능한 것이라고 볼 수 있다.

또한 우리는 종교문화에서도 성지순례의 행사가 보편적으로 행해짐을 확인할 수 있다. 기독교의 예루살렘, 이슬람의 메카, 불교의 녹야원 등의 성지 방문들을 그 예로 들 수 있을 것이다. 성지순례를 통해서 신앙적인 거듭 태어남을 확인하고 삶의 새로움을 체험하면서 이런 것은 일상적인 삶에 생기를 가져다준다. 따라서 우리가 종교행위라고 부르는 성지순례와 같은 현상들만이 종교적인 순수행위로서 해석될 수 있는 것만이 아니라 그런 종교적 행위도 실제로는 생성적인 자연현상, 고향 방문과 같은 인간사들과 무관하지 않게 해석될 수 있는 것이다. 즉 우리가 종교적인 것이라고 부르는 성스러운 행위는 삶의 보편적인 현상들과 그 역동성을 문화적으로 발전시킨 것이라고 해도 과언이 아니다. 그렇다면 삶의 보편성은 무엇인가? 말하자면 자기정체성의 표현, 생명의 희구, 인간애의 실현 등이 삶의 가치를 반영하며 이것은 특히 종교문화에서 지속적으로 발전되고 승화되는 것이라고 볼 수 있다. 즉 구원과 해탈, 죽지 않고 내세에도 살 수 있다고 하는 영생의 가치 등이 종교의 초월성을 구성할 수 있는 것이다. 종교의 초월성은 인간적인 삶의 염원을 그대로 반영하고 있지 않을까?

특히 인간이 종교적 관념을 생각하게 된 가장 중요한 존재론적인 이유는 죽음에 관한 실존적인 문제에서 비롯된다. 일반적으로 종교는 삶의 현실을 직관하고 그 이면의 세계를 제시하고자 한다. 자연은 인간의 숙명적인 현실이다. 자연은 인간의 태어남과 죽음이 공존하는 삶의 현실이다. 이런 자연은 생명의 태동과 지속이 이뤄지는 공간이며 여기서 모든 생명체는 우연성이 아니라 필연성의 과정에 의해 지배한다. 그래서 미물일지라도 자신의 생명이 존엄하다는 것을 주장한다. 왜냐하면 모든 생명체들에게는 이유 있는 나름대로의 존재과정이 역사적으로 숨겨져 있기 때문이다. 그런데 죽음은 무엇을 의미하는가? 삶에의 의지와 힘이 생명체를 유지, 발전시키는 원동력이라면 죽음은 에너지의 상실이다. 그래서 죽음은 허무하고 비극적인 현상으로 치부되는지도 모른다. 죽음은 마치 떨어져 나간 낙엽과 같이 자신의 생성기능을 다하고 부서지고 썩어가는 자연적 현상이다. 그래서 낙엽은 인생무상, 죽음, 허무주의 등에 대한 관심을 불러일으키며 땅 위에 존재하는 것들의 유한성을 상징적으로 보여준다.

그런데 우리는 사회적인 삶 속에서 그런 죽음의 의미를 어떻게 이해할 수 있을까? 인간들은 자신의 죽음을 심각하게 고려하지 않고 타인의 죽음을 외면하고 현재 살아 있는 '나'의 시간과 전혀 다른 것이라고 생각한다. 그런데 우리는 이미 죽음과 동행한다. 죽음은 나의 보이지 않는 삶이며 현실이고 자연적 생성의 일부일 뿐이다.[11] 우리가 죽음의 현상을 인간실존을 넘어선 우주론적인 생성의 관점에서 이해하게 된다는 것은 삶과 죽음의 경계를 넘어서 생성적인 자연의 과정이 존재한다는 것을 인정하게 된다. 그런 의미에서 죽음은 초월적인 삶의 자세를 일깨운다. 또한 죽음은 생명의 존중, 인권윤리를 진작시키는 삶의 동기이기도 하다. 즉 죽음은 생명윤리에 관한 인간의 고귀한 가치를 발전시킨다. 그런

---

11 "죽음에 대한 이해는 죽음을 표현하는 다음과 같은 말에서도 잘 나타나고 있다. 즉 우리는 사람이 죽었을 때, '돌아가셨다' 또는 '타계'하셨다는 곧잘 쓴다. 이런 표현은 죽음 이후에 갈 수 있는 다른 세계를 전제하고 있다는 것을 금방 알 수 있다. (…) 이는 죽음이라는 것이 새로운 길로 떠나는 것이고, 염습과 반함은 이것을 준비하는 과정이라는 것을 분명하게 보여준다. 새로운 세계로 가기 위해 몸을 깨끗이 하고 새로운 옷을 입으며, 새로운 세계로 가기 위해 몸을 깨끗이 하고 새로운 옷을 입으며, 필요한 여비와 식량을 준비하는 모습을 여실히 보여주고 있는 것이다. 만약 죽음이 존재의 끝이고 소멸이라면 장례과정에서 이런 모습이 나타나지 않았을 것이다." (이용범, 〈죽음을 바라보는 한국인의 시선〉, 《종교 다시읽기》, 청년사, 1999, p. 382.)

의미에서 생일날은 각별한 의미를 지니는데 그것은 삶의 축복을 기원한다. 즉 일생의 그런 반복되는 주기를 통해 상대방의 태어남을 축하하고 죽음, 고통 등을 극복하고 현세에 대한 축복을 궁극적으로 기원하는 것이 생일의 의미다. 어쩌면 일상적인 삶의 현장들 속에서 인간은 이미 종교적인 것을 학습 받고 체험하는지도 모른다.

인간의 삶 속에서 가장 본질적인 물음은 '죽음이란 무엇인가'이며 종교는 여기에 대해서 내세관을 가정한다. 일반적으로 죽음은 실존주의적 관심에서 무, 종교적 관심에서 부활, 우주론적 관심에서 생성, 인식론적 관심에서 불가지론의 대상이며 과학적 관심에서는 소멸이다. 실제 종교적 삶에서 죽음은 존재하지 않는다. 죽음은 영생으로 나아가는 과정이다. 그래서 종교적 삶은 인생의 시작과 종말에 관심을 갖는다. 일반적인 종교현상에서 죽음은 부활, 환생 등을 가져오며 육체적인 형태는 사라지지만 영적인 것은 죽음 이후에도 지속된다. 종교의식에서도 그런 삶의 구원과 해탈, 영원성을 축원하기도 한다. 유대, 기독교 전통에서 메시아니즘은 인간영혼의 구원과 불멸을 보편화한다. 구세주 신의 존재는 영생의 근거며 내세관을 지배하는 창조주다.

기독교적인 복음은 인간영혼의 구원을 목적으로 하며 메시아의 재림을 기원한다. 죽음은 삶과 대립하는 실재가 아니며 생명의 부활을 방해하지 못하는 양상을 띤다. 진짜 죽음은 구원을 받지 못하는 영의 죽음이다. "우리가 흙에 속한 자의 형상을 입은 것 같이 하늘에 속한 자의 형상을 입으리라. 혈과 육은 하나님 나라를 유업으로 받을 수 없고, 또한 썩은 것은 썩지 아니한 것을 유업으로 받지 못하느니라."(고후 15:49~50) 따라서 종교적인 것은 원시적인 것, 신비적이고 주술적인 것을 의미하는 것이 아니라 실존적인 삶의 한계 속에서 이것을 뛰어넘고자 하는 미래적인 삶의 가치를 형성한다. 현대의 과학기술이 발전하면서 종교가 아닌 과학적 인식에 의해 세계에 대한 인간의 호기심을 충족시키고자 하지만 인간은 영생의 삶을 실현시키고자 하는 욕망을 갖는다. 그리고 이것은 미래에도 종교가 존재할 수밖에 없는 이유가 될 것이다.

(3) 삶의 가치로서 종교의 초월성

일반적으로 종교에서 초월을 논할 때 계시의 직관이나 열반을 향한 귀의 등과 같은 비일상적인 체험을 염두에 두게 된다. 그런 초월성의 체험은 절대적인 진리를 이해하는 조건이며 궁극적인 진리는 삶이라고 하는 일상성 저편의 배후에 존재한다. 그래서 인간은 초월을 추구한다. 종교는 삶의 지평을 넘어서서 그 초월의 가치를 논의하게 되는데 종교의 초월적 가치는 늘 삶과 죽음의 경계를 가로지르면서 존재한다. 따라서 그런 가치는 삶과 죽음의 세계를 명확히 구분하는 것은 아니며 죽음 역시 삶의 또 다른 낯선 세계 정도로 인식되는 경우가 많다.[12]

종교는 초월을 지향한다. 우리는 초월적 행위로서의 종교적인 의식을 어떻게 이해할 수 있을까? 그런데 종교의식이 삶의 요소들을 지양하고 순수한 관념만을 추구하는 것은 아니다. 우리는 일상생활에서 축원을 희망하는 오프닝 행사 때 수많은 풍선들을 날려 보내는 경우를 자주 본다. 빨간, 파란, 노란 색 등 형형색색의 풍선들이 참가자들의 염원과 기

---

12 "죽음은 곧 삶이요, 열반이다.(…) 죽음은 인간으로서 피할 수 없는 현실이다. 붓다는 이 현실이 불가피함을 철저히 인식시키고자 노력했음을 근본 경전들을 통해 알 수 있다. 즉 그런 자각을 통해 죽음이라는 실상을 초넘하여 보다 높은 차원의 진실을 체득함으로써 현실적 죽음의 문제가 극복된다는 것이 그의 입장이다. 죽음에 대한 새로운 차원의 인식 즉 삶에도 번민하지 않고 죽음에도 번민하지 않는, 초월적 삶과 생명을 추구했다." (정승석, 〈죽음은 곧 삶이요, 열반〉, 《죽음이란 무엇인가》, 도서출판 창, 1990. pp. 79~80.)

〈그림 15〉 미얀마의 한 불교사원. 성지는 하늘과 땅이 만나는 곳이며 우주의 중심이다. 그런데 하늘과 땅이 만나지 않는 삶의 공간은 없다. 곧 범상(凡常)한 삶 속에 초월성이 내재한다.

대를 받고 하늘로 오르는 모습을 보면서 미래의 꿈을 기리는 인간의 집단적인 소원을 발견할 수 있게 된다. 풍선은 육체의 한계를 넘어서서 현실의 소망을 싣고 '하늘'이라는 초월자의 공간으로 향하는 인간의 심성적인 믿음을 표현하는 것이 아닐까?

초월의 상징으로서 성지(聖地)는 초월자가 거주하는 땅의 중심이며 우주의 중심과 소통하는 곳이다. 성지에는 오랫동안 전해 내려오는 신비스러운 전설이 있

다. 이곳에 들어서기 위해서는 많은 종교의식들이 행해지며 이것을 통해 신도들은 종교적 가르침을 체험한다. "그리스도인들에게는 세계의 중심이 되는 곳이 골고다다. 그곳은 우주 산의 정상이며 동시에 아담이 창조되고 묻힌 장소이기 때문이다. (…) 골고다가 세계의 중심에 위치한다는 이와 같은 신앙은 동방 그리스도교의 민간설화 속에 지금도 보존되어 있다."[13] 그래서 성지에서의 예식을 통해 인간은 우주의 중심에 자리 잡는다. 말하자면 인간은 바로 우주적인 초월성을 회복하는 것에서 부활한다. 우주의 중심에 서 있는 것이 인간의 본래적인 것이다. "사람들이 거주하기 위하여 혹은 생활의 장으로 이용하려고 차지한 땅들은 우선 카오스에서 코스모스로 변화된다고 하는 사실이다. 다시 말하면,

---

13 엘리아데, M.,《우주와 역사》, 정진홍 옮김, 현대사상사, 1976, p. 29.

제의의 효과를 통하여 그 땅은 실재이게 되는 하나의 '형태'를 부여받게 된다. 분명한 사실은 고대인의 심성에서 실재는 그것 자체가 힘이고 효과적인 것이며 그리고 지속적인 것으로 나타났다고 하는 것이다. 그렇기 때문에 그들에게서 가장 뚜렷한 실재는 거룩한 것(the sacred)이다. 왜냐하면 성(聖)만이 절대적인 모습으로 존재하고 효과적으로 활동하며, 사물들로 하여금 지속해나갈 수 있게 해주기 때문이다."[14] 그래서 그런 종교상징은 성스러운 세계를 지시하는 심벌이며 성과 속을 잇는 영적인 매개로서 신앙인들은 계시와 믿음의 징표로서 받아들인다. 종교상징은 신앙과 믿음을 통해 실재하는 것이며 본질적으로 범상한 것을 초월해 존재한다. 종교상징은 소속 공동체의 가치와 이해관계에 대해 호응하는 것이며 집단적인 상상력에 의해 신화적으로 만들어지고 의미가 부여된다. 그런 상징은 신앙적인 자기믿음을 확인하는 수단이며 선과 악을 구분하는 제어의 기능을 주기도 한다.

엘리아데에 따르면 삶의 구조는 우주 창조적인 원형을 재생한다. 제의적인 집단의식은 속세적인 삶과 사물들에 대해 생명력을 불어넣는 행위로 나타난다. 이에 따라 삶 자체에서 초월성의 반복이 주기적으로 일어나며 인간의 삶의 터전은 세계와 우주의 중심으로 거듭날 수 있는 것이다. "결혼식도 마찬가지로 신적인 모델을 가지고 있다. 인간의 결혼은 신혼(神婚)인데 더 구체적으로 말하면, 하늘과 땅의 결합을 재연하는 것이다. 우파니샤드에 보면, 남편이 아내에게 '나는 하늘이요, 당신은 땅이다'라고 말한다."[15] 실제로 성은 생명의 연속성과 생성을 상징하는 신체의 심재 부위이며 인간욕망을 지배하는 원인을 제공하기도 한다. 성

---

14 같은 책, p. 26.
15 같은 책, p. 43.

〈그림 16〉 가나안 혼인잔치에서 예수의 첫 번째 이적을 표현한 삽화. 남녀결합을 상징하는 혼인식은 우주의 생성에 부합하는 보편적인 행사다. 예수는 이것을 축복한다. 그렇다면 그런 성화 이미지의 주인공은 남녀 배우자인가, 아니면 예수 자신인가?

은 우주적인 합일, 다산성의 잉태 등의 이유로 성기숭배의 문화를 가져온 환유 또는 은유의 중심이다. 성과 육체의 결합을 사회적으로 공인하는 결혼예식은 축복, 번영, 건강을 기원하는 성스러운 의식으로서 보편적 의미를 부여 받는다.

우리는 엘리아데가 말하는 삶과 종교의 관계를 이해할 수 있게 된다. "가장 원초적인 문화단계에서 인간의 삶 자체가 곧 종교적 행위에 해당된다. 왜냐하면 식생활, 성행위, 노동 등이 모두 하나의 성례적인 가치를 지니기 때문이다. 다시 말해 한 인간으로 존재한다는 것, 한 인간이 된다는 것은 곧 종교적임을 뜻한다."[16] 그에게 신적인 존재가 종교를 필연적으로 구성하는 것은 아니다. 종교는 삶에의 태도를 표현한다. 다만 신의 관념은 인간을 신성하게 만든다. 말하자면 본질적으로 산다는 것의 의미는 늘 자신을 극복해 나간다는 것을 의미한다. 이런 인간의 모습은 신성한 것이다. 살아 숨쉬는 인간의 호흡이 존재하는 모든 삶의 터전 속에 성스러운 것이 존재한다. 왜냐하면 삶이란 오늘을 극복하고 내일을 살아가기 위한 삶이며 이런 삶이란 기도이며 희망이기 때문이다.

---

16 엘리아데, M.,《종교의 의미》, 박규태 옮김, 서광사, 1990, p. 8.

우주와 소통하는 인간의 본질적인 내면성은 인간자신의 본성이기도 하며 이런 선천적인 본성은 인간의 운명을 지배한다. 슐라이어마허의 종교론은 그 점을 부각시킨다. 특히 인간의 열려진 감정은 우주로 향하는 탯줄과도 같다. "여기서 여러분은 가장 본래적이고 사랑스런 본향에 있으며, 여러분의 내적인 삶은 열리고 꽃핀다. 여러분은 여러분 앞에 있는 모든 애씀과 힘씀의 목표를 보며 항상 이 목표를 향해 인도하는 내적인 힘의 충동을 느낀다. 인간성 자체는 여러분에게 고유한 우주이다. 우주가 인간성과 관계하거나 이것을 에워싸고 있는 한 여러분은 다른 모든 것을 바로 이 우주로 생각하게 된다."[17] 그에 따르면 신앙은 제도적인 기관, 교회에 의존해서가 아니라 개인의 순수한 종교경험에 의존한다. 따라서 그는 계몽주의적인 종교이해를 비판하고 종교적 감정을 중시한다. 즉 그런 종교 경험은 우주에의 신비적인 직관에 의해 발생하는 것이며 내적인 감정은 그것을 가능케 한다.[18]

특히 우리는 베르그송과 레비나스의 종교이해를 통해 삶과 종교를 관계를 새롭게 해석해나갈 수 있다. 두 철학자는 삶에 대한 심층적인 이해를 통해 나름대로의 초월성의 의미를 종교에 부여하기 때문에 각별히 논의의 대상이 될 수 있다. 신과 종교에 관한 학문적인 주장을 하지 않은 철학자는 거의 없을 것이다. 다만 우리는 삶의 시간 속에서 영원한 지속을 보고자 했고 타인의 얼굴들 가운데서 신을 보고자 했던 베르그송과 레비나스의 종교사상에 관심을 갖고자 한다. 그리고 이들은 분명

1/ 슐라이어마허 F. D. E., 《종교론》, 최신한 옮김, 대한기독교서회, 2002, p. 86.

18 "종교에 대한 전적인 무지는 여러분 가운데 가장 넓게 펴져 있는 종교적 감정가운데 분명히 드러나 있다. 이 감정은 앞에서 말한 직관과 내적으로 결합되어 있을 뿐 아니라 필경 직관에서 생겨나고 오로지 이로부터 설명될 수 있지만 여전히 전적으로 오해되고 있다." (같은 책, p. 100.)

히 죽음을 뛰어넘는 삶의 초월성을 나름대로 제시한다. 베르그송의 삶의 지속과 약동, 레비나스의 타인의 얼굴은 삶 속에서의 초월성의 의미를 상징적으로 제시한다. 두 철학자는 초월적인 관념들을 제시하면서도 그것들은 삶의 저 건너편에서 무한성 그 자체로 존재하는 것이 아니라 현세적인 삶의 시간들 속에서 공존하는 것이다. 먼저 베르그송에게 '생명의 비약'(l' élan vital)은 삶의 지속과 역동성을 시사한다. 모든 생명은 물질의 저항을 극복하고 약동하려는 역동적인 힘을 가지고 있으며 이것은 정신적인 에너지다. 생명의 지속은 그런 연속성을 의미하며 곧 우주의 생성이다. 생명체는 자신의 기억을 부단히 실현하고자 하는데 무의식적인 본성과 같이 작용하는 그것은 개체의 삶과 죽음을 뛰어넘어 지속적으로 자기실현을 한다. 그런 생명의 힘은 영적인 지속을 가정한다. 따라서 '역동적 종교'(religion dynamique)는 자연 속에서 자신의 생존을 보존하려고 사회적으로 요청된 종교론(토템, 주술 신앙 등)이 아니라 종교본질은 역동적인 생명의 논리를 실현시키는 것에 의미가 있다.

레비나스에게서 신의 얼굴은 인간의 얼굴을 하고 있다. 그런 얼굴은 신적인 성스러움과 거칠고 투박한 속된 것을 동시에 표현한다. 그는 이런 타인의 얼굴들에 대해 인간은 경배해야 하고 타인을 위해 희생적이어야 한다고 가르친다. 그가 말하는 타자의 얼굴은 지금 '나'와 마주하고 있는 상대방의 얼굴이며 신에 대한 부한적인 관념과 그 계시성은 거기서 주어지는 것 외에 아무것도 아닌 것이다. 즉 성스러운 신의 얼굴은 바로 실존적인 인간의 얼굴에서 등장한다. 전통적으로 이스라엘 백성들은 성육화한 구원의 신을 기다려왔고 이사야는 이것을 예언한다. 즉 메시아는 인간들 사이에서 탄생하리라는 것이 예언된 셈이다. 그런데 레비나스에게서 메시아는 두 가지로 이해될 수 있다. 아브라함과 독대했던 초월의 신과 만인의 얼굴들 속에서 현시하는 계시의 신이 그것이다.

그런데 인간과 마주하는 초월의 신은 계시의 신 이외에는 아무것도 아니다. 그리고 이런 메시아의 존재는 사람의 얼굴들을 한 모든 이들 속에서 출현한다. 또한 모든 사람들은 메시아의 심성을 지녔기 때문에 그가 말하는 메시아니즘은 심판의 신을 가정하기보다는 인간적인 삶의 역사 속에서 그 가치가 실현된다는 것을 제시한다.

그래서 그의 내세관은 현세 지향적인 가치의 실현을 중시한다. 그의 철학적 메시지는 인간적인 삶 속에 영원한 진리가 숨겨져 있다는 것이며 인간에 대한 믿음이 신에게의 믿음을 확증한다는 것과 같다. 그래서 그가 말하는 유일신주의는 신을 위한 맹목적인 신앙을 경계한다. 또한 그에게 '나'와 신의 관계를 인격적으로 가깝게 이어주는 것이 신의 말씀인 토라이며 이것은 지고한 선의 가치를 인간으로 하여금 실천적으로 행하게 한다. 신은 초월적인 신이면서 그런 신은 늘 인간의 삶 속에 같이 있기 때문에 인격적인 신인 것이다. 그런 초월적인 신은 관념적으로 존재하는 것이 아니라 삶 속에서 타인의 얼굴들을 통해서 존재한다.

(4) 삶의 가치로서 종교윤리

'종교적인 것'은 종교적인 교리나 행위로 제한되는 것이 아니라 첫째, 인간과 우주의 관계에 대한 궁극적인 사유를 드러내는 것이며 둘째, 그것은 삶에 대한 궁극적인 체험과 깨달음을 전달하며 셋째, 그럼으로써 종교적인 것은 삶에 대한 초월적인 이해과정을 표현한다. 말하자면 '종교적인 삶'이란 사회적 삶, 일상적 삶에 내린 초월적 태도를 수반하며 신, 영혼, 내세관 등의 이해와 함께 삶의 의미를 심층적으로 반성한다. 이와 함께 그것은 사회적 가치와 일반상식에 호응하면서 이런 상식적 관계를 또한 뛰어 넘는다. 그리고 종교적인 삶이란 특정 종교인의 삶이 아니라 인간적인 삶을 의미한다.

이에 따라 우리가 말하고자 하는 것은 어떤 종교윤리라고 하더라고 삶의 가치를 떠나서 존재할 수 없다는 것이다. 비록 종파적인 신앙과 교리체계가 다르다고 할지라도 그런 종교문화는 인간적인 삶의 가치를 토대로 발전한 것이기 때문에 인간성에 호소하는 삶의 가치를 무엇보다 중시해야 한다는 것이다. 즉 종교문화는 삶과 죽음에 관한 인간의 근원적인 성찰을 반영하며 나아가 인간의 자기실현과 공동체의 가치실현을 초월적으로 제시한다. 따라서 종교의 초월성은 삶의 내재적인 가치를 표현하는데, 예를 들어 영원히 죽지 않고 나의 가족, 이웃들과 함께 살고자 하는 내적인 욕망을 해결하고자 한다.

그래서 각 종교들은 나름대로의 신앙적인 가치와 내세관을 제시하게 되며 인간은 그런 종교적인 응답을 통해 인간이 해결할 수 없는 삶에 대한 가치를 실현하고자 한다. 즉 인간의 신앙을 배제한다면 종교는 존재할 수 없다. 신앙이 존재한다는 것은 그 초월적 대상으로서의 신이 존재한다는 가정을 가질 수 있고 그런 신앙은 인간이 해결할 수 없는 현실의 문제들에 대한 응답을 가져올 수 있는 것이다. 따라서 인간의 신앙을 구심점으로 해서 발전한 것이 종교문화의 가장 큰 특징이기 때문에 종교는 과학과 구분되며 인간의 이성이 아니라 신앙에 의지하게 된다. 이에 따라 종교는 신앙을 통해 인간의 자유를 제시하는 셈이다. 그렇다면 종교는 인간에게 어떤 의미를 지니는가?

첫째, 종교는 집단적인 권위와 이념의 상징이 아니라 인간자유와 욕망의 상징이다. 즉 구원과 깨달음, 삶의 긍정은 그것을 반영한다. 따라서 종파적인 배타주의 등은 종교이념의 근원을 부정하는 것이다. 인간의 삶과 공감하고 희망을 주는 신앙적인 삶의 자세에서 종교의 보편성을 발견할 수 있다. 따라서 우리는 인간의 원시적인 문화행태에서도 종교의 기원이 될 만한 소재를 발견할 수 있다. 인간은 태어남과 죽음을 가진 실존적인 존재이기 때문에 인간과 종교는 역사적인 시간을 같이 한다. 그래서 종교는 죽음에서의 자유를 위해 구원과 해탈 등과 같은 초월의 가치를 표현한다. 이것은 본고에서 문제삼는 종교 발생의 중요한 이유다. 우리는 종교적 삶의 기원과 유래가 실제로는 인간의 실존적인 심성 속에 존재한다는 것을 가정한다. 바로 이점은 종교가 과거뿐 아니라 미래에도 인간의 삶 속에서 존립할 수 있는 중요한 동기가 된다.

둘째, 구원과 해탈은 일반 종교의 주요 목적이 될 수 있지만 현실적으로 그것들은 자아실현을 위한 기쁨, 즉 자신에 대한 발견과 자기 정체성의 이해와 관련된다. 그래서 바람직한 자아관은 곧 우주, 세계, 타자들과의 조화 속에서 평가되고 성취된다. 이에 따라 인간의 종교적 삶은 이기적인 자신의 삶을 버리고 '낯선 것'에서 '자신의 것'을 발견하게 된다. 즉 종교는 '나'를 떠난 이타적인 행위를 사회적인 중요한 가치로 이해한다. 종교는 이데올로기가 아니라 삶이다. 즉 종교적인 것은 교리적인 것이 아니라 인간의 삶에 대한 관심과 유대감에서 비롯된다. 예를 들어 인간에 대한 사랑이 없이 신에 대한 사랑을 생각할 수 없는 것이다.

셋째, 종교의 초월성은 삶에의 초월을 의미한다. 종교적인 체험을 통해 얻게 된 '세상 밖의 한 걸음'은 근원적인 '나'를 찾아가는 초월적인 행위다. 그런 초월성은 인간으로 하여금 '흙'으로 만들어진 육체를 떠나 삶의 영혼을 찾아 나서게 한다. 우리는 기독교, 불교 문화 등에서 그런 초월성에 관한 가치를 이해할 수 있다. 기독교에서 삶의 목적은 구원이다. "죽은 자들은 살아나고 우리의 시체들은 일어나리라. 티끌에 거하는 자들아. 너희는 깨어 노래하라. 주의 이슬은 빛난 이슬이니 땅이 죽은 사를 내어 놓으리라."[19] 영적인 삶의 영위는 미래를 구원하는 삶의 방식이며 이것은 타종교에서도 다르지 않다. 불교에서도 번뇌 망상을 가져오는 속세의 삶은 윤회의 연을 끊지 못하기 때문에 수도에 정진하고 집착을 버림으로써 열반의 세계에 이르게 된다. 이런 자신의 수양이 실현될 때 비로소 중생의 삶을 구제할 수 있다. 우리는 종교의 초월적인 가치가 그럼에도 불구하고 생명의 긍정, 보편적인 인간성의 실현 등과 같은 삶을 위한 내재적 가치를 지향한다는 것을 지적하고자 한다.

(5) 종교윤리의 나아갈 길

인간의 종교적 행위는 이타적인 삶을 통한 자아실현과 구원을 위한 욕망을 표현한다. 깨달음에 의한 삶의 성찰과 삶의 긍정은 종교적 삶의 중요한 특징이다. 그래서 종파적인 배타주의 등은 종교 이념의 근원을 부정하는 것이다. 인간의 삶과 공감하고 희망을 주는 신앙적인 삶의 자세에서 종교의 보편성을 발견할 수 있다. 말하자면 종교적 관념의 중심은 인간에 있으며 인간적인 심성으로부터 종교의 기원이 설명될 수 있는 것이다. 그런 입장에서 종교는 인간을 자유롭게 하며 나아가 배타적인 종교관으로 인해 인간을 속박해선 안 된다는 것이다.[20] 이와 함께 우리는 종교문화를 가정하는 데 종교가 지역적인 문화의 색깔을 갖고 나타나기 때문에 종교문화에 대한 편견이 있어서는 안 된다는 것을 강조

---

19 이사야 26 :19.

20 때로는 종교적인 관행 속에 인류학적인 사회현상이 드러나기도 한다. 일반적인 종교문화에 있어선 남성성의 역할과 기능에 비해 여성성은 과소평가되는 경향이 있다. 그 이유는 종교가 사회권력, 지배질서 속에서 요청되는 관습들을 통해 인류학적으로 완성되어 왔기 때문이다.

하고자 한다. 그런 종교문화는 마치 삶의 뿌리와도 같은 것이다. 레비나스가 말하는 존재의 본질인 타자성도 결국 실존적인 삶의 뿌리에서 비롯되는 존재론적인 현상이다.

일반적으로 인간사고와 행위에 대한 사회규범으로서 원천적으로 강요되는 것이 윤리다. 그리고 그런 윤리의 사회적 체계가 관습, 도덕, 법, 규범들이다. 그런 공동체의 윤리와 가치는 다음과 같다. 첫째, 윤리는 인간존엄성에 대한 지고의 가치를 중요한 명분으로 한다. 둘째, 윤리는 사회 공동체의 합의적인 권위와 질서를 발생시키는 원인이 된다. 셋째, 윤리는 인간의 인류학적 진화를 사회 공동체의 범주 속에서 평가하는 최고의 정신적 가치이다. 그런데 위와 같은 윤리의 인간적 가치와 함께 윤리의 기원은 인간 공동체가 추구하는 종교적인 최선의 가치와 모순되는 것은 아니다. 왜냐하면 종교적 가치도 근본적으로 인간의 삶에 바탕을 둔 초월적인 윤리관에서 비롯된 것이기 때문이다. 레비나스가 주장하듯 인간의 얼굴은 모든 윤리의 기원이며 그 얼굴은 인간사회의 윤리, 법, 도덕 등에 선행한다.

우리는 앞서의 논의들을 통해 생명 중심적인 타자철학이 새로운 종교 윤리의 가능성을 제시할 수 있다고 믿는다. 그리고 그런 안목에서 종교 윤리의 방향을 제안하기 위해 인간적인 삶의 가치를 우선적으로 중시하고 종교의 다원성을 현실적으로 인정하자는 취지에서 종교 다원주의에 관한 긍정적 평가를 모색하고자 한다. 종교 다원주의의 목적은 다양하게 존재하는 종교전통들 사이의 이해관계를 떠나 인간 공동체의 가치실현을 위해 각 종교 단체들이 상호협력의 보편적 규범을 지향하는 것에 있다. 즉 자유, 평화, 인권 능과 같은 인간과 사회의 주요 관심사를 대의로 해서 종교 단체들 간의 상호협력을 찾아나갈 수가 있는 것이다. 이런 종교 운동은 과학과 종교 사이의 화해를 모색하기도 하며 현대 종교의 새로운 가능성을 제시하기도 하는데 무엇보다 인간 공동체의 윤리와 가치를 중시한다. 이런 국제적인 종교 운동은 다양한 종교전통들이 지닐 수 있는 교리적인 특수성들을 통일하자는 것이 아니며 근본적인 인간애의 실천을 위해 비생산적인 신앙적 배타성을 버리자는 것이다.

예를 들어 로마 가톨릭은 1962~65년에 걸쳐 소집되었던 '2차 바티칸 공의회'에서 "교회 밖에도 구원이 있다"고 공언함에 따라 종교다원주의의 운동은 이념적인 탄력을 받고 타종교 사이의 갈등과 불신을 없애고 대화와 화해를 모색한다는 취지에서 출발한다. 그런데 최근에 로마 교황 베네딕토 16세가 가톨릭교회에서만 구원이 가능하다는 발언을 한 것은 비판받아 마땅하다. 모든 종교는 나름대로의 지역적인 역사와 전통을 가져온 만큼 각 종교 단체는 타종교의 교리와 신앙을 존중해야 한다. 현대사회에서 종교 다원주의 운동은 무엇보다 인간의 삶과 타인에 대한 공감대를 우선적으로 형성하자는 가치의 실천이며 종교문화의 근본적인 목적을 새롭게 인식하는 계기가 될 수 있다.

저자 후기

지금도 나의 방 한쪽 구석에 늘 걸려 있는 유리액자 속의 로댕의 〈성당〉 사진은 은사님이신 표재명(고려대 철학과 명예교수) 선생님께서 오래전에 프랑스에서 여행을 다니시면서 촬영을 하시고 제자를 위해 결혼선물로 주신 것이다. 지금으로부터 16년 전에 프랑스로 유학을 떠날 때나 그 이후에 선생님의 주례로 결혼식을 치를 때도 솔직히 나는 레비나스의 타자철학도 몰랐고 로댕의 작품 〈성당〉도 사실 생소했다. 학업을 마치고 귀국하고 그러던 어느 날 나는 그 동안 레비나스의 철학에 관해 공부했던 것들과 그 사진작품이 왜 그렇게 서로 잘 어울릴까라는 생각을 했다. 그리고 이 책의 편집을 거의 마무리하면서 그 사진을 책의 자료로 쓰면 어떨까라는 제법 훌륭한 욕심을 갖고 스캔작업을 하기 위해 사진을 꺼내려고 얼른 사진액자의 뒤편을 열어보았다.

그런데 그때 십 수 년 전의 선생님의 주례사가 고스란히 담겨 있는 A4 용지 두 장이 누렇게 색이 바랜 채로 불쑥 튀어 나왔다. 마치 잊고 지냈던 먼 과거로부터 날아온 편지 같았다. 그것은 오래전의 초창기 워드 프로그램으로 타이핑이 잘 되어 있었고 언제나 피부로 느끼고 있던 은사님의 덕망과 지혜가 그대로 묻어 있는 낯설지 않은 한 편의 글이었다. 그러고 보니 결혼식 때 선생님께서 무슨 조각 작품에 관해 열심히 설명하셨던 기억이 났다. 아마도 하객들 앞에서 강의하시듯이 주례를 서주

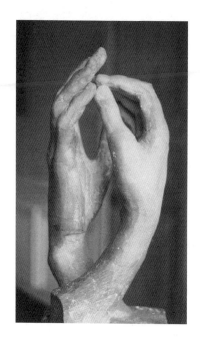

셨던 것 같다. 불쑥 선생님께 연락을 드리고 그 사진을 책의 자료로 쓰기 위해 자초지종을 말씀드렸다. 물론 선생님께서는 로댕의 〈성당〉 사진을 쓸 수 있도록 흔쾌히 허락해 주셨고 주례사로 말씀을 주셨던 〈손〉 제목의 글도 저자 후기에 같이 덧붙일 수 있게 되었다.

무척 감사한 일이다. 레비나스의 타자철학은 타인의 얼굴 그 자체 속에서 성스러움과 인간적인 믿음을 얻을 수 있도록 일깨우는 삶의 가치다. 신의 얼굴이 함께 하는 사람의 얼굴에 편견이 있어서는 안 되듯이 인간의 손도 마찬가지다. 사람의 마음을 그대로 드러나게 하는 것도 손의 품새다. 두툼하고 거친 손이더라도 타인들과 같이 나눌 수 있었던 사랑과 격려의 손이라면 그 손에도 신과 함께 했던 시간이 존재한다. 사람들이 서로 손들을 마주하고 잡아준다는 것은 그야말로 영적인 것을 주고받을 수 있는 초월적인 네트워크를 만들어 가는 것이라고 해도 과언이 아니다. 즉 사람의 손들은 사랑과 믿음의 네트워크다.

이제 출간을 맞이하게 된 필자의 작은 책도 그런 네트워크 속에서 태어난 것이나 다름없다. 과연 나 혼자 할 수 있는 일이 있을까? 레비나스에 있어서도 이포스타즈(hypostase)로 불리는 인간존재를 세워 나가는 것도 타인들이며 존재의 근거도 타인들이다. 아, 그렇게 본다면 이렇게 있는 나는 내가 아닌 셈이며 아무 것도 아닐 수 있다. 살아있으면서 타인들을 위해 할 수 있는 일을 다 하는 것조차 황송한 일이다. 일생을 살아가며 일상의 삶 속에 구원의 길이 그렇게 어렵게나마 열려 있는지도 모른다. 그래서 만약 매일같이 감사할 일이 많다면 이것만큼 행복한 일은 없을 듯이 보인다. 내가 알고 있고, 잊고 지냈던 모든 사람들에게 이 자리를 빌어서 감사의 말을 드리고 싶다. 이 자리를 빌어 선생님의 귀한 글을 소개하고자 한다.

제가 좋아하는 조각의 하나로 로댕의 〈성당(Le Cathedrale, 1908)〉이라는 작품이 있습니다. 그것은 높이 65센티 정도의 조그마한 대리석 조각인데 두 개의 오른손이 바야흐로 맞잡으려는 듯이 마주 대하고 서있는 품이 어찌나 단단하고 당당한지 제목 그대로 마치 대지에 우뚝 서 있는 고딕 모양의 성당과도 같습니다. 파리의 로댕 미술관에서 그것을 본 지도 벌써 여러 해가 되었는데 그때 받은 강렬한 인상이 아직도 저의 뇌리에 생생하게 남아 있습니다. 손을 주제로 한 수많은 조각이나 그림들 중에서 왜 유독 이 작품에 매료되었는지는 저 자신도 잘 모르겠습니다만, 이 작품을 눈앞에 그릴 때 마다 저는 이런 생각을 해보곤 합니다.

"우리 사람의 지체 중에서 손만큼 널리 쓰이는 것은 없다. 손은 사람의 활동을 대표하는 것이라고 해도 지나친 말이 아니다. 참으로 사람의 손만큼 오묘하고 신비한 것이 또 있을까! 사람의 손에는 그 사람의 일생이 아로새겨져 있다. 그 사람의 어떠함을 알려면 그의 손을 보면 된다. 고운 얼굴은 고운 얼굴대로, 거친 얼굴은 거친 얼굴대로 그 얼굴에 패인 주름살 하나하니에 그의 삶의 역사가 스며 있듯이, 고운 손은 고운 손대로, 거친 손은 거친 손대로 그 손가락 마디마디와 손바닥에 잡힌 군살이나 손등의 주름살은 그의 삶의 자취를 일러준다. 아니, 얼굴은 가끔 우리를 속이지만 손은 속이지 않는다.

우리가 잘 알고 있는 말에, 사람은 그의 나이 사십이 되면 자기 얼굴에 책임을 져야 한다는 말이 있다. 그러나 이 말은, 사람은 그가 일해서 만들어내는 바의 것 이외의 다른 것이 아니라는 말의 또 다른 표현이 아닐까! 여인은 노년에 가서야 참으로 아름답다고 한 키에르케고어의 말도 이런 맥락에서 이해되어야 할 것 같다. 엄마 품에 안겨 쌔근쌔근 자고 있는 어린 아이의 티 없는 아름다움이나 피어나는 소녀의 청순한 아름다움은 자연의 선물이지만, 노부인의 아름다움은 그녀의 평생에 걸친 자기 만듦의 노력의 열매이기 때문이다……."

이렇게 손은 사람의 삶과 그의 됨됨이를 드러내면서 사람의 세상을 만들어간다는 데에 로댕의 작품의 의미가 있는 것 같습니다. 사람의 세상은 한 사람 한 사람이 저마다 홀로이면서 홀로 살지 않고 함께 사는 세상이고, 한 사람 한 사람이 저마다 사한 손, 흉측하고 포악한 손, 다른 이의 무고한 피 흘리기도 마다 않는 저주받은 손이 되고 만 것만 같으니 이게 웬일입니까! 그렇게 부지런하고 잘 참고 열심히 일하던 손들이 이제는 어렵고 힘드니까 안하고, 기름때가 묻으니 싫고, 생기는 것이 별로 없으니 차라리 쉬고 놀겠다고 한다니 이를 어찌합니까! 이래서 안 된다는 것은 너무도 자명합니다. 이제 우리는 다시 한 번 우리의 손을 들여다보고 우리의 마음을 살펴봅시다. 그리고 다시 한 번 우리의 마음을 고쳐먹읍시다.

이 때 기억해야 할 것은 일찍이 우리들과 우리의 젊은이들을 고무했던 격언의 하나가 아주 잘못 전해져 왔다고 하는 사실입니다. 그것은 "소년이여, 대망을 가져라!"는 말을 한 것은 1876년에 일본 북해도의 삿포로 농업학교에 와서 그리스도교 신앙에 입각한 교육으로 학생들에게 큰 영향을 끼친 W. S. 클라크 박사로서 원래는 "소년이여, 그리스도 안에서 대망을 가져라!(Boys, be ambitious in Christ!)"였다는 것입니다. 곧 장래의 세상을 만들고 짊어지고 나갈 소년이 가져야 할 대망은 그리스도의 마음을 본받고 그의 뜻을 이루려는 것이어야 한다는 것입니다.

왜 그리스도냐고 의아해 하실지 모르겠습니다. 제 뜻은 다만 참으로 큰 뜻은 나 한 사람의 성공이나 내 한 집안의 번창만이 아니라 자기희생을 무릅쓰고 이웃을 위해, 공동체의 공동선을 위해 힘써 일하며, 더 나아가 모든 생명 있는 것과 우리 모두의 삶의 터전인 자연 환경까지 온전히 지키고 가꾸려는 것이라야 함을 말씀드리려는 것뿐입니다.

지금은 우리 모두가 이러한 큰 뜻으로 마음을 새롭게 하고 서로 손잡고 일해야 할 때입니다. 우리는 먼저 우리 자신의 손부터 깨끗하게 합시다. 그리고 사람(아담)에게 생명을 넣어주신 하느님의 손(미켈란젤로의 〈천지창조〉), 고귀한 사랑의 희생으로 피 흘리시는 그리스도의 손, 친구를 위해 묵묵히 일하며 기도하는 마디 맺힌 손(뒤러의 〈기도하는 손〉)을 본 받아 열심히 일하는 미덥고도 아름다운 손의 주인들이 됩시다. (표재명, 1994. 7. 23)

찾아보기

지은이 **윤대선** (尹大善)

고려대학교 학부와 대학원에서 철학을 전공했다. 프랑스 파리1대학 철학과 기술인류학 분과에서 DEA과정을 마쳤으며 파리10대학 철학과에서 윤리학, 형이상학 등을 전공하고 레비나스의 제자 F. Laruelle 교수의 지도로 논문 〈Identité et Alterité chez E. Lévinas et dans la non-philosophie〉를 써 철학박사 학위를 받았다. 파리 EHESS(사회과학 고등연구원)의 CEIFR(종교학 비교 연구소)에서 유다이즘에 관한 연구로 박사후 연수과정을 마쳤으며 고려대, 연세대, 중앙대, 경희대 등에서 철학 강의를 맡았고 강원대 학술연구교수를 지낸 바 있다. 현재 경기대학교 교양학부 교수로 재직하고 있다.

주요 논문으로는 〈La communication lévinassienne de l'un-pour-l'autre dans la non-indifférence〉(《Science et Esprit》, 2002), 〈레비나스 윤리의 해석적 기원과 유다이즘〉(《철학》, 2003), 〈레비나스의 언어철학과 초월성〉(《철학과 현상학연구》, 2006), 〈예술의 대상 이미지와 실재에 관한 철학적 해석〉(《해석학 연구》, 2007), 〈새로운 소통 가능성으로서 페미니즘 미학의 내적 지향성에 관한 사유〉(《철학논총》, 2008), 〈메를로-퐁티의 현상학적 신체주의와 세잔의 예술세계〉(《미학》, 2008), 〈기술(技術)과 소통에 관한 비판적 사유〉(《해석학연구》, 2009) 등이 있다.

레비나스의 타자철학

1판 1쇄 발행 2009년 9월 10일
1판 4쇄 발행 2017년 7월 15일

지은이 윤대선
펴낸곳 (주)문예출판사 | **펴낸이** 전준배
출판등록 1966. 12. 2. 제1-134호
주소 03992 서울시 마포구 월드컵북로 6길 30
전화 393-5681 | 팩스 393-5685
홈페이지 www.moonye.com | 블로그 blog.naver.com/imoonye
페이스북 www.facebook.com/moonyepublishing | 이메일 info@moonye.com

ISBN 978-89-310-0646-9 93100

이 도서의 국립중앙도서관 출판시 도서목록(CIP)은 e-CIP 홈페이지(http://www.nl.go.kr/ecip)에서 이용하실 수 있습니다.(CIP제어번호 : CIP2009002502)